이순신과 임진왜란

이순신과 임진왜란

― 신에게는 아직도 열두 척의 배가 남아 있나이다. ―

이순신역사연구회 지음

비봉출판사

제19부. 제2차 당항포해전

제20부. 태산명동(泰山鳴動)에 서일필(鼠一匹)로 끝난
영등·장문포의 수륙전

제19부 제2차 당항포해전

〈제2차 당항포해전 진행도〉

1. 왜적의 정황을 아뢰는 장계(陳倭情狀)

「삼가 왜적의 정황에 대해 아뢰나이다.

경상우수사 원균(元均)이 보고서를 보내왔는데 그 내용은 이러했습니다.

"거제 땅 둔덕(屯德), 사등(沙登), 읍내(거제읍) 등지에 왜적이 어떤 때는 1백여 명씩 떼를 지어 다니고, 각처의 산간으로 다니는 적들도 얼마인지 모릅니다. 거제의 사수(射士) 제득호(諸得浩) 등이 밤에 몰래 가서 지난 12월 13일 주산 봉우리까지 올라가 바라보니 지세포(知世浦)와 옥포(玉浦) 성 안팎에 왜적 1백여 명이 막을 치고 버티고 있었습니다. 장문포(場門浦: 장목면 장목리)에서 읍내까지, 그리고 율포(栗浦: 장목면 대금리)에서 지세포까지 사이의 길목 요해처와 여러 곳 들판에 막을 치고 있는 숫자가 혹 4, 5개씩 연달아 있는데, 낮에는 흩어져 돌아다니고 밤에는 횃불로 서로 연락하고 있었습니다. 수치(秀峙)와 삼기리(三歧里) 같은 곳에도 50여 명씩 왕래하고 있었습니다.

16일에 명진포(明珍浦)에 이르러 바라보니, 왜적 1백여 명이 하루 종일 진을 치고 있다고 하기에 사수들을 많이 뽑아 다시 가서 적의 형세를 정탐하라고 하였습니다."

뒤이어 도착한 원 수사의 보고서에서는 또 이렇게 적혀 있었습니다.

"고성 현령(조응도)의 보고에 의하면, 이달 12월 23일(癸巳년 12월)에 왜선 3척은 춘원포(春元浦: 광도면 예승포) 선암(先巖)에,

또 6척은 소질소포(召叱所浦: 고성군 마암면 두호리)와 당항포(唐項浦)에 와서 정박하고 있으면서 산막에 숨어 있는 (조선) 사람들을 모두 찾아낸다고 하였습니다.

그리고 또 거제현 초탐장(哨探將)인 본영의 군관과 매복장(埋伏將) 제득호 등이 와서 보고하기를 '영등(永登: 장목면 구영리)·소진(所珍: 송진포리)·장문(場門: 장목리) 등 세 곳에 있는 적들은 산과 들에 두루 퍼져 있고, 서쪽으로는 명진(明珍)·산촌(山村: 동부면 산촌리)·소라포(召羅浦: 일운면 구조라리)·지세포·삼거리(三巨里) 등지의 왜적들도 무려 1백여 명이 패거리를 지어 함부로 행동하고 있으며, 읍내 삼대문(三大門: 거제읍 동하리) 밖에 막을 치고 있는 숫자도 1백여 개나 되고, 배는 6척이 대어 있었으며, 옥포성 안팎과 아주(鵝州)·관전(官田) 등지에도 숲처럼 막사를 빼곡히 치고 있었는데 그 수가 얼마나 되는지는 알 수 없었습니다.

산과 들에서 나무를 잘라다가 지금도 계속 막사를 짓고 있으며, 또 읍내에서 장문포에 이르기까지의 길가와 산허리 각처에서는 연달아 막사를 짓느라 도처에서 산역(山役)을 한창 벌이고 있었습니다. 그리고 횃불과 대포소리는 좌도의 부산포와 동래 등지에 가득했고, 창원·진해에서 연해안 일대에 이르기까지는 불빛이 벌려 있었습니다' 라고 하였습니다."

이같이 흉악하고 교활한 적들이 외딴 섬에 버티고 앉아서 산과 들판을 마음대로 쏘다니니 참으로 통분할 일입니다.」

－〈진왜정장〉(94. 1. 5.)－

지난해 12월 12일 여수로 돌아와 있던 이순신에게 원균이 거제·

고성·영등·창원·부산 등지에 왜군들이 창궐하고 있다고 보고해 왔다.

「그래서 봄이 오면 대거 수군을 이끌고 나아가 한 섬을 그대로 둘러싸고 남김없이 무찔러버릴 계획입니다. 그러나 3도의 수군을 다 합해 봐야 전선이 겨우 1백여 척쯤 되니, 병력이 고단하고 약한 실정입니다. 그래서 이미 3도의 수사들에게 빨리 전선을 더 만들되 겨울 전에 끝내라고 지시하였습니다. 신에게 소속된 각 고을과 포구에서는 이미 전선을 다 만들었습니다.

그런데 연해안 고을에서 장정들을 뽑아내어 사부 및 격군들로 배치하여 조정하는 일은 명령을 내리는 곳이 여러 군데여서 소란스럽기만 하고 일이 매듭지어지지 못하고 있습니다. 다시 모이기로 약속한 때는 이미 박두했는데 이 일을 빨리 매듭지을 길이 없으니, 참으로 답답하고 걱정스럽습니다.

신은 우선 본 도로 돌아가서 직접 일들을 점검한 후 군사들을 거느리고 일제히 돌아와야겠다는 내용으로 여러 가지 사유를 들어 장계를 올린 후에, 지난 12월 12일 본영으로 돌아와서 현재 점검하면서 빨리 일들을 매듭짓도록 독려하고 있습니다. 그리고 전라우수사 이억기와 충청수사 구사직(具思稷)에게는 소속 수군들을 거느리고 기일 안에 달려오라고 전령(傳令)하였습니다.」 ─〈진왜정장〉(94. 1. 5.)─

'봄이 오면 해군을 이끌고' 나가려고 했다. 그런데 전라감영과 조정에서 수군력 증강에 발목을 잡는 것 같은 조치들을 취했기 때문에 출전 준비에 차질이 빚어졌다.

2. 연해안 고을에서 수군과 육군이 서로 징발해 가는 폐단을 금지시켜 주기를 청하는 장계
(請禁沿邑水陸交侵之弊事狀)

「삼가 결정하여 주시기를 바라는 일로 아뢰나이다.

신의 장계에 대하여 비변사에서 회답한 공문의 내용은 이러하였습니다.

"(비변사에서는 다음과 같이 건의하였다.)

'적병들이 지금 거제도에 있으므로 앞으로 닥쳐올 근심은 지난해보다 배나 더 심할 것입니다. 수군에 소속된 연해안 여러 고을에 속한 수군 병사들을 다시는 육군으로 옮겨서는 안 된다는 일로 전에 이미 분부를 내리셨습니다.

그런데 순찰사 이정암(李廷馣)이 군대의 편성을 고쳐서 다만 전라 좌우도의 각 다섯 고을만 그대로 수군에 소속시키고 나머지 고을들은 모두 (나주 등 9개 고을) 다시 육군으로 소속시켰는데, 좌우도의 각 다섯 고을들조차 다른 곳(육군)에서 징발해 가고 있다고 하는바, 이는 필시 경상도에서 군사들을 많이 뽑아야 하지만 자체에서 그 수를 채우기가 어렵기 때문에 그렇게 하는 것입니다.

그러나 수군과 육군은 각각 그 소속된 곳이 있는데 서로 옮기게 되면 군사들은 안정을 얻지 못하고, 또 명령이 나오는 곳이 여러 곳이 되면 단지 수군에게만 해로울 뿐만 아니라 육군에게도 역시 이익이 없는 일입니다. 그리고 군량과 무기 등을 징발당해 버린다면 비록 이미 전선을 준비해 놓았다 하더라도 일을 성사시키기가 어려울 것입니다.

더욱이 적들과 대진(對陣)하고 있어서 성패가 순식간에 달린 이 판국에 수군과 육군의 소속 문제를 아직도 어느 한 쪽으로 결정짓지 못하고 이같이 혼란스럽게만 하다가는 혹시 큰일을 그르칠까 염려됩니다.

지금 우선은 일단 내리신 분부대로 군사를 이동시키지 말라고 순찰사 이정암과 이순신에게 다 같이 공문을 내려 보내는 것이 어떻겠습니까?' 하였더니, 이에 대하여 전하께서는 '건의한 대로 하라.'고 승인해 주셨다."

라고 하였습니다.

좌도의 다섯 고을과 우도의 다섯 고을은 그대로 수군에 소속되어 있기에 신은 전선을 더 많이 만드는 일을 독려하여 일을 끝내고 정해진 기한 안에 돌아오라고 하였습니다. 그리고 우도의 나주 외에 아홉 고을도 본래 수군에 소속된 고을이므로 전선 만드는 일을 다른 고을과 마찬가지로 배정하여 더 만들게 하였더니, 나주(羅州) 목사 이용순(李用淳)이 다음과 같이 보고해 왔습니다.

"순찰사의 공문에서 '본 주(나주)와 무안(務安)·함평(咸平)·영광(靈光)·무장(茂長)·흥덕(興德)·고부(古阜)·부안(扶安)·옥구(沃溝) 등 연해안 아홉 고을은 육군으로 옮겨 배속시켰으니 전선 더 만드는 일을 모두 중지하라'고 하였으므로 배를 더 만들 수가 없습니다."라고 하였습니다.

근래에 와서 영남 좌도에 있던 적들이 우도로 옮겨와 모두 거제에 모였는데, 그 형세가 아무래도 호남으로 쳐들어오려는 것이 분명합니다. 그러므로 수군을 정비해 거느리고 나가서 힘을 합쳐 적의 앞길을 끊어 막는 일이 지금 당장 매우 급하므로 전선 1척도 크게 관계가 되는 이때에, 아홉 고을에서 더 만들어내도록 배정된 전선 20여 척을 일시에 중지시킨다면 바다를 방비하는 일이 참으로 걱정스러울 뿐만 아니라, 특히 전하께서 간곡하게 분부 내리신 본래의 뜻도 없어지게 됩니다.

　이미 아홉 고을에 전선을 더 만들도록 명령해 놓은 것은 그대로 일을·끝내어 정해진 기한 안에 배를 몰고 와서 대도록 다시금 순찰사 이정암에게 엄히 지시하셔서 수군의 위엄을 드높일 수 있게 해주시고, 연해안 각 고을의 군사들과 백성들이 수군과 육군으로부터 교대로 징발당하는 괴로움을 면할 수 있게 해주시기를 바라면서 감히 어리석은 생각을 진술하는 바입니다.」　　　　　−〈금연읍수륙교침지폐사장〉(94. 1. 16.)−

전라감사 이정암은 비변사의 지시를 어겨 가면서까지 전라우도의 9개 고을들을 육군 쪽에 귀속시키고 있었다.

3. 준비된 병선만으로 출동

한산 진(陣)으로의 복귀를 보고하는 장계(還陣狀−1)

「삼가 진영으로 돌아가는 일로 아뢰나이다.
　본 도에서 전선을 더 많이 만드는 일을 직접 살피고 조처해야겠다는 사유를 들어 장계를 올린 다음, 지난 12월 12일(계사년)에 본 도로 돌아와서 일을 점검하고 독려하였습니다.

본영에 소속된 수군은 다섯 고을로서 순천 전선 10척, 흥양 10척, 보성 8척, 광양 4척, 낙안 3척은 벌써 다 만들었으나 수많은 사부와 격군들을 한꺼번에 채울 수 없어서 일제히 떠나기가 어려웠습니다.

그래서 순천 5척, 광양 2척, 흥양 5척, 보성 4척, 낙안 2척만을 우선 독려하여 거느리고 오늘 정월 17일(갑오년) 거제 땅 한산도 진중으로 떠나가면서 아직 미처 준비가 덜 된 전선들도 뒤따라 밤낮 없이 돌아오도록 명령을 전하였습니다.

그런데 우도의 전선 수효는 좌도의 배나 되므로 그 많은 사부와 격군들을 정해진 기한 안에 다 채워 넣기는 필시 어려울 것이므로, 신의 종사관 정경달(丁景達)에게 "돌아다니며 점검하고 조치하여 우수사 이억기와 만나기로 약속한 곳으로 전선을 독려하여 보내도록 하라"고 엄히 지시하여 보냈습니다.

그러하오니 순찰사 이정암에게도 전선 들여보내는 일을 각별히 독려하라고 해당 부서에서 지시 공문을 내려 보내주시기 바랍니다.」 　　　　　　　　　　　　 −〈환진장−1〉(94. 1. 17.)−

3도수군통제영의 본영이 여수라는 점을 밝혀 둔 기록이다. 또 한산도는 본영이 아닌 한산진이라 했으며, 이순신은 본영과 한산진을 바쁘게 오가며 후방 및 군영 經·營에 매진했다.

한산진으로의 복귀를 보고하는 장계(還陣狀−2)

「삼가 진으로 돌아가는 일로 아뢰나이다.

전번에 더 만드는 전선에 사부와 격군들을 채우는 문제를 직접 처리하기 위하여 잠깐 본 도로 돌아가고자 한다는 사유를 들어 장계한 다음, 지난 12월 12일 본 도로 돌아와서 점검해 보았습니다. 그랬더니 연해안 다섯 고을에서 뽑아낼 장정들은 이미 육군에서 징발해 갔으며, 또 태반이나 도망가서 명부에 이름만 남아 있고 실제로는 없었습니다.

또 수군의 경우 각 고을 수령들은 게으르고 해이해진 것이 습관처럼 되어서 징병 대상자를 일일이 찾아내어 보내는 일에는 관심이 없었을 뿐만 아니라, 지금은 도망병이 생겨도, 순찰사 이정암이 공문까지 돌려서 친족이나 이웃에서 대신 징발하여 채우는 일은 없도록 하라고 지시하였기 때문에, 어느 한 가지 일도 제대로 되는 것이 없습니다. 현재 있는 사람조차 잡아 보내지 않는 것이 더욱 심해진 실정입니다.

관리들은 찾아서 잡아 보내라는 명령이 내려와도 그저 탈이 났다는 핑계만 대고 보내주지 않고 있습니다. 전선은 벌써 더 만들어 놓았지만 격군을 채울 길이 없으니 참으로 통분합니다. 전라우도는 신이 종사관 정경달을 보내서 돌아다니며 점검하고 잘 정비하여 우수사 이억기와 만나기로 약속한 곳으로 급히 보내도록 하였으며, 신에게 소속된 각 고을과 포구의 전선들은 겨우 온전히 갖추어 정월 17일인 오늘 (한산도의) 진으로 돌아 갑니다.」   ─〈환진장─2〉(94. 1. 17.)─

이정암은 이순신의 수군 증강 노력에 부정적인 모습이다.

4. 1594년(선조 27년) 1월의 〈난중일기〉

1594년 1월 1일. 비가 퍼붓듯이 내렸다. 어머님을 모시고 같이 한 살을 더 먹게 되니 이것은 난리 중에도 다행한 일이다. 늦게 군사들을 훈련시키고 전쟁에 대비할 일로 본영으로 돌아오는데 비가 그치지 않았다.

이 무렵 이순신의 노모(老母)는 여수로 피난 와서 함께 설을 쇠고 있었다.

1월 2일. 비는 그쳤으나 흐렸다. 국기일이어서(명종 인순왕후 심씨의 제삿날) 공무를 보지 않았다.

1월 3일. 맑다. 동헌에 나가 공무를 보고, 날이 저문 후 관아로 들어와 여러 조카들과 이야기하였다.

1월 4일. 맑다. 동헌에 나가 공무를 보았다.

1월 5일. 비.비.

1월 6일. 비가 왔다. 동헌에 나가서 남평(南平) 고을의 아전 도병방(都兵房)을 (징병 업무를 태만히 한 죄로) 처형하였다.

1월 7일. 비가 왔다. 동헌에 앉아 공무를 보았다. 저녁에 남의 길(南宜吉)이 들어와서 마주 앉아 이야기하다가 밤이 깊어서야 헤어졌다.

1월 8일. 맑다. 동헌에 나가 앉아 공무를 보았다. 남원(南原) 고을의 아전 도병방(都兵房)을 (징병업무를 태만히 한 죄로) 처형 하였다.

1월 9일. 맑다.

1월 10일. 맑다. 아침에 남의길(南宜吉)을 맞아들여 이야기하였 다. 피난 가서 고생한 일들을 전부 말하는데 개탄스러움을 이 기지 못하였다.

1월 11일. 흐리되 비는 오지 않다. 아침에 (피난 와 계신) 어머님 을 뵈려고 배를 타고 바람을 따라 곧바로 고음천(古音川: 여수시 웅천동)에 대었다. 남의길, 윤사행(尹士行), 조카 분(芬)과 같이 가서 어머님을 뵈었다. 기운은 없으셨으나 말씀은 또록또록 하 셨다. 적을 토벌할 일이 급하여 오래 머물러 있지 못했다.

노모께서 피난 와 있는 여수 고음천으로 어머니를 뵈러 갔다.

1월 12일. 맑다. 아침을 먹은 뒤에 어머님께 하직을 고하니 "잘 가거라! 나라의 치욕을 크게 씻어라!" 하고 두 번 세 번 거듭 타이르시며 이별을 조금도 슬퍼하지 않으셨다. 선창에 돌아오니 몸이 불편한 것 같아서 곧바로 뒷방으로 들어갔다.

1월 13일. 맑으나 바람이 크게 불었다. 몸이 몹시 불편하여 자리에 누워 땀을 흘렸다.

1월 14일. 흐리고 바람이 크게 불었다. 늦게 동헌에 나가서 위에 올릴 장계를 봉함하고, 또 승장 의능(義能)을 면천시켜 준다고 한 (위조)문서를 봉해 올렸다.

1월 15일. 맑다.

1월 16일. 맑다. 늦게 동헌에 나갔더니 황득중(黃得中)이 들어왔다. 들으니, 문학(文學) 유몽인(柳夢寅)이 암행어사로서 흥양현에 들어갔다고 한다.

1월 17일. 새벽에는 눈이 오고 늦게 비가 왔다. 이른 아침에 배에 올랐다. 아우 여필(汝弼)과 여러 조카와 아들과 작별하고, 다만 분(芬: 조카)과 울(蔚: 둘째 아들)만 데리고 출발했다. 오늘 장계를 올려 보냈다. 신시(申時: 오후 4시경)에 와두(瓦頭: 노량)에 이르니 역풍이 불고 썰물이 시작되어 배를 운행할 수가 없어서 닻을 내리고 조금 쉬었다. 유시(酉時: 오후 6시경)에 다시 닻을 걷어 올려 노량으로 건너왔다. 여도 만호(김인영), 순천부사(권준), 이감(李城)과 우후(이몽구) 등도 와서 같이 잤다.

1월 18일. 맑다. 새벽에 출발할 때는 역풍이 크게 일더니 창신도(昌信島)에 이르니 순풍으로 바뀌어 돛을 달고 사량(蛇梁)에

이르니 바람이 다시 역풍으로 바뀌어 크게 불었다. 사량 만호
(이여념)와 경상우수사 군관 전윤(田允)이 와서 만나보았다.

1월 19일. 흐리다가 늦게 개었다. 바람이 크게 불었다. 아침에
떠나 당포(唐浦) 바깥 바다에 이르러 바람을 따라 돛을 반쯤 올
리니 순식간에 한산도에 이르렀다. 활터(射亭)에 올라 앉아 여
러 장수들과 이야기하였다. 저녁에 원 수사(원균)가 왔다. 소비
포 권관(이영남)에게서 영남 여러 배의 사부와 격군들이 거의
다 굶어죽게 되었다는 말을 들었다. 참혹하여 차마 들을 수가
없었다. 또 "원수사와 송연수, 이극함 등은 서로 곁눈질하던
여자들과 모두 다 관계했다"고 하였다.

영남의 수병들이 모두 다 굶어 죽을 형편이었는데, 그런 와중에도
원균과 그 휘하 장수들은 여자나 밝히고 있었다.

1월 20일. 맑으나 바람이 크게 불고 몹시 추웠다. 각 배에 옷
없는 사람들이 거북처럼 꼬부리고 앉아 추워서 떠는 소리는 차
마 듣기 어려웠다. 군량조차 오지 않으니 더욱 답답한 노릇이
다. 낙안군수(신호), 우수사 우후(이정충)가 와서 만나보았다.
늦게 소비포 권관(이영남), 웅천 현감(이운룡), 진해 현감(정항)
등이 왔다. 병들어 죽은 사람들을 거두어 장사지낼 책임자로
녹도 만호(송여종)를 정해 보냈다.

군량조차 오지 않았다. 군에서 '굶고 병들어 죽은 백성들'을 장
사지내고 있다.

1월 21일. 맑다. 아침에 본영의 격군 742명에게 술을 주었다. 광양 현감(어영담)이 들어왔다. 저녁에 녹도 만호가 와서 보고하기를 "병들어 죽은 (백성들의) 시체 274구를 거두어 묻었다"고 하였다. 사로잡혀 갔다가 도망쳐 돌아온 자 둘이 원 수사(元均)로부터 와서 적의 정황에 대해 여러 가지 이야기했지만 믿을 수가 없다.

원균 휘하의 사람들을 못 미더워하고 있다.

1월 22일. 맑다. 날씨가 따뜻하고 바람도 없다. 활터에 올라앉아 진해 현감(정항)을 시켜서 교서(敎書)에 숙배례(肅拜禮)를 행하게 하고 하루 종일 활을 쏘았다.

1월 23일. 맑다. 낙안 군수와 고부(古阜) 군수(李崇古·이숭고)가 나갔다. 흥양의 전선 2척이 들어왔다. 최천보(崔天寶), 유황(柳滉), 유충신(柳忠信), 정량(丁良) 등이 들어왔다. 늦게 순천 부사도 들어왔다.

1월 24일. 맑고 따뜻하다. 송덕일(宋德馹)이 아침에 산에 가서 벌목할 일로 목수 41명을 거느리고 갔다. 원 수사가 군관을 보내어 보고하기를 "좌도의 적 3백여 명을 죽였다"고 하면서 몹시 기뻐하고 또 "평의지(平義智)가 지금 웅천에 있다"고 하였으나, 자세하지 않다.

'좌도의 적 3백여 명'은 원균의 우도 관내도 아닌데 누가, 어떻게, 죽였다는 것일까? 보고를 받은 이순신은 '자세하지 않다'고 했

는데, 만약 원균이 해전을 통해서 적을 죽인 것이라면 대단한 승첩
이므로 이순신도 그 전에 이미 '자세히' 알고 있었을 것이다.

1월 25일. 흐렸다가 늦게 맑았다. 송두남(宋斗男), 이상록(李祥
祿) 등이 새로 만든 배를 몰고 올 일로 사부와 격군 132명을
거느리고 갔다. 아침에 우수사 우후(이정충)가 와서 늦게까지
활을 쏘았다. 우수사 우후와 여도 첨사(김인영)가 활쏘기 내기
를 했는데 ,여도 첨사가 7분(分)을 이겼다. 나는 10순(巡)을 쏘
았고, 다른 사람들은 모두 20순을 쏘았다.

1월 26일. 맑다. 아침에 활터로 올라가 활을 쏘았다. 순천 부
사(권준)가 기일을 어겼기에 벌을 주었다.

1월 27일. 맑다. 새벽에 배를 만들 재목을 끌어올 일로 우후(이
몽구)가 나갔다. 어머님의 편지와 아우 여필(汝弼)의 편지가 왔
는데, 어머님이 평안하시다니 다행이다. 다만, 동문 밖 해운대
(여수시 동북쪽) 곁과 미평(未坪)에 화적들이 돌아다닌다고 하니
놀랄 일이다. 녹도(鹿島) 수군들이 복병하고 있는 곳에 왜적 5
명이 멋대로 돌아다니며 총질을 하기에 활로 한 놈을 쏘아 죽
인 후 목을 베자 남은 놈들은 화살을 맞고 도망갔다고 하였다.
우후의 배가 재목을 싣고 왔다.

1월 28일. 맑다. 아침에 우후가 와서 만나보았다. 경상 우후(李
義得)가 보고하기를 "유(劉綎) 제독이 군사를 돌려서 이달 25,
26일 경에는 올라 간다"고 하였으며, 또 "위무사(慰撫使) 홍문
교리(弘文校理) 권협(權悏)이 도내를 순시한 뒤에 수군으로 들어

온다"고 하였다. 또 "화적 이겸(李謙) 등을 잡아 가두었으며, 아산·온양 등지의 고을에서 횡행하는 큰 도적 90여 명을 잡아 죽였다"고 하였다. 또 "익호장(翼虎將: 김덕령)이 가까운 기일 안에 들어올 것"이라 하였다. 전선 만드는 공사를 시작하였다.

사람이 사람고기를 먹는 상황이어서 도적떼가 많았다.

1월 29일. 비. 비가 종일토록 오고 밤새도록 내렸다. 새벽에 여러 배들이 무사하다는 보고를 받았다. 몸이 불편하여 저녁 내내 누워서 끙끙 앓았는데, 큰 바람과 거센 파도로 배가 가만히 있지를 못하니 마음이 극도로 산란였다. 미조항 첨사(김승룡)가 배를 꾸밀 일(粧船事)로 돌아갔다.

1월 30일. 흐리고 큰 바람이 불더니 늦게는 개고 바람도 조금 잦다. 순천 부사와 우수사 우후와 강진 현감(柳瀅·유해)이 와서 보고하고 돌아갔다. 나는 몸이 몹시 불편하여 하루 종일 땀을 흘렸다. 군관들과 여러 장수들은 활을 쏘았다.

5. 지체하는 장수들의 징계를 요청하는 장계
(請罪遲留諸將狀)

이정암 감사가 9개 고을을 육군으로 편입시키자 이들 지역의 함대들은 해당 집결지로 모이지 않고 있었다. 이에 이순신은 해당 고을 수령들의 징계를 조정에 요청했다.

「삼가 추궁할 일로 아뢰나이다.
전라우수사 이억기가 보낸 보고서에서 말하기를, "본 도 소속 각 고을과 포구의 전선들을 상도(上道)에서는 정월 20일 안에 우수영 앞바다로, 또 하도(下道)에서는 가리포 앞바다로 모이도록 군관들까지 보내어 독촉하였습니다. 그러나 각 고을에서는 수군 입대병들을 전혀 보내주지 않아 격군을 채울 길이 없어서 여태까지 모이지 못한 채 기한이 이미 지났기로 극히 답답하고 걱정되어 우선 수군 22척을 거느리고 이달 17일 진에 도착하였습니다."라고 하였습니다.」
－〈청죄지유제장장〉(94. 2. 25.)－

우수영 북쪽(上道) 고을 함대는 우수영에 모이고, 우수영 남쪽(下道)의 함대는 완도의 가리포(고금도) 앞바다에 모이기로 되어 있었는데, 상도 쪽(9개 고을 쪽) 함대의 집결 상태가 특히 불량했다.

「그리고 또 말하기를, "나주·무안·함평·영광·무장·장흥·흥덕·고부·부안·옥구 등 고을에서는 더 만들기로 배정된 전선을 정비해 보내지 않을 뿐만 아니라 본래 있던 전선조차 정비해 보내지 않았으며, 각 진(鎭)과 포구에서 수군으로 입대할 징집 대상자 명부조차 보내오지 않아서 선부와 격군을 채우지 못하고 있으니 극히 답답하고 걱정스럽습니다.
각 포구에서도 보고가 연속 올라오고 있습니다만 그 중에서도 군산포(群山浦) 만호 이세환(李世環)과 법성포(法聖浦) 만호 조대지(曹大智), 다경포(多慶浦) 만호 이식(李軾) 등은 그 지역을 책임지고 있는 변방 장수들인데 격군이 없다는 핑계만 대고 지금까지 오지 않고 있으니 더욱 해괴한 일입니다. 위의 각 고을과 포구의 수령과 변방 장수들을 군령에 따라 중벌로 다스림으로써 다른 사람들의 경계로 삼도록 해야겠습니다."라는 보고서를 보내왔습니다.」　　　　　-〈청죄지유제장장〉(94. 2. 25.)-

이억기도 지체하는 장수들을 중징계할 것을 요청하였다.

「7도에 가득 찼던 적들이 지금 모두 한 곳에 모여서 흉측하고 간사한 계책을 꾸미지 않는 것이 없으므로, 순식간에 전라도로 침범해 올 우환도 눈앞에 박두해 있습니다. 사정이 이런데도 수군에 소속된 나주 이상 아홉 고을의 수령들은 더 만들도록 배정되어 있는 전선이건 본래 있던 전선이건 간에 정비해서 보낼 생각을 하지 않고, 또 각 포구의 수군 입대병조차 한 명도 들여보내지 않아서 각 포구의 전선을 정비할 수 없게 되었습니다. 군령(軍令)이란 중대한 일인데도 이렇게까지 해이해졌으니 나아가 공격할 길도 물러나 수비할 길도 전혀 없게 되어 참으로 놀랄 따름입니다.

임진년에 왜적의 형세가 서슬이 시퍼렇던 그 무렵, 영남의 여러 성들은 적들이 쳐들어온다는 소리만 듣고도 무너지고 연해안 일대에는 사람의 그림자가 끊어졌을 때, 무려 200여 척이나 되는 적선들이 고성·사천·하동·남해 등 전라도와 연접된 지방으로 연속해서 쳐들어 왔지만, 우리 수군은 30척도 안 되는 배를 가지고 돌진하여 무찔러서 하나도 빠져 돌아가지 못하게 함으로써 그 기세를 꺾어놓았습니다.

그 후 전선이 차츰 더 많이 준비되어 전라 좌우도 합하여 80여 척이 되었으며, 그리하여 매번 출동할 때마다 3도 수사 및 여러 장수들과 함께 적을 토벌할 계획을 세우고 죽음을 맹세하고 바닷길을 끊어 막음으로써 왜적들이 전라도로 침범해 오지 못하게 한 지 이제 3년이 다 되어 갑니다.

호남 땅이 온전히 보전된 것은 수군에 힘입은 것 같은데, 요즘 와서는 의논이 분분하여 수군에 소속된 좌·우도 합계 열아홉 고을 중 아홉 고을은 그 소속을 육군으로 옮겼다고 하여 본래 배정되어 있던 수군 입대병조차 전혀 보내지 않고 있으니, 수군의 고단하고 약함이 전일보다 더욱 심하여 참으로 답답하고 걱정스럽습니다.」   -〈청죄지유제장장〉(94. 2. 25.)-

개전 이래 수군은 국난 극복의 일등공신이었으며 난국을 헤쳐 나갈 핵심 전력이었지만, 이런 저런 조치들이 수군의 전력을 약화시키고 있다고 걱정했다.

「나주 등 아홉 고을 중에서 가장 심한 곳은 나주·무안 등지의 고을입니다. 이 고을들은 책임지고 만들도록 배정된 전선들을 기일이 넘도록 보내지 않고 있습니다. 또 수비군을 전혀 보내지 않은 죄상뿐만 아니라 군산포 만호 이세환, 법성포 만호 조대지, 다경포 만호 이식(李軾) 등 수군 소속 변방 장수들은 두세 번 거듭 독촉해도 끝내 오지 않음으로써 군법을 크게 위반하고 있습니다.

조정에서 이들 모두를 처벌함으로써 다른 사람들의 경계로 삼아주시고, 또 전선은 밤낮 없이 달려 보내도록 하라고 순찰사 이정암에게 각별히 신칙해 주시기를 바라나이다.」

－〈청죄지유제장장〉(94. 2. 25.)－

6. 충청수군의 도착을 촉구하는 장계
(請忠淸水軍節度使催促到陣狀)

「삼가 추궁해 주실 일로 아뢰나이다.

전라우수사 이억기는 정월 25일에, 충청수사 구사직(具思稷)은 2월 5일에 각각 휘하 장수들을 거느리고 일제히 오도록 기한을 정해 명령을 전하였던바, 이억기의 보고서에 의하면, "나주·무안·영광 등의 고을에서 방비군 명부조차 보내지 아니하여 많은 전선에 격군을 채울 길이 없습니다. 기한은 벌써 박두하였는데 극히 답답합니다."고 하면서, 이와 같은 내용으로 두세 번이나 거듭 보고해 오기에 신도 또한 각 고을에 공문을 보냈습니다.

그리고 이달 2월 17일에 전선 22척을 거느리고 진중에 도착하였는데, 먼저 온 전선과 합하면 모두 46척이 됩니다. 우도에 배정된 전선 합계 90척 중에서 나주 외 아홉 고을에 배정된 27척은 전혀 마련되지 않아서 일이 매우 괴이하게 되었다는 사유에 대해서는 이미 장계를 올린 바 있습니다. 그 나머지 21척의 전선은 모두 새로 만든 것들인데, 격군이 없어서 일찍 거느리고 오지 못하기 때문에 수군을 징집하여 보내지 않은 각 고을에 다시 전령을 보내어 독촉했던 것입니다.

그러나 우수사 이억기는 이렇게 흉악한 적들이 꾀를 부리기 시작한 때를 당하여 정해진 기한에 도착하지 못했으니 기한 어긴 죄를 면하기는 어렵습니다. 그렇기는 하오나 격군이 없어서 정해진 기일에 오지 못한 것이고, 또 그런 고민을 계속해서 보고했을 뿐만 아니라, 각 고을에서 수군을 전혀 징집하여 보내지 않는 것이 요즘 와서 더욱 심하여 각 진(鎭)과 포구의 전선들을 쉽게 정비할 수 없는 실정은 도 안이 모두 같으므로, 우선 행수(行首) 군관과 도훈도(都訓導)에게 군령에 의거하여 벌을 주었습니다.

그러나 충청수사 구사직(具思稷)은 기한이 벌써 한 달이나 지났는데도 아직도 진에 도착하지 않았습니다. 중대한 약속 기한을 느슨하게 늦추기를 이와 같이 하고 있으니, 조정에서 각별히 독촉해 주시기 바랍니다.」

―〈충청수군절도사최촉도진장〉(94. 2. 25.)―

임진년 이듬해인 8월, 명·왜의 주력이 본국으로 돌아가자 조선 육군과 충청수군도 고향으로 돌아갔다. 그 무렵부터 시작된 조·왜 간의 강화회담은 반전(反戰) 사상과 '곧 평화가 올 것'이라는 기대감을 낳았다. 게다가 명나라에서는 강화회담에 방해된다고 하여 조선 측에 군사 작전을 금한다는 명령까지 내렸는데, 이 같은 변화된 상황도 충청수군 등의 도착이 지연되는 원인이 되었다.

7. 1594년(선조 27년) 2월의 〈난중일기〉

2월 1일. 맑다. 늦게 활터에 올라가 공무를 보았다. 청주에 사는 겸사복 이상(李祥)이 임금의 분부를 가져왔는데, 그 내용은 "경상감사 한효순(韓孝純)이 보고하기를, 좌도의 적들이 합하여 거제로 들어가니 장차 전라도 지역을 침범할 것이라 하였는바, 그대는 3도 해군을 합하여 적을 무찌르라"는 것이었다.

오후에 우수사 우후(이정충)를 불러 활을 쏘았다. 초저녁에 사도첨사(김완)가 전선 3척을 거느리고 진에 이르렀다.

경상감사의 급보가 조정에 올라갔고, 이에 조정은 3도 수군에게 출동명령을 내렸다. 이순신은 이 같은 어명에 따라 충청수군 등 소집에 지체하고 있는 장수들의 징계를 요청한 것이다.

2월 2일. 맑다. 늦게 활터에 올라가서 활 열 순을 쏘았다. 바람이 어지럽게 불고 따뜻하지 않았다. 사도 첨사가 기한에 늦었기 때문에 신문하였다.

2월 3일. 맑고 바람이 크게 불었다. 식후에 활터에 올라가 활을 쏘았다. 우조방장(어영담)이 왔는데, 그에게서 역적들의 소식을 들으니 걱정되고 통분함을 이기지 못하겠다. 원식(元埴: 원균의 아들), 원전(元㙉: 원균의 동생)이 와서 상경한다고 보고하였다. 날이 저물어 막사로 내려왔다.

조방장 어영담이 왜적들의 소식을 보고하였는데 통분한 일이 많았다. 원전과 원식은 무슨 일로 서울에 간다는 것일까?

2월 4일. 맑으나 바람이 크게 불었다. 아침을 먹은 뒤 순천 부사, 우조방장 어영담이 와서 이야기하였다. 늦게 본영의 전선과 거북선이 들어왔다. 조카 봉(菶)이 오는 편에 어머님께서 평안하시다는 소식을 들으니 다행, 다행이다.

2월 5일. 맑다. 꿈에 좋은 말을 타고 곧바로 큰 바위가 층층이 쌓인 큰 산마루로 올라가니 아름다운 산봉우리들이 서쪽에서 동쪽으로 뻗어 있고, 또 산봉우리 위에 평평한 곳이 있기에 앉을 자리를 고르다가 깨었다. 무슨 징조인지 모르겠다. 또 어떤 미인이 혼자 앉아서 손가락질을 하는데, 나는 소매를 뿌리치고 응하지 않았는데, 우습다.
아침에 군기시(軍器寺)에서 흑각궁 100개와 화피(樺皮) 89장을 받아왔기에 숫자를 세어보고 서명하였다. 발포 만호(황정록)와 우수사 우후가 와서 보았다. 늦게 활터에 올라가 어영담, 우수사 우후, 여도 만호(김인영) 등과 활을 쏘았다.
원수(권율)의 회답이 왔는데, 유격 심유경(沈惟敬)이 벌써 왜적과 화해하기로 결정했다고 한다. 그러나 왜적들의 간교한 꾀와 교묘한 계책은 헤아릴 길이 없다. 전에도 놈들의 꾀에 빠졌으면서 또 이렇게 빠지게 되니 한탄스러운 일이다.

권율로부터 심유경의 강화회담에 진전이 있다는 회답이 왔다. 이 회답에는 강화회담이 이렇듯 순조롭게 진행되고 있으니 조선군은 회담에 방해가 되는 어떤 행위도 하지 말라는 명군 측의 메시지가 들어있다.

2월 6일. 비. 비. 오후에는 개었다. 순천(권준), 우조방장(어영담), 웅천 현감(이운룡), 사도 첨사(김완)가 와서 만나보았다.

2월 7일. 맑다. 서풍이 크게 불었다. 어머님께 문안드리는 편지를 조카 분(芬)이 가는 편에 부쳤다. 봉(菶)과 분이 나갔는데, 봉은 나주로 가고 분은 온양으로 갔다. 회포가 불편하다. 고성 현감(조응도)이 보고하기를, 적선 50여 척이 춘원포(春院浦: 통영군 광도면 예승포)에 왔다고 하였다. 오늘 군대를 다시 편성하고 격군들을 각 배에 옮겨 태웠다. 보성의 전선 2척이 들어왔다. 소비포 권관(이영남)이 와서 만나보았다.

왜군들이 움직이고 있다.

2월 8일. 맑다. 동풍이 크게 불고 날씨가 몹시 찼다. 아침에 순천(권준)이 와서 말하기를 "고성 땅 소비포(所非浦) 마암면 두호리에 적선 50여 척이 드나든다"고 하기에 즉시 제만춘(諸萬春)을 불러 지세의 편리함 여부를 물어보았다. 늦게 활터에 올라가 공무를 보고 저녁에 돌아오니 바다에 달빛이 밝아서 누워 있어도 잠이 오지 않았다. 권준, 어영담이 와서 이야기하다가 밤 2경(오후 10시경)이 되어서야 헤어졌다.

상당수의 왜선이 두호리에도 나타났다.

2월 9일. 맑다. 새벽에 우후(이몽구)가 배 두 세 척을 거느리고 소비포 뒤쪽으로 띠풀을 베러 갔다. 아침에 고성 현령(조응도)이 오기에 그에게 당항포로 적선이 왕래하던지 물어보고, 또 백성들이 굶주려서 서로 잡아먹는다고 하니 장차 어떻게 살아갈 것인지 물어보았다. 늦게 활터에 올라가 활 10여 순을 쏘았다. 이유함(李惟諴: 전 좌랑으로 진주에서 피난왔다)이 와서 작별을 고하므로 그 자(字)를 물어보니 여실(汝實)이라고 하였다. 순천(권준), 조방장(어영담), 우수사 우후, 사도 첨사, 여도 만호(송여종), 강진 현감(유해), 사천 현감(기직남), 하동 현감(성천유), 보성 군수(김득광), 소비포 권관 등이 왔다.

당항포 지역의 왜선 출몰 여부와 사람이 인육(人肉)을 먹는 것에 대한 대책도 물어보고 있다.

2월 10일. 이슬비가 개지 않고 내렸고 큰 바람이 불었다. 오후에 조방장(어영담)과 순천(권준)이 와서 저녁 늦게까지 이야기하며 적을 토벌할 일을 의논하였다.

제2차 당항포해전을 위한 작전을 논의했다.

2월 11일. 맑다. 아침에 미조항 첨사(김승룡)가 왔다. 식후에 활터로 올라가니 경상수사(원균)와 우수사 조방장도 왔는데, 같이 술에 취해 있었다. 활 3순(巡)을 쏘았다.

2월 12일. 맑다. 이른 아침에 본영의 탐색선이 들어왔다. 사시(巳時: 오전 10시경)에 진을 적도(赤島)로 옮겼다. 미시(未時: 오후 2시경)에 선전관 송경령(宋慶苓)이 진에 도착하였다. 유서(諭書) 2통과 밀지(密旨) 1통, 합하여 세 통인데 그 중 한 통에는 명나라 군사 10만 명과 은 3백만 냥을 명나라에서 보내온다는 것이었고, 한 통은 흉적들이 호남으로 쳐들어가려는 생각을 하고 있으니 힘을 다하여 길을 끊어 막고 형세를 보아서 무찌르도록 하라는 것이었다.

그리고 밀지에는 "해가 다 가도록 바다 위에서 애쓰고 고생하고 있음을 내 언제나 잊지 않고 있다. 공로가 있는 장수와 군사들로 아직도 상을 받지 못한 자들의 이름을 적어 올리도록 하라"는 내용이었다.

선전관 편에 서울의 여러 가지 소식을 듣고 또 역적의 일 때문에 전하께서 근심하며 밤낮으로 정사에 분주하시다는 말을 들으니 강개한 마음과 그리움이 그지없다. 영의정(유성룡)의 편지도 가져왔다.

조정이 보내온 소식 중에 '명군 10만 명과 은 3백만 냥'은 조정에서 군대의 사기를 진작시키기 위해 거짓으로 꾸며낸 이야기였다.

2월 13일. 맑고 따뜻하다. 아침에 영의정(유성룡)에게 회답 편지를 쓰고, 식후에는 선전관과 다시 이야기하다가 작별한 뒤 하루 종일 배에 있었다. 신시(申時: 오후 4시경)에 소비포 권관(이영남), 사량 만호(이여념), 영등포 만호(우치적)가 왔다. 유시(酉時: 오후 6시경)에 출발하여 한산도로 돌아오고 있을 때 경상우수사(원균)의 군관 제홍록(諸弘祿)이 삼봉(三峯)으로부터 와서 말하기를 "적선 8척이 춘원포에 들어와 정박해 있으니 들어가 칠만하다"고 하였다. 그래서 곧 나대용(羅大用)을 원 수사(원균)에게 보내 작은 이익을 보려고 들어가 치다가는 큰 이익을 이룰 수 없으므로 우선은 내버려 두었다가 기회를 보아서 무찔러야 한다고 전하도록 하였다. 미조항 첨사(김승룡), 순천(권준), 조방장(어영담) 등이 왔다가 밤이 깊어서야 돌아갔다.

　원균이 8척의 왜선을 치자고 했다. 이때 이순신은 규모가 큰 제2차 당항포해전을 계획하고 있었기에 원균의 작전을 보류시켰다.

　2월 14일. 맑고 따뜻하고 바람조차 부드럽다. 경상도 남해·하동·사천·고성 등지에는 송희립·변존서·유황(柳滉)·노윤발(盧潤發) 등을, 우도에는 변유헌(卞有憲)·나대용 등을 점고하러 내보냈다. 본영에서 군량 20섬을 실어왔다. 방답 첨사와 배첨지(배경남)가 왔다. 장언춘(張彦春)의 면천(免賤) 공문을 만들어 주었다.

　2월 15일. 맑다. 새벽에 거북선 2척과 보성의 배 1척을 명에로 쓸 재목 베는 곳으로 보내어 초저녁에 실어왔다. 식후에 활터에 올라가 좌조방장(흥양 배흥립)의 늦게 온 죄를 신문하였다. 흥양 배의 부정 사실을 조사해 보니 허술한 점이 많았다.

거북선 2척이 멍에목(배 만드는 목재) 운송선을 호위했다.

　2월 16일. 맑다. 암행어사 유몽인(柳夢寅)의 장계 초본을 보니, 임실 군수 이몽상(李夢祥)·무장(茂長) 군수 이충길(李忠吉)·영암 군수 김성헌(金聲憲)·낙안 군수(신호) 등은 파면하고, 순천 부사(권준)는 탐관오리로 보고하였으며, 담양(이경노)·진원(조공근)·나주(이용순)·창평(백유항) 수령 등은 악행을 덮어주고 칭찬하는 내용의 장계였다. 임금을 속임이 이 지경에 이르렀으니 나라 일이 이러하고서야 난리가 평정될 리가 만무하다. 우러러 탄식할 뿐이다.

또 수군에서 도망병이 있을 경우 일족 중에서 대신 징발하여
충당하는 일과 장정 넷 중에 둘은 전쟁에 나가야 한다는 것을
심히 잘못된 일이라고 말했으니, 암행어사 유몽인은 국가의 위
급함은 생각하지 않고 다만 눈앞의 작은 안일만을 생각하는 것
이니, 나라를 그르치는 교활하고 간사한 말이 악비(岳飛)에 대
한 진회(秦檜)의 그것과 다를 것이 없다. 나라를 위해서는 더욱
통탄스런 일이다. 늦게 활터에 올라가 순천·흥양·우조방장·우
수사 우후·사도·발포·여도·녹도·강진·광양 등 고을 수령들과
활 열두 순을 쏘았다.

악비(岳飛)와 진회(秦檜)는 남송(南宋) 초기의 인물들이다. 진회는
금(金)나라의 침입 때 굴욕적인 화의를 성사시킨 인물이고, 금의 침
입을 막아낸 무장 악비는 진회의 간계에 의해 누명을 쓰고 옥사했
다. 이순신은 악비를 존경했다.

2월 17일. 맑다. 따뜻하기가 초여름 같다. 아침에 활터에 올라
가 공무를 보았다. 이홍명(李弘明), 임희진(任希璡)이 찾아왔다.
대나무로 총통을 만들어 왔기에 시험 삼아 쏘아보니 소리는 났
지만 별로 쓸모가 없었다. 우습다. 우수사가 들어왔는데 거느
리고 온 전선이 다만 20여 척뿐이어서 한탄스럽다. 순천(권준)
과 조방장(어영담)도 와서 활 다섯 순을 쏘았다.

2월 18일. 맑다. 후에 활터에 올라가 해남 현감 위대기(魏大器)
를 전령을 거역한 죄로 처벌하였다. 우도의 여러 장수들이 와
서 현신(現身)한 뒤에 활 두어 순을 쏘았다.

2월 19일. 종일토록 이슬비가 내렸다. 사정에 올라가 홀로 두 시간 넘게 앉아 있으니 우조방장과 순천이 왔다. 손충갑(孫忠甲)도 왔다. 불러들여 적을 토벌하던 일을 물어보고 강개함을 이기지 못하였다. 종일토록 왜적을 토벌할 일을 의논하였다.

2월 20일. 안개비가 그치지 않았다. 몸이 불편하므로 하루 종일 나가지 않았다. 우조방장과 배첨지(배경남)가 와서 이야기했다.

2월 21일. 맑다. 순천과 우조방장이 와서 보고하기를, 견내량에 복병시켜 둔 곳을 가서 살펴보았다고 했다. 청주 의병장 이봉(李逢)이 순변사(李薲·이빈)로부터 와서 육지의 사정을 자세히 일러주고 해가 저물어서야 돌아갔다.

경상도순변사 이빈의 육군과 합동전을 펴기 위해 연락을 취하고 있다.

유시(酉時: 오후 6시경)에 벽방(碧方: 통영군 광도면) 망보는 장수(諸漢國)가 와서 보고하기를 "구화역(仇化驛: 통영군 광도면 노산리) 앞바다에 왜선 8척이 정박해 있다"고 하므로 나아가서 치라고 전령하고, 제홍록(諸弘祿: 원균의 군관)의 보고가 오기를 기다렸다.

작전이 시작되었고, 원균 쪽에도 이를 알렸다.

2월 22일. 제홍록이 와서 보고하기를 "왜선 10척이 구화역에 도착하고 6척은 춘원포(春院浦)에 도착했으나 날이 벌써 새어서 미처 추격하지 못했다"고 하므로, 다시 정찰하라고 명령하여 보냈다.

2월 28일. 맑다. 아침에 활터로 올라가 종사관(정경달)과 함께 종일 이야기하였다. 장흥 부사(황세득)가 들어왔다.

2월 29일. 벽방(碧方) 망보는 장수 제한국(諸漢國)이 급보하기를, 적선 16척이 소소포(김所浦: 고성군 마암면 두호리)로 들어왔다고 하므로, (전라우수사, 경상우수사 등에게)전령하여 알리도록 하였다.

8. 제2차 당항포해전

당항포에서 왜병을 쳐부순 장계(唐項浦破倭兵狀)

「삼가 적을 불태워 무찌른 일로 아뢰나이다.

거제와 웅천의 적들이 수없이 떼를 지어 진해, 고성 등지를 제멋대로 드나들면서 여염집에 불을 지르고 사람들을 죽이고 재물을 빼앗아 가기 때문에 적들이 오고 가는 기회를 엿보다가 형편을 보아 섬멸하려고 3도의 여러 장수들에게 명령하여 배들을 정비하고 무기들도 엄중히 갖추는 한편 각 처의 망대 있는 산봉우리에서 망보는 장수를 정해 보내면서 멀리 적세를 정찰하다가 적이 나타나는 즉시 급히 보고하라고 하였습니다.

　이달 3월 3일 미시(未時: 오후 2시경)에 고성 땅 벽방(碧方)의
망보는 장수 제한국(諸漢國) 등이 와서 급보하기를 "오늘 날이
밝자 왜의 큰 배 10척, 중간 배 14척, 작은 배 7척이 영등포(永
登浦)에서 나오기 시작했는데, 21척은 고성 땅 당항포(唐項浦)
로, 7척은 진해 땅 오리량(吾里梁: 창원군 구산면)으로, 3척은 저
도(猪島)로 향해 갔습니다"라고 하였습니다.

　그래서 신은 즉시 경상우수사 원균, 전라우수사 이억기 등에
게 전령하여 다시금 엄중히 약속하는 한편, 순변사 이빈(李蘋)
에게도 그 전에 약속한 대로 보병과 기병들을 거느리고 나와서
이미 육지로 올라간 적들을 모조리 무찔러 달라는 일로 공문을
띄운 후, 그날 술시(戌時: 오후 8시경)에 3도의 여러 장수들을 한
사람도 빠짐없이 모두 거느리고 한산도 앞 바다에서 배를 띄워
어둠을 타고 몰래 배를 몰아 밤 2경(오후 10시경)에 거제도 안쪽
에 있는 지도(紙島: 통영군 용남면─견내량 바로 북쪽) 앞바다에 도
착하여 밤을 지냈습니다. 4일 새벽 전선 20여 척을 견내량에
머물러 두어 불의의 사태에 대비토록 하였습니다.」

─⟨당항포파왜병장⟩(94. 3. 10.)─

　순변사 이빈과 수륙전을 협의했다. 이번 작전은 경상감사 한효순
이 조정에 건의하고 조정에서 어명으로 작전을 진행시킨, 규모가 큰
작전이었다. 조선 함대는 야간 항해로 견내량을 통과하여 지도에서
밤을 지냈다. 새벽에는 전선 20여 척을 지도에 머물러 두어 견내량
을 지키게 했는데, 이유는 함대가 당항포 등지에서 작전 중일 때 한
산도가 습격을 받으면 안 되기 때문이었다.

「또 3도에서 가볍고 빠른 정예선들을 뽑아 대오를 짰습니다. 전라좌도는 좌척후장(左斥候將) 사도 첨사 김완, 제1령장(第一領將) 노천기(盧天紀), 제2령장 조장우(曺長宇), 좌별도장 전 첨사 배경남(裵慶男), 판관 이설(李渫), 좌위좌부장(左衛左部將) 녹도 만호 송여종, 보주통장(步駐統將) 최도전(崔道傳), 우척후장 여도 만호 김인영, 제1령장 윤붕(尹鵬), 거북선돌격장 주부 이언량으로 구성하였고,

전라우도는 응양(鷹揚) 별도장 우후 이정충(李廷忠), 좌응양장 어란포 만호 정담수(鄭聃壽), 우응양장 남도포 만호 강응표(姜應彪), 조전통장(助戰統將) 배윤(裵胤), 전 부장 해남 현감 위대기(魏大器), 중부장 진도 군수 김만수(金萬壽), 좌부장 금갑도(金甲島)만호 이정표(李廷彪), 통장 곽호신(郭好信), 우위중부장 강진 현감 유해(柳瀣), 좌부장 목포 만호 전희광(田希光), 우부장 주부 김남준(金南俊)으로 구성하였고,

경상우도는 미조항 첨사 김승룡, 좌유격장 남해 현령 기효근, 우돌격부장 사량 만호 이여념, 좌척후장 고성 현령 조응도(趙凝道), 선봉장 사천 현감 기직남(奇直男), 우척후장 웅천 현감 이운룡, 좌돌격장 평산포 만호 김축(金軸), 유격장 하동 현감 성천유(成天裕), 좌선봉장 소비포 권관 이영남, 중위 우부장 당포 만호 하종해(河宗海) 등 총 31명의 장수로 선단을 구성하였습니다. 그리고 수군 조방장으로는 어영담을 뽑아 정하여 당항포 오리량(吾里梁) 등지의 적선들이 정박해 있는 곳으로 은밀히 달려보냈습니다.」   —〈당항포파왜병장〉(94. 3. 10.)—

이 같은 진용에 300여 척의 대선단이다. 이번 작전의 규모와 3도

수군통제영 함대의 위용을 확인할 수 있다.

> 「신은 이억기와 원균 등과 함께 많은 군사를 거느리고 영등
> 포와 장문포의 적진 앞 바다에 있는 증도(甑島: 창원군 구산면)
> 바다에 학익진(鶴翼陣)을 치고 온 바다를 가로 끊어서 앞으로는
> 우리 함대의 위세를 보이고 뒤로는 왜적들이 도망갈 길을 차단
> 하였습니다.」   −〈당항포파왜병장〉(94. 3. 10.)−

함대 수뇌진도 각기 선단을 거느리고 초대형 학익진 퍼레이드를
펼치며 통제영 함대의 위세를 떨쳤다. 군악소리가 우렁차게 울리는
가운데 어영담을 중심으로 한 선단은 당항포와 진동리 쪽으로 간 왜
선단을 치기 위해 이동했다.

> 「그러자 왜적의 배 10척이 진해 선창으로부터 나와서 기슭
> 을 끼고 행선하는데, 조방장 어영담이 거느린 여러 장수들이
> 한꺼번에 돌진하여 좌우로 협공하자 6척은 진해 땅 읍전포(邑
> 前浦: 진해면 고현리)에서, 2척은 고성 땅 어선포(於善浦: 於義浦.
> 통영군 용남면)에서, 2척은 진해 땅 시구질포(柴仇叱浦: 栗仇味浦.
> 창원군 구산면 비포리)에서 배를 버리고 육지로 올라가므로, 모조
> 리 깨뜨리고 불태워버렸습니다.
> 녹도 만호 송여종이 왜선에 사로잡혀 있던 고성 정병(正兵)
> 심거원(沈巨元)과 진해 관비 공금(孔今), 함안 양가집 여자 남월
> (南月) 등을 구출해 왔으나, 또 다른 (조선인) 포로 두 명은 왜
> 적들이 머리를 베어버리고 달아났습니다.
> 그런데 당항포로 들어가 정박한 왜선들은 큰 배, 중간 배,
> 작은 배 합하여 모두 21척인데, 멀리서 불타는 연기를 바라보

고는 모두들 기가 꺾여서 저희 세력이 궁한 줄 알고 육지로 올
라가서 진을 치므로 순변사 이빈에게 다시금 독촉 공문을 보냈
습니다.」　　　　　　　　　　　　－〈당항포파왜병장〉(94. 3. 10.)－

　왜군들이 진동리와 당항리 등 육지로 도망치자 순변사 이빈에게
속히 토벌하라는 공문을 보냈다.

　　「그리고 어영담에게 곧바로 인솔하고 있는 여러 장수들을
　거느리고 그곳으로 가도록 지시하였으나, 마침 저녁 썰물이 빠
　진 뒤이고 날까지 어두워져서 쳐들어 갈 수 없어서 당항포 포
　구를 가로질러 막고서 밤을 지냈습니다.
　　5일 새벽, 신과 이억기는 큰 바다에서 진을 치고 밖으로부터
　들어오는 적들에 대비하고, 어영담은 여러 장수들과 함께 포구
　안으로 곧바로 들어갔는데, …」
　　　　　　　　　　　　－〈당항포파왜병장〉(94. 3. 10.)－

　'어영담은 여러 장수들과 함께'라고 했다. 그런데 〈난중일기〉를
보면 '조방장과 원균 수사와 함께 나아가 토벌하도록 전령하고'라
고 기록되어 있다. 아마도 원균이 따라가기를 희망하므로 이순신은
마지못해 승낙을 했던 것 같다. 그 이유는, 당항포의 왜선들은 수송
선들이었으므로 원균 수사가 나서지 않아도 될 일이었기 때문이다.

　　「그날 오후 2시경(未時) 어영담 등이 급보를 보내왔는데 "왜
　적들은 모두 도망가 버렸고 왜선 21척에는 기와와 굵은 대나무
　를 가득 실은 채 정박해 있으므로 몽땅 깨뜨리고 불태워버렸
　다"고 하였습니다. 전라우수사 이억기 휘하 여러 장수들의 보

고 역시 같은 내용이었습니다. 허세를 부리던 남은 적들은 한 놈도 감히 나와서 항전하지 못하다가 밤중에 배를 버리고 도망 가 버리고 말았습니다.」   —〈당항포파왜병장〉(94. 3. 10.)—

어영담이 보고서를 올려왔고, 이억기도 전라우수영 소속 선단으로부터 올라온 보고 내용을 통제사에게 보고해 왔다. 그런데 원균으로부터는 보고가 없었다. 왜 없었을까?

「이럴 때 수륙이 호응하여 한꺼번에 합공(合攻)하였더라면 거의 섬멸할 수 있었을 텐데, 해군과 육군이 주둔하고 있는 곳 이 서로 멀리 떨어져 있기 때문에 쉽게 급히 연락을 취할 수 없어서 새장 속에 든 적들을 몽땅 다 잡지 못한 것이 참으로 통분합니다. 그러나 고성, 진해로 멋대로 돌아다니던 적들도 이제부터는 뒤가 염려되어 연방 돌아보느라 멋대로 나돌아 다니지는 못할 것입니다.」   —〈당항포파왜병장〉(94. 3. 10.)—

'해군과 육군의 주둔지가 서로 멀리 떨어져 있기 때문에' 라고 하였는데, 이빈 순변사의 육군이 해안으로부터 멀리 떨어져 있었고, 그래서 육지로 올라간 왜군들을 효과적으로 협공할 수 없었다. 그러나 이번 작전으로 고성과 진동리 지역의 왜군들은 물러갔다.

「이날 수군 전체가 합세하여 큰 바다를 가득 메운 채 대포를 쏘아대니 그 소리가 하늘을 진동시켰으며, 동서로 진을 바꾸면서 덮어 칠 기세를 보이니 영등포·장문포·제포·웅천·안골포 ·가덕·천성 등지에 버티고 있던 왜적들은 우리가 곧바로 쳐들어갈까봐 복병하고 있던 임시 막사들까지 몽땅 자기들 손으로 불 질러 버리고 겁을 먹고는 굴속으로 기어들어가서 밖에는 그림자조차 끊어지고 말았습니다.

6일, 고성 땅 아자음포(阿自音浦: 통영군 용남면)에서 출발하여 순풍에 돛을 달고 배의 머리와 꼬리가 서로 이어지게 하여 거제읍 앞에 있는 흉도(胸島: 동부면) 앞바다를 향하여 가고 있을 때 남해 현령 기효근이 급보를 보내왔습니다. 그 내용은 "왜선 1척이 영등포로부터 나와서는 건너편에 상륙하였는데 명나라 병사 2명과 왜놈 8명이었으며, 명나라 병사가 소지하고 있던 패문도 같이 보낸다"는 것이었습니다. 그 패문에 대하여 회답한 사연들은 따로 올린 장계에서 모두 말씀드렸습니다.」

─〈당항포파왜병장〉(94. 3. 10.)─

담종인 도사의 패문 건(왜군을 치기 위한 해전을 금하는 명령. 뒤에서 살펴본다)은 이미 따로 장계를 올린 바 있었지만, 이번 장계에 다시 넣어 구체적인 상황을 설명하고 있다.

「수군 전체 장병들은 승리한 기세로 기뻐 뛰면서 모두 사생결단으로 돌진하고자 하였고, 굶주리고 바짝 여위어 숨이 넘어가고 있던 병졸들까지 모두들 기꺼이 싸우러 나가서 왜선 30여 척을 모조리 불태워버렸고 한 척도 빠져나가지 못하게 하였습니다. 그대로 장문포·영등포의 적들까지 차례차례 섬멸시킬 계획입니다.」 ─〈당항포파왜병장〉(94. 3. 10.)─

'굶주리고 여위어'라면서 수군의 어려운 사정을 언급했다.

「그런데 수군에 소속된 나주 등 아홉 고을에서 더 만들기로

되어 있는 전선과 원래의 전선 등이 지금까지 하나도 들어오지
않았습니다. 우도의 각 진(鎭)과 포구에서도 역시 각 고을에서
수군을 징발해 보내지 않기 때문에 절반이나 정비되지 않고 있
습니다. 또 충청수사 구사직(具思稷)도 아직까지 진에 도착하지
않아서 군대의 위세가 다소 고단하고 약한 듯하여 형세를 보아
다시 진격하여 섬멸시키기로 하고, 3월 7일에 한산도 진중으
로 다시 돌아왔습니다.」   ─〈당항포파왜병장〉(94. 3. 10.)─

전라감사 이정암이 육군 쪽으로 편입시킨 9개의 후방 고을에서는
아직까지 수군에 협조하지 않고 있었다.

「3도의 여러 장수들이 적선을 불태워버린 숫자는 이억기,
어영담의 보고에 의하여 자세히 정리하여 아래에 적어두었습
니다. 왜적의 물건들은, 저들은 본래 약탈하고 돌아다니던 적
들인지라 중요한 물건이라고는 별로 없었습니다. 의복, 양식,
솥, 나무그릇 같은 잡물들뿐이므로 찾아내 온 군졸들에게 각각
나누어주었습니다.」   ─〈당항포파왜병장〉(94. 3. 10.)─

전라 좌·우도 수군의 공을 가로채려고 한 원균

「경상우수사 원균은 마치 적선 31척을 그 도(경상우수영) 장
수들의 힘만으로 불태운 것처럼 공문을 작성하여 보냈는데, 그
때문에 진중의 장수들은 모두 해괴하게 여기고 있으니, 조정에
서는 참작하고 헤아려 시행하시기 바랍니다.」
                        ─〈당항포파왜병장〉(94. 3. 10.)─

원균은 전적을 보고하는 공문에서 마치 31척 모두를 경상우수영에서 깨친 것처럼 작성해서 통제영으로 보내왔다. 때문에 모두들 원균을 괘씸하게 생각했다. 이에 이순신은 아래와 같이 공적을 바로잡아 조정에 장계를 올렸다.

「전라좌우도 장수들의 공적

○절충장군(折衝將軍) 수군 조방장 어영담: 왜의 큰 배 2척을 불태워 깨뜨렸음.

○우척후장 훈련부정(副正) 겸 여도 만호 김인영: 왜의 큰 배 1척, 중간 배 1척을 불태워 깨뜨렸음.

○우부장 서부 주부 겸 녹도 만호 송여종: 왜의 큰 배 1척, 작은 배 1척을 불태워 깨뜨렸음.

○우돌격장 훈련주부 이언량: 왜의 중간 배 2척을 불태워 깨뜨렸음.

○좌척후장 절충장군 사도 첨사 김완: 왜의 중간 배 1척을 불태워 깨뜨렸음.

○좌별도장 전 첨사 배경남, 훈련판관 이설(李渫): 두 사람이 합력하여 왜의 큰 배 1척을 불태워 깨뜨렸음.

○좌부 보전통장(步戰統將) 전 훈련봉사 최도전, 좌척후 제1령장 정병보(正兵保) 노천기, 제2령장 정병보 조장우: 서로 합력하여 왜의 작은 배 1척을 불태워 깨뜨렸음.

○계원장(繼援將) 수군 우후 이정충: 왜의 큰 배 1척을 불태워 깨뜨렸음.

○전부장 해남 현감 위대기: 왜의 중간 배 1척을 불태워 깨뜨렸음.

○좌응양장 훈련판관 겸 어란 만호 정담수: 왜의 큰 배 1척을

불태워 깨뜨렸음.

○우응양장 훈련판관 겸 남도포 만호 강응표: 왜의 중간 배 1
척을 불태워 깨뜨렸음.

○중위 좌부장 훈련판관 겸 금갑도 만호 이정표: 왜의 중간 배
1척을 불태워 깨뜨렸음.

○좌위 좌부장 훈련판관 겸 목포 만호 전희광(田希光): 왜의 작
은 배 1척을 불태워 깨뜨렸음.

○우위·중부장 강진 현감 유해, 좌부장 주부 김남준: 서로 합
력하여 왜의 중간 배 1척을 불태워 깨뜨렸음.

○우척후 제1령장 겸 사복(司僕) 윤붕, 우응양 조전장 충순위(忠
順衛) 배윤, 중위 좌부 보주통장(步駐統將) 정병보(正兵補) 곽호
신: 서로 합력하여 왜의 작은 배 1척을 불태워 깨뜨렸음.

경상도 여러 장수들의 공적

○우수사 원균: 왜의 중간 배 2척을 불태워 깨뜨렸음.

○좌척후 제1선봉장 사천 현감 기직남(奇直男): 왜의 큰 배 1척
을 불태워 깨뜨렸음.

○좌돌격장 군기시(軍器寺) 부정(副正) 겸 고성 현령 조응도: 왜
의 큰 배 1척을 불태워 깨뜨렸음.

○좌척후 선봉부장 웅천 현감 이운룡: 왜의 큰 배 1척을 불태
워 깨뜨렸음.

○유격장 하동 현감 성천유, 우부장 당포 만호 하종해: 합력하
여 왜의 중간 배 1척을 불태워 깨뜨렸음.

○좌선장 훈련판관 겸 소비포 권관 이영남: 왜의 큰 배 2척을
불태워 깨뜨렸음.

○우돌격 도장(都將) 훈련정 겸 사량 만호 이여념: 왜의 중간

배 1척을 불태워 깨뜨렸음.

○전부장 거제 현령 안위(安衛): 왜의 중간 배 1척을 불태워 깨
뜨렸음.

○우유격장 진해 현감 정항(鄭沆): 왜의 중간 배 1척을 불태워
깨뜨렸음.」　　　　　　　　　-〈당항포파왜병장〉(94. 3. 10.)-

3도 해군이 깨친 왜선의 수(제2차 당항포해전)

	큰 왜선	중간 왜선	작은 왜선	계
전라좌우도	7	8	4	19
경상우도	5	6	0	11
충 청 도	0	0	0	0
합　　계	12	14	4	30

　예전과 달리 원균의 경상우도에서도 많은 수의 왜선을 깨뜨렸다.
그 이유는 이번 작전을 위해서 한효순 감사와 이빈 순변사 등이 경
상도 차원에서 관여했기 때문에 준비도 많았다. 또 세부적으로 보면
무장이 약한 왜군 수송선단에 대한 불태우기 작전이었기 때문에 특
별한 해전의 노하우도 필요하지 않았다.

9. 1594년(선조 27년) 3월의 〈난중일기〉

　3월 1일. 맑다. 망궐례(望闕禮)를 행하였다. 활터에 올라가 검
모포(黔毛浦) 만호에게 매를 때리고 도훈도(都訓導)는 처형하였
다. 종사관(정경달)이 돌아왔다. 어두울 무렵 출발하려 할 때쯤

제한국(諸漢國: 벽방 망장)이 보고하기를 "왜선이 벌써 모두 도 망가고 없다"고 하므로 추격을 중지시켰다. 초저녁에 장흥 제 2선에 불이 나서 다 타버렸다.

3월 2일. 맑다. 늦게 활터에 올라가 좌우 조방장과 순천(권준), 방답(이순신) 등과 함께 활을 쏘았다. 초저녁에 강진의 장작 쌓 아 놓은 곳에 실화(失火)하여 다 타버렸다.

3월 3일. 맑다. 아침에 전문(箋文: 임금에게 명절에 하례하는 글)에 절을 하여 올려 보내고 그대로 활터에 앉아 있었는데, 경상 우 후(이의득)가 와서 말하기를 "수군이 적을 많이 잡아오지 못했 다고 해서 수사(원균)에게서 매를 맞았는데 또 발바닥까지 치 려고 하더라"고 하였다. 참으로 놀랄 일이다. 순천(권준), 좌우 조방장, 방답(이순신), 가리포(이응표), 좌우 우후들과 함께 활 을 쏘았다.
유시(酉時: 오후 6시경)에 벽방(碧方) 망장(望將: 제한국)이 보고하 기를 "왜선 6척이 오리량(五里梁)과 당항포(唐項浦) 근처에 정 박해 있다"고 하므로 즉시 배를 집합시키라고 전령하여 큰 부 대로 흉도(胸島: 거제도) 앞바다에 진을 치고 정예선 30척은 우 조방장 어영담이 거느리고 가서 적을 무찌르도록 하였다. 그리 하여 초저녁에 배를 부려 지도(紙島)에 이르렀다가 새벽 2시에 출발하였다.

3월 4일. 맑다. 진해 앞바다에 이르러 왜선 6척을 뒤쫓아 가서 붙잡아 불태워버리고 저도(楮島)에서 2척을 불태웠다. 소소강

(召所江: 고성군 마암면 두호리)에 왜선 14척이 들어왔다고 하므로 조방장과 원 수사와 함께 나아가 토벌하도록 전령하고, 고성 땅 아자음포(阿自音浦)에서 진을 치고 밤을 지냈다.

3월 5일. 맑다. 겸사복(兼司僕: 윤붕)을 당항포로 보내어 적선을 불태웠는지 탐문케 하였더니, 우조방장 어영담이 보고하기를 "적들이 우리 군사들의 위엄을 겁내어 밤을 타고 도망가 버렸으므로 빈 배 17척을 남김없이 불태워버렸다"고 하였으며, 경상수사(원균)의 보고도 같은 내용이었다.
오늘 아침 순변사에게서도 토벌을 독려하는 공문이 왔다. 원 수사는 나의 배로 왔고 여러 장수들은 각각 돌아갔다. 오늘 저녁 광양의 새로 만든 배가 들어왔다.

3월 6일. 맑다. 늦게 거제로 향했다. 역풍으로 간신히 흉도(거제도)에 이르자 남해 현감(기효근)이 급히 보고하기를 "명나라 병사 두 명과 왜놈 여덟 놈이 패문(牌文)을 가지고 들어왔기에 그 패문과 명나라 병사들을 올려 보냅니다"고 하였다. 그것을 가져오게 하여 살펴보니 명나라 담도사(譚宗仁·담종인)의 "적을 치지 말라"는 내용의 패문이었다. 나는 몸이 몹시 괴로워 앉아 있기도 누워 있기도 불편하였다. 저녁에 우수사와 함께 명나라 병사를 만나보았다.

3월 7일. 맑다. 몸이 극도로 불편하여 돌아눕기조차 어려웠다. 그래서 아랫사람을 시켜서 패문에 대한 답장을 써 보내도록 하였더니 글꼴이 말이 아니다. 원 수사가 손의갑(孫義甲)을 시켜서 만들게 했지만, 그것 역시 마음에 들지 않았다. 나는 병중에 억지로 일어나 앉아 글을 지은 후 정사립(鄭思立: 군관)을 시켜서 써 보내게 하였다. 미시(未時: 오후 2시경)에 출발하여 한산진에 이르렀다(*초고에는 밤 10시에 도착했다고 적혀 있다).

3월 8일. 맑다. 병세는 별로 달라진 것이 없다. 기운은 더욱 없어 하루 종일 앓았다.

3월 9일. 맑다. 기운이 조금 나은 듯하므로 따뜻한 방으로 옮겨 누웠다. 다른 증세는 없다.

3월 10일. 맑다. 병세는 차츰 덜해졌지만 열기가 위로 치받아 올라와서 그저 찬 것만 마시고 싶었다.

3월 11일. 큰비가 종일 내렸다. 병세가 훨씬 덜해졌다. 열도 내렸다. 다행, 다행이다.

3월 12일. 맑으나 큰바람이 불었다. 몸이 몹시 불편하였다. 장계의 정서(正書)를 마쳤다.

3월 13일. 맑다. 아침에 장계를 봉해 올렸다. 병은 차츰 낫는 것 같았으나 기력은 몹시 떨어졌다. 회(薈)와 송두남(宋斗男)을 집으로 보냈다.

3월 14일. 비. 비. 병은 나은 듯하나 머리가 무겁고 불쾌하였다. 저녁에 광양 현감(송전)과 강진 현감(유해), 배첨사(배경남)들이 같이 돌아갔다. 들으니 충청수사(具思稷)가 벌써 신장(薪場)에 도착했다고 한다.

3월 15일. 비는 그쳤으나 바람이 크게 불었다. 하루 종일 끙끙 앓았다. 미조항 첨사(김승룡)가 돌아갔다.

3월 16일. 맑다. 몸이 몹시 불편하였다. 우수사가 와서 만나보았다. 충청수사가 전선 9척을 거느리고 진에 도착했다.

충청도 수군이 도착하였다.

3월 17일. 맑다. 몸이 쾌차되지 않았다. 해남 현감(위대기)은 새 현감과 교대하는 일로 나가고 황득중(黃得中) 등은 복병할 일로 거제도로 들어갔다. 탐후선이 들어왔다.

3월 18일. 맑다. 몸이 몹시 불편하였다. 남해 현감 기효근, 보성군수 김득광, 소비포 권관(이영남), 적량(高汝友)이 와서 보았다. 기(기효근)는 파종 일 때문에 고을로 돌아갔다. 낙안의 유위장(留衛將)과 향소(鄕所)들을 잡아와서 가두었다.

3월 19일. 맑다. 몸이 불편하였다. 종일 앓았다.

3월 20일. 맑다. 몸이 불편하였다.

3월 21일. 맑다. 몸이 불편하였다. 녹명관(錄名官)으로 여도 만호(김인영), 남도 만호(강응표), 소비포 권관(이영남)을 뽑아 정했다.

3월 22일. 맑다. 몸이 좀 나은 것 같았다. 도원수의 회답 공문이 왔는데 담도사(譚宗仁)의 자문(咨文: 공문)과 왜장의 서계(書契: 편지)를 조 파총(曹把摠)이 가지고 갔다고 한다.

명나라 담종인의 해전 금지 공문이 권율에게도 왔다.

10. 담도사(譚宗仁) 관계 내용을 보고하는 장계

「삼가 왜의 정황에 대하여 아뢰나이다.

이달 3월 6일 거제읍 앞에 있는 흉도(胸島) 바다에서 진을 치고 있었는데, 남해 현령 기효근이 와서 급보한 바에 의하면 "왜의 작은 배 1척이 고성 건너편에 상륙하여 우리 배를 불렀는데, 그 형상을 바라보니 붉은 옷과 푸른 옷을 입은 명나라 사람 2명과 왜인 8명이었다"고 하였습니다.

명나라 사람이 소지하고 있던 패문(牌文)도 같이 보내왔기에 살펴보니, 그것은 명나라 선유도사부(宣諭都司府) 담 도사(譚宗仁)의 왜적 토벌을 금지하는 패문(禁討牌)이었습니다. 그래서 명나라 병사들을 불러들여 그 까닭을 물어보았더니, 작년 11월에 도사 담 대인(譚宗仁) 등이 웅천에 이르러 지금까지 눌러 있으면서 명나라 조정에서 화친을 허락하는 명령이 오기를 기다리고 있는데, 근래 왜인들이 우리 수군의 위세에 겁을 먹고 상심, 낙담하여 도사 대인 앞에서 온갖 말로 애걸복걸하였기 때문에 이 패문을 만들어 보내게 된 것이라고 하였습니다.

교활하고 속이기를 잘 하는 왜놈들이 온갖 간교한 꾀를 다 내어 저희 스스로 이 패문을 만들어 가지고는 그곳에 있는 명나라 군사들에게 주어서 명나라 사람들이 부쳐 보내도록 애걸했던 것임을 분명히 알 수 있습니다.」

－〈진왜정장(陳倭情狀)〉(93. 3. 10.)－

이 무렵 웅천에서는 심유경-고니시 간의 강화회담이 진행되고 있었고, 담종인은 명나라 측 대표였다. '왜인들이 온갖 간교한 꾀를 다 내어'라고 하였는바, 왜군들은 회담 중에도 남해안 일대에 왜성 쌓는 작업을 계속 진행하고 있었기 때문에 이순신으로서는 담종인조차도 믿기 어려웠다.

「왜적을 무찌르지 말라는 말은 경략(經略), 제독(提督), 총병부(摠兵府) 같은 데서는 아직 분명한 지시의 명령이 내려오지 않았습니다. 그러나 패문을 명나라 병사 2명이 이미 가지고 왔고, 또 남해 현령 기효근이 공문까지 만들어 같이 보내왔으므로 거절하고 받지 않는다는 것도 온당치 않을 뿐더러, 우리 수군 역시 미처 다 모이지 아니하여 군대의 위세가 고단하고 약한 것 같아서 패문에 회답을 만들어 보내면서 짐짓 (왜적을 치는 일을) 정지하려는 뜻인 것처럼 보이기는 했으나, 실상은 왜적의 정세를 다시 탐색하여 기회를 보아 나아가 칠 계획입니다. 패문은 봉하여 올려 보내오며, (담도사의 패문에 대한) 회답은 이렇게 하였습니다.」　　　　－〈진왜정장〉(93. 3. 10.)－

　명나라 쪽에서 조선 수군에게 해전 금지명령을 노골적으로 보내
온 것은 이번이 처음이다. 이순신은 처음에는 패문을 받지 않으려고
했지만 '적의 정세를 정탐'하고자 하는 목적도 있었기에 명나라 병
사를 불러들여 패문을 받았다. 다음은 패문에 대한 회답 내용이다.

　「　"조선국 신하들은 삼가 명나라의 선유도사(宣諭都司) 대인
앞에 답서를 드립니다.

　　왜적이 스스로 트집을 잡아 군사를 이끌고 바다를 건너와 무
고한 우리 백성들을 살육하고 또 서울로 쳐들어가 흉악한 짓들
을 저지른 것이 이루 다 말할 수 없으므로, 온 나라 신하와 백
성들은 그 통분함이 뼛속 깊이 박혀서 이 왜적들과는 같은 하
늘 아래에서 살지 않기로 맹세하고 있습니다.

　　그래서 각 도의 배들을 모조리 정비하여 곳곳에 주둔하면서
동서에서 호응하고 육지에 있는 장수들과도 의논하여 수륙으
로 합동 공격하여 남아 있는 왜적들의 배 한 척, 노 한 개도 돌
아가지 못하게 함으로써 나라의 원수를 갚고자 하여 이달(3월)
3일 선봉선 200여 척을 거느리고 곧바로 거제도로 들어가 저
들의 소굴을 싹 쓸어버리고 섬멸함으로써 왜적의 종자까지 없
애고자 하였습니다.

　　그런데 왜적의 배 30여 척이 고성·진해 지역으로 함부로 들
어와서 여염집들을 불태우고 우리 백성들을 죽이거나 사로잡
아 가고, 기와를 나르고 대나무를 찍어서 저희 배에 가득 싣고
가는데, 그 하는 짓들을 생각하면 통분하기 그지없습니다. …」
　　　　　　　　　　　　　　　　－〈진왜정장〉(93. 3. 10.)－

　적들의 배를 쳐부수어 불태우고 흉악한 적도들의 뒤를 쫓아서 도

원수(都元帥)에게 보고한 다음, 수군을 거느리고 나아가 합세하여 적들을 짓밟으려 할 때, 명·왜 간에 회담이 진행되고 있는데도 왜군들은 전라도 진출을 위해 왜성을 야금야금 쌓고 있었으므로, 이를 쳐부수고 있었다고 했다.

> 「…마침 도사 대인(譚宗仁)의 타이르는 패문(牌文: 공문)이 뜻밖에 진중에 도달하였기에 받들어 재삼 읽어보니 순순히 타이르신 말씀이 간절하고 곡진(曲盡)하기 그지없었습니다. 그러나 다만 패문의 말씀 가운데 '일본 장수들이 마음을 돌려서 귀화하지 않는 자 없고 모두들 무기를 거두어 저희 나라로 돌아가고 싶어하니, 너희 모든 병선들은 속히 제 고장으로 돌아가고 일본 진영에 가까이 하여 트집을 일으키지 말도록 하라'고 하셨습니다.
>
> 그러나 왜인들이 진을 치고 있는 거제·웅천·김해·동래 등지는 모두 다 우리 땅인데 우리에게 일본 진영에 가까이 가지 말라고 하신 것은 무슨 뜻입니까? 또 우리에게 속히 제 고장으로 돌아가라고 하셨는데, 제 고장이란 어디를 가리키는 것인지 또한 알 길이 없습니다. 또 트집을 잡은 쪽은 우리가 아니고 왜인들입니다.…」　　　　－〈진왜정장〉(93. 3. 10.)－

'저희 나라로 돌아가고 싶어하니'라고 하였는바, 고니시 등 일부 왜장들은 그렇게 하고 싶어했다. 그러나 가토 기요마사(加藤淸正)와 히데요시는 그렇지 않았기에 정유재란이 일어나게 된다.

> 「원래 왜인들이란 그 속임수가 천변만화하여 헤아리기 어렵기 때문에 예로부터 저들이 신의를 지켰다는 말은 들어본 적이

없습니다. 흉악하고 교활한 적도들은 아직도 그 포악한 행동을 멈추지 않고, 바닷가에 진을 치고는 해가 지나도 물러가지 않고 여러 곳을 멧돼지처럼 쳐들어와서 사람을 죽이고 재물을 약탈하기를 전일보다 곱절이나 더한데, 무기를 거두어 바다를 건너 돌아가려는 생각이 어디에 있다는 것입니까?

지금 화의를 맺고자 한다는 것은 사실은 속임수와 거짓말입니다. 그러나 대인의 뜻을 감히 어기기 어려우므로 우선은 기한을 정해놓고 지켜보면서 우리 임금께 급히 아뢰려 합니다. 그러니 대인께서는 이런 뜻을 널리 살피시어 왜적들에게 하늘의 뜻을 거스르는 것(逆天)과 하늘의 뜻에 따르는 것(順天)의 도리가 어떤 것인지 알도록 해주신다면 천만 다행이겠습니다."」

－〈진왜정장〉(93. 3. 10.)－

왜군들을 신뢰할 수 없는 점을 통렬히 지적했다. 하지만 담종인의 지시를 정면으로 어길 수도 없었기 때문에 얼마 동안 공격을 멈추고 지켜보겠다고 하면서, 왜군들에게도 '하늘의 도리'를 알려주라고 따끔하게 조언했다.

「이 패문에는 신과 원균, 이억기가 같이 서명하여 보냈습니다. 한편, 도원수 권율에게 '담 도사(譚宗仁)라는 이가 어느 달 어느 날에 웅천으로 내려오는지 여부를 탐문하여 회답해 달라'고 요청하는 공문을 보냈습니다.

위에서 말한 명나라 군사와 함께 나온 우리나라 포로로서 상주(尙州)에 사는 사가의 종 희순(希順)이 왜인의 말을 할 줄 알아 통역 일을 겸하기 위하여 왔으므로, 명나라 군사 무화(茂火)에게 희순을 도로 데려갈 수는 없다는 것을 이치를 따져가며 타일러 주었더니 주저하면서 결정하지 못하기에, 또다시 타일러 말하기를, "항복을 애걸하기 위해 이곳에 왔다고 하면서 우리나라 사람을 어떻게 도로 데리고 갈 수 있다는 것이냐"고 하였더니, 명나라 군사가 말문이 막혀서 대답을 못하고 그대로 내버리고 돌아갔습니다. 그래서 왜적의 형세와 명나라 군사가 이리로 오게 된 내력들을 심문하였던바, 그의 대답은 이러하였습니다.」 　　　　　　　　　　　　　　　　－〈진왜정장〉(93. 3. 10.)－

이순신은 통역관으로 따라온 조선인 통역관을 억류해 놓고 정보를 캐기 시작했다.

「 "본래 상주에서 살았는데 작년 4월에 서울에서 내려온 왜적들에게 붙잡혀 포로가 되어 부산으로 내려왔습니다. 그 후 왜놈들이 진주성을 함락시키고는 부산으로 돌아왔습니다. 그해 7월에 명나라 군사 15명이 한꺼번에 웅천으로 옮겨왔는데, 그곳의 왜장 묵감둔(墨甘屯)의 진중에 지금까지 그대로 머물러 있습니다. 명나라 군사 30여 명이 지난 11월에 또 뒤따라 왔습니다.

명나라 군사가 패문을 가지고 오게 된 것은 우리 수군이 바다를 뒤덮고 일제히 진군하여 왜선을 쳐부수자 왜장 묵감둔은 곧바로 저희들을 짓밟을까봐 겁을 먹고는 명나라 장수에게 간절히 애걸하여 이 글을 만들어 보내게 된 것입니다. 그때 왜장은 소인과 무화(茂火)에게 조선 진중으로 가라고 하면서 말하기를 '일본 사람들은 서로 싸우고 싶어하지 않는데 조선에서는 무엇 때문에 나와서 싸우려고 하느냐'라고 말하라고 시키고 내보낸 것입니다.

　그리고 웅천의 적들은 세 진영인데 한 진영에 혹 천여 명, 혹 8백~9백 명씩이며, 병들어 죽는 놈들도 많았고 또 진을 치고 성을 쌓는 토목공사에 시달려서 저희 본국으로 도망가는 자도 부지기수입니다. 배는 세 진영의 중·소선 합하여 300여 척은 되어 보였으며, 큰 배는 단지 2척뿐이었고, 장수는 한 진영은 묵감둔(墨甘屯)이고, 또 한 진영은 소서여안(小西如安), 또 한 진영은 유마청신(有馬晴信)입니다.

　그런데 작년 11월에 늙은 명나라 장수 한 분이 진중으로 와서 그대로 머물고 있다가 왜놈 세 명(小西如安 등)을 데리고 문서를 가지고 중국으로 떠나갔는데, 그 왜놈들이 돌아오는 대로 왜적들은 전부 저희 본국으로 돌아간다고 하였습니다.…」

－〈진왜정장〉(93. 3. 10.)－

　늙은 명나라 장수는 심유경이다. 소서여안은 심유경-고니시의 각본에 따라 히데요시의 '가짜 항복 문서'를 지참하고 북경에서 명나라 황제를 만난다.

　「우리나라 남녀들은 혹은 일본으로 들여보냈고 혹은 남겨두어 심부름도 시키며 또 저희 본국 여인들도 많이 데려 와서 심부름을 시키고 있습니다. 왜적들이 날마다 하는 일은 혹은 총알을 두들겨 만들기도 하고, 혹은 성을 쌓고 집을 짓는 일도 합니다. 군량은 이달 초에 중간 배 6척에 가득 싣고 왔는데, 새로 오는 왜적들도 혹은 20명씩, 혹은 30명씩 배로 싣고 왔습니다. 그리고 그 밖의 다른 일들은 무식한 소인들로서는 알

수 없었습니다"고 하였습니다.」 −〈진왜정장〉(93. 3. 10.)−

웅천 지역에 있는 왜군 진영에서 일어나고 있는 일들의 모습이다.

「위에서 말한 종 희순은 적에게 포로로 잡혀가서 오랫동안 적진 가운데 있었으므로 적들의 간교한 꾀와 속사정을 모르는 것이 없었습니다. 때문에 다시 반복해서 추궁해 보니 바른대로 말하지 아니할 뿐만 아니라 왜적의 진영으로 돌아가려는 생각이 말과 얼굴에 나타나기에 무서운 형틀을 차려놓고 그 앞에 앉혀놓은 후 대강 문초를 받았으나, 꾸며대는 말이 많은 것 같았습니다. 이미 본국으로 돌아와서까지 전혀 머물러 있을 생각을 하지 않으니 나라를 배반한 죄인을 잠깐이나마 기다려 줄 수 없지만, 뒷날에 다시 또 물을 것이 있을 것이라 생각되어 우선 흥양현에 옮겨다 가두어 놓고 조정의 명령을 기다립니다.」 −〈진왜정장〉(93. 3. 10.)−

이미 이들의 마음이 조선을 떠나 왜적에게 기울어진 상태임을 확인하고 곧바로 죽이고 싶었지만, 왜적에 관한 정보를 더 알아내기 위하여 잠시 살려두고 흥양현으로 이송 수감했다.

제20부 태산명동(泰山鳴動)에 서일필(鼠一匹)로 끝난 영등·장문포의 수륙전

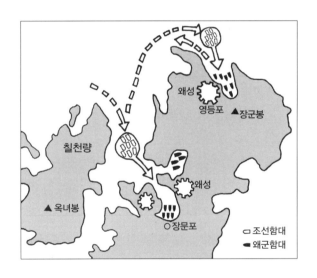

장문포, 영등포 작전도 이순신이 거둔 승첩으로 알려져 있다. 그러나 실은 윤두수와 원균이 기획·추진한 작전이다. 그리고 그 결과는 승첩이 아닌 '태산이 큰 소리를 내며 진동했으나 알고 보니 결국 쥐 한 마리뿐이더라(泰山鳴動, 鼠一匹)'는 격의 실패한 작전이었다. 이 작전의 실패로 윤두수는 좌의정에서 물러나고, 원균은 충청병사로 갈려 가게 된다.

1. 〈난중일기〉에만 기록되어 있는 두 해전

이 무렵 이후부터는 전해져 오는 장계가 없다. 그 대신 〈난중일기〉에 자세히 기록되어 있다. 통제영의 종사관이 〈난중일기〉 등을 참조해서 장계의 초본을 작성하고 통제사의 수정과 결제를 받은 후 올려 보낸 것 같다. 장계의 초본은 통제영 내에서 공문서로 보관되다가 그 후 망실되었다.

그러나 〈난중일기〉는 충무공의 친필 문집이므로 문중과 가족들에 의해 보관·보존되어 오늘에 이르게 된 것이다. 제2차 당항포해전의 장계 초본과 명나라 담종인에게 보낸 답신서도 처음에는 종사관이 작성했으나, 사안의 중요성 때문에 몸을 가누기조차 힘들만큼 불편하였음에도 이순신이 직접 작성했다.

한편 제2차 당항포해전 무렵부터는 후방 고을들에 대한 經·營 관리 등을 기록한 장계(초본)도 전해져 오는 것이 없다. 이유는 종사관이 기록했고 그 후 비본이 망실되었기 때문이다.

> (1594년) 9월 1일. 순무사(巡撫使) 서성(徐渻)의 공문과 장계 초안이 들어 왔다.
>
> 9월 2일. 맑다. 들으니 아내의 병이 나아가고 있기는 하나 원기가 몹시 약하다고 하니 못내 걱정스럽다.

병법을 모르는 임금의 질책

9월 3일. 비가 왔다. 새벽에 (임금의) 밀지(密旨)가 들어왔는데 '바다와 육지의 여러 장수들은 팔짱을 끼고 서로 바라보기만 하고 한 가지라도 계책을 세워서 적을 치는 일이 없다.'고 하였다. 3년 동안이나 바다 위에 있었는데 그럴 리가 만무하다. 여러 장수들과 함께 죽음으로써 원수를 갚자고 맹세하고 날을 보내고 있지만 험한 곳에 소굴을 파놓고 그 속에 들어가 있는 적들을 경솔하게 나가 칠 수는 없는 노릇이다. 또 더구나 (병법에서도) 나를 알고 적을 알아야만 백 번 싸워도 위태롭지 않다고 하지 않았던가(知己知彼, 百戰不殆).

초저녁에 불을 밝히고 혼자 앉아 나라 일을 생각하는데, (작금의 상황은) 엎어지고 자빠지고 위태롭기 그지없건만 안으로 구제할 대책이 없으니 이 일을 어찌하랴, 어찌하랴. 마침 흥양(배흥립)이 내가 혼자 앉아 있는 줄 알고 들어왔기에 둘이서 3경(三更: 자정)까지 이야기하였다.

선조가 '밀지'를 보낸 것은 명나라 군 모르게 왜군을 공격하고자 해서였다. 선조는 밀지에서 수륙의 장수들이 팔짱만 끼고 있다고 질책했다. 하지만 명군 쪽에서 해전을 금지하고 있었고, 왜군들은 왜성 안에 숨어서 지키기만 하고 있었다. 이 같은 상황에서 나아가 적을 치지 않는다고 질책하는 밀지를 받자, 답답했다.

9월 4일. 맑다. 원 수사(원균)가 와서 이야기하였다. 소비포(이

영남)와 여도(김인영)가 들어왔다.

9월 5일. 맑다. 충청수사가 들어왔다.

9월 6일. 맑고 바람도 잔잔하였다. 충청수사, 우후(이몽구), 마량(강응호)과 함께 활을 쏘았다. 저물녘에 김경노(金敬老)가 우도에 왔다고 하였다.

시문놀이 체질의 총사령관 윤두수

9월 7일. 맑다. 순천(권준)의 편지를 보니 '좌의정(尹斗壽)과 순찰사(洪世恭: 전라감사)가 초열흘쯤에 이곳 부(府: 순천)에 온다'고 하였다.

이번 작전의 총사령관은 좌의정 윤두수였다. 그런데 윤두수는 기송사장의 체질이어서 그런지 4백리 밖인 사천에서 공문으로 작전을 지휘하고 있다. 그가 만약 격물치지—실사구시적 자질이 있는 인물이었다면 한산도·영등포·장문포 등지의 지형과 왜성도 살펴보았을 것이고, 그렇게 했다면 임진왜란을 조기에 수습했다는 후세인들의 평가를 받았을지도 모른다. 그런데 윤두수와 전라감사가 왜 갑자기 순천까지 온다는 것일까?

9월 13일. 맑고 따뜻하다. 조도어사(調度御使) 윤경립(尹敬立)의 장계 초안 2통을 보니, 하나는 진도(珍島) 군수의 파면을 요청한 것이고, 하나는 수군과 육군을 서로 바꾸어 징발하지 말 것과 각 고을 수령들을 전쟁터로 내보내지 말도록 하자는 내용인데, 그 의견은 자못 눈앞의 일만 생각하는 (근시안적인) 것이었다.

저녁에 하천수(河千壽)가 장계 회답 내려온 것과 홍패(紅牌) 97장을 가지고 왔다. 영의정의 편지도 왔다.

'지방 고을 수령들을 전쟁터로 내보내지 말도록' 하자고 했다는데, 고을 수령들이 단위 함대 사령관으로 한산도에 나와 있는 동안 후방 고을들의 經·營에 문제가 있었기 때문이다. 하지만 그렇게 하려면 경국대전 등 조선왕국의 법과 제도부터 고쳐야 하므로 현실화되기 어려운 제안이었다. 그래서 '눈앞의 일만 생각한다'고 하였다.

9월 22일. 맑다. 우수사와 장흥(황세득)과 경상우후(이의득)가 같이 와서 명령을 듣고 갔다. 원수(권율)의 밀서가 왔는데 '27일에는 꼭 군사를 출동시키도록 하라'는 것이었다.

권율로부터 밀서가 왔다. 9월 27일이 작전 개시일이다. 그러나 때는 다수의 장병들이 가을걷이를 위해 휴가 중이었다. 작전 개시 5일 전에 밀서가 왔으니 때에 맞춰 소집하기도 쉽지 않은 문제였다. 또한 '사람이 인육을 먹고 있는 식량난'에 시름하고 있었기 때문에 가을걷이를 중단하게 된다면 이 또한 보통 심각한 문제가 아니었다.

9월 23일. 맑으나 바람이 사납다. 아침에 활터에 나가 공무를 보았다. 원 수사(원균)가 와서 군사기밀을 의논하고 갔다. 낙안의 군사 11명과 방답의 수군 40명을 점고하였다.

원균과도 '비밀작전'을 의논했다.

9월 24일. 맑다. 하루 종일 큰 바람이 불었다. 공무를 보았다. 오늘 호의(號衣: 더그레. 각 영문의 군사와 의금부 나졸들이 입는 세 자락으로 된 옷)를 나누어 주었는데, 좌도는 누른 옷 9벌, 우도는 붉은 옷 10벌, 경상도는 검은 옷 4벌이었다.

9월 25일. 맑다. 김 첨지(김경노)가 군사 70명을, 박 첨지(박종남)가 군사 6백 명을 거느리고 들어왔다. 조붕(趙鵬)도 왔다. 같이 자며 밤에 이야기하였다.

김경노와 박종남은 통제영 소속 조방장들인데, 작전을 앞두고 인근 고을의 병사들을 긴급히 인솔해 왔다.

(＊○김경노(金敬老): 남원 태생. 젊어서 문학(文學)을 배우다가 중년에 붓을 던지고 무과에 급제하여 당상관에 올랐다. 이때(甲午)에는 충무공을 따라서 왕래하였고 정유년에는 조방장이 되어 전주에 있다가 남원이 위험하다는 말을 듣고 달려가 정창(淳昌)에서 병사 이복남을 만났다.

그때 명나라 대장으로는 총병 양원(楊元)이 군사 3천 명을 거느리고 머뭇거릴 따름이어서, 그는 병사와 함께 탄식하기를 "진주성은 험고한데다가 수만 명의 군사를 가지고도 무너졌으니 남원성과 같이 허술한 곳이야 다시 무슨 말이 더 필요하겠는가. 더구나 우리 장수가 하나도 없으니 몇 날이면 무너질 것이다. 그러나 그렇다고 내 나라 일에 명나라 군사들만 죽으라고 할 수는 없다"고 하고는 결사대 100여 명을 이끌고 교룡산

(蛟龍山) 아래로부터 성 안으로 들어갔다.

   그때 적들은 성 남쪽 들판에 수십 리를 연하여 있어 바라보기만 해도 간담이 떨어질 지경이었지만, 그는 "사나이로서 나랏일에 몸을 바칠 때가 왔다"면서 싸우다가 성이 무너지자 이복남과 함께 순사하였다.

   ○박종남(朴宗男): 밀양 태생. 무과에 급제하여 선전관이 되었고, 을미년에는 충무공 막하의 조방장으로 있었다. 상주 목사, 회령 부사를 지냈고 무예와 기백으로 이름을 떨쳤으며, 글씨로도 유명했다.)

9월 26일. 맑다. 새벽에 곽재우, 김덕령 등이 견내량에 이르렀으므로 박춘양(朴春陽)을 보내서 건너온 이유를 물어보게 하였더니 "수군과 합세하여 적을 칠 일로 원수(권율)가 명령을 전해서 왔다"고 하였다.

곽재우와 김덕령도 군사들을 거느리고 왔다.

2. 작전을 개시한 조선 수·륙군

9월 27일. 아침에는 맑고 저녁에는 비가 왔다. 아침에 배를 타고 포구를 나가자 여러 배들도 일제히 출발하여 적도(赤島: 통영군 둔덕면) 앞바다에 대었다. 곽 첨지(곽재우), 김충용(金德齡), 한별장(한명련), 주몽룡(朱夢龍) 등이 모두 와서 작전을 지시한

뒤에 각각 원하는 곳으로 나누어 보냈다. 저녁에 선병사(宣居
怡)가 배에 오므로 본영의 배를 타게 하였다.

권율의 '밀서'에 따라 전개한 27일의 작전 내용이다.

9월 28일. 흐리다. 새벽에 불을 밝히고 혼자 앉아서 적을 치는
일로 길흉을 점쳐 보았더니 매우 길하다. 흉도(胸島) 안바다에
진을 쳤다.(*처음에는 '如弓得箭(여궁득전: 활이 화살을 얻은 것과 같
다)', 두 번째는 '如山不動(여산부동: 산이 움직이지 않는 것과 같다)'
괘를 얻었다. -초고).

9월 29일. 맑다. 배를 출발하여 장문포(長門浦)로 돌입하니 적
들이 험준한 곳에 의거하여 나오지 않았다. 누각을 높이 짓고
양쪽 봉우리에는 벽루(壁壘)를 쌓아 놓고 전혀 나와서 항전하
려고 하지 않았다. 선봉의 적선 2척을 무찔렀더니 그만 육지로
올라가 도망쳤다. 빈 배만 불태워 깨뜨리고 칠천량(漆川梁)에서
밤을 지냈다.

'양쪽 봉우리에는 벽루를 쌓고'라고 하였는바, 난공불락의 왜성
구조임을 알 수 있는데 조선군은 공성용 운제(雲梯)도 없었던 것 같
다.

(1594년) 10월 1일. 충청수사 및 선봉의 여러 장수들과 함께
곧바로 영등포로 들어가니 흉한 적들이 바닷가에 배를 대어놓
고 한 놈도 나와서 항전하지 않았다. 날이 저물어 장문포 앞바
다로 돌아왔다. 마침 사도(蛇渡)의 제2선이 뭍에 배를 대려고

할 즈음 적의 작은 배가 곧장 들어와서 불을 던졌다. 불은 비록 일어나지 않고 꺼졌지만 분하기 그지없었다. 우수사 군관과 경상수사 군관에게는 그 실수한 것을 대충 꾸짖고, 사도군관에게는 그 죄를 무겁게 다스렸다. 2경(二更: 밤 10시경)에 칠천량으로 돌아와서 밤을 지냈다.

10월 2일. 맑다. 선봉선 30척에게 장문포로 가서 적의 형세를 살펴보고 오라고 지시하였다.

10월 3일. 맑다. 직접 여러 장수들을 인솔하여 아침 일찍 장문포로 갔다. 하루 종일 싸울 기회를 살폈으나 적도들은 무서워서 감히 대항하지 못했다. 날이 저물어 칠천량으로 돌아왔다.

웅천에서 강화회담을 진행한 심유경과 고니시는 히데요시가 명 황제에게 받치는 가짜 항복문서를 만들었고, 이것을 소서여안(小西如安)에게 휴대시켜 북경으로 보냈다. 가짜 항복문서를 받아본 명나라 조정에서는 이것이 진짜 항복문서인 줄 알고 히데요시를 일본 국왕에 봉하는 책봉사를 일본에 보내기로 결정했다.

그 후 명나라 조정은 소서여안 일행을 한성→웅천으로 돌려보내면서 조선 측에 일체의 전쟁행위를 하지 못하도록 압력을 넣었다. 때문에 이 같은 통지를 받은 조선의 수륙군 장수들에게는 이번 작전은 매우 곤혹스러운 것이었다.

이 무렵 명군의 현황을 보면, 약 5천 명의 군사들이 한성 등지에 주둔하고 있었다. 이에 조선 조정에서는 한성의 명군이 알지 못하게 윤두수로 하여금 경상·전라·충청도의 조선군을 동원하도록 하였다.

◇ 이 무렵 남해안의 왜군 현황

    서생포: 가토 군 8,900명

    기장(機場): 구로다 군 2,000명

    부산·동래: 모리 군 등의 5,000명

    김해·안골: 와키자카 군 등 6,700명

    가덕도: 고바야카와 군 등 2,800명

    웅천: 고니시 군 등 12,100명

    거제도: 시마즈 군 등 8,000명

    계: 43,000명

◇ 이 무렵의 조선군 현황

체찰사: 윤두수,	충청수사: 이순신(李純信)
도원수: 권율	충용장: 김덕령
3도수군통제사: 이순신	조방장: 곽재우
순변사: 이일.	수군조방장: 김경노
경상병사: 김응서	수군조방장: 박종남
충청병사: 선거이	별장: 한명련
경상우수사: 원균	조선 해군 전선 50여 척

※순변사 이빈과 전라병사 이시언(李時言)은 소수의 병력으로 함안 등지에서 복병했다. 한산도의 전선(판옥선)은 200척인데 50척만 참전한 것은 그 무렵 장병들이 가을걷이 휴가 중에 있었기 때문이다.

10월 4일. 맑다. 곽재우, 김덕령들과 함께 약속한 뒤 군사 수백 명을 뽑아 육지에 내려 산으로 올라가게 하고 선봉은 먼저 장문포로 보내어 들락날락 하면서 싸움을 걸게 하였다. 늦게

중군을 거느리고 나가며 수륙이 서로 호응하니 적도들은 갈팡
질팡하며 형세를 잃고 동서로 분주(奔走)하였다. 그런데 육군
은 적이 칼을 휘두르는 것을 보고는 겁을 먹고 몸을 돌려 배로
내려오는 것이었다. 칠천량으로 돌아와서 진을 쳤다. 선전관
이계명(李繼命)이 표신(標信)과 선유교서(宣諭敎書)를 가지고 왔
다. 임금께서 잘(貂皮: 담비 가죽)을 하사(下賜)하시었다.

백병전 단계가 되자 조선 육군은 기가 죽어서 후퇴해 내려 왔다.
표신과 선유교서는 작전을 독려하기 위해 임금이 내린 것인데, 이는
윤두수의 요청으로 내려진 것이다.

10월 5일. 큰 바람이 종일토록 불었다. 장계를 썼다.

날씨 때문에 칠천량에 계속 머물러 있었다.

'싸워서는 안 된다' 는 왜군들의 패문

10월 6일. 맑다. 아침 일찍 선봉을 장문포의 적의 소굴이 있는
곳으로 보냈더니 왜인들이 패문(牌文)을 써서 땅에 꽂아 놓았
는데, 거기에 쓰인 글은 '일본과 대명(大明)이 방금 화친을 맺
으려 하니 서로 싸워서는 안 된다' 는 내용이었다.
왜놈 1명이 칠천량 산기슭으로 와서 투항하고자 하므로 곤양군
수가 불러서 배에 태운 후 물어 보니, 그 자는 영등포에 주둔
하고 있는 왜적이었다. 진을 흉도(胸島: 거제도)로 옮겼다.

왜군들의 패문을 본 조선군은 허탈감에 빠졌다. 게다가 명군의 출전 금지령을 어겼으므로 추후 어떤 책임 추궁을 받게 되는 것은 아닌지 걱정되었다. 그런 와중에 작전을 개시한 지 10여 일이 지나자 각 부대들에는 식량도 떨어져 가고 있었으며, 때는 바야흐로 겨울로 들어서는 음력 10월이었다.

이번 작전에는 여러 위험 요소들이 내재되어 있었다. 만약 가덕·김해·부산에 주둔해 있던 4만여 왜군들이 야습을 해 온다면 곽재우와 김덕령 등이 이끄는 3천의 조선 육군은 위기를 맞게 되고, 조선 육군이 섬멸되고 나면 명군의 도움을 기대하기 어려운 상황에서 함안·의령·거창·선산·상주, 그리고 전라·충청도가 일거에 왜군들의 수중에 들어갈 우려가 있었다. 때문에 곽재우, 김덕령 등은 안절부절 못하고 있었다.

이 같은 때에는 총사령관이 직접 나서서 군심을 안정시키고 대책을 제시해야 했다. 그러나 윤두수는 4백리 밖 후방인 순천에 있었다. 결국 더 이상 전투를 계속하기 어렵다고 판단한 곽재우 등은 각자 핑계를 대고 고향으로 돌아갔다.

> 10월 7일. 맑다. 선병사(선거이), 곽재우, 김덕령 등이 돌아갔다. 띠(茅) 183동을 베었다.

> 10월 8일. 맑고 바람도 없었다. 아침에 출발하여 장문포에 있는 적의 소굴에 이르니 적들은 여전히 나오지 않았다. 군사의 위엄만 보인 후 흥도(거제도)로 돌아와서 띠(茅) 260동을 베고, 그대로 배를 띄워 한산도에 이르니 밤이 어느덧 자정이 되었다.

10월 9일. 맑다. 첨지 김경노(金敬老), 첨지 박종남(朴宗男), 조방장 김응함(金應誠), 조방장 한명달(韓命達), 진주 목사 배설(裵楔), 김해 부사 백사림(白士霖) 등이 모두 돌아갔다. 활을 종일 쏘았다. 남해(현집), 하동(성천유), 사천(기직남), 고성(조응도)이 돌아갔다.

수륙의 장수들도 각자 군병을 이끌고 돌아갔다.

10월 10일. 맑다. 장계를 수정하였다. 박자윤(朴子胤)과 곤양(이광악)은 유숙하고 떠나지 않았고, 흥양(배흥립), 보성(김득광), 장흥(황세득)은 돌아갔다.

10월 11일. 맑다. 공문을 적어 보냈다. 충청수사가 와서 만나 보았다.

10월 12일. 경상수사(원균)가 적을 토벌한 일에 대하여 자기가 직접 장계를 올리고 싶어하므로 공문을 만들어 보냈다. 비변사 공문에 의거하여 원수가 쥐 가죽으로 만든 남바위(耳掩·이엄)를 좌도에 15벌, 우도에 10벌, 경상도에 10벌, 충청도에 5벌을 갈라 보냈다. 장계를 수정하였다.

원균 수사가 직접 장계를 올리려고 해서 문제가 되었다. ‘장계를 수정하였다’고 하였는바, 종사관이 쓴 초고를 보완한 것으로 보인다. 그런데 이렇게 해서 올려 보낸 장계가 도중에 분실되었는지 〈선조실록〉에는 수록된 것이 없다.

10월 13일. 맑다. 종사관(정경달)이 벌써 사천(泗川)에 왔다고 하였다. 사천의 제1선을 내어 보냈다.

10월 14일. 맑다. 새벽녘 꿈에 왜적들이 항복하여 육혈(六穴) 총통 5자루를 바치고 환도도 바쳤다. 말을 전하는 자는 이름을 김서신(金書信)이라 하였는데 왜놈들이 모두 항복한다고 하였다.

10월 15일. 맑다. 박춘양(朴春陽)이 장계를 가지고 나갔다.

10월 16일. 맑다. 순무어사 서성(徐渻)이 날이 저물녘에 도착하여 우수사(이억기), 원수사(원균)와 함께 이야기하였다.

순무어사 서성이 온 것은 이번 작전에 이순신·원균 간에 있을 수 있는 갈등을 예방하고자 함이 아니었을까? 제2차 당항포해전 때에도 원균은 독자적으로 장계를 올렸기 때문에 이순신은 이를 바로잡고자 장계를 올린 바 있다.

10월 17일. 맑다. 어사(서성)가 와서 조용히 이야기하는데, 원수사의 속이고 무고하는 말들을 많이 이야기하였다. 참으로 해괴한 노릇이다. 종사관(정경달)이 들어왔다.

'속이고 무고하는 말'이라고 하였는바, 영등포·장문포 작전 중에 있었던 일인 듯하다. 한편, 이번 작전을 주도한 좌의정 윤두수는 이 무렵에도 원균을 두둔했으며, 후에 이순신을 모함·실각시키고 원균을 통제사로 삼는 데 앞장섰던 사람이다. 그런 면에서 볼 때 이번 작전에서의 윤두수 – 원균 관계가 주목된다.

　10월 18일. 맑다. 종사관(정경달)이 교서에 숙배(肅拜)하는 예를 행하였다.

　10월 19일. 바람이 순조롭지 않았다. 아침에 종사관과 이야기를 나누었다.

　10월 20일. 아침에 흐리다. 순무어사(巡撫御使: 서성)가 나갔다. 우수사(이억기)가 와서 돌아간다고 고하였다.

순무어사 서성도 돌아갔고, 이억기 함대도 귀항했다.

　10월 21일. 맑다. 종사관(정경달)과 우후(이몽구)와 발포(황정록)가 나갔다. 항복해 온 왜놈 3명이 원 수사(원균)에게서 왔다. 문초를 하였다.

종사관, 우후, 발포 만호도 귀항했다. 영등포·장문포 수륙전은 이렇게 막을 내리고 있었다.

　10월 22일. 흐리다. 이적(李迪)과 승(僧) 의능(義能)이 나갔다.

　10월 23일. 맑다.

　10월 24일. 맑다. 우후(虞侯: 초고에는 右虞侯(李廷忠)라고 되어 있음)를 불러서 활을 쏘았다.

권준 순천부사는 왜 잡혀 갔을까?

10월 25일. 맑으나 서풍이 크게 불었다. 남도(南桃: 강응표)와 영등(우치적)이 와서 이야기하였다. 전(前) 낙안 신 첨지(신호)가 체찰사(윤두수)의 공문과 목화 벙거지와 정목(正木) 한 동을 가지고 와서 같이 의논하다가 밤이 되어 물러갔다. 순천 부사 권준이 잡혀가면서 와서 보았다. 마음이 편치 않았다.

권준이 무엇 때문인지는 모르지만 잡혀갔고, 이에 이순신은 마음이 아팠다. 이때 권준은 영등포·장문포 해전에 참전 중이었다. 권준이 잡혀가게 된 자초지종은 권준을 파직시키기 위해 순천부에 온 윤두수가 순천부에 대한 표적 수사를 하면서 어떤 꼬투리를 잡았기 때문은 아니었을까?(1594년 10월 4일자 〈선조실록〉 참조). 당파 싸움과 중요한 관직에 자기 사람을 심기 위한 사리(私利) 추구 행위가 왜적을 상대로 한 전쟁 중에도 여전히 계속되고 있다.

10월 26일. 맑다.

10월 27일. 아침에는 비가 오고 저녁에는 개었다. 미조항(彌助項) 첨사(성윤문)가 와서 교서에 숙배(肅拜)하는 예를 행하고 그대로 이야기하다가 날이 저물어서 돌아갔다.

10월 28일. 맑다. 공문을 적어 보냈다. 금갑도(金甲島: 이정표)와 이진(梨津) 권관이 와서 보았다. 식후에 전라우도 우후(이정충)와 경상우도 우후(이의득)가 와서 목화를 받아 갔다.

10월 29일. 맑다. 서풍이 몹시 차가웠다.

10월 30일. 맑다. 수색하고 토벌하도록 하기 위해 적진으로 들여보내고 싶었으나 경상도 전선이 없어서 모이기를 기다렸다. 자정에 회(薈)가 들어왔다.

작전 종료를 위한 마지막 단계인 수색·토벌전을 준비하고 있다.

11월 1일. 새벽에 망궐례(望闕禮)를 행하였다.

11월 2일. 맑다. 좌도에서는 사도(김완)를, 우도에서는 우후 이정충(李廷忠)을, 경상도에서는 미조항 첨사 성윤문 등을 장수로 뽑아 수색 토벌하도록 들여보냈다.

11월 3일. 맑다. 아침에 김천석(金天碩)이 비변사 공문을 가지고 항복한 왜인 야여문(也汝文: 彌右衛門) 등 세 명을 데리고 진으로 왔다.

잔적을 소탕하는 단계에서 왜인 탈영병 등이 붙잡혀 왔다.

11월 4일. 맑다. 항복한 왜인들의 사연을 들었다. 유생(儒生)이 전문(箋文)을 가지고 들어왔다.

11월 5일. 흐리고 실비가 내렸다. 순변사(이일)가 자기 군관을 시켜서 항복한 왜인 13명을 보내왔다.

순변사 이일도 영등포·장문포 해전에 참전했으리만큼 조정은 혼신의 노력을 다했다. 그러나 3천 명으로는 거제도에 있는 왜성 하나도 공격할 수 없었다.

11월 6일. 흐리나 따뜻하기가 봄날 같았다. 이영남, 이정충, 신 첨지(신호)가 와서 같이 이야기하였다.

11월 7일. 늦게 개었다. 금갑도(이정표), 사도(김완), 여도(김인영), 영등포(조계종)가 와서 보았다. 신 첨지(신호)가 보고하기를, 원수(권율)가 수군 진중에 머무른다고 하였다.

권율이 '수군 진중에 머물고 있다'고 하였다. 수군 진중은 한산진인데, 이때 이순신은 영등포·장문포 앞에서 작전 중이이었다. 권율은 한산진에 오기 전에는 구례에 머물러 있었다.

11월 8일. 비가 뿌리다가 늦게 개었다.

11월 9일. 맑으나 바람이 불순하였다.

11월 10일. 맑다. 이희남(李喜男)이 들어왔다. 조카 뇌(蕾)도 영문으로 왔다고 하였다.

'영문으로 왔다'고 하였는바, 뇌(蕾)가 한산진으로 온 소식을 영등포 근해에서 들은 것이다.

11월 11일. 동지(冬至)다. 새벽에 망궐례를 행하고 군사들에게

죽을 먹였다. 우도 우후(이정충)와 정담수(鄭聃壽: 전 어란포만호)
가 와서 만났다.

'죽을 먹였다'고 했다. 동짓날이라 팥죽을 먹인 것인지, 아니면
군량미가 부족해서 그런 것인지 모르겠다.

11월 12일. 맑다.

11월 13일. 맑다. 원수가 방어사(防禦使) 군관에게 항복한 왜인
14명을 인솔시켜 보내왔다.

11월 14일. 맑다. 우병사(김응서)가 항복한 왜인 7명을 자기 군
관에게 인솔시켜 보내왔다.

권율과 김응서 등의 부대에서 포로로 잡힌 왜인들을 이순신의 진
영으로 보내왔다. 이렇게 보내진 왜인들은 '왜인 귀화(歸化) 부대'
로 다시 보내졌다.

11월 15일. 맑다. 따뜻하기가 봄날 같았다. 음(陰)과 양(陽)이
순서를 잃어버린 모양이다. 오늘은 아버님의 기일(忌日)이므로
나가지 않고 혼자 방안에 앉았으니 슬픈 회포를 어찌 다 말하
랴. 아들 울(蔚) 등의 편지를 보니 어머님께서 평안하시다고 하
였다. 다행, 다행이다. 영의정(유성룡)의 편지가 왔다.

11월 16일. 맑다. 바람이 조금 차다. 우도 우후(이정충), 여도
(김인영), 회령포(민정붕), 사도(김완), 녹도(송여종), 금갑도(이정

표), 영등포(조계종), 전 어란 만호 정담수(鄭聃壽) 등이 와서 보고 돌아갔다.

잔적 소탕도 끝났고, 또 전투가 없는 겨울이었기에 견내량을 지키는 병력만 남고는 모두 귀항했다.

11월 17일. 맑고 따뜻하다. 서리가 눈같이 내렸다. 조카 뇌(蕾)와 아들 울(蔚)이 들어왔다.

11월 18일. 맑다. 큰바람이 저녁 내내 불었다.

11월 19일. 맑다. 큰바람이 밤새도록 그치지 않았다.

11월 20일. 맑다. 원 수사(원균)가 와서 보고 돌아갔다.

11월 21일. 맑다. 이설(李渫)이 포폄(褒貶)하는 장계를 가지고 갔다.

11월 22일. 맑다. 활 다섯 순을 쏘았다.

11월 23일. 맑다. 흥양과 순천에서 군량이 들어왔다. 이경복(李景福)이 왔다. 순변사 등이 비난을 받고 있다는 소식을 들었다.

뒤에서 살펴보겠지만 가을 추수기에 있은 과격한 모병 등의 행위로 순변사(이일과 이빈 등)들에 대한 책임추궁이 거론되고 있었다.

11월 24일. 맑다. 따뜻하기가 봄날 같았다. 공문을 적어 보냈다.

11월 25일. 흐리다. 새벽녘 꿈에 이일(李鎰)과 만나서 나는 말을 많이 했는데, 나는 그에게 "국가가 이처럼 위태하게 된 때에 무거운 책임을 지고 있는 사람이 나라의 은혜를 갚겠다는 생각은 하지 않고 뱃장 좋게 음란한 계집을 끼고서 관사에는 들어오지도 않고 성 바깥 여염집에 있으면서 남의 비웃음을 사고 있으니 무슨 생각으로 그리하며, 또 수군 각 고을과 포구에 배정된 육전의 병기를 독촉해 가져가기에 바쁘니 이것은 또한 무슨 까닭이냐?"고 하니, 순변사가 말이 막혀서 대답을 못하는 것이었다. 기지개를 켜며 깨어보니 꿈이었다. 식후에 대청에 앉아 공무를 보았다.

꿈에 이일에게 책망하는 말을 많이 했는데, 이일뿐 아니라 평소 나라를 잘못 經·營하고 있는 조정 대신들에 대한 좋지 않은 감정이 꿈으로 표출된 것 같다.

11월 26일. 소한(小寒)이다. 맑고 따뜻하다.

11월 27일. 맑다. 좌우도로 갈라 보냈던 항복한 왜인들을 모두 모아오게 하여 총 쏘는 연습을 시켰다. 우도 우후(이정충), 거제(안위), 사도(김완), 여도(김인영)가 모두 와서 보았다.

11월 28일. 맑다.
(29일부터 12월 30일까지의 〈난중일기〉는 빠지고 없다)

3. 〈선조실록〉으로 보는 장문포·영등포 작전

〈난중일기〉에는 11월 29일~12월 30까지 한 달 간의 기록이 빠져 있기 때문에 이 기간 중의 〈선조실록〉은 장문포·영등포 작전을 이 해하는데 매우 중요하다.

군량미가 없어서 귀국하는 명나라 군사들

1593년 8월 8일, 이여송은 3만 명을 이끌고 귀국해 돌아갔다. 그 후 유정(劉綎: 후에 순천 왜교성 전투를 지휘함) 등이 1만 5천을 거느 리고 잔류해 있다가 1594년 9월 11일 역시 귀국했다. 명군은 귀국하 면서 부산에서 의주까지 30리 간격으로 5명 단위의 파발 조직을 구 축해 놓고서 조·왜의 동태를 감시했다.

「임금이 총병 유정(劉綎)을 모화관(慕華館)으로 나가서 전송하 였다.
선조: "우리나라 사람들은 오직 대인만 쳐다보고 있었는데, 이 제 철수하니 서운함을 금할 수 없습니다.
유정: 나 역시 두 해 동안이나 이 나라에 머물러 있었으므로 정 리로 보아 차마 작별할 수 없습니다. 돌아갈 때에 경략을 만 나 귀국의 사정에 대하여 힘껏 진술하겠습니다. 오직 전하가 더 한층 나라를 걱정함으로써 온 나라를 편안하게 하기 바랍 니다.

선조: 이런 말을 들으니 감격을 금할 수 없습니다. 대인이 만약 다시 대군을 거느리고 와서 흉악한 적들을 섬멸하고 우리나라 백성들을 구제하여 만대에 전할 특이한 공훈을 세운다면 이 또한 거룩한 일이 아니겠습니까.

유정: 사람이 세상에 태어난 이상 누군들 공로를 세우려는 마음이 없겠습니까. 옛사람들은 말하기를 '기러기는 지나가면 소리를 남기고, 사람은 태어난 이상 이름을 남겨야 한다(雁過留聲, 人過留名)'라고 하였는데, 나 역시 공로를 세우고 싶었습니다. 제가 전하를 모신 지 오래 되었으니 한 마디 말씀 올리겠습니다. 군자를 가까이 하고 소인을 멀리 하며 상벌(賞罰)을 분명히 하고 형법(刑法)을 너그럽게 쓰는 것, 이 네 가지를 전하께서 힘쓰셔야 합니다.

선조: 우리나라 군병들은 모두 교련되지 않은 군졸들이어서 위급한 때에는 쓸 수 없으므로 감히 큰 나라 군사를 청했던 것입니다.

유정: 군사는 10만이고 20만이고 동원하기 어렵지 않으나 군량 공급이 극히 어려운 일입니다. 천리 행군에 군사가 굶주린 기색이 있다면 용병할 수 없습니다.

선조: 대인의 생각에는 군대를 얼마나 동원하면 이 적들을 섬멸할 수 있겠습니까?

유정: 10만은 되어야 하겠습니다.

선조: 흉적들이 대인을 두려워하여 감히 발동하지 못했는데 오늘 대인께서 서쪽으로 돌아가시니 전라도를 장차 지켜내지 못할 것 같습니다. 만약 전라도를 잃는다면 대군이 나오더라도 구제하지 못할 것입니다.

유정: 저 적들이 매번 양식을 얻기 위하여 진격하는데 지금 만

약 다시 동병(動兵)한다면 반드시 전라도로 나올 것이니 요해
지에 매복하였다가 요격하고, 백성과 곡식을 들에서 산성으
로 철수시킨 다음 적을 기다리십시오."

그리고는 서로 읍(揖)을 한 후 말을 타고 길을 떠났다.」

-〈선조실록〉(1594. 9. 11.)-

아무튼 명나라 군사 1만여 명의 군량미를 해결하지 못했기에 명군
은 귀국했고, 이렇게 되자 조선군 단독으로 왜군과 싸워야 하는 어
려운 상황이 되었다.

「임금이 이어서 대상(臺上)으로 나아가 무사(武士)들의 말 타
고 활쏘기(騎射)를 관람하였다. 무사 1인이 말을 달리다가 말에
서 떨어지는 것을 보고 임금이 말하기를 "사람이 다쳤는가?"
하였다. 또 말하기를 "무사 중에 맞히지 못하는 자가 많은데 연
습을 안 해서 그런가?" 하였다.

영의정 유성룡이 말하기를 "대개 연습을 하지 않아서 그렇습
니다. 또 말을 달리며 표적을 쏘아 맞추는 것은 매우 어렵습니
다."라고 하였다.

임금이 말하기를 "표적을 쏘아서 맞힌 자에게는 상으로 말을
주는 것이 어떠한가?" 하니, 성룡이 말하기를 "지당합니다."
라고 하였다.

말 타고 활쏘기(騎射)가 끝나자 임금은 환궁하였다.」

-〈선조실록〉(1594. 9. 11.)-

유정을 전송한 후 훈련장을 관람했는데, 임진왜란 이전에도 임금
과 대신들이 이처럼 관심을 갖고 국방력을 키웠더라면 온 나라가 적

의 말발굽에 짓밟히고 적의 칼날에 어육(魚肉)이 되는 일은 면할 수 있었을 것이다.

군량미 조달 사정

「선조: "방어사는 권응수(權應銖)로 삼는 것이 어떻겠는가?

김수(金睟): 경상도는 군량 공급이 어렵기 때문에 이시언(李時言)은 전라병사로서 경상도를 지키고 이사명(李思命)은 충청 병사로서 경상도를 지키는데, 모두 본도의 군량을 가지고 영남에 가서 지키니, 만약 권응수로 경상방어사를 삼는다면 군사를 먹일 계책이 없을까 염려됩니다.

유성룡: 지금의 계책으로는 충주(忠州)를 진관(鎭管)으로 삼아 병사로 하여금 진에 남아 지키도록 하는 것이 좋겠습니다."」

－〈선조실록〉(1594. 9. 11.)－

경상도 육군의 군량미를 전라도와 충청도에 의존하고 있고, 충주를 중심으로 진관제도를 회복시켜서 명군 철수 후의 군사적 공백을 메우고자 했다.

문사(文詞) 숭상의 폐풍(弊風)을 개탄한 선조

「김수: "경상감사 한효순(韓孝純)이 경상도의 상주·대구·경주·울산 등 네 읍(邑)의 선비들과 인민들을 포장(襃獎)할 것을 장계했는데 전하께서 온당치 않다는 분부를 내리셨으니, 아마

영남의 인민들은 이 소식을 듣고 맥이 풀렸을 것입니다. 영남은 풍속이 순후하여 명현(名賢)들과 큰 선비(碩儒)들이 모두 여기에서 배출되었습니다. 변란이 처음 일어났을 때 김면(金沔)과 정인홍(鄭仁弘)이 앞장서서 의병을 일으켰고, 김해 역시 의(義)를 주창해 기병하였지만 불행히도 죽었으니, 이 사람들을 추후로 포장해 주어야 합니다.

선조: 내 생각에는 영남의 풍속이 무예를 익히지 않고 문사(文詞)만 숭상하여 폐풍(弊風)을 개혁하기 어렵다고 여겼기 때문에 전날 그렇게 지시한 것이다. 추후로 포장하는 것은 비변사가 참작해서 하도록 하라."

밤 1시 경에 대신 이하가 물러났다.」

-〈선조실록〉(1594. 9. 11.)-

선조는 영남 유림들에 대한 기송사장의 폐풍을 개탄해서 영남 지역에 대한 표창을 거절한 적이 있었다. 이에 경상감사 한효순은 김면, 정인홍, 김해 등은 기송사장이 아닌 실학적 자질의 인물로서 공을 세웠다고 재차 상신했다.

항복한 왜군들에 대한 처리

「비변사에서 건의하였다.

"항복한 왜인(降倭)들을 처음에는 깊고 외진 곳으로 들여보내기 위해 모두 서울로 올려 보낸 다음 양계(兩界)로 보냈습니다. 그런데 그 숫자가 너무 많아서 도로에서 전송(傳送)할 때 폐해를 끼치는 것이 많을 뿐만 아니라 양계의 군읍(郡邑)은 한결같

이 잔악하게 파괴되어 수많은 항복한 왜인들을 모두 그곳으로
보낸다면 물력이 감당할 수 없습니다. 금후로는 항복해 오는 자
들 중에서 재능이나 기예가 있고 공순하여 부릴만한 자는 진중
(陣中)에 남게 하고, 나머지는 도검(刀劍)을 거둔 후에 한산도의
수군이 있는 곳으로 들여보내 여러 배에 나누어 두고 격군을 삼
게 하며, 정상이 의심스러운 자가 있을 경우에는 장수들로 하여
금 즉시 선처하게 하소서."
임금이 그 건의대로 따랐다.」   -〈선조실록〉(1594. 9. 14.)-

가토 기요마사(加藤淸正)의 강화조건

「경상 좌병사 고언백(高彦伯)이 급보를 올렸다.

"승장(僧將) 유정(惟正: 사명대사)이 이겸수(李謙受) 등과 함께
8월 10일 가등청정의 진영에 가서 독부(督府: 명나라 도독부)의
편지를 청정에게 주었더니, 청정은 뜯어 본 다음 붓을 잡고 다
음과 같이 써서 보였습니다.

'전날에 명나라와 혼인을 하자던 문제는 어떻게 하겠는가? 조
선의 4개 도를 떼 내어 일본에 소속시키자던 문제는 어떻게 하
겠는가? 조선의 왕자 한 사람을 일본에 들여보내자던 문제는
어떻게 하겠는가? 조선 대신의 인질 문제는 어떻게 하겠는가?
이전처럼 서로 사이좋게 지내자던 문제는 어떻게 하겠는가?'
그리고 또 두 조항을 더 썼습니다.

'명나라 사람 한 명을 인질로 들여보내는 문제는 어떻게 하겠
으며, 명나라에서는 무슨 수단으로 일본과 관계를 가지려는
가?'

유정: '먼저 말한 다섯 개 조항에 대해서는 전날 여기에 왔을 때 이미 써 냈고, 이번에 온 독부의 편지에서 회답한 것도 역시 전날 송운(松雲: 사명대사의 호)이 한 말과 같으니 이제 다시 논의할 일이 없으며, 나중에 첨가한 두 개 조항은 우리들이 마음대로 논의할 것이 아니다. 다만 도독부가 어떻게 처리하는가에 달려 있을 뿐이다.

청정: 그렇다면 독부가 일본과의 화친을 논의하면서 무슨 일을 하려는 것인가?

유정: 독부의 뜻은, 귀하는 호걸스러운 인물이면서 관백(關伯)의 부하로 있는 것을 기꺼이 여기는데, 황제에게 건의하여 귀하를 일본의 관백으로 봉하고 군사로 돕도록 하려는 것이다. (청정은 귀를 기울이고 묵묵히 들으면서 다른 말을 하지 않다가 말했다.)

청정: 다섯 가지 일은 바로 관백이 지시한 것이니 성사시키지 않을 수 없다.

유정: 아무리 관백의 지시라 하더라도 그것은 큰 나라 조정의 뜻과 맞지 않고 또 의리에도 맞지 않는다. 설령 천지가 뒤바뀌더라도 이 의논은 끝내 이루어지지 않을 것이다.

청정: 이 다섯 가지 일이 이루어지지 않는다면 무슨 문제를 가지고 강화를 한다고 말하겠는가?

유정: 먼저 말한 다섯 가지 문제 가운데 사이좋게 지내자는 한 가지 문제는 그래도 혹시 가능하겠지만 그 나머지는 논의할 여지조차 없다.

청정: 만약 사이좋게 지내려면 어떻게 하는 것이 좋겠는가?

유정: 조선에서는 여러 대째 내려오면서 원씨(源氏: 일본)와 서로 관계를 갖고 서로 유무상통(有無相通)하며 왕래하는 것에 대하

여 화의를 맺었을 뿐이다. 이밖에 다시 무엇을 더하겠는가?

청정: 사이좋게 지낸다면 지난날 대마도에 주던 물건(고니시 측에 제시한 강화회담의 조건)들을 다 적어서 보여주겠는가?

유정: 그 물건 목록은 우리들이 정확히 알지 못하니 돌아가서 조정에 보고하여 처리하겠다.'

라고 하였습니다."」　　　　　　　　－〈선조실록〉(1594. 9. 15.)－

당시 조선에서는 '경상좌병사 김응서－요시라－고니시 간의 강화회담'과 함께 '경상우병사 고언백－유정－가토 간의 강화회담'이 진행되고 있었다. 그런데 가토가 요구한 강화회담의 조건에 대해서 유정은 '천지가 뒤바뀌더라도 이루어지지 않을 것'이라고 하였는바, 강화회담의 진행이 순탄치 않을 것이라는 점과 정유재란의 조짐을 감지할 수 있다.

영등포·장문포 작전을 주장한 비변사

「비변사에서 건의하였다.

"육지에 주둔하고 있는 왜적의 군영과 보루가 이미 공고해지고 병력도 아주 많은 상황에서, 우리의 나약한 군사와 무딘 병기를 가지고는 한 개 주둔지를 격파하기도 사실 어려운 형편입니다. 그러나 수군으로 하여금 바닷길을 가로막고 그들의 군량 수송로를 끊게 한다면 적의 형세가 저절로 수그러들 것이니, 이것은 바로 병법에서 말하는바 견고한 곳을 피하고 약한 고리를 친다는 전술입니다. 그리고 거제에는 적이 주둔하고 있기는 하지만 형세가 외롭고 약하며 특히 김해·웅천에 있는 적과 바다를 사이에 두고 서로 바라보며 멀리서 성원할 뿐입니다.

그러나 거제에 적이 있기 때문에 우리나라 수군들이 견내량을 통과하여 동쪽으로 나아갈 수 없게 되었으니, 이제 마땅히 거제의 왜적을 쳐서 그들로 하여금 지탱해내지 못하고 웅천의 적과 합치게 한다면 우리나라 수군이 동쪽으로 나아가는 길이 막히지 않을 것입니다.

그 다음 여러 도의 전선들을 이동시켜 영등포 앞으로 나아가 정박하고 있으면서 출몰하여 적을 공격·소멸시키고, 깃발을 많이 세우고 징과 북을 쳐서 서로 들리게 한다면 해안에 있는 적들은 오직 바다를 방어할 생각에 반드시 배로 내려올 것입니다. 그때 육지의 여러 장수들과 약속하여 동시에 진을 치고 산골짜기의 숲 속에 군사를 위장시켜 놓아 적으로 하여금 군사가 많은지 적은지 헤아리지 못하게 했다가 간혹 정예 군사를 내보내어 선두와 후미를 쳐서 차단하게 해야 할 것입니다. 이것은 오늘의 제일 좋은 기책(奇策)입니다.

그리고 거제의 형세에 대해서는 신 등도 직접 본 적이 있습니다. 영등과 옥포 사이에는 수림이 울창하고 수풀이 뒤덮여 있으며, 거제 사람들 중에는 활을 쏘아 사냥하는 사람이 많이 있으니, 만약 그들을 전부 한 곳에 집결시켜 밤낮으로 적진의 좌우에서 공격하여 땔나무를 하는 적들이 문득 화살에 맞아 죽게 한다면 거제의 적들이 반드시 도망칠 것입니다.

그런데 (수륙의 장수들이) 이러한 계책 하나 내지 못하고 천연덕스럽게 날만 보내면서 지금까지 한 가지 계책도 정하지 못하고 있으니 참으로 통탄할 노릇입니다. 선전관을 급히 파견하여 이런 내용을 수군통제사 이순신에게 알려주는 것이 어떻겠습니까?"

임금이 대답하였다. "매우 타당하니 속히 거행하라."」

―〈선조실록〉(1594. 9. 19.)―

〈난중일기〉 1594년 9월 3일자를 보면, 이순신에게 전달된 임금의 밀지에 '수륙의 장수들이 팔짱만 끼고 서로 바라보기만 한다'고 책망하는 내용이 있다. 비변사가 이 같은 책망에 대한 대책으로 제시한 것이 위의 구상이다.

영등포·장문포 작전을 구상한 윤두수

「겸삼도(兼三道) 도체찰사(都體察使) 좌의정 윤두수가 급히 보고하였다.

"전란이 일어난 지 이미 세 해나 되어 재물이 거덜났으므로 지키기 어려운 형편은 갈수록 심해 가니 이런 형편으로는 결코 오래 유지하기 어렵습니다. 구차하게 요새를 만들고 파수를 서느라 백성들의 힘을 다 허비하여 마침내 보람이 없게 하기보다는 차라리 중앙과 지방의 세력을 모으고 힘을 합쳐서 한바탕 싸워서 이긴다면 그것은 하늘의 신령이 도운 것이고 설사 이기지 못하더라도 오히려 종묘와 사직 앞에 할 말이 있을 것입니다.

이 한 가지 생각에 늘 잠겨 있다가 전날에 이미 도원수와 비밀리에 의논하였더니 원수의 생각도 신의 생각과 같았습니다. 지금은 명나라 장수들이 철수해 돌아갔고 사람들도 확고한 뜻이 없으니 우리 힘으로 나아가 쟁취하려는 계책을 늦춰서는 안 될 형편입니다.

경상우도에 있는 적들이 기회를 노리고 있으니 만약 조금이라도 시일을 지연시킨다면 군량을 얻을 대책이 없을 것입니다.
지금은 가을 추수철이어서 양곡의 저축이 좀 넉넉하고 각 곳에
주둔하고 있는 군사들의 군량으로도 한 달 분의 양식은 공급할
수 있을 것입니다.

호서, 호남의 군사 3천 명은 도원수가 이미 전주에 불러 모
았으니 수군은 동쪽으로 내려가고 육군은 남쪽으로 나아가게
해야 할 것입니다. 이일(李鎰)이 거느리고 있는 군사도 나아가
주둔하여 세력을 합치고 원수의 지휘를 받게 할 것입니다.”」

─〈선조실록〉(1594. 9. 27.)─

가을 추수로 얼마간의 군량미가 확보되었기에 권율과 상의해서
작전을 계획했다. 아래는 ‘윤두수─권율의 작전안’에 대한 비변사
의 의견이다.

「비변사에서 회답 보고하였다.

“전쟁에서의 기회는 한순간에 결정됩니다. 그래서 ‘만약 기
회를 탈 수 있다면 어찌 꼭 천리 밖에까지 가서 싸우기를 청하
겠는가’라고 했던 것입니다. 이번에 (윤두수가) 이 장계를 올린
것은 실로 흉악한 적을 섬멸하지 못한 것이 분하고 오래 끌면
지탱하기 어렵다는 걱정에서 나온 것이며, 모든 힘을 합쳐 한번
결사전을 해보자는 것으로서 승패의 운명을 하늘에 맡기자는
것이니 그 의도가 좋습니다.

그러나 신 등이 걱정하는 것은 우리 군사는 갈수록 약해지는
반면에 적의 세력은 소굴에 웅거(雄據)하고 있으므로 많은 군사
와 정예로운 무기를 쓰지 않고서는 소탕하기 어렵다는 점입니
다. 지금 장수들이 거느리고 있는 군사들은 훈련을 받지 못한

오합지졸들이고, 가지고 있는 무기는 공고한 성을 공격하거나 험한 요새를 파괴할만한 것은 하나도 없고 다만 활과 화살뿐입니다.

이것을 가지고 갑자기 튼튼한 보루 밑에 군사를 주둔시켜 적과 맞서 싸울 경우, 승패 여부를 예측할 수는 없겠지만, 만약 자신을 알고 상대방을 알아야 한다는 이치로 말한다면, 꼭 이길 형세는 보이지 않습니다. 한번 실수한 다음에 적의 형세가 더욱 성해지고 우리 군사가 흩어져서 수습할 수 없게 된다면 아무리 지혜로운 사람이라도 역시 어찌해볼 도리가 없을 것입니다.

대개 오늘의 형세로는 지켜낼 수도 없고 싸워낼 수도 없으니, 윤두수의 계책도 결사전을 벌이는 가운데서 살길을 찾아보려는 데 지나지 않을 것입니다. 이제 이미 도원수와 자신의 노력으로 나아가 쟁취할 것을 의논하고 결정하였으니 일이 난처하다는 점을 핑계대고 중지시킬 수도 없는 형편입니다."」

－〈선조실록〉(1594. 9. 27.)－

승리를 확신할 수 없는 작전이지만 그렇다고 윤두수의 작전을 말릴 수도 없다면서 난감해 하고 있다.

「 "신들이 전에 주청한 것은 수군으로 하여금 거제도의 적을 공격하여 적들로 하여금 오로지 바다를 막는 데에 마음을 쓰게 한 뒤에 육지의 병사는 적의 진영 가까이 가지 말고, 산 정상과 숲속 등지에 의병(疑兵: 적을 속이기 위한 가짜 군사)을 많이 설치해서 적으로 하여금 놀라고 당황하게 한 다음, 아군의 정예병을 뽑아 좌우에서 치게 하자는 것이었습니다.

그렇게 한다면 약간의 가망이 있을 듯합니다. 이것이 병법에서 말하는 '견고한 곳을 공격하면 허술한 곳도 견고해지고, 허술한 곳을 공격하면 견고한 곳도 허술해 진다(攻堅者, 瑕者堅, 攻瑕者, 堅者瑕.)'는 것입니다. 그러므로 성(城)에는 공격하지 말아야 하는 것이 있고, 지형에는 반드시 지켜야 할 곳이 있는 것입니다. 또 먼저 성세(聲勢)를 떨치고 후에 실제가 따르게 한다는 것도 모두 이런 종류를 이르는 것이니 살피지 않을 수 없습니다.

신들은 또 염려하는 것이 있습니다. 유정 총병이 대병(大兵)을 거느리고 돌아오면 양식을 대주어야 하는데 이를 모두 전라도에서 차출해야 합니다. 지금 군읍(郡邑)의 조금 있던 양식을 적도 섬멸하지 못하는 군사들에게 다 내주고 있는데, 만약 일단 중국군이 나온다면 다시는 양식이 나올 곳이 없으니, 이 또한 도적이 오기를 기다리지 않고도 틀림없이 망할 것입니다.

신 등이 밤낮으로 가슴 아프게 생각하는 것은 적과 서로 맞서서 싸운 지 이미 3년이 지났지만 이렇다 할 훌륭한 장수는 한 명도 보지 못한 것입니다. 체찰사가 다시 도원수와 참작하여 논의하여 처리하게 하되, 늦추지도 말고 너무 급하게도 하지 말게 함으로써 위급한 형편을 크게 구제하라는 뜻으로 선전관을 보내어 지시를 내려 보내야 할 것입니다."

임금이 그 의견을 따랐다.」　－〈선조실록〉(1594. 9. 27.)－

괴이하고 괴이한 작전

「비변사에서 건의하였다.

"선전관이 유지(諭旨)를 가지고 체찰사에게 내려갑니다. 군병들이 이미 모이고 군사들의 마음이 서로 분기(奮起)한다면, 마땅히 임기(臨機)하여 계책을 결정해서 편의한 대로 종사해야 할 것이고 먼 곳에서 억측(臆測)으로 하는 말에 구애되어 일의 기회를 잃지 않도록 하라는 뜻도 또한 문서로 지시하는 것이 어떻겠습니까?"

임금이 대답하였다.

"이것은 나라의 큰 일에 관계되는 것으로서 나의 의견은 초봄에 거사하려고 할 때 이미 다 말하였으니 상고해 보면 알 수 있을 것이다. 그러나 옛날에는 징을 쳐서 싸움에 이긴 사람도 있었다. 복이 있는 사람은 귀신이 도와주면 혹시 만분의 일이라도 성공을 기대할 수가 있을 것이다.…

그러나 나아가 공격하여 수일 내에 성을 함락시키지 못하면 군량은 어디서 나오며 어떤 사람이 날라다 줄지 모르겠다. 하늘에서 곡식이 내려오고 귀신이 날라다 주겠는가.

견고한 성 밑에서 군량이 떨어지면 적들이 총 한 방 쏘지 않아도 흩어져 달아날 겨를도 없을 것이다. 수백 리에 걸쳐 군영이 연달아 있는 적군은 아마도 4~5만 명 이하로는 되지 않을 것이고, 그들은 다 목숨을 초개처럼 여기는 것이 본성이며 여러 해 동안 싸움에 익숙해진 자들이다.

그런데 지금 호남이나 호서의 훈련받지 못한 군사 3천 명을 뽑아가지고 한 번 휘둘러서 적을 박멸하고자 하니, 괴이하고 괴이한 일이다. 구구한 의견을 다 털어놓을 수는 없으니 다만 성사되기를 하늘에 빌 뿐이다."」

                                        ―〈선조실록〉(1594. 9. 28.)―

선조는 '초봄'에 공격하기를 바랐는데 이미 작전을 시작했으니

'저지'할 수도 없다고 했다. 또 왜군들은 목숨을 초개처럼 여기며 살아온 싸움에 익숙한 자들이며, 그 위에 견고한 왜성과 4~5만의 왜군들을 상대로 조선군 3천(오합지졸)이 어떻게 이길 수 있겠느냐면서 '괴이하고 괴이한 일이다. 다만 하늘의 도움을 빌 뿐'이라고 했다.

권율 도원수가 올린 비밀 장계

「도원수 권율이 급히 보고하였다.
"9월 22일, 수륙전을 직접 독려하는 일로 신은 사천·고성으로 떠나 그믐 전에 거제에서 거사할 계획입니다."
임금이 지시하였다.
"지금 도원수의 장계를 보면 이미 거사하여 성패가 판가름이 났을 것이다. 이는 중대한 일이니 비변사의 낭청 문관을 급히 보내어 주야로 달려가 실정을 자세히 알아 와서 보고하도록 하라고 비변사에 말하라."」　　　　　－〈선조실록〉(1594. 10 .1.)－

왜군은 물론 명군도 알아서는 안 되는 비밀 작전에 대한 보고였다. 조정에도 첩자가 있을 수 있었기에 권율의 장계는 임금만이 읽는 대외비의 장계였고, 어명을 받은 낭청의 문관도 은밀히 달려갔을 것이다.

「경상도 좌병마절도사 고언백이 보고하였다.
"신의 군관 이극함이 적의 형세를 정탐하기 위하여 동래 등지로 들어갔는데, 신에게 보고하기를 '평의지(平義智)의 부하

요시라(要時羅) 등으로부터 적정을 탐문해 보니, 일본 국왕(히데 요시)이 평의지(平義智)를 미워하기 때문에, 의지가 우리나라 사람을 만나서 자기의 괴로운 심정을 토로하고, 또 우리나라와 종전처럼 교린(交隣) 관계를 갖고 싶어한다'고 하였습니다. 그리고 언양 현감 유덕화가 보고하기를 '기장의 두모포에 주둔하고 있는 적병 5백여 명이 같은 현의 석남촌을 갑자기 포위하여 분탕질한 후 남녀 5명을 붙잡아 갔다'고 하였습니다."」

－〈선조실록〉(1594. 10. 1.)－

대마도주 종의지(宗義智)는 히데요시가 자기를 미워한다면서 강화와 교린을 요청해 왔다. 그런가 하면 기장의 왜군들은 분탕질을 하는 등 강화에 역행하고 있는 복잡한 상황이었다.

권준이 작전 중에 잡혀가게 된 이유

「사간원에서 건의하였다.

"순천 부사 권준(權俊)은 가렴주구(苛斂誅求)만을 일삼아 백성들의 고혈을 짜내고, 공장(工匠)들을 모아 진귀한 물건들을 만들도록 하는가 하면, 토지 면적에 따라 배정하고는 고기와 생선을 바치도록 독촉하는 등 자신을 살찌우고 권세 있는 자에게 아첨하기 위한 밑천을 장만하는 일이라면 못하는 일이 없었습니다.

또 창고의 쌀을 훔쳐내어 배 3척에 가득 실었다가 감사(監司)에게 적발되었으며, 짐바리로 무명을(綿布) 실어다가 서울의 곽지추(郭之樞)의 집을 샀습니다. 수군에 있을 때에는 술과 고기

를 잔뜩 차려놓아 낭비가 끝이 없었고, 심지어는 창녀(娼女)까
지 데리고 거리낌 없이 음탕하게 놀았습니다.

그리고 활 쏘는 군사들을 뽑아내어 거제에서 몰래 붉은 빛깔
의 노루를 사냥하게 하였다가 몽땅 왜적에게 빼앗겼습니다. 그
의 죄상을 따진다면 극형에 처하는 것이 마땅하겠으나 잡아다
신문하여 법에 따라 죄를 주기 바랍니다."

대답하기를 "건의한 대로 하라."고 하였다.」

－〈선조실록〉(1594. 10. 4.)－

〈난중일기〉 1594년 10월 25일자를 보면서 군사 작전중인 권준이
왜 잡혀가게 되었는지 궁금했는데, 그 이유가 기술되어 있다. 그런
데 그 내용을 보면 대체로 군량미 조달을 위한 군영 經·營 프로젝트
의 성격이 짙다. 하지만 부정이나 비리의 규모가 어느 정도인지, 또
주로 한산진에 나와 있었던 권준에게는 어떤 책임이 있었는지 위의
기록만으로는 더 이상 알 수가 없다.

'거제에서 몰래 노루를 사냥했다가 왜적에게 빼앗겼으니' 라고 했
는데, 이 같은 일이 사간원으로부터 탄핵받는 사유가 되었다는 것도
의아스럽다.

그런데 이 사건이, 왜 하필이면 윤두수가 순천에 왔을 때 불거져
나왔는지 의문을 갖지 않을 수가 없다. 즉, 이순신의 오른팔 격인
권준을 표적수사해서 사소한 트집을 잡아 부풀린 후 권준을 파직시
키고, 더 나아가 이순신까지 실각시키려는 당쟁적 책략이 숨어 있었
던 것이 아닐까 생각된다는 것이다.

어영담도 암행어사의 감사에 지적되어 파직되었다가 이순신의 구
명 장계를 통해 복직되었지만, 그 후 윤두수에 의해 다시 파직된 바
있다.

원균의 장계만 수록되어 있는 〈선조실록〉

아래는 〈선조실록〉 1594년 10월 8일자에 수록된 원균의 장계이다. 장문포·영등포 작전 관련 장계들 중 첫 번째로 실려 있으며, 의아스럽게도 이순신 통제사의 장계는 수록되어 있지 않다. 여러 정황으로 볼 때, 장문포·영등포 작전은 윤두수가 이순신을 제외시키고 원균과 기획·추진한 작전이 아니었을까 하는 의구심을 갖게 한다.

「경상우수사 원균이 장계를 올렸다.

"9월 29일부터 10월 2일까지 장문포(場門浦)에 주둔해 있던 적의 형세와 맞붙어 싸운 경과에 대해서는 이미 급보를 올렸습니다. 그런데 2일 해가 뜰 무렵 다시 장문포에 진출한 적을 보면 틀림없이 구원을 청하려고 주둔한 왜놈들로서 전에 비해 좀 많았습니다. 무려 1백여 명이나 되었는데 세 곳의 높은 봉우리에 주둔하여 깃발을 크게 벌려놓고 수없이 총을 쏘아댔기 때문에 우리 군사들이 의기가 북받쳐 나갔다 물러났다 하면서 하루 종일 맞붙어 싸우다가 어둠을 타서 조금 퇴각하여 외질포(外叱浦)에 진을 쳤습니다.

3일 진시(辰時: 오전 8시경)에 수군을 동원하여 장문포에 벌려 세우자 적들은 강어귀에 진을 쳤습니다. 먼저 선봉으로 하여금 성에 접근하여 도전하게 했더니 적의 무리가 화살과 돌팔매에 멀리 피하여 혹은 성 안으로 도망쳐서 매복하기도 하고 혹은 성 밖에 땅을 파고 몸을 숨기기도 했는데 그 수는 헤아릴 수 없이 많았습니다. 탄환도 쏘고 큰 포도 쏘았는데 그 탄환의 크기는 주먹만 하고 3백여 보까지 갔으며, 전날보다 갑절이나 맹렬하였으며, 기타 장비들도 아주 흉악하였습니다. 그리고 적진 근처에는 마초가 수없이 많이 쌓여 있었습니다.

신이 정예 군사들을 뽑아 보내어 경계를 서는 왜놈을 쏘아서 쫓아버리고 전부 불태우게 하니 화광이 밤새도록 하늘에 잇닿았습니다. 대체로 육군이 아니면 육지에 있는 적을 수군만으로는 싸움으로 끌어낼 형세가 더 이상 없었으므로 지극히 한스러웠습니다.

신이 다시 통제사 이순신, 육병장(육군 장수) 곽재우, 충용장 김덕령과 함께 수륙군이 합세하여 공격하는 문제에 대한 계책을 서로 의논하였습니다. 길을 자세히 아는 거제의 활 쏘는 군사 15명을 뽑아내어 길잡이를 시키고 신이 관할하는 여러 배들에서 육지 싸움에 적합한 자원병 31명을 함께 뽑아 곽재우의 지휘를 받도록 거듭 강조하고 약속하였습니다.

그리하여 4일 묘시(卯時: 오전 6시경)에 여러 배들이 적진에 돌입하여 혹은 명화비전(明火飛箭)도 쏘고 혹은 현자총통과 승자총통도 쏘면서 도전하고, 정예 선들을 영등포의 적의 소굴로 갈라 보내어 서로 들락날락 하면서 동쪽을 치는 척하다가 서쪽을 치는 모양을 보이며 놈들끼리 서로 응원할 수 있는 길을 끊어버리게 하였습니다. 그러나 적들이 보루를 굳건히 하고 나오지 않으므로 섬멸할 길이 없어서 분개함을 억제할 수 없었습니다."」

─〈선조실록〉(1594. 10. 8.)─

마치 원균 자신이 통제사나 총사령관으로서 작전을 전개한 것 같은 느낌을 갖게 하는 장계이다. 옛날에는 문장을 두고도 예절을 따졌는데, 이순신 통제사의 시각에서 보면 '군례(軍禮)도 군령(軍令)도 없는 글'이다.

아무튼 〈난중일기〉에는 이순신도 장문포·영등포 관련 장계를 올렸다고 기록되어 있는데, 올린 장계는 도대체 어디로 간 것일까? 또 그 무렵(11. 29~12. 30)의 〈난중일기〉는 왜 또 누락되어 있을까?

「 "육군 장병들은 도원수 권율에게 형세를 직접 보고하고 뒷날을 기약하고 7일에 떠나갔으며, 신 등의 수군들은 그대로 외질포에 진을 치고 있었습니다."」 -〈선조실록〉(1594. 10. 8.)-

'육군 장병들은… 7일에 돌아갔고'고 하였으니 원균의 장계는 7일 이후 거제도 앞바다에서 작성된 것이 분명하다. 그런데 그것이 어떻게 8일자 어전회의에 보고될 수 있었을까? 또 어떻게 이 날자 〈실록〉에 기록될 수 있었을까? 이 역시 수수께끼다.

「 "5일 군사를 쉬게 할 때에 신이 거느리고 있는 정탐하는 배에 장수를 선정하여 정심포곶(廷深浦串)으로 떠나보내면서 왜놈들의 형세를 급히 보고하게 하였습니다. 그리하여 6일 묘시에 정탐 나갔던 장수인 원사웅(元士雄), 조준표(曹俊彪) 등이 돌아와서 보고하기를 '정탐선 4척으로 선단을 엮어 거제 오비질포(吾非叱浦)까지 가서 적선 2척을 만났으므로 적의 깃발을 향해 돌입하였더니 왜적들의 절반이 육지로 올라갔고 배를 지키던 적들도 우리 배를 보고는 갈팡질팡하다가 물에 뛰어 들어갔습니다. 수문장 김희진(金希進) 등과 함께 힘을 합쳐 싸웠더니 화살에 맞고 상한 왜적이 꽤 많았습니다. 그러나 배에서 내린 적 30여 명이 총을 쏘아대며 와서 응전하는 바람에 쫓아가 죽일 수는 없었습니다. 적선 2척과 기타 실려 있던 여러 가지 물건들을 몽땅 불태워버리고 돛으로 쓰는 돗자리, 물통, 낫, 도끼, 노, 돛대 등을 싣고 돌아왔습니다. 다시 불타다 남은 적선을 가져다 증명하게 하였습니다' 라고 하였습니다.

그런데 7일에 돌아와서 보고하는 말이 '오비질포에 급히 갔더니 왜적 5~6명이 바닷가에서 마치 무엇을 잃어버린 사람처럼 방황하고 있었습니다. 육지에 올라가 활을 쏘면서 쫓아가니 적의 무리는 산골짜기로 흩어져 달아났고 한 명의 왜적이 막다른 지경에 이르자 칼을 풀고 항복을 애걸하기에 생포해서 데리고 왔습니다' 라고 하였는데, 불에 타다 남은 2척의 적선도 끌고 왔습니다."」 −〈선조실록〉(1594. 10. 8.)−

원사웅은 원균의 아들(18세)인데 그의 선단도 약간의 공을 세웠다.

「 "그리고 신의 중위장인 곤양 군수 이광악(李光岳)은 6일에 출동하여 군사를 매복시켰는데 왜적이 은밀히 바닷가에 매복하여 나타났다 사라졌다 하면서 엿보고 있기에 배를 급히 몰아 돌진하여 1명을 생포하였습니다.

선봉장인 웅천현감 이운룡(李雲龍)은 적진에 달려 들어가 왜인의 작은 서판(書板)을 탈취해 왔습니다. 그 서판은 통제사 이순신에게 보내고, 군사를 데리고 돌아와 한산도에 진을 치고 새로운 각오로 변란에 대처하고 있습니다."」 −〈선조실록〉(1594. 10. 8.)−

'왜인의 작은 서판(書板)' 은 왜군들이 땅에 꽂아 세웠던 '싸워서는 안 된다' 는 패문(牌文)이다. 그런데 원균은 그 내용에 대해서는 모르고 있는 양 기술했다. 그 무렵에는 관리나 장수들에게 강화회담에 관해서 언급하는 것을 금기시했기 때문에 그랬는지는 모르지만, 그 패문으로 인해 사실상 작전이 중단되었다는 점에서 패문 사건은 매우 중요한 사안이었다.

원균은 이 같은 중요한 사안에 대해서는 구체적으로 언급하지 않고, 마치 자신이 수륙의 총사령관인 양 작전을 지휘했고 자기 아들 원사웅은 앞장서서 돌격하여 큰 전공을 세웠다는 식으로 보고하였다. 그러나 실제 전투의 결과는 난리법석만 부리고 성과는 형편없는, 말하자면 '태산명동에 서일필(泰山鳴動鼠一匹)' 격이었다.

윤두수와 원균은 이 장계를 통해서 임금과 조정 대신들로 하여금 '원균은 용맹했고, 이순신은 멀리서 팔짱을 끼고 있었다'는 인식을 심으려고 했던 것은 아니었을까?

이일 3도순변사의 장계

「순변사(巡邊使) 이일(李鎰)이 장계를 올렸다.

"신은 변변치 못한 자질로서 외람되이 순변사의 중임을 맡게 되었으니 어찌 성심성의를 다하여 조금이나마 보답하려 하지 않겠습니까. 그러나 재주는 한정되어 있고 아는 것이 적다 보니 모든 일에 미처 손을 쓰기도 전에 비방(誹謗)의 말부터 먼저 모여듭니다.

신이 받아가지고 온 임무 세칙(細則)에 '본도의 백성을 남김 없이 동원하여 모두 군량 준비에 협력하게 하라'고 하였기 때문에, 신은 변방의 고을들을 순행하면서 한가하게 노는 사람들을 찾아내었는데, 그 인원이 큰 고을에서는 수 백여 명이나 되었고 작은 고을에서는 백 명이었습니다. 신은 형편을 참작하여 될수록 간편한 방법을 취하였습니다.

그런데 (충청) 감사 윤승훈은 백성들의 원성이 하늘에 사무치고 열 집 가운데 아홉 집이 텅 비게 한 죄를 신에게 돌리고 심지어 장계를 올리기까지 하였으며, 전라도의 전후 관찰사인 이정암과 홍세공 등도 전하에게 보고함으로써 신은 신소(伸訴)를 당하게 되었습니다.

신은 본래 위엄과 덕망이 적은데다가 하는 일마다 구애되는 것이 많아서 결코 하루라도 염치없이 벼슬자리를 차지하고 있을 수 없습니다. 속히 신을 파면해 주시기 바랍니다."

임금이 회답하여 타일렀다.

"이제 경(卿)의 장계를 보니 매우 괴이하다. 경은 순변사의 중임을 띠고 군사 문제에 관한 일을 조처하였으니, 비록 경이 처치한 일의 잘잘못은 알 수 없다 하더라도 고을 수령들이 지시를 시행하지 않고 감사가 서로 뜻이 맞지 않아 위령(威令)이 권위를 잃고 군정(軍政)이 시행되지 못하게 하였으니, 이것은 그 죄가 꼭 경에게만 있는 것은 아니다.

대체로 오늘의 사태는 매우 위급하다. 인심이 해이해진 현상이 나날이 더해가고, 또 사세가 어쩔 수 없어서 성사시킬 만한 일이 없으니, 다만 팔짱을 끼고 가만히 있으면서 아무 일도 하지 말고 천명을 기다리는 것이 더 좋을 것이라는 논의까지 있는 실정이다."」   -〈선조실록〉(1594. 10. 10.)-

이일이 순변사로서 열 집 가운데 아홉 집이 비어 있는 고을들을 다니면서 왕명으로 군병을 차출하고 다니자 충청·전라도 감사들이 이일의 모병이 지나치다고 비난하는 상소를 올렸다. 모병하는 과정에서 과격한 부분도 있었겠지만, 임금은 감사와 수령들의 마음이 해

이해져 있다고 개탄했다.

「 "지금 고을 수령들은 고을을 지킬 생각을 하지 않고, 장수
들은 목숨을 바치려는 마음이 아예 없어서 성(城)과 해자(池)를
수축하라고 하면 '백성을 수고롭게 할 수 없다'고 하고, 군사
들을 훈련시키라고 하면 '군사를 모아서는 안 된다'고 하며,
힘껏 싸우라고 하면 '중과부적(衆寡不敵)이다'고 말한다.

적이 수 백리 밖에 있으면서 순식간에 충돌할 수 있는 긴박
한 형세에서도 태연하게, 일은 간결하게 하는 것이 귀하다고 주
장하면서, 어쩌다가 일을 감당할만한 사람이 있어도 함께 도와
서 일을 성사시키지 않을 뿐만 아니라 비방하는 말을 끝없이 조
작 유포하니, 이것이 바로 현재의 고질적인 병폐이다.

비록 경이 처리한 일이 모두 정당하다고 하더라도 오히려 이
러함을 면하기 어려울 텐데, 더구나 경의 처사에 과오가 전혀
없다고 할 수 있겠는가. 모든 일이 틀어지고 인심은 분열되었으
니, 이러한 형편에서 일이 이루어지기를 바라는 것은 역시 어렵
다 할 것이다.

경은 이미 지시를 집행하기 어렵게 되었고, 비록 유임시키더
라도 한갓 치다꺼리 하는 폐단이나 끼칠 뿐 별다른 이익이 없을
것이다. 그렇기는 하나 지금은 적의 난리가 한창 위급한 때인
만큼 장수 한 사람이라도 불러들일 때가 아닌 것 같다. 경은 그
대로 자기 임무를 살피도록 하라." 」

-〈선조실록〉(1594. 10. 10.)-

선조는 순변사와 감사 등 양쪽을 나무라고 무마시켰는데 전쟁이
3년째에 접어들자 후방 고을들은 인력과 물자 등 모든 면에서 궁핍

해져 갔고, 이런 가운데 어느 누구도 합리적인 판단을 할 수 없게
되면서 정신까지 피폐해져 갔다.

이정암은 전주부윤으로, 홍세공은 전라감사로

「1594년 5월 22일, 전라감사 이정암이 비밀히 보고하기를
'명나라의 병력과 군량을 기대할 수 없고 아국(我國)의 방비책
또한 믿을 수 없으니 일본에 제포(薺浦)를 개방하고 3포(三浦)에
거주를 허락하며 세공선(歲貢船)은 이전과 같이 취급하는 조건
으로 화(和)를 일본에 구(求)하여 아국의 보전을 도모해야 할
것'이라는 취지로 장계를 올렸다. 이 사건으로 이정암은 27일
감사직에서 해임되고 전주 부윤(全州府尹) 홍세공이 그 후임이
되었으며, 이정암은 7월 3일에 전주 부윤으로 좌천되었다.」
－〈임진전란사〉－

이정암은 3포를 여는 조건으로 강화회담을 하자고 건의했다. 그
러나 왜국은 ①명과의 교역, ②조선의 4개 도의 분할 등을 요구조건
으로 내세우고 있었기 때문에, 조정에서는 이정암의 주장은 문제 해
결에 전혀 도움이 안 될 뿐만 아니라 괘씸한 주청이라고 생각하였
다. 그리하여 이정암은 왜국과의 강화회담에 관한 논의 자체를 금지
한 임금의 명령을 어겼다고 탄핵을 받아 전주부윤으로 좌천되었다.

이빈 경상도 순변사의 장계

「경상도 순변사 이빈(李賓)이 보고하였다.

"도원수 권율(*사관은 말한다. 〈비록 한 때 공로를 세우기는 했으나 겁이 많고 지략이 부족하여 여러 장수를 잘 지휘하지 못하였다. 그 때문에 원수의 임무를 맡은 이래로 조금도 기록할 만한 공적이 없었다.〉)이 명령을 내렸는데 그 내용은 이러했습니다.

'9월 27일 수군과 육군이 합세하여 거제의 적병을 쳐 없애려고 한다. 그러므로 각 진영의 여러 장수들이 거느리고 있는 정예 군사들을 선발하여 장수를 선정하여 들여보낼 것이며, 군사를 나누어 배정하는 등의 일은 순변사가 도맡아 처리할 것이다. 함안 등지에도 복병을 두고 높은 곳에 올라가서 망을 봄으로써 뜻밖의 변고에 대비하도록 하라.'

이에 신은 경상도 조방장 곽재우를 장수로 정하고 김응함(金應諴)·장의현(張義賢)·백사림(白士霖)·주몽룡(朱夢龍)·나승윤(羅承胤)·김덕령·한명련(韓明璉)과 승장(僧將) 신열(信悅) 등이 거느린 군사 6백 50명을 거느리고 가게 하면서 기회를 보아 적을 격멸함으로써 기필코 큰 공을 세우도록 각별히 신칙하였습니다.

그리고 신과 전라병사 이시언(李時言)은 나머지 군사들을 직접 거느리고 함안 등 지경에 매복하여 변고에 대처하기로 하였습니다."」 　　　　　　　　　　　　　-〈선조실록〉(1594. 10. 11.)-

작전회의 같은 것도 없이 공문서 한 장으로 장수들이 군사들을 이끌고 전쟁터로 나가고 있는데 모두 650명이다. 이들 병력을 곽재우 등이 거느리고 낙동강과 지리산 자락 등의 험지에서 수비(이치·웅치 고개에서처럼)했다면 큰 힘을 낼 수 있었을 것이다. 그러나 장문포·영등포의 왜군(모두 8천 명)을 상대로는 어려운 일이었다.

'신과 전라병사 이시언은 함안 등지에서 매복하였다'고 하였는

데, 인근의 고니시 군만 해도 무려 1만 2천 명이었기에 소수의 복병
으로는 함안도 위험했다.

선조는 영등포·장문포 작전을 몰랐다?

이빈 순변사의 장계를 받은 조정은 확대 어전회의를 열었다. 그런
데 이 회의에서 선조는 자신은 이번 작전을 몰랐다고 주장한다. 그
렇다면 9월 중에 비변사와 논의한 것과 10월 1일 권율의 장계를 받
고 선조가 취했던 조치들은 무엇이었다는 말일까?

> 「영의정 유성룡, 판돈령부사 정곤수, 좌찬성 최황, 호조판서
> 김수, 병조판서 이항복, 좌승지 구성, 홍문관 부수찬 윤경립, 주
> 서 이억온, 가주서 이순민 검열 심열, 김신극 등이 입시하였다.
>
> 선조: "내가 요즘 담증(痰證)이 있어서 오래 동안 만나보지 못
>   하였다. 지금 순변사 이빈의 장계를 보았는데, 왜적을 치기가
>   그처럼 쉬운 일인가? 이렇게 해서 큰 공을 세울 것을 기대하
>   고 있는데, 과연 그처럼 쉽다면 무슨 걱정이 있겠는가."」
>   -〈선조실록〉(1594. 10. 11.)-

선조는 10월 1일, 비변사의 문관을 시켜 주야로 달려가게 하라는
어명도 내린 바 있다. 그런데 이날에 와서는 '담증이 있어 오랫동안
만나보지 못했다'고 하면서 거짓말을 했다. 또 적은 병력으로 왜군
을 쫓아낼 수 있다고 보는 것은 어불성설이라는 식으로 장문포·영등
포 작전을 냉소(冷笑)했다.

순변사 이빈의 장계를 보니 일은 이미 틀린 것 같고, 군왕으로서의 체면도 있고, 또 추후 있을 명나라 측의 항의를 예상했었는지 자신은 처음부터 몰랐다고 발을 빼고 있는 모습이다. 예로부터 국가원수는 주변에서 일어나는 일들에 대해 '알았어도 몰랐다'고 해야 하는 경우가 많았다. 이 경우도 그러했다.

「유성룡: "육군으로 웅천이나 김해의 적을 치려는 것이 아니라, 수륙군을 합해서 거제의 적을 치자는 것입니다."」

유성룡은 이번 작전의 성격을 소수의 왜군이 주둔하고 있는 거제도의 왜성을 공격하는 작전이라고 규정했다. 그리고는 조선 수군이 육지 쪽에서 구원해 오는 왜군을 막을 것이기에 기대해 볼만하다면서 선조의 냉소로 인해 가라앉은 회의 분위기를 달랬다.

하지만 유성룡조차 조선 수군의 '거북선+학익진'이 바다에서는 강하지만, '왜성과 방파제에 의지한 왜군의 시스템적 수비전'을 깨치는 데는 적합한 전술이 아니라는 것을 모르고 있다. 윤두수 등도 이 같은 인식에서는 유성룡과 다를 바가 없었다.

작전의 최고사령관이었던 윤두수가 사전에 이러한 이치를 따져 보았다면(이순신의 진영에 머물러 있으면서 격물치지 했더라면), 그래서 추후 작전 때부터라도 반영했더라면 좋았을 것이다. 하지만 윤두수는 멀리 곤양과 순천 등지에 머물러 있었고, 또 통제사 대신에 원균을 선봉장으로 내세웠다. 그리고는 원균으로 하여금 돌격전을 감행하게 한다면 왜성을 쉽게 공략할 수 있을 것으로 기대했다.

그러나 원균이 한 일은 ①거제 출신 15명을 길잡이로 삼은 것, ②31명을 선발해서 곽재우의 지휘를 받게 한 것, ③원사웅과 이광악 등이 왜군 방파제 밖에서 다소 접전을 벌이게 했던 것뿐이다.

「선조: "전일에 조승훈(祖承勳)을 잘못하게 해서 사유(史儒)를 죽게 만든 사람이 바로 이빈이었다. 그가 거느리고 있는 군사는 겨우 5백 명이라고 하는데, 노루나 사슴을 사냥하더라도 5백 명만 쓰겠는가."」　　　　　　－〈선조실록〉(1594. 10. 11.)－

　새삼스레 조승훈의 평양성 패전을 언급하고 있다. 그런데 조승훈이 패한 근본 이유는 조선 측에서 평양성의 왜군이 2천 명 정도에 불과하다는 잘못된 정보를 제공했기 때문이다. 따라서 조승훈의 평양성 패전은 이빈만의 책임이 아니다. 또 이빈의 군대가 5백 명뿐인 것도 이빈의 잘못이 아니라 그만큼 모병이 어려웠기 때문이다. 조선 수군의 경우도 건조하는 병선 숫자는 늘고 있었지만 병력은 오히려 줄고 있었는데, 이는 인구 감소 등으로 모병이 힘들어졌기 때문이다.

「유성룡: "거제의 적은 수군만 가지고도 쳐 없앨 수 있습니다.
선조: 수군이라면 비록 거제를 탈환하여 점거하지는 못한다 하더라도 적선을 불태울 수는 있을 것이기 때문에 전부터 비변사에서도 그렇게 하도록 시켰던 것이다. 그런데 이번에 거사할 날짜를 내가 전혀 알지 못하였다. 비변사에서는 비밀리에 통지하지 않았던가?
유성룡: 신들도 듣지 못했습니다."」
　　　　　　－〈선조실록〉(1594. 10. 11.)－

　'거사 날짜를 내가 전혀 알지 못하였다'고 했다. 그러나 10월 1일 권율이 올린 장계에는 '그믐 전에 거사할 계획입니다'라고 했기에 선조는 거사 날짜를 알고 있었다. 권율은 이순신에게도 '밀서형 공문'으로 거사 시기와 내용을 알렸듯이, 비변사에도 '대외비형' 장계로 보고했기 때문에 10월 1일에 있은 작전 논의는 왕과 비변사의 핵심 인물들 간에 독대형으로 진행된 것이다.

유성룡도 여러 정보망을 통해서 짐작은 하고 있었지만 국익의 차원에서 대외비로 추진한 작전이었음을 알고 있었기 때문에 몰랐다고 했을 것이다.

> 「선조: "옛날에는 군사를 동원할 때에는 하늘과 땅에 제사를 지내 고하기도 하였는데, 조정에도 알리지 않고 경솔하게 제멋대로 거사를 하였으니 어찌 성공할 리가 있겠는가. 한 번 웃을 거리도 못 된다. 그리고 적장의 죄를 따지겠다는 말이 있는데 몇 줄의 글로써 적의 괴수를 구속할 수 있겠는가."
> 그리고는 임금이 지도를 가져다 보이니, 성룡 등이 지도에서 가리키며 말했다.
> 유성룡: "영등(永登)과 거제 사이는 수로(水路)의 너비가 겨우 벽난도(碧瀾渡: 개성으로 들어가는 예성강 입구의 백천(白川)에 있음)만 합니다."」　　　　　－〈선조실록〉(1594. 10. 11.)－

작전에 대해서 전혀 몰랐다고 계속 강조하고 있는데, 모두들 그렇게 알고 있으라는 어의(語義)가 들어 있다.

> 「선조: "이것은 영의정이 전에 한 말이다. 해안에서 총을 쏘면 사람이 접근하지 못한다는 곳이 이곳인가?
> 유성룡: 신이 말한 곳은 바로 견내량(見乃梁)입니다.
> 김수: 적병이 만일 견내량에서 차단한다면 거제로 들어가기가 어려울 것입니다.

> 선조: 진군(進軍)할 날짜는 앞당기거나 뒤로 물리기 어려울 테
> 니 27일에 거사하도록 하라. 그런데 변경의 정보는 언제쯤에
> 나 들을 수 있을지 모르겠다.”」
>
> ─〈선조실록〉(1594. 10. 11.)─

거제도 일대의 지도를 놓고 논의하고 있다. 그런데 왜성에 대해서는 언급이 없다. 이는 '거북선+학익진'과 '왜성·방파제+시스템적 수비전'에 대해 알고 있는 사람이 없었기 때문인데, 조·왜 간의 핵심 전술과 그 쓰임을 모르는 상황에서는 임금이 궁금해 하는 결과를 예측해 낼 수가 없다. 더구나 이순신이 올린 장계가 중간에서 차단되었다면 선조의 궁금증을 풀어줄 수 있는 보고서는 더더욱 기대하기 어려웠을 것이다.

> 「유성룡: “만일 이긴다면 승전 소식은 쉽게 들을 수 있을 것입
> 니다.
> 선조: 내가 듣기로는, 병법에는 '군사의 수가 적의 열 배가 되
> 면 포위한다'고 하였는데, 이번의 거사는 어떻겠는가? 경들
> 은 각자 생각하는 것을 말하도록 하라.
> 유성룡: 만일 수군이 거제로 진격하면서 정예 군사를 뽑아 보내
> 어 매복해 있다가 공격한다면 적들은 배가 불탈까봐 두려워
> 할 것이고, 또 식량 운반 길이 끊길까봐 걱정하여 먼저 스스
> 로 동요하게 될 것이니, 그렇게 되면 오히려 해 볼 만합니다.
> 정곤수(鄭崑壽): 멀리에서 예측할 수는 없습니다.
> 최황(崔滉): 버마재비가 수레바퀴를 밀쳐내는 것(螳螂拒轍)과 마
> 찬가지여서 스스로의 약점만 드러내 보일 뿐입니다.
> 김수(金睟): 신의 생각에는 성을 공략하는 일은 반드시 해낼 수

없다고 봅니다."」   -〈선조실록〉(1592. 10. 11.)-

선조는 '10배의 군대가 되면 포위할 수 있다'는 군사학의 일반론을 제시한 후 각자의 의견을 말해보라고 하였다. 하지만 참석자들은 군사학에 맹(盲)한 문관 출신들이고 더구나 '왜성·방파제+시스템적 수비전'의 원리에 대해서는 본 적도 들은 적도 없는 인사들이었다.

> 「임금이 말했다. "나는 본래 겁이 많아서 이 일을 들은 뒤로는 편히 잠을 자지 못한다. 전날에 내 생각을 써서 비변사에 내려 보냈다. 만약 혹 패배하기라도 한다면 우리나라뿐만 아니라 큰 나라에도 피해를 끼치게 될 것이며, 다행히 조그만 승리라도 한다면 큰 나라에서는 반드시 '조선의 군사가 충분히 자체 힘으로 해낼 수 있으니 굳이 우리나라 군사를 수고시킬 필요가 어디 있겠느냐'고 말할 것이며, 적이 만약 합세하여 다시 출동한다면 큰 나라 조정에서는 아마 우리가 말썽을 일으켰다고 말할 것이니, 무슨 말로 답변하겠는가."」
>
> -〈선조실록〉(1594. 10. 11.)-

선조는 이번 작전에서 ①패한다면 조·명군의 국위가 손상되고, ②다행히 조그만 승리라도 얻는다면 명나라에서는 이제 조선군도 잘 싸우니 명에서 더 이상 도울 것이 없다고 하면서 철수할 것이며, ③이번 일로 화가 난 왜군이 다시 공세를 펴온다면 명나라에서는 조선이 강화회담을 방해하고 혼란만 초래했다고 원망할 것이 아닌가 하면서 이번 작전을 비판했다.

선조는 윤두수를 3도체찰사에 제수하면서 이번 작전의 총지휘를 위하여 전라도로 내려 보냈다. 그리고 윤두수와 권율이 올린 비밀 장계를 승인할 때까지는 '공격하자(작전 지지)' 는 쪽의 손을 들어 주었지만, 결과가 태산명동에 서일필(泰山鳴動鼠一匹) 격이 될 것으로 예상되자 작전에 반대한 측의 손을 들어주고 있다. 선조로서는 그때그때의 사세에 따라 유리한 쪽의 손을 들어 주는 것이 군왕으로서의 책임도 면할 수 있고 백성들로부터도 신뢰를 잃지 않는 방안이라고 생각한 것 같다. 이렇게 정리해 보면, 이날의 어전 회의에서 선조는 작전에 반대했던 김수의 손을 들어준 것이다.

권율이 올린 작전 결과 보고

「도원수 권율이 급히 보고하였다.

"별초군(別抄軍) 1천 수백 명에 대해서는 박종남(朴宗男), 김경로(金敬蘆)를 장수로 정하고, 의령의 여러 진에서 뽑아낸 군사 8백여 명에 대해서는 김덕령을 선봉장으로, 곽재우를 도별장(都別將)으로 임명하여 그들로 하여금 전군을 지휘하도록 신칙하여 들여보냈습니다. 그리고 윤두수가 보낸 군사 140여 명과 이일(李鎰)이 거느리고 있는 군사 210여 명은 육지에서의 싸움을 계속 응원하기로 하고 장수를 선정하여 들여보냈습니다.

그런데 김덕령이 공교롭게도 각기병에 걸려 말을 타거나 걸을 때 넘어질 형편이므로 여러 장수들은 마치 지팡이를 잃은 맹인처럼 모두 겁을 먹고 있습니다. 그리고 거제의 적들이 산과 들에 가득 널려 있다는 말을 듣자 더욱 두려운 마음이 생겨서 장수들이 벌써 동요하고 있다고 하니 군사들의 심정을 알만합니다.

형편이 이러한데도 억지로 싸우게 한다면 틀림없이 패배할 것이므로 어쩔 수 없이 곽재우에게는 수군과 합세하여 기회를 보아 뭍에 올라 제때에 격파하라고 하였고, 이일에게는 견내량의 북쪽 언덕에 머물러 있다가 뜻밖의 변고에 대처하라고 하였습니다.

그런데 여러 장수들 중에는 간혹 배와 격군이 준비되지 못하여 제 마음대로 출전할 날짜를 뒤로 미루거나 혹은 바다가 어둡고 비가 내려서 앞으로 나아가지 못하고 수일 동안 지체하며 기회를 타지 못하는 자들도 있습니다. 그리고 저 적들은 성벽을 굳건히 하고 움직이지 않으며 바다로 나오려는 뜻이 전혀 없으므로 맞붙어 싸울 수가 없습니다. 한갓 군사의 위세만 손상시키게 되었으니 아주 통분한 일입니다."

임금이 이 보고서를 비변사에 내려 보냈다.」

－〈선조실록〉(1594. 10. 13.)－

조선 조정이 수개월 동안 준비해 온 작전이 용두사미로 전락하고 있다. 그리고 통제사 이순신의 이름은 언급조차 되지 않고 있다. 윤두수와 권율이 이번 작전에서 통제사를 제쳐놓고자 했기 때문은 아닐까? 아무튼 권율은 이순신의 의견을 장계에 수록하지 않음으로써 그의 장계에는 '거북선+학익진'과 '왜성·방파제+시스템적 수비전'이 언급조차 되지 않았다.

'격군이 고르지 못하여'라고 하였는데, 수군의 격군들은 가을걷이 휴가 중이었고 김덕령 등의 육군 병사들이 수군의 격군 노릇을 대신했기 때문에 손발이 맞지 않았다.

사후약방문(死後藥方文) 격인 비변사의 의견

아래는 같은 날짜에 수록된 비변사의 견해인데, 이순신의 주장이 많이 반영되어 있다.

「비변사에서 회답 보고하였다.

"싸움터에서 군사를 지휘할 때에는 상황이 잠깐 사이에 변동되므로 천리 밖에서는 헤아리기 어렵습니다. 그러나 거제의 바다와 육지의 형편을 놓고 헤아려 본다면, 적군은 지금 영등포와 장문포 등지에 주둔하여 책루(柵壘: 목책)를 견고하게 하고 보루를 쌓아놓고 해안을 지키고 있으며, 기계를 많이 설치해 놓고 자기들은 편안히 있으면서 우리가 피로해지기를 기다리고 있으니, 공격하기가 쉽지 않습니다.

그리고 육군이 견내량을 따라서 건너가려고 한다면 적들은 반드시 남쪽 해안에 군사를 매복시킬 것이고, 만약 우리 군사가 그 아래에 배를 댄다면 절반쯤 내리쳐 와서 진을 치지 못했을 때 적이 뒤로부터 칠 것이니, 그렇게 되면 반드시 전군이 위세를 떨치지 못할 근심이 있을 것이므로 이것은 매우 위험한 길입니다.

다행히 여러 장수들이 함께 진을 칠 수 없다는 것을 간파하고 수군과 같이 진격하였기 때문에, 비록 승리하지는 못했다 하더라도 패배하지는 않았으니, 이것은 오히려 불행 중 다행입니다."」　－〈선조실록〉(1594. 10. 13.)－

'책루를 견고하게 하고, 해안에 기계를 많이 설치해 놓고, 우리가 피로해지기를 기다리고 있다'고 했는데 '왜성·방파제+시스템적 수비진형'이다. '수군과 같이 진격하였다'는 것은 '거북선+학익진'으로 진격했음이고, 그래서 육군은 안전했다.

「 "대체로 거제도로 말하자면 북쪽의 영등, 장문에서는 적이 지금 엄하게 방비하고 있는 만큼 육군만 가지고 먼저 칠 수는 없으니 먼저 수군이 바다를 오감으로써 형세를 조성해야 할 것입니다. 적들이 만약 자기들의 배를 구원하려고 바다로 나온다면 비로소 싸움이 벌어질 수 있을 것입니다. 지금은 적들이 우리 군사가 올 것을 먼저 알고 굳건히 지키고 나오지 않고 있으니 어찌할 도리가 없는 형편입니다."」

－〈선조실록〉 (1594. 10. 13.)－

현지의 상황을 소상히 알고 있는데, 평소에 이순신이 밝혀둔 견해가 반영된 것 같다.

「 "만약 그들을 육지로부터 공격하려면 견내량 같은 곳으로 나갈 수는 없고 다만 한산도를 거쳐 나가면서 길을 잘 아는 활 쏘는 군사들을 선발하여 적의 군영 주변의 수풀이 무성한 가운데 분산 매복시켜서 출몰하게 함으로써 적으로 하여금 군사가 얼마나 되는지 헤아릴 수 없게 해야 할 것입니다.

혹은 밤에 습격하여 그들의 목책과 막사를 불태우기도 하고, 혹은 군사를 잠복시켜 땔나무를 하는 왜놈들을 붙잡아오기도 할 것이며, 적이 오면 나타나지 말고 적이 가면 도로 모임으로써 적으로 하여금 소란스럽고 불안하게 한다면 10일이 채 못되어 그들의 기세가 저절로 수그러들 것입니다. 이렇게 한 다음

에 뒤이어 수군이 때때로 돛을 날리며 위엄을 떨쳐 격멸할 듯한
기세를 보인다면 혹시 도망갈지도 모릅니다.”」
　　　　　　　　　　　　　 -〈선조실록〉(1594. 10. 13.)-

　거제도에서 게릴라전과 야간 매복전을 전개해야 된다고 했다. 그
러나 윤두수-권율의 계획은 당초부터 왜성을 공격하는 것이었으며,
10월 4일 왜군들의 '싸워서는 안 된다'는 패문을 보고는 각기 퇴각
해 돌아갔기에 이날 비변사의 의견은 사후약방문(死後藥方文) 격이
다.

병법의 이치도 모른다는 비변사의 혹평

　「 “무릇 병가(兵家)의 일이란 비교하자면 바둑을 두는 것과
같습니다. 바둑에는 선수(先手)와 후수(後手)가 있는데, 소위
'처음에 털끝만큼 틀린 것이 뒤에는 천리나 어긋난다(差毫釐而
謬千里)'는 것으로 살피지 않을 수 없는 것입니다. 이번의 이
거사는 먼저 기일(期日)을 정하고 또 문서를 보냄으로써 적으로
하여금 먼저 알고 대비를 하도록 하였으니, 이것이 첫 번째 잘
못한 이유이고, …」　　　　　 -〈선조실록〉(1594. 10. 13.)-

　비변사의 지적처럼, 조선군은 작전 기일과 장소를 사전에 정해 놓
았고, 그 기일에 맞춰 이일·이빈·김경노·박종남 등은 하삼도에서 모
병을 하고 다녔다. 또 각 도 감사들은 이 같은 모병이 가혹하다면서
순변사들을 고발하는 사태까지 일어났기에 각 감영과 조정 내에 숨
어 있던 첩자들은 작전 내용을 왜군 측에 알렸다.

정보를 입수한 고니시와 심유경은 왜군들에게 성을 굳게 지키면
서 패문을 내걸도록 지시했다. 고니시 등은 그 패문이 조선 장수들
에게 어떤 영향을 미칠 것인지를 정확히 꿰뚫어 보았는데, 이는 손
자병법에서 말하는 '싸우지 않고 적을 물리친다'는 작전을 실천한
것이다. 즉, 장문포·영등포 구상은 병법에 어두운 윤두수와 조선 조
정이 왜군에게 철저히 농락당한 작전이었던 것이다.

「처음에 거사 기일을 27일로 정하면서 해군의 정돈 여부를
살피지 않아 결국 여러 번 거사 기일을 물렸으니 이것이 두 번
째로 잘못한 것입니다. 또 거제의 적에 대하여 어떤 사람이 그
수가 조금밖에 안 된다고 한 것을 다시 자세히 탐지해 보지도
않고 있다가 군사가 적군의 진영에 도착해서야 비로소 적군의
무리가 많다는 소식을 듣고 군대가 의구심을 가졌으며, 적들이
적선을 이미 높은 곳에 끌어 올려 매어 놓은 것조차 모르는 등
염탐을 자세히 하지 못하였으므로 아군이 놀라서 동요했던 것
은 의심할 여지가 없으니, 이것이 세 번째 잘못한 일입니다."」
                                    -〈선조실록〉(1594. 10. 13.)-

'수군의 정돈 여부를 살피지 않아…'라고 하였는바, 권율의 밀
서가 이순신에게 도착한 것은 9월 22일이며, 그 무렵 수군 쪽은 가
을걷이 휴가 중이었다. 그런데 작전 개시일은 9월 27일이었다. 때문
에 박종남, 김경노 등이 인근의 포구 기지로 달려가서 수비병들을
달달 긁어모은 숫자가 겨우 6백여 명이었다. 또 격군이 부족해서 차
질이 생겼다.
또 어떤 사람이 '거제의 적들은 그 수가 조금밖에 안 된다'고 했
다는데, 이 같은 엉터리 정보를 믿는 사람은 이순신이 아닌 윤두수

였다. 작전을 총괄 지휘해야 할 윤두수는 순천에 앉아 권준을 파직 시키고, 이순신을 작전에서 제외시키면서 자신은 위엄있게 공문만 보내면 원균·김덕령·곽재우 등이 알아서 잘 해줄 것으로 낙관했다.

윤두수는 실사구시적 국정 운영에는 매우 취약했던 인물이다. 임 진년에 있은 임진강·대동강 방어전과 조승훈의 평양성 탈환전 때에 도 윤두수는 조선군 최고사령관 격이었지만 그 당시에도 왜군의 숫 자도 모른 채 전쟁을 지휘했다.

「 "병법(兵法)에는 수많은 말들이 있지만 그 요체를 찾아보면 '공견공하(攻堅攻瑕: 견고한 곳을 공격하고 취약한 곳을 공격함)'이 한 마디 말에 불과합니다. 그러므로 견고한 곳을 공격하게 되면 허술한 곳도 모두 견고해지고, 허점이 있는 곳을 공격하면 견고 한 곳도 모두 허술해지는 것입니다. 비유하자면, 돌을 캘 적에 틈이 난 곳을 이용하지 않는다면 돌을 움직일 수 없는 것과 같 습니다.

이는 바로 왜변이 일어난 초기부터 지금까지 여러 장수들이 일찍이 생각지 못한 것으로서, 다만 오합지졸(烏合之卒)로 아무 것도 모른 채 함부로 행동하면서 전혀 병가(兵家)의 기정(奇正: 권도와 정도)과 적진의 강약(强弱)이 있음을 몰랐으니, 거사할 때마다 매번 불리했던 것은 전혀 이상한 일이 아닙니다.

지금 이렇게 말하는 것은 비단 거제의 거사만을 지적해서 한 말이 아니라 여러 장수들의 용병(用兵)이 대체로 이렇다는 것을 일괄해서 논한 것으로 한 가지 일을 논함으로써 후일의 경계로 삼고자 하는 것입니다." 」 −〈선조실록〉(1594. 10. 13.)−

'견고한 곳을 공격하게 되면 허술한 곳도 견고해지고'라고 하였

는데, '왜성·방파제+시스템적 수비'는 왜군이 자랑하는 견고함이
다. 10배의 병력으로도 깨치기 어려운 적의 견고한 곳을 오히려 열
세의 병력으로 공격했기 때문에 선조의 표현대로 '한 번 웃을 거
리'가 되고 말았다.

원균과 홍이상의 이순신 비난

「 "수군아 이미 공을 세우지 못하였고, 또 경상감사 홍이상
(洪履祥)이 원균의 보고서에 근거하여 보고한 내용을 보면, 비
단 공을 세우지 못했을 뿐만 아니라 약세만 내보이고 심한 모욕
을 당했으며, 육군과 수군을 간신히 끌어 모았으나 한 번도 승
리하지 못하고 돌아옴으로써 군사들의 마음이 모두 흔들렸습니
다."」   -〈선조실록〉(1594. 10. 13.)-

수군은 가을걷이 휴가 중이었다. 또 이순신에게 밀서가 도착한
것은 9월 22일, 작전 개시일은 9월 27일이었기에 휴가를 떠난 병
사들이 때맞춰 귀대할 수 없었다. 원균은 이 같은 상황을 잘 알고
있었으면서도 홍이상을 통하여 '수군이 공을 세우지 못하고… 약
세만 보이고, 수모만 당하고…' 등과 같은, 수군을 비하하는 말을
했다.

「 "이러한 때에는 3군(三軍)의 마음이 원수(元師: 권율) 한 사
람의 몸에 달려 있으니, 원수는 마땅히 자기 자신부터 진정(鎮
定)시켜야 하고, 여러 장수들에게 지시하고 단속하여 각각 자기
초소로 돌아가 이전과 같이 적을 막는 동시에 특별히 포치(布

置)하여 후일을 도모하도록 해야 합니다.

도원수 자신이 남원(南原)으로 감으로써 멀고 가까운 곳에 있는 사람들이 의구심을 갖게 하지 말았어야 했습니다. 이것은 아마도 적절한 일이 아닌 것 같습니다. 서둘러 진영으로 돌아가도록 하고 조금도 지체하지 말게 해야 할 것입니다."」

－〈선조실록〉(1594. 10. 13.)－

작전은 종료되었기에 모두들 원대 복귀할 것을 서둘러야 한다고 했다.

중구난방의 보고들

「 "그리고 적과 싸운 실태에 대한 여러 장수들의 보고가 일치하지 않는 것이 많은 것으로 보아 사실대로 보고하지 않은 폐단이 있으니, 다시 자세히 조사하여 급히 보고하도록 해야 할 것입니다."」

－〈선조실록〉(1594. 10. 13.)－

작전에 대한 장수들의 보고가 절차와 계통도 거치지 않고 중구난방으로 올라왔다. 체계적인 보고가 되려면, 윤두수가 이순신의 기함에 승선하고 다니면서 상황이 어떻게 돌아가고 있는지 그 내용을 일기형식으로 기록하고, 장수들의 보고가 올라오면 그때그때 일지 내용을 보완했어야 했다. 이렇게 하는 것이 작전에 대한 정상적인 결과보고이지만, 윤두수는 순천에 있었고 권율은 본진으로 돌아가지 않았기 때문에, 장수들의 장계가 곧바로 비변사로 올라가게 되었던 것이다.

「 "싸움을 일으킨 다음부터 말썽이 이미 생겼고 소서비(小西飛)의 사신도 또 적진으로 갔으니(소서비가 명나라→한성→웅천으로 들어갔음) 앞으로의 일이 매우 걱정됩니다.

거제의 적들은 틀림없이 고성 등에서 노략질을 할 것이고, 그렇게 되면 웅천이나 김해의 적들도 반드시 소란을 일으킬 것이니, 수군은 비록 한산도로 돌아가더라도 별도로 골라 뽑은 가벼운 배(輕船)들을 바다 어귀에 매복시켜 놓고, 의령의 육군도 인원수를 나누어 파수하는 등 철저히 경계하고 잠시도 태만하여 일을 그르치는 일이 없도록 해야 할 것입니다." 」

-〈선조실록〉(1594. 10. 13.)-

왜군의 반격에 대비해서 수군은 한산도, 육군은 의령 등지의 험지를 지키자는 계책이다.

패전의 책임을 물어 윤두수를 교체한다?

「(10월 14일) 오시(午時: 12시경)에 영의정 유성룡, 판중추부사 최흥원(崔興源), 판돈령부사 정곤수(鄭崐壽), 우찬성 최황(崔滉), 좌참찬 한준(韓準), 호조판서 김수(金晬), 형조판서 신점(申點), 훈련원 도정(都正) 조경(趙儆), 판결사 윤선각(尹先覺), 호조참판 성영(成泳), 동지중추부사 이사명(李思命), 부수찬 윤경립(尹敬立), 우승지 오억령(吳億齡), 주서 이덕온(李德溫), 가주서(假注書) 이순민(李舜民), 검열 심열(沈悅)·김신국(金藎國)을 불러들여 만나 보았다.

선조: "싸움을 할 때에는 반드시 먼저 적을 헤아려야 한다. 어

찌 적을 헤아려보지도 않고 먼저 싸울 수 있겠는가. 여러 장
수들이 적에게 속은 것이다.

유성룡: 들으니, 여러 장수들이 처음에는 군사(육군)들을 거느
리고 견내량을 건너가려고 했다는데, 만일 그대로 했더라면
반드시 대패(大敗)했을 것입니다.

선조: 육군이 배를 탔다고 하는데, 무슨 의도에서인가?

유성룡: 수군이 매우 적었기 때문에 기세를 돋워 주기 위해서였
습니다."」   -〈선조실록〉 (1594. 10. 14.)-

이날도 확대 어전회의가 열렸고, 선조는 적을 헤아리지 못하고 군
사를 일으켰다면서 또다시 이번 작전을 비판했다.

'견내량을 건너가려고' 했다는 것은 조선 육군이 함안→고성반도
→견내량→견내량의 나룻배로 건너서→육로로 장문포와 영등포까
지 진군하여 왜성을 공격하려고 했던 것을 말한다. 즉, 그렇게 했더
라면 8천의 왜군이 견내량 맞은편에 있는 나루와 장문포·영등포에
이르는 길목에 매복해 있다가 3천 미만의 조선군을 도륙했을 것이
라는 것이 유성룡의 설명이다.

'육군이 수군의 배를 탔기에 해군의 기세를 돋워주었다'는 것은
수군이 가을걷이 휴가 중이어서 한산도를 수비할 판옥선이 50척 정
도밖에 안 되었고, 이에 육군이 승선해서 기세를 돋워준 것을 말한
다. 결과적으로 보면 육군은 이러한 방식으로 장문포·영등포 해안까
지 이동했기 때문에 가는 도중에 왜군의 기습을 피할 수 있었던 것
이다.

「선조: "한 명의 왜적도 잡거나 죽이지 못했는가?

유성룡: 적들이 나와서 싸우지 않는데 어찌 사로잡은 것이 있겠

습니까.

김수: 6명의 왜적을 사살했다고 합니다.

유성룡: 바다에서 싸웠기 때문에 크게 패하지는 않았지만, 육지에서 싸웠다면 반드시 크게 패했을 것입니다.

선조: 전날에 도원수의 보고서를 가지고 온 사람에게 거사에 대한 소식을 물었더니, 군사들 가운데는 활을 갖지 못한 자들도 있다고 하였다. 그러한 군사들을 가지고 어찌 성공을 바랄 수 있겠는가?

유성룡: 요즘 사람들의 마음을 보면 전의(戰意)를 상실하였으니 매우 한심합니다.

선조: 적을 치려는 마음이야 하루라도 잊어서는 안 되겠지만, 그렇다고 우리의 형편은 따져보지도 않고 경솔하게 진격해서야 되겠는가.

최황: 적을 치려는 마음은 잠시라도 잊어서는 안 됩니다. 이번 거사에서 함몰당하지 않고 전군(全軍)이 돌아온 것만 해도 다행입니다.

선조: 적들은 반드시 딴 꾀를 쓸 것이다.

유성룡: 유정(惟正)도 그 점을 걱정하고 있습니다. 그리고 듣자니 김덕령은 병을 핑계 대고 오지 않았다고 하는데, 거사가 성공하지 못할 줄 알고 병을 핑계 댄 것이 아니겠습니까.

선조: 덕령이 만일 일이 성공되지 못할 것을 미리 알았다면 응당 대장(大將)에게 힘써 말하여 중지시키는 것이 옳았을 것이다. 듣자니 '여러 장수들은 덕령이 오지 않자 마치 소경이 지팡이를 잃은 것처럼 생각했다'고 하던데, 여러 장수들이 덕령 한 사람이 오지 않았다고 해서 그처럼 낙심을 하였단 말인가. 애초 거사할 때 나도 반드시 패할 줄 알았다.(*〈선조실

록〉1594년 9월 28일자 참조: "옛날에는 징을 쳐서 싸움에 이긴 사람도
있었다. 복이 있는 사람은 귀신이 도와주면 혹시 만분의 일이라도 성공
을 기대할 수가 있을 것이다.…") 그러나 적을 치려는 마음만은
매우 취할 만하니 비변사에서는 지나치게 책망하지 말고 특
별히 뒷일을 잘 수습할 수 있는 계책을 세우도록 하라.

유성룡: 보잘 것 없는 신이 혼자 대신의 반열에 있는 바람에 나
라일이 갈수록 잘못되어 가고 있으니, 대궐 문 앞에서 죽음으
로써 사죄하더라도 오히려 부족할 것입니다. 청컨대 윤두수
가 내려간 지 이미 오래 되었으니, 신이 내려가서 그를 대신
하여 외방에서 힘을 다하도록 해주십시오.

선조: 체찰사의 임무를 어찌 서로 교대할 수 있겠는가."」

－〈선조실록〉(1594. 10. 14.)－

차츰 작전의 전모가 밝혀지는 가운데 체찰사 윤두수의 교체설이
등장하고 있다.

윤두수는 이번 작전을 위해 오래 전에 남쪽으로 내려가 있었다.
따라서 많은 수의 장병들은 가을걷이 휴가 중이었으며, 그 같은 상
황에서의 모병은 열에 아홉 명은 산으로 들로 숨어버린다는 민심도
알 수 있었을 것이다. '군대에 갔다 오니 가족들이 모두 굶어 죽었
다'는 시대였기 때문이다. 이렇게 보면, 작전을 계획한 윤두수는 천
시(天時)를 놓쳤다.

그리고 거제도의 왜군은 주둔한 지 1년이 넘었고, 견고한 왜성에
서 겨울 준비를 마친 상태에서 조선군의 작전에 대비하고 있었다.
그런데 조선군은 비상식량만을 가지고 현장에 도착하여 스스로를
지킬 목책도 세우지 못했기 때문에, 지리(地利)도 왜군이 차지했다.

더구나 윤두수는 통제사 이순신을 작전에서 제외시키고 수군의 핵

심 장수인 권준을 잡아 가면서 조선군을 보이지 않는 내분상태로 빠뜨렸다. 반면에 명·왜는 강화회담의 성사를 위해 합심하고 있었기 때문에, 윤두수는 인화(人和)도 그르치고 말았다.

전쟁과 당쟁은 나란히 진행되었다

「유성룡: "요즘 대간(臺諫)에서 하는 일을 보면, 정철 한 사람의 일로 매우 소란스럽습니다. 어떤 사람은 '공의(公議)를 널리 펴지 않을 수 없다'고 하고, 어떤 사람은 '정철은 모르는 일이다'고 하면서 이미 지나간 일을 가지고 이처럼 다투고 비난함으로써 조정이 안정되지 못하게 하고 있습니다. 그리고 동인(東人)이니 서인(西人)이니 하는 근거도 없는 일을 가지고 이 지경에 이르렀습니다. 그렇기 때문에 신은 이전부터 동인이니 서인이니 하는 말을 입에 담지도 않았습니다.

선조: 공의(公議)란 지극히 엄한 것이며 시비(是非)는 속이기 어려운 것이다. 요즘 하고 있는 일들을 보면, 어두운 밤에 온갖 물건들이 서로 끌어당기는 것과 같다. 이러고서도 나라 일이 제대로 되겠는가. 영의정은 스스로 물러나겠다고 말하기 전에 반드시 먼저 내가 물러날 수 있도록 해야 할 것이다. 그래야만 왜적도 물러가고 조정도 안정될 것이다.

윤경립: 정철이 최영경(崔永慶)을 모함하여 죄에 빠뜨린 일에 대해서는 전하께서도 잘 알고 계실 뿐만 아니라 온 나라 사람들이 다 알고 있는데도 요즘 정철을 비호하는 일종의 논의가 분분하게 일어나고 있으니, 반드시 먼저 정철의 죄를 똑바로 밝혀야만 정철을 비호하는 논의가 저절로 종식될 것입니

다.”」   —〈선조실록〉(1594. 10. 14.)—

　정여립(鄭汝立)의 역모 사건으로 죽은 사람이 1천여 명에 달했고, 이는 몇 개의 사화(士禍)에서 죽은 사람들의 수를 합한 것보다도 많았다. 이렇게 많은 사람이 죽은 것은 서인인 정철이 동인 세력을 싹 쓸이하려 했기 때문이라는 비판이 높았다. 이 날도 정철을 둘러싼 논란은 계속되고 있다.

　윤두수는 서인이고 유성룡은 동인이다. 뒷날 유성룡은 윤두수가 자신을 축출하기 위해 이순신을 모함했다고 한 바 있는데, 장문포·영등포 작전에서도 윤두수와 원균은 이순신을 모함했다.

장문포·영등포 작전에 대한 병조(兵曹)의 보고

「(10월 15일) 병조좌랑 김상준(金尚寯)이 구례에서 돌아오니 임
　금이 불러들여 만나보았다.
선조: “그곳의 소식은 어떠한가?
김상준: 수군은 지금까지 군사를 퇴각시키지 않았습니다.
선조: 원수(元師: 권율)와 말해 보았는가? 그곳의 일을 자세하게
　　말하라.
김상준: 원수가 말하기로는, 수군은 아직도 흉도(胸島: 거제도)에
　　있다고 하였습니다.
선조: 흉도에서 무엇을 하자는 것인가? 그리고 원수는 뭐라고
　　말하던가?
김상준: 수군은 2만여 명이지만, 육군은 여러 장수들이 거느리
　　고 있는 것이 1천 명도 되지 못합니다. 원수는 스스로 말하기

를, '명령을 받은 지 이미 오래 되었는데도 한 가지도 성공하지 못했으니 다만 먼저 신의 죄부터 꾸짖기만을 바라고 있다'고 하였습니다."」   -〈선조실록〉(1594. 10. 15.)-

 작전의 진행 과정은 '9월 27일 작전 개시→10월 6일 왜군의 패문→10월 7일 곽재우·김덕령의 귀향→10월 8일 수륙 장수들의 귀향→10월 20일 이억기 함대의 귀향→10월 30일 마지막 토벌 작전'으로 이어졌다. 그리고 〈난중일기〉 1594년 11월 7일자에는 '원수가 수군 진중에 머물렀다'고 기록되어 있다. 그렇다면 병조좌랑 김상준이 구례에 있을 때 권율은 어디에 있었는지 궁금해진다. 만약 권율이 구례에 있었다면 작전이 한창일 때 그 역시 4백 리 밖 후방에 있었던 것이 된다.
 '수군은 2만 명'이라고 하였는데, 권율도 그렇게 알고 있었을까? 만약 2만 명이었다면 가을걷이 휴가는 없었던 것이 되고, 비변사가 보고한(1594. 10. 13.) 원균-홍이상의 보고 내용(해군이 약세… 수모를 당함)은 모함한 것이 된다. 앞에서 보았듯이, 이 무렵 작전 상황에 대한 보고들은 중구난방으로 올라왔는데, 김상준이 올린 보고 역시 그런 것들 중의 하나로 보인다.

「선조: "정세에 대해서는 말하지 않던가?
 김상준: 한산도로부터 곧바로 거제로 들어가는 것은 형세상 매우 어렵기 때문에 고성 앞바다로 에돌아 나가 거제의 남쪽으로 돌아서 정박하였더니, 거제의 적들이 모두 성 위에 모여 진을 치고 깃발을 많이 벌려 세우고는 배 40여 척을 장문포에 집결해 놓고 항거하고 있다고 하였습니다."」
      -〈선조실록〉(1594. 10. 15.)-

'고성 앞바다로 에돌아 나가 거제의 남쪽으로 돌아와 정박' 하였
다고 했는데, 잘못된 지도를 가지고 설명하고 있다. 그 무렵 조정의
남해안 지도에는 오류가 많았다.

「선조: "우리 군사들은 부상당하지 않았는가?
　김상준: 1명이 탄환에 맞았으나 중상(重傷)은 아니라고 했습니다.
　선조: 달리 또 무슨 말을 들었는가?
　김상준: 적의 형세가 요즘 약해졌다고 합니다."」
　　　　　　　　　　　　　　　－〈선조실록〉(1594. 10. 15.)－

　1명이 탄환에 맞았지만 그마저도 중상이 아니었다는 사실로 보아
사실상 전투가 없었던 한심한 작전이었음을 알 수 있다. '적의 형세
가 약해졌다' 고 했는데, 약해진 것이 아니라 명·왜 간의 강화회담이
순조롭게 진척되고 있었기 때문에 왜적이 준동하지 않았던 것이다.

「선조: "원수가 그런 말을 하던가? 적을 잘못 헤아린 것이다.
　김상준: 백성들이 한결같이 빈곤하니 겨울에는 둔전의 조세로
　　써 해결할 수 있겠지만 내년 봄에는 식량을 이어댈 길이 없습
　　니다. 그리고 여러 장수들이 원수의 지휘를 따르지 않으니 매
　　우 우려됩니다."」　　　　　－〈선조실록〉(1594. 10. 15.)－

　선조는 '적을 잘못 헤아린 것' 이라고 하였지만 왜군이 약해졌다
고는 보지 않았다. 김상준은 내년 봄의 식량 문제와 '여러 장수들이
원수의 지휘를 따르지 않는' 것을 걱정했는데, 이 같은 걱정은 이미
예견된 것이었다.
　구체적으로 분석해 보면, ①가을걷이 중에 군사를 동원한 것이나

명·왜 간 강화회담을 감안하지 못했고, ②남해안의 왜성과 4만 3천
의 왜군을 가볍게 보았으며, ③윤두수와 권율이 없는 전장에서는 수
륙의 무장들끼리 모여서 무질서와 불협화음(예컨대 이순신과 원균 간
의 불협화음)을 낳았다. ④조선의 수륙군이 모처럼 합동전을 펼쳤으
나 공격다운 공격이 없었다.

이렇게 정리해 보면, 윤두수와 권율의 지휘는 처음부터 통하기 어
려웠을 만큼 그들의 리더십은 실추되어 있었다.

「선조: "수군이 흥도에 있는 것은 무슨 의도에서인가?

김상준: 아직 체찰사의 지휘가 없기 때문에 그대로 머물러 있으
면서 지휘를 기다린다고 하였습니다.

선조: 체찰사는 무슨 말을 하였는가?

김상준: 체찰사도 여러 장수들이 지휘를 따르지 않는 것을 근심
하고 있었습니다."」   —〈선조실록〉(1594. 10. 15.)—

'체찰사의 지휘가 없기 때문에 그대로 머물러 있다'고 했지만, 사
실 그 무렵은 잔적 소탕 단계였기 때문에 머물러 있었던 것이다.

고니시에게 승낙을 받은 장문포·영등포 작전

「선조: "이번의 거사는 무슨 생각으로 한 것인가?

김상준: 다른 곳의 적은 분탕질과 노략질을 하지 않는데, 그곳
의 적은 분탕질이 더욱 심하기 때문에 그 죄를 따지기 위해서
백사림(白士霖: 김해부사)이 행장(行長: 고니시)에게 전언(傳言)
하고 행장이 그것을 허락하였기 때문에 쳤다고 합니다.

선조: 적의 말을 듣고 적을 쳤다는 말인가? 그때 덕령도 갔는
가?

김상준: 의당 선봉을 서야 하는데 병이 나서 들어가지 못했다고
하였습니다."」   -〈선조실록〉(1594. 10. 15.)-

'고니시에게 양해를 얻었다'는데, 고니시는 명·왜 및 조·왜 간의
강화회담을 추진하고 있었기 때문에 조선 측의 요청을 들어주는 것
처럼 했다. 그러나 내부적으로는 굳게 지키면서 패문을 내걸도록 지
시했는데, 말하자면 선조와 윤두수가 고니시에게 속은 사건이다.

훗날에도 선조와 윤두수는 고니시의 반간계에 속아 '이순신이 부
산으로 나아가 가토(加藤淸正)를 잡지 않았다'는 이유로 이순신을
해임하고 원균을 통제사로 삼았다. 이때 선조는 고니시를 가리켜
'하늘이 보낸 사람'이라고 하면서 고니시를 신뢰했다.

아래는 이순신이 '가토 기요마사(加藤淸正)를 잡으라'는 선조의
어명을 따르지 않은 상황에서 정유재란 소식을 접한 후에 열린 어전
회의의 기록(〈선조실록〉1597. 1. 27.)이다.

「윤두수: "이순신의 죄상은 전하께서 이미 통촉하시는 바이옵
니다. 이번 일로(일본에서 부산으로 오는 가토 기요마사 선단을 이순신
이 부산으로 나아가 공격하지 않은 일) 전국 인심이 통분해 하지 않
는 이가 없사오며, 소서행장이 (가토가 부산으로 오는 것을) 가르쳐
주었는데도 나아가 잡지 않았으니, 설사 전쟁 중이라도 순신을
갈아야 할 것 같사옵니다."」   -〈선조실록〉(1597. 1. 27.)-

가토를 잡기 위해 대선단을 이끌고 부산 앞바다에서 대기하는 것

은 중세기 항해 원리상 불가능한 일이었다. 이동하는 동안 야간에는 반드시 인근 포구에 정박해야 하는데, 견내량 북쪽은 왜군들이 요소요소에 왜성을 쌓고 매복하고 있었다. 때문에 중간 기착지로 삼을 만한 곳이 없었다.

또 가토의 선단이 동남풍이 불 때 대마도를 출발했다고 가정하면, 가토의 선단은 순풍을 업고 10여 시간 만에 부산포에 도착할 수 있다. 그러나 한산도를 출발한 조선 함대는 준(準)역풍을 안고 항해하는 것이므로 부산 앞바다까지는 무려 30시간 정도가 소요되며, 막상 도착한다고 해도 가토의 선단은 이미 방파제 안에 숨어버린 후일 터이니 소용이 없다.

또 하나 문제는, 조선 함대가 부산으로 간 사이 장문·영등·웅천

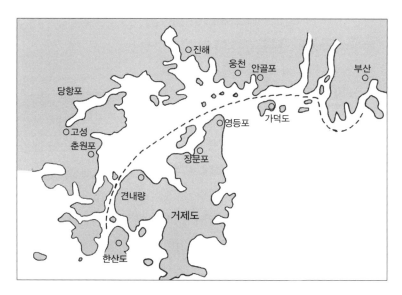

〈당시의 항로. 견내량을 경계로 조·왜 양측은 정유재란이 일어나기 전까지 3년 8개월간 대치했다. 당시 왜군들은 조선 함대의 부산포 진출을 차단하기 위해 해안에 왜성을 쌓고 중간 정박지를 없앴다〉

·· 안골포 등지에 숨어 있던 왜군 함대가 퇴로를 차단하거나 한산도를 기습 공격할 소지가 있었다.

> 「선조: "내가 순신이란 위인을 잘 알지는 못하나 이번 일은 하늘이 기회를 주었는데도(고니시를 하늘이 보낸 사람으로 생각했다) 나아가 잡지 않았으니, 이 같이 군율을 범한 사람을 어찌 매번 용서해 줄 수 있겠는가." 」　　　－〈선조실록〉(1597. 1. 27.)－

선조와 윤두수가 이순신을 해직시키고 원균을 통제사로 삼기 위해 여론몰이 식 어전회의를 진행한 단면이다. 이 같은 어전회의 결과 이순신은 한양으로 압송되어 하옥되었다.

4. 이순신, 모함을 당하다

지금까지 이순신이 모함을 받아 죄인이 되기까지의 자초지종에 대해서 이미 수차례에 걸쳐 살펴보았다. 본 장에서는 이순신 모함의 결정판이라 할 수 있는 1597년 1월 27일자 〈선조실록〉을 중심으로 그 과정을 보다 자세히 살펴보는바, 별도의 해설 없이도 독자들은 이순신을 죄인으로 몰기 위해 자행된 모함이 이루어진 경위와 모함의 실체 및 그 문제점들을 충분히 이해할 수 있을 것이다. 그리고 그 이전에 이미 이순신을 통제사의 직에서 몰아내려는 음모가 진행되고 있었음을 1596년 11월 7일자 어전회의의 기록을 참고로 소개한다.

요시라의 반간계

정유년(1597) 1월 11일, 왜적의 첩자 요시라(要時羅)가 경상우병사 김응서(金應瑞)를 찾아와서 왜장 고니시(小西行長)의 뜻이라고 하면서 이렇게 전하였다.

「 "청정이 7천 명의 군사를 거느리고 이달 4일에 이미 대마도에 도착하였습니다. 순풍이 불면 며칠 안으로 건너오게 될 것입니다. 청정이 바다를 건너오면 크게 들이치지는 못하겠지만 가까운 지경에서 노략질할 것만은 틀림없으니, 나오기 전에 미리 방비하여 간사한 꾀를 실현하지 못하게 하는 것이 낫겠습니다.

요즘은 계속 순풍이 불기 때문에 바다를 건너오기가 어렵지 않으니 수군을 빨리 거제도로 내보내어 머물러 있게 하고 청정의 동정을 살피도록 해야 할 것입니다. 바다를 건너오는 날에 동풍이 크게 불면 반드시 거제로 향해 올 것이니 그렇게 되면 형세는 공격하기에 쉽습니다. 만일 정동풍(正東風)이 불어 곧바로 기장이나 서생포 지경으로 향한다면 배는 바다 가운데로 지나가게 되므로 거제와는 거리가 매우 멀어서 미처 가로막을 수 없을 것이니, 그렇게 되면 이 계책을 시행하지 못할까봐 걱정됩니다.

전선 50척을 급히 기장 지경으로 돌려대어 좌도의 수군과 합세하여 진을 치고 5~6척씩 부산이 바라보이는 곳에서 돌아치게 해야 할 것입니다. 그러면 우리 장수들이 청정에게 달려가 알리기를 '조선에서는 너를 원수로 여겨 수많은 전선을 정비해 가지고 좌도와 우도로 나뉘어 정박하고 있다. 육군도 근처에 많

이 주둔시켜 네가 나오는 날을 노리고 있으니 아예 경솔히 건너
지 말라'고 하겠습니다. 그렇게 하면 청정은 틀림없이 의심을
품어 감히 바다를 건너지 못할 것이고, 그 사이에 조선에서도
대비하고 행장도 손을 쓴다면, 설령 청정의 머리를 베지는 못하
더라도 이보다 더 유력한 계책은 없을 것입니다.

　배를 빨리 돌려대어 군사의 위력을 보임으로써 교활한 적들
로 하여금 목을 움츠리고 나오지 못하게 만든다면 피차간에 다
좋을 것임을 어찌 말로 다할 수 있겠습니까."」

-〈선조실록〉(1597. 1. 19.)-

　가토 기요마사(加藤淸正)에 관한 요시라의 거짓 정보가 조선 조정
에 처음으로 전해진 것은 1월 19일이다. 그러나 이보다 앞선 1월 13
일에 그는 이미 부산 앞바다 다대포에 도착하여 정박해 있었다.

「4도 도체찰사인 우의정 이원익(李元翼)이 장계를 올렸다.
　"기장(機張) 현감 이정견(李廷堅)의 급보에 의하면, 청정(淸正)
이 이달 13일에 다대포에 와서 정박하였는데, 먼저 온 배가 2백
여 척이라고 하였습니다."」　　　-〈선조실록〉(1597. 1. 21.)-

　이 소식을 접한 조정에서는 긴급 대책을 세웠다.

「비변사에서 건의하였다.
　"청정이 이미 바다를 건너왔으니 각 도에서는 방어조치를 취
하는 일을 조금도 늦추어서는 안 되겠습니다. 경기, 충청, 영남,
호남 등 각 도에 선전관을 나누어 보내어 군사를 정비하고 요해
처를 막아 각별히 변란에 대처하며 감시 결과를 통보하도록 급

히 지시함으로써 뜻밖의 우환을 막는 것이 좋겠습니다."」

―〈선조실록〉(1597. 1. 21.)―

이순신을 모함하는 원균의 장계

당시 전라도병사로 있던 원균이 이순신의 수군 전략을 비난하는 내용의 장계를 올렸는데, 그 내용은 이순신을 모함하는 내용들로 되어 있다. 이것은 이미 앞에서 살펴본 바이지만, 이순신 모함의 전후 사정을 보다 명확히 이해해 보자는 취지에서 재차 소개한다. 한편, 이순신을 배척하려는 음모를 꾸미고 있던 선조에게 있어서 이 장계는 이순신을 실각시키기 위한 확실한 구실이 되었다.

「전라도 병마절도사 원균이 장계를 올렸다.

"신은 외람되게도 무거운 책임을 맡고 남쪽 변경의 병마사로 있으면서 우둔한 솜씨나마 다하여 만대의 원수를 갚으려 하였습니다. 그러나 스스로 생각건대 늙은 몸에 병이 이미 심할 대로 심한데다 나라에 보답한 것은 많지 못하여 전하를 우러러 통곡만 할 뿐입니다. 지금 변경에는 어려운 일이 많은 만큼 군사를 일으키고 많은 사람들을 움직이기에 겨를이 없어야 할 형편입니다. 여러 고을에 신칙하여 군사와 말을 정비하고 직접 군사들의 앞장을 서서 일거에 적을 쓸어버리고 말겠습니다.

그런데 수군과 육군에 대하여 말씀드린다면, 임진년 초기에 적의 육군은 줄곧 내쳐서 한 달 동안에 평양까지 쳐들어왔으나, 바다의 적들은 한 해가 지나도록 패전만 하고 끝내 남해 바다 서쪽으로는 오지 못하였습니다. 그러니 우리나라의 군사 위력은 오로지 해전에 달려 있을 뿐입니다.」

―〈선조실록〉(1597. 1. 22.(癸丑)―

원균 자신은 임진왜란 초기 왜적이 쳐들어왔다는 소문만 듣고도
자기 관하의 배들을 몽땅 바다에 침몰시켜버리고 도망을 갔었다. 그
런데도 적의 배가 서쪽으로 가지 못하게 된 것은 전적으로 이순신.
때문이었다는 사실은 숨기고 계속해서 이순신의 전략을 은근히 비
난하고 있다.

　「신의 어리석은 생각으로는, 수백 척의 수군으로 영등포 앞
으로 질러나가 가덕 뒤에 몰래 머물러 있으면서 가볍고 빠른 배
를 골라서 서넛 또는 네댓 척씩 떼를 지어 절영도 바깥쪽에서
무력을 시위하게 하는 한편, 1백여 척이나 2백 척이 큰 바다에
서 위력을 보여야 한다고 봅니다. 그렇게 하면 원래 바다 싸움
에서 이기지 못하여 겁을 먹고 있는 청정(淸正)은 틀림없이 군
사를 거두어 돌아가게 될 것입니다.
　바라건대 조정에서는 수군으로 바다에 나가 맞받아침으로써
적들이 뭍에 오르지 못하게 한다면 반드시 걱정할 것이 없을 것
입니다. 이것은 신이 함부로 하는 말이 아닙니다.」

―〈선조실록〉(1597. 1. 22.)―

이것은 ‘함부로 하는 말이 아닙니다’고 하였는데, 일본의 첩자
요시라가 일러준 방법을 그대로 말한 것이다. 그리고 육군 병사(兵
使)인 자신이 수군의 전략에 관해서 왈가왈부하는 것 자체가 잘못인
줄도 모르고, 이순신이 잘못하고 있는 것을 보고 ‘차마 침묵을 지키
고 있을 수 없어서’ 한마디 하는 것이라면서 자신의 주장을 정당화

하고 있다.

「신은 전에 바다를 지킨 일이 있어서 이 문제에 대해서는 잘
알고 있는 만큼, 지금 침묵을 지키고 있을 수가 없기에 전하에
게 말씀드리는 것입니다.」   -〈선조실록〉(1597. 1. 22.)-

이순신을 모함하기 위한 어전회의

왜적이 다시 쳐들어온 상황에서 임금의 마음이 이미 이순신에게
서 떠났음을 간파한 김응남과 윤두수의 발언은, 임금의 비위를 맞추
기 위해서는 어떤 거짓말도 서슴지 않는 간신배의 전형적인 모습을
보여주고 있다.

「이산해(李山海: 領中樞府事): "이럴 때 수군에 힘을 실어주면 믿
고 의지할 수 있을 것입니다. 신이 지난번에 충청도에서 마침
원균을 만났는데, 원균이 말하기를 '왜놈들이야 무슨 두려워
할 나위나 있겠느냐'라고 하였습니다. 신이 처음에는 그 말
을 듣고 멋대로 하는 소리로만 여겼는데, 이제 와서 보니 수
군을 믿고 그런 말을 한 것 같습니다. 이번에 김신국(金藎國:
군기 선유관으로 이원익에게 내려갔다가 돌아왔다.)이 돌아왔기에 물
어보았더니, 신국은 도체찰사(李元翼)도 수군을 믿고 있다고
하였습니다.
선조: 왜적의 우두머리(小西行長)가 손바닥을 펼쳐 보이듯이 가
르쳐 주었는데도 우리나라에서는 해내지 못하였으니, 우리나
라는 참으로 천하에 용렬한 나라이다.

오늘 장계를 보니 행장도 조선에서 하는 일은 늘 이 모양이
라고 한탄했다고 한다. 이렇게까지 조롱당하고 있으니, 우리
나라는 행장보다도 훨씬 못한 셈이다. 한산도의 장수(이순신)
는 편안히 누워서 어떻게 해야 할지조차 모르고 있다.

윤두수: 이순신은 왜적을 두려워하는 것이 아니라 사실은 싸우
러 나가기를 싫어하는 것입니다. 임진년에 정운(鄭運)이 죽은
것도 절영도(絕影島)를 거쳐 배를 몰고 오다가 적의 화포에
맞아 죽었습니다.

이산해: 이순신은 정운과 원균이 없기 때문에 이렇게 머뭇거리
는 것입니다.

김응남: 이순신이 싸우러 나가지 않으려고 했기 때문에 정운이
목을 베려고 하자 이순신은 무서워서 어쩔 수 없이 억지로
나가 싸웠습니다. 그러므로 해전에서 이긴 것은 사실은 정운
이 격려해서 된 것입니다. 그래서 정언신(鄭彦信)은 늘 정운
(鄭運)의 사람됨을 칭찬하였습니다.

선조: 지금 이순신에게 어찌 청정(淸正)의 머리를 베어 오기를
바라겠는가. 그저 배를 띄워놓고 시위나 하고 바닷길을 따라
돌아다니기만 하다가 끝내 아무 일도 못할 것이니, 참으로
한탄할 일이다. 오늘 도체찰사의 장계를 보니 군사를 끌고
나가 위력을 시위하기로 약속은 이미 되어 있다고 하더라
만. ……

(한탄하다가 한참 만에 한숨을 쉬면서) 우리나라는 다 되었다.
아, 이제 어떻게 하겠는가. 아, 어떻게 하겠는가.”」

-〈선조실록〉(1597. 1. 23.)-

'이순신이 싸우러 나가지 않으려고 했기 때문에 정운이 목을 베

려고 하자 이순신은 무서워서 어쩔 수 없이 억지로 나가 싸웠다. 그러므로 해전에서 이긴 것은 사실은 정운이 격려해서 된 것이다'고 하였다. 이 같은 거짓 모함에 더 이상 무슨 설명이 필요하겠는가.

왜적의 거짓 정보에 놀아나는 경상우병사 김응서

1월 17일에 올린 경상우병사 김응서(金應瑞)의 장계는 이러하였다. 그 역시 왜적의 거짓 첩보에 완전히 놀아나고 있는 모습이다.

「도원수가 두루미 한 마리와 매 한 쌍을 행장(行長)에게 보내주라고 하기에 신이 이달 6일에 군사 송충인(宋忠仁)에게 주어서 들여보냈습니다. 그가 17일에 돌아와서 보고하기를, "이 달 12일에 바람이 순조로워서 청정(淸正)의 휘하에 있는 왜선 150여 척이 일시에 바다를 건너와서 서생포에 머무르고 있고, 청정 자신도 휘하의 배 130여 척을 거느리고 바다를 건너왔는데, 동북풍이 불어서 배를 통제하지 못하여 거제 길로 향해 가다가 가덕도에 머물렀으며, 14일에는 다대포를 향해 가면서 진터를 살펴보았습니다"고 하였습니다.

그러나 우리나라 수군은 미처 정비가 되지 않아서 맞이하여 치지 못하였습니다. 바람이 순조롭지 않았던 것은 사실 하늘이 우리를 도와준 것인데, 사람들이 제 할 일을 다 하지 못해서 그만 앉은 채로 기회를 놓치고 말았으니 분함을 이기지 못하겠습니다.

행장도 몹시 통탄해 하면서 말하기를 "너희 나라에서 하는 일은 번번이 이 모양이니 뉘우친들 무슨 소용이 있겠는가. 청정이 이미 바다를 건넜으니 나는 전날에 한 말이 청정의 귀에 새어 들어 갈까봐 걱정이다. 모든 일을 되도록 치밀하게 하라"고 하였으며, 또 송충인에게 말하기를 "이 다음에도 할 일이 있으면 너는 꼭 돌아와야 한다"고 하였습니다. 그래서 곧 들여보내어 다시 유도하여 그 내막을 알아내 가지고 급보를 올릴 작정입니다.

대체로 우리나라에서 하는 일은 이렇게 질질 끌기 때문에 결코 성사될 수가 없으니 그저 혼자서 답답해할 뿐입니다.」

―〈선조실록〉(1597. 1. 23.)―

왜적이 조선에 흘린 허위 정보의 내용을 보면, 1월 13일 가토 기요마사(加藤淸正)가 다대포에 도착하기 전의 보고들은 왜적이 2~3월 후에야 군대를 움직일 것이라는 내용이었고, 청정이 1월 13일에 이미 부산 앞바다에 도착하고 난 다음의 보고들은 모두 1월 19일 이후에야 조정에 도달한다. 말하자면 모두 사후보고였던 것이다.

청정의 군대가 1월 4일에 대마도에 도착했다고 요시라가 1월 11일에 김응서를 만나서 보고하였는데, 이것이 조정에 도달한 것은 1월 19일이다. 청정의 군대가 1월 12일에 서생포에 도착하였다는 군사 송충인(宋忠仁)의 보고는 경상우병사 김응서(金應瑞)의 장계를 통하여 1월 23일에야 조정에 보고되었다. 그리고 청정의 군대가 1월 13일에 이미 다대포에 도착했다는 기장 현감 이정견의 급보는 이원익의 장계를 통하여 조정에 1월 21일 보고되었다. 그리고 조선 수군이 바다에 나가 기다리다가 적을 맞아서 쳐야 한다는 원균의 장계는 1월 22일에 조정에 보고되었다.

이 모든 보고들로부터 알 수 있는 것은, 어떤 정보보고에 의하더라도 요시라가 1월 11일자에 김응서에게 건의한 "남해상에서의 청정 요격설"은 시기적으로 이미 실천 불가능한 것이었음이 분명해진다.

요시라의 보고(1. 11.) → 김응서의 장계(1. 19.) → 조정의 지시(?) → 이순신에게 전달(?) → 부산 앞바다로 출동(?)으로 군사 작전지시가 하달되는 동안, 가등청정의 군사는 이미 벌써 부산 앞바다의 다대포에 도착해서(1. 14.) 조선 수군의 출동에 대비하고 있었던 그런 상황이었다.

이런 상황에서 만약 이순신이 출동하였다면, 왜군들이 그토록 바라마지 않던 해전방식인 '사냥개 곰몰이 작전'에 말려들어 힘든 전투를 할 수밖에 없는 처지가 되었을 것이다.

이러한 사실로부터, 다음에서 보게 될(1597.1. 23.) 조정에서의 '이순신 탄핵' 논의는 그야말로 말도 되지 않는 모함의 말들만 나열해 놓은 것이 되고 말았다.

이순신에게 부산 앞바다로 먼저 나가서 기다리고 있다가 바다를 건너오는 적을 맞받아치라고 지시하려면, 적이 오기 전에 적정에 관한 분명한 정보와 작전 재량권을 주고 그에 어울리는 지시든 명령이든 내렸어야 하는데, 적정에 관한 사후 보고서에 근거하여 사후적으로 이순신에게 책임추궁을 하고 있는 모습인 것이다.

이하에서 이순신 모함의 백미(白眉)를 보도록 한다.

이순신은 도저히 용서받을 수 없는 죄인? - 제7차 어전회의

1597년 1월 27일, 선조는 이순신을 제거하기 위한 제7차 어전회의를 열었다. 어리석은 임금이 스스로 자기 나라를 망치기 위한 모함과 음모를 결의하는 한심한 역사적 현장이다.

당시 어전회의에 참석한 자들의 발언은 〈선조실록〉에 그대로 기록되어 있다가 400년이 지난 지금에 와서 다시 역사적 심판을 받게 되었는바, 이날 역사적 모임에 참석했던 인물들의 명단은 다음과 같다.

사회자: 선조 이연(李昖).

참석자: 영의정 유성룡(柳成龍). 판중추부사 윤두수(尹斗壽). 지중추부사 정탁(鄭琢). 좌의정 김응남(金應南). 영중추부사 이산해(李山海). 병조판서 이덕형(李德馨). 호조판서 김수(金睟). 이조참판 이정형(李廷馨). 좌승지 이덕열(李德悅).

「선조: "적선이 비록 2백 척이라고 하나 이는 가장 많은 셈이다.

유성룡: 16개 부대가 거의 다 나온 모양입니다. 행장(行長)의 군사들이 두치(豆恥) 쪽 길로 가서 정탐한 것을 보면 전라도를 엿보는 것 같습니다.

선조: 전라도 등지는 방비가 전혀 없고 또 수군으로 오는 자가 하나도 없다는데 어쩔 셈인가.

유성룡: 그곳에는 명령이 잘 통하지 않기 때문에 군사가 곧 나오지 않았습니다. 또 중간에 간사한 관리들이 권세를 농락하고 있어서 여러 장수들의 명령이 하나도 시행되지 않습니다. 어쩌다가 한번 명령이 떨어져도 걸핏하면 여러 달이 지나가며 오는 자도 있고 오지 않는 자도 있으니 참으로 한심한 상황입니다.

윤두수: 이순신은 조정의 명령을 받아들이지 않고 싸움에 나가기 싫어서 한산도로 물러가 지키고 있는 바람에 큰 계책이 실현될 수 없었던 것이니. 이에 대하여 신하들로서 어느 누가 통분해 하지 않을 수 있겠습니까.

정탁: 이순신은 과연 죄가 있습니다.

선조: 순신이란 어떤 자인지 모르겠다. 계미년【1583년. 충무공이 39세 때 녹둔도 둔전관으로 있을 때 오랑캐를 물리치고도 이일(李鎰) 병사의 모함으로 죄를 입어 백의종군한 일이 있었다】 이후로 사람들은 모두 그가 간사하다고들 말하고 있다. 이번에 비변사에서는, 여러 장수들이 그의 명령을 듣지 않고 고을 수령들도 그의 명령을 듣지 않는다고 했는데, 그것은 다름 아니라 비변사에서 그를 두둔하기 때문이다. 명나라 관리들이 조정을 기만하고 못하는 짓이 없는데, 이런 못된 버릇을 우리나라 사람들(이순신을 지칭)이 모두 본받고 있는 것이다.

순신은 부산의 왜적 진영을 불태운 사건에 대해 조정에 거짓 보고를 하였다. 영의정도 여기 있지만, 이런 일은 반드시 없어야 할 일이다. 이제는 설사 그가 제 손으로 가등청정의 머리를 갖고 오더라도 결단코 그의 죄는 용서받지 못할 것이다.

유성룡: 이순신은 신과 같은 마을 사람입니다. 신은 젊었을 때부터 알고 있는데, 그는 자기 직책을 잘 감당해 낼 수 있는 사람이라고 여기고 있었습니다. 그는 평소부터 꼭 대장이 되고 싶어 했습니다.

선조: 그가 글은 아는가?

유성룡: 그는 강직하여 남에게 굽힐 줄 모릅니다. 그래서 신이 그를 수사(水使)로 추천하였고, 임진년의 공로로 정헌대부(正憲大夫)까지 주었는데, 너무 지나치게 되었습니다. 대체로 장수들이란 바라던 대로 되어 마음이 흡족해지면 반드시 교만해지고 나태해지는 법입니다.」

'그가 글은 아는가?' 라는 말 속에는 선조가 이순신을 싸울 줄은 알지만 무식한 일개 무장(武將)에 지나지 않는 자라고 무시하고 멸시하는 생각이 들어 있다. 임진년 이후의 전란에서 나라를 구한 장수에 대한 임금의 생각이 고작 이래서야 나라가 어떻게 지켜질 수 있겠는가. 그리고 유성룡의 답변을 보면, 유성룡조차 고니시(小西行長) 측에서 제보한 정보의 진위를 파악하지 못했으며, 이 같은 상황에서 이순신을 모함하는 온갖 말들이 쏟아지자 많이 혼란스러워하는 모습이다.

> 「선조: 이순신을 너그럽게 용서해 줄 수 없다. 일개 무장(武將) 주제에 어찌 감히 조정을 업신여길 생각을 한단 말인가. 우의정(李元翼)이 내려가면서 말하기를, 평상시에는 원균을 장수로 임명할 수 없지만 적과 싸울 때는 써야 한다고 하였다.」

이원익의 말은, 원균은 싸움이 벌어졌을 때 일개 돌격대장 정도로는 쓸 수 있다고 했던 것인데, 선조는 그의 말까지 왜곡하여 인용하고 있다.

> 「김응남: 수군 중에는 원균 만한 사람이 없으니 이제 버려서는 안 되겠습니다. 【 '원균만한 사람이 없다' 는 것은 분명히 엄청난 모함성 발언이다.】
> 유성룡: 원균은 나라를 위한 정성이 적지 않습니다. 상당산성(上黨山城: 청주산성)을 쌓을 적에 원균은 흙집을 짓고 그 안에 들어가 살면서 직접 성 쌓는 일을 감독했다고 합니다.
> 선조: 그를 수군의 선봉으로 삼고자 한다.
> 김응남: 지당하신 말씀입니다.
> 이산해: 임진년 해전 때 원균과 이순신은 장계를 천천히 올리기

로 서로 약속해 놓고는, 이순신이 밤중에 몰래 혼자서 장계를 올려 자기 공로라고 하였습니다. 이 때문에 원균은 이순신에게 원망을 품게 되었다고 합니다. 【이 또한 사실과 다른 모함의 말에 불과하다.】

윤두수: 이순신을 전라·충청 통제사로 임명하고, 원균을 경상도 통제사로 임명하면 어떻겠습니까? 【노련한 언사로 선조의 화를 북돋우기 위해서 한 말인지, 아니면 어떻게든 원균에게 통제사란 직함을 주고자 하는 본심을 노골적으로 드러낸 말인지, 아직은 불확실하다.】

선조: 원균이 만일 적의 소굴로 곧바로 쳐들어간다면 누가 그를 막아내겠느냐. 【참으로 어이없는 인물 파악이다.】

김응남: 어사를 보내서 자세히 조사해보도록 하는 것이 어떻겠습니까?

선조: 문관(文官)을 특별히 어사로 정하여 그간의 사정을 조사하게 하면 될 것이다.

윤두수·김응남: 이순신은 조용한 것 같지만 거짓이 많고 앞으로 나서지 않는 사람입니다.

선조(이덕형에게): 원균 문제를 급히 처리하도록 하라.

이덕형: 원균을 본래 수군으로 보내려고 했으나 논의가 일치되지 않아 이렇게 되었습니다. 요즘 변방 장수들의 문제를 보면, 이운룡(李雲龍) 같은 경우는 한두 놈의 도적을 보고도 나가 싸우지 않고 그저 가만히 앉아서 장계만 올리고 있으니, 이런 사람은 여느 때 같으면 어찌 처벌을 받지 않을 수 있겠습니까. 원균을 좌도(左道)에 보내도 무방할 것 같습니다.

선조: 좌도에는 보낼 수 없다. 【선조의 의도는 어디까지나 이순신을 삼도수군통제사의 자리에서 끌어내리고 대신 원균을 그 자리에 앉히려는 것이었다.】

김수: 서성(徐渻)이 술자리를 마련하여 두 사람을 화해시키려고

했더니, 원균이 이순신에게 '너에게는 아들 다섯이 있잖아!' 라고 하였다고 합니다. 그가 얼마나 원한을 품고 속이 쓰려 하는지 알 수 있습니다. 【이순신의 아들 다섯이란 권준, 배흥립, 김득광 등 부하 장수들을 가리킨 것이다.】

이덕형: 군사 관계 일이란 반드시 기강이 선 후에라야 앞과 뒤를 알 수 있는 법인데, 전라도의 문제는 문란하기 짝이 없습니다. 신이 군사 정원수 중에 군사에 관한 공부를 한 사람이 얼마나 되는지 알아보기 위해서 8도에다 병조로 보고서를 올리라고 했더니, 황해도 같은 데서는 모두 이미 올라왔는데 전라도에서는 감감 무소식입니다. 허술하기 짝이 없습니다. 【전시 중에 그런 통계를 위한 보고서 제출 요구 자체가 군사 맹(盲)인 문신들의 '문서놀음'에 지나지 않는 것인 줄도 모르고 있다.】

선조: 일본에 사신을 보내는 문제는 어떻게 하겠는가? 만일 보내지 않았다가는 후에 가서 뉘우치는 일이 없지 않을 것이다. 【일본에 통신사 보내는 문제 하나를 가지고 그렇게도 오랫동안 질질 끌면서 결론을 내리지 못하던 선조가 왜적이 다시 쳐들어 와서 다급해지니 일본에 통신사를 보내야겠다고 재촉하고 나온 것이다.】

유성룡: 사태가 이미 급박하게 된 만큼 설령 보낸다고 하더라도 소용이 없을 것 같습니다.

선조: 사태를 두고 어렵다는 것인가, 아니면 의리상 어렵다는 것인가?

유성룡: 사태가 벌써 급한데 어떻게 의리를 생각하겠습니까.

선조: 의리야 아무리 엎어지고 자빠지게 된 형편이라 하더라도 어찌 고려하지 않을 수 있겠는가. 전에 황신이 갔을 때에는 무슨 의리가 있어서 갔던가? 오늘 황제의 지시를 받들고 사신을 보내는 것만은 유독 의리에 어긋난다는 말인가?"」

－〈선조실록〉(1597. 1. 27.)－

이날 오후에 다시 별전으로 비변사(오늘날의 합동참모본부에 해당)의 대신들과 관련 부서의 당상관들을 불러 모아서 비슷한 논의를 되풀이한다. 이때 참석한 사람들의 명단은 다음과 같다.

이산해. 유성룡. 윤두수. 김응남. 정탁. 김명원. 김수. 이덕형. 류영경(柳永慶). 이정형(李廷馨). 로직(盧稷). 이덕열(李德悅). 조집(趙潗). 이순민(李舜民). 심액(沈詻). 이유홍(李惟弘)

「윤두수: "전날 권율이 신에게 편지를 보내왔기에 보니까, 행장이 한창 강화를 한다고 하였지만 고성과 곤양 근처에는 적들이 함부로 드나들므로 이 사실을 행장에게 말하였더니, 행장은 그 적들은 자기들 무리가 아니며 조선에서 그 적들을 죽이더라도 자기들은 결코 가서 구원하지 않을 것이라고 말했다고 합니다.

신이 선거이(宣居怡)와 이순신 등을 시켜서 군사를 거느리고 나가서 영등포에 머무르고 있는 적과 싸우게 했더니 장문포에 주둔하고 있던 왜적들이 구원하러 왔고, 장문포에 있는 적들과 싸우게 했더니 영등포에 있는 적들이 구원하러 왔습니다. 그런데 행장의 군사는 바라보기만 할 뿐 끝내 오지 않았습니다. 지금 이런 때에는 역시 오는 대로 치는 것이 좋겠습니다.

원수(권율)가 길에서 왜적 5~6명을 만났다고 하는데, 그 적들이 만약 원수가 단출한 일행으로 다닌다는 것을 알았더라면 끔찍한 일이 생겼을 것입니다. 체찰사도 검소한 사람인데, 만일 경솔하게 처신한다면 안 되겠습니다.

지난번에 비변사에서 이순신의 죄상에 대하여 이미 건의하였으므로 이순신의 죄상에 대하여 전하께서는 이미 훤히 다 알고 계실 것입니다.

이번 문제에 대하여 온 나라 사람들은 모두 분개하고 있습니다. 행장이 다 알려주었는데도 해내지 못하였으니, 중요한 고비에 장수를 바꾸는 것은 어려운 문제지만, 이순신을 교체시켜야 할 것 같습니다.」

윤두수는 임진년에 평양성을 지키겠다고 큰소리 쳐놓고는 한번 싸워보지도 않고 성을 버리고 도망친 일이 있었고, 불과 5개월 전에는 총책임자로서 장문포 전투를 기획, 실패하게 함으로써 수많은 희생자만 내게 한 경력이 있다. 그런데 지금 와서 자신의 실패에 대해서는 일언반구도 언급하지 않고 그 죄를 몽땅 이순신에게 뒤집어씌우고 있는 모습이다.

「정탁: 사실 죄는 있지만 위급한 때에 장수를 바꾸어서는 안 될 것입니다.

선조: 나는 아직 이순신이 어떤 사람인지 잘 모른다. 사람이 꽤 영리한 것 같기는 한데 임진년 이후로 한 번도 큰 공을 세운 게 없다. 이번 일로 말하면, 하늘이 마련해 준 기회인데도 이용하지 않았다. 법을 어긴 사람을 어떻게 번번이 용서할 수 있겠는가? 오히려 원균으로 대신하게 하는 것이 좋겠다.

중국 관리들은 이 제독 이하 조정을 속이지 않는 사람이 없는데 우리나라 사람들 중에 이런 것을 본받는 자가 많다.【이순신을 지칭하고 있다.】 적의 병영에 불을 지른 문제만 해도 김란서(金蘭瑞)와 안위(安衛)가 비밀리에 약속하고 한 일이라는데, 순신은 마치 자기가 계책을 세워서 한 듯이 보고하였으므로 나는 대단히 언짢게 생각한다. 이런 사람은 설사 가등청정의 목을 베어온다고 하더라도 용서할 수 없다.」

〈선조실록〉 1597년 1월 1일자에 소개된 이순신의 장계를 보면, 1596년 12월 부산에 주둔하고 있던 왜적의 병영에 불을 지른 화재사건의 실상은 선조가 말한 것과는 전혀 다르다. 그런데 선조는 이순신의 장계조차 신뢰하지 않고 자기 멋대로 왜곡하고 있다. 뿐만아니라, 그것이 과연 적장의 목을 베어오더라도 용서해주지 못할 정도의 잘못이었던가?

　「이산해: 임진년에 원균의 공로가 많았다고 합니다.

　선조: 공로가 없었다고 할 수는 없다. 대체로 앞장서는 것을 귀중히 여기는 것은 군사들이 그것을 보고 본받기 때문이다.

　유성룡: 신은 이순신과 같은 마을에 집이 있었기 때문에 이순신의 사람됨을 잘 알고 있습니다.

　선조: 서울 사람인가?

　유성룡: 그렇습니다. 성종 때 사람인 이거(李琚)의 자손입니다. 신은 이순신이 맡은 일을 잘 감당해낼 수 있으리라고 생각했기 때문에 애당초 그를 추천하여 조산(造山) 만호로 임명했던 것입니다.

　선조: 그는 글을 아는가?【또다시 이순신을 일개 무식한 무장 정도로 평가절하하고 있다.】

　유성룡: 그렇습니다. 남에게 굽히지 않는 성품이므로 취할 점이 많습니다. 그래서 그가 어느 고을 수령(진도 군수)으로 있을 때 신이 그를 전라 좌수사로 천거한 것입니다. 임진년에 차령을 지나는 길에서 이순신은 정헌대부(正憲大夫)로 되고 원균은 가선대부(嘉善大夫)로 되었다는 말을 듣고, 신은 너무 지나치

게 높은 벼슬로 표창했다고 생각했습니다. 무관 장수들이란 뜻을 쉽게 이루면 쓸 수 없게 되는 법입니다.

선조: 그때 원균이 자기 아우 전(㙉)을 보내어 이겼다는 보고를 했기 때문에 그렇게 표창한 것이다.

유성룡: 거제에 들어가 지키면 영등(永登)과 김해의 적들이 반드시 꺼려하겠지만, 오랫동안 한산도에만 틀어박혀 있어서는 별로 할 일이 없을 것입니다. 이번에 바다 길에서 역시 맞이하여 쳤어야 했는데 그러지 않았으니 어찌 죄가 없을 수 있겠습니까. 하지만 교체하는 동안에 사태가 어려워질 것 같았으므로 전날에는 그렇게 건의했던 것입니다. 비변사에서 어찌 이순신 한 사람을 두둔할 리 있겠습니까?

선조: 이순신은 결코 용서해줄 수 없고, 무장으로서 조정을 업신여기는 버릇에 대해서는 죄를 다스리지 않을 수 없다.

순신이 조산만호로 있을 때 김경눌(金景訥)도 녹둔도의 둔전 문제로 그곳에 있었는데, 순신과 김경눌이 평소 사이가 좋지 않았다. 한번은 순신이 야인 한 사람을 잡아서 밤중에 김경눌을 속였더니 김경눌은 치마를 입고 달아나기까지 했다고 한다. 경눌은 속이 없는 사람이어서 그런 위험한 곳에서 경계를 하지 않았지만, 순신 같은 변방장수로서 그런 농질을 해서는 안 될 것이었다. 나는 이 일에 대하여 전에 벌써 들었다. 【한번 미운 감정을 가지게 되면 모든 것이 밉게 보인다는 식이다.】

이정형: 이순신은 저에게 이렇게 말했습니다. '거제에 들어가 지키는 것이 좋다는 것은 물론 안다. 그러나 한산도는 배를 감출 수 있어 적들이 깊은 실정을 모르지만, 거제는 그 속이 넓기는 하나 배를 감출 데가 없을 뿐더러 안골포의 적들을 건너편에 두고 서로 마주보고 있으므로 들어가 지키기가 어

려울 것 같다'고 했습니다. 그 말이 옳은 것 같습니다.

선조: 들어가서 지키기 어려울 것 같다고 했다는데, 경의 의견은 어떤가?

이정형: 신도 자세히는 알 수 없습니다. 그들의 말이 그렇다는 것입니다. 원균은 변란이 일어난 초기부터 의분심에서 공을 세웠으나 단지 군사들을 돌보지 않아 민심을 잃었습니다.

선조: 성질이 포악한가?

이정형: 경상도 전체가 파괴된 것은 모두 원균 때문입니다.

선조: 우의정(李元翼)이 내려가면서 적과 맞서 싸울 때에는 쓸 수 있는 사람이라고 하였는데, 이제 짐작할 만하다.

김응남: 인심을 잃었다는 말은 우선은 덮어두고, 수군에 기용하는 것이 좋겠습니다.

선조: 이억기(李億祺)를 내가 전에 보았는데 쓸만한 사람이었다.

이정형: 원균만은 못합니다.

선조: 원균은 제 의견만 내세우면서 굽히거나 고치려 하지 않는다고 한다. 체찰사가 아무리 깨우쳐 주어도 고치지 않는다고 하였다.

유성룡: 대체로 나라를 위하는 정성은 있습니다. 상당산성(上黨山城)을 쌓을 때 흙집을 만들고 거처하면서 공사를 감독하여 쌓았습니다.

이산해: 상당산성을 쌓을 때에 그는 위엄을 가지고 공사를 감독했기 때문에 사람들이 많이 원망하였습니다.

이정형: 상당산성 공사를 완공하기는 했지만 비가 와서 곧 무너지고 말았습니다.

선조: 체찰사가 이순신과 원균에게 명령하면 순신은 그것이 부

당하더라도 앞에서는 복종하지만, 원균은 성을 벌컥 내면서 듣지 않는다고 한다. 이것은 그의 공로를 덮어버린 것 때문 인가? 원균을 좌도 수군에 소속시키고 또 누군가를 시켜서 두 사람을 눌러놓게 하는 것이 어떻겠는가?

이정형: 이순신과 원균은 형편으로 보아 서로 어울릴 수 없겠습니다.

김수: 원균은 늘 이순신이 자기 공로를 덮어버렸다는 말을 신에게 하였습니다.

이덕열: 이순신이 원균의 공로를 빼앗아 권준(權俊)의 공로로 만들었는데, 원균과는 의논도 없이 먼저 장계를 올렸습니다. 그때 왜적들의 배에서 여인을 잡아 가지고 사실을 알아낸 다음 앞질러 장계를 올렸다고 합니다. 【 '이순신이 원균의 공로를 빼앗았다'고 했는데, 전혀 말이 안 되는 모함이다. 장계에 관한 것도 이미 앞에서 말한 것처럼 모함이다.】

선조: 그때 왜장이 3층 다락배에 관을 쓰고 앉아서 바둑을 두고 있었는데, 그 배는 몹시 얇게 만든 것이었기 때문에 우리 배와 서로 부딪치자 곧 깨어졌다고 한다. 왜선이 지금도 그곳에 있으니 배를 통째로 잡았다는 말은 헛소리가 아닌 것 같다.

선조: 전라도에서는 명나라 사신에 대한 치다꺼리 때문에 수군과 격군들을 제때에 정비하지 않았다고 하는데, 이런 일에 대해서는 모두 이순신에게 책임을 따질 수 없다.

김수: 부산의 적 군영을 불사른 일도 원래는 이순신이 안위와 비밀히 약속하였는데, 딴 사람이 앞질러 먼저 하였습니다. 그런데 이순신이 도리어 자기 공로라고 하였다고 하지만, 그 일은 자세히 알 수 없습니다.

이정형: 변경에서 있은 일을 멀리서 헤아릴 수는 없으니, 천천히 처리해야 할 것입니다.

김수: (부산에 불 지른 공로를 이순신이 가로챘다는) 그 말이 만약 사실이라면, 용서할 수 없습니다.

유성룡: 그것이 사실은 사실입니다. 그러나 이제부터라도 (그런 일이 없도록 하라고) 고무 격려해야 할 것입니다.

윤두수: 원균과 이순신을 모두 통제사로 임명하여 힘을 합치게 하는 것이 좋겠습니다.

선조: 비록 두 사람을 갈라서 통제사로 임명하더라도 그들을 화해시키고 견제할 사람이 있어야만 될 것이다. 원균이 앞장서서 싸움판에 뛰어드는데도 이순신이 물러나 앉아서 지원하지 않으면 형편이 어렵게 될 것 같다.

김응남: 그렇게 한다면 이순신에게 무거운 죄를 줘야 합니다.

선조: 문관으로 두 사람을 조절하게 해서 그들이 어렵게 여기는 데가 있게 해야 할 것이다. 그가 이미 통제사로 임명된 이상 수군을 모아야 할 터인데 왜 정비하지 않았는가?

유성룡: 겨울에는 수군들을 놓아 보낸다고 합니다.

김수: 의례히 10월에는 수군을 놓아 보내는 것이 규정으로 되어 있습니다. 그래서 미처 정비하지 못한 것입니다.

윤두수: 신이 남원에 있을 때 이순신이 군관을 남원에 보내어 군사를 모으는데, 심지어 그곳의 아전 병방(兵房)의 목을 자르기까지 했습니다. 백성들이 술렁거리고 통곡소리가 하늘에 사무치기에 군관을 불러 물어보았더니, 멀고 가까운 친척들을 잡아가기 때문이라는 것이었습니다. 이것으로 보면, 군사를 모을 때에 좋지 못한 일들이 많은 것 같습니다.」

이것은 이순신이 1593년부터 1594년에 걸쳐 수차례에 걸쳐 올린 바 있는 〈도망병이 있을 경우 일족 중에서 대신 징발하여 충당하지 말라는 지시를 취소하여 주기를 청하는 장계〉와 관련된 사건으로, 한 나라의 대신이 이런 문제의 중요성조차 인식하지 못하면서 그것을 모함에 써먹고 있는 모습이다.

「선조: 원균에게 수군을 갈라 통솔하게 하는 문제에 대하여 판서는 어떻게 생각하는가?

이덕형: 그가 하려고 한다면 신의 생각에도 좋다고 봅니다. 그런데 서로 방해하는 폐단이 있을 것 같으니 반드시 중국의 제도에서 참장(參將)들이 싸우는 경우 싸움을 감독하는 사람을 두는 것처럼 해야 할 것입니다.

윤두수: 종사관이 싸움을 감독하게 하는 것이 좋겠습니다.

선조: 전적으로 조절할 일을 맡은 사람을 반드시 보내는 것이 좋겠다.

유성룡: 한효순(韓孝純)에게 싸움을 감독하게 하는 것이 좋겠습니다.

선조: 아무나 한군데에 같이 있게 되면 그들도 틀림없이 조심을 할 것이다. 그리고 병사는 누구에게 대신 시켰으면 좋겠는가?

김수: 그곳 사람들은 나주 목사를 병사로 임명했으면 합니다.

유성룡: 글을 내려 보내어 두 사람을 위로하고 격려하는 것이 좋겠습니다.

이덕형: 박진의 말에 의하면, 이순신의 군관이 원균한테 갔다가 돌아와서는 저희들끼리 간사한 말을 선동하여 주장(主將)을 배척하였기 때문에 그 군관을 내쫓았다고 합니다. 두 사람

사이의 문제가 점점 이렇게 되어갑니다.」

원균의 온갖 비행에 대해서 이순신의 부하 군관들이 이런저런 말을 한 것을 가지고 하는 모함이다. 한 장수의 온갖 비행은 당연히 진영 안에서 온갖 말들이 일어나게 하는 원인이 된다. 원인과 결과를 혼동한 모함성 발언이다.

> 「선조: 할 수 있는 일은 빨리 하는 것이 좋다. 오늘 관리 인사 이동 때 원균도 임명할 수 있겠는가?
> 이정형: 원균을 통제사로 임명하면 일이 안 될 것 같습니다. 경솔히 해서는 안 되겠으니 잘 살펴서 해야 할 것입니다.
> 이산해: 요시라(要時羅)와 행장(行長)을 후하게 대해 주지 않아서는 안 되겠습니다. 이 다음에도 또한 기대할 바가 있을 것입니다.」　　　　　　　　　　　　　−〈선조실록〉(1597. 1. 27.)−

이산해는, 자기 나라의 위대한 장수에게는 죄를 주자고 청하면서 적장과 왜적의 첩자에게는 후한 상을 주자고 건의하고 있다.

이날 이복남(李福男)을 전라도 병마수군절도사로, 원균을 경상우도 수군절도사로 임명하였다.

원균에게 은밀히 내려준 경상도 수군통제사 임명장

이날 선조는 유영순(柳永詢)을 통하여 은밀히 당시 전라병사 원균에게 경상우도 수군절도사 겸 경상도 수군통제사로 임명하는 유서(諭書)를 전하게 했다.

「우리나라에서 믿는 바라고는 오직 수군뿐인데, 통제사 이순신은 나라의 중대한 임무를 맡고서도 속임수만 부렸고 또 적을 내버려둔 채 토벌하지 아니하여 청정(淸正)으로 하여금 안심하고 바다를 건너올 수 있게 하였다. 나중에 마땅히 붙잡아다가 국문하고 용서해 주지 말아야겠지만, 당장에는 적과 더불어 진을 치고 있기 때문에 우선 공로를 세우도록 하였다.

나는 본래부터 경(卿)의 충성과 용맹을 알고 있기에 이제 경을 경상우도 수군절도사 겸 경상도 통제사로 임명하는 것이니 경은 나라를 위해 한층 더 분발하여 힘쓰고 우선은 이순신과 합심하여 지난날의 감정을 모두 풀어버리도록 하라. 그리고 왜적들을 모조리 무찔러 나라를 구함으로써 이름을 역사에 남기고 공훈을 종묘 제기에 기록하여 영원히 남기도록 할지어다.

경은 삼가 받들도록 하라.」   -〈선조실록〉(1597. 1. 28.)-

임금을 비롯하여 한 나라의 대신들이 다 모여 앉아, 왜적이 재침하여 나라가 장차 어떻게 될지 한치 앞을 알 수 없는 위급한 순간에, 지난 5년간 왜적의 침략으로 망할 위기에 처해 있던 나라를 지켜내는 데 가장 큰 공로를 세운 이순신을 삼도수군통제사의 직위에서 끌어내리기 위해 어떤 짓들을 하였는지가 그대로 다 기록되어 있는 '모함의 현장'에서 녹음한 '녹음테이프'를 틀어놓고 듣는 기분이다.

이순신에 대한 모함은 이미 오래전부터 시작되었다.

다음에서는 참고로, 앞에서 소개한 제7차 어전회의 이전인 1596

년 11월 7일자에 있었던 어전회의 회의록을 소개해 둔다. 치열한 당쟁의 소용돌이 속에서, 윤두수 자신의 입으로 밝혔듯이, 원균이 윤두수의 친척이었다는 사실을 상기하면 당시의 많은 정황들을 이해하기 쉬워진다.

사실, 요시라의 〈청정 요격〉 허위정보를 이용한 반간계 이전에 이미 이순신 제거를 위한 음모는 진행되고 있었고, 부산 앞바다로 나가서 바다를 건너오는 가등청정을 치라는 임금의 명령을 이순신이 그대로 따르지 않았다는 것은 하나의 구실에 지나지 않은 것이었음을 알게 해주는 귀중한 자료이다.

이순신이 공로를 세우게 된 것은 원균의 덕분이다?

1596년 11월 7일 오후 2시경에 별전에서 개최된 어전회의 회의록을 보면, 이순신을 수군통제사에서 몰아내기 위한 음모가 그 전에 이미 한창 진행되고 있었음을 알 수 있다.

이날 역사적 회의에 참석한 사람들의 명단은 다음과 같다.

대신들: 이산해(李山海), 유성룡(柳成龍), 윤두수(尹斗壽), 김응남(金應南), 정탁(鄭琢), 이원익(李元翼).

비변사의 담당 당상관들: 김명원(金命元), 김수(金晬), 이덕형(李德馨), 유영경(柳永慶), 승지 이덕열(李德悅).

「선조: "각자가 품고 있는 생각들을 왜 말하지 않는가.

이산해: 전쟁이 일어난 지 다섯 해 째인데도 전연 좋은 계책이 없고 오직 화친을 맺을 것만 믿어왔던 것인데, 지금에 와서는 막다른 지경에 빠졌으니 이런 한심한 일이 어디 있습니까.

대체로 바다 싸움은 육지 싸움과 다릅니다. 육지 싸움은 쉽지 않지만 바다 싸움에서는 적을 쳐서 이길 수 있습니다. 애당초 적의 장수를 사로잡을 때 원균을 다른 곳으로 이동시켰고 또한 요즘은 수군이 전혀 없어서 바다 싸움에서 성과를 거두었다는 말을 들어볼 수 없습니다. 대단히 분개할 일입니다. 【바다 싸움에서 적을 쳐서 이길 수 있었던 것은 이순신이 있었기 때문임을 인식하지 못하고 있다.】

선조: 원균은 어떤 인물인가?

유성룡: 옛날에는 육지에서 싸움을 잘하는 장수는 바다 싸움에 서툴렀고, 바다 싸움을 잘하는 장수는 육지 싸움을 잘 못했습니다. 그러나 원균은 목숨을 아끼지 않고 어디서나 용감하게 싸우는 것이 그의 장점입니다.

그러나 만약 지친 군사들을 무마하라고 요구한다면 그는 감당해내지 못할 것입니다. 혹시 그 임무를 감당할만한 다른 사람이 있다면 등용하는 것도 좋을 것입니다.

정탁(鄭琢: 知中樞府事): 바다에서 싸우는 것이 그의 장점입니다. 이제 그의 단점을 버리고 장점을 쓰도록 하는 것이 나을 것입니다.

유성룡: 원균이 힘껏 싸웠다는 것은 사람들이 모두 아는 일이지만, 일단 바다 싸움이 있은 뒤로 잘못을 저지르자 영남의 수군들이 대부분 원망하고 있으므로 원균을 쓸 수 없다는 것은 분명합니다. 더구나 이순신과 원균의 사이가 나쁘다는 것은 조정에서도 다 아는 사실입니다.

신은 바다와 육지가 서로 다르지만 마땅히 서로 협력해야 한다고 생각했기 때문에 두 사람이 모여 협의하도록 하였는데도 원균은 그저 성만 발끈 내는 것이었습니다.

선조: 이순신도 그렇던가?

이원익: 이순신은 별로 자신에 대한 변명을 하지 않았지만, 원균은 언제나 성을 내는 기색을 보였습니다. 옛날 장수들 가운데도 공로를 서로 다투는 사람은 있었지만 원균은 너무 심했습니다. 듣자니, 신이 올라온 뒤에도 원균은 이순신을 향해 분기(憤氣)에 찬 말을 많이 했다고 합니다.

이순신을 한산에서 옮기도록 해서는 절대로 안 됩니다. 만일 옮기기만 하면 모든 일이 다 틀어져버릴 것입니다.

그러므로 전하께서 지시를 내려 (원균을) 병사로 그냥 눌러 있게 하는 것이 나을 듯합니다. 아무리 조정에서 여러 모로 타이른다고 하더라도 그의 뜻을 꺾어서는 안 되겠기에, 이런 위급한 때에 마땅히 마음을 합쳐서 함께 난국을 타개해 나가야 한다고 신도 말해 주었지만, 원균은 노기가 가라앉지 않았습니다. 이래서야 곤란하지 않습니까?

선조: 곤란하겠다.

윤두수(尹斗壽: 判中樞府事): 원균은 신의 친척인데, 신은 오랫동안 그를 만나보지 못했습니다. 대체로 이순신이 후배이면서 벼슬은 원균의 윗자리에 있기 때문에 그렇게 발끈발끈 성을 내는 것입니다. 아마도 조정에서 참작하여 알아서 처리해 주는 것이 좋을 것입니다. 【개인적인 관계 및 감정과 공적인 일을 전혀 구분하지 못하는 한심한 수준의 말이다】

선조: 내가 이전에 들으니, 애당초 군사를 요청한 것은 사실은 원균이 한 일인데, 조정에서는 원균이 이순신만 못하다고 하였기 때문에 원균이 이렇게 화를 내게 된 것이라고 하였다. 또 듣자니, 왜적을 잡을 때에는 매번 원균이 앞장을 섰었다고 한다. 【한심한 수준의 사물 판단 능력을 보이고 있다.】

유성룡: 원균은 단지 가선대부(嘉善大夫)인데 이순신은 정헌대
  부(正憲大夫)가 되었으니, 원균이 성을 내는 것은 바로 이 때
  문입니다.

선조: 내가 듣자니, 군사를 요청하여 바다에서 싸울 때 원균이
  공로를 많이 세웠고 이순신은 원균을 따라다녔다고 한다.
  그리고 또 듣자니, 이순신이 왜적을 많이 잡았으므로 원균보
  다 낫기는 하지만, 이순신이 그렇게 공로를 세우게 된 것은
  실제로는 원균 덕분이라고 한다.”」

-〈선조실록〉(1596. 11. 7.)-

너무나 어처구니없는 말이 임금의 입에서 나오고 있다.

「이원익: “신이 조용히 원균에게 ‘당신의 공로가 결코 이순신
  을 능가할 수 없다’고 말해 주었더니, 원균이 말하기를 ‘처
  음에 이순신은 물러가 있으면서 구원해 주지 않았소. 천번만
  번 불러서야 비로소 군사를 데리고 왔었소’라고 하였습니다.
  원균은 본래 왜적이 쳐들어오는 지역에 있었으니 적과 마주
  치기 마련이고, 이순신이 원균과 같은 때에 나가 싸우지 못한
  것은 사정이 그러하였기 때문에 그렇게 된 것입니다.

이덕열(李德悅: 左承旨): 이순신은 (원균이) 15번이나 불러서야
  비로소 나가 적선 60척을 붙잡아 가지고 앞서서 자기 공로를
  보고했다고 합니다. 【이 또한 거짓말이다.】

이원익: 호남으로 적의 배가 쳐들어와 자기 진지로 돌입한다면
  그 적도 수없이 많을 것이기 때문에 (그곳에 자기 군사를 배치해
  두어야 하므로) 부득이 뒤에 가게 되었던 것입니다. 원균은 애
  초에 많은 실패를 하였습니다. 이순신이 따라가서 비록 자기

손으로 직접 적을 잡지는 않았다 하더라도 그의 부하들이 잡
은 적들이 많았습니다. 만약 적의 목을 많이 벤 것을 가지고
말한다면 원균보다 많을 것입니다.

정탁: 그들이 서로 공로 다툼을 하는 그 심리를 놓고 말한다면
두 장수에게 다 같이 잘못이 있습니다. 그러나 이순신도 역시
만만치 않은 장수이니 전하께서 지시를 내리셔서 서로 화해
를 하게 하는 동시에 앞으로 공로를 세우라고 요구하는 것이
어떻겠습니까?

이원익: 원균은 처음에 많은 실패를 하였지만 이순신은 한 번도
실패를 하지 않고 공로를 세웠습니다. 둘이서 서로 옥신각신
하게 된 발단은 바로 여기서부터 시작된 것입니다."」

-〈선조실록〉(1596. 11. 7.)-

당시 어전회의록을 보면, 이원익의 상황판단이 가장 사실에 부합
하고 정확하다.

모함의 백미(白眉), 윤근수의 이순신 모함

이순신을 통제사에서 끌어내리고 원균을 그 자리에 대신 올리기
위해 이루어진 온갖 모함들 중에서 원균의 친척인 윤두수와 윤근수
형제의 서면보고가 그 백미를 이루고 있다. 이로부터 이순신 모함의
진원지와 그 세력의 핵심은 곧 자기 친척인 원균을 이순신 대신 수
군통제사에 앉히고자 했던 이들 형제들이었음을 알 수 있다.

「해평부원군 윤근수(尹根壽)가 건의하였다.

「"적이 만약 다시 쳐들어온다면 그 전날 실패만 거듭하던 군사들을 가지고 맞서서야 어떻게 지탱해 낼 수 있겠습니까.

신이 얼마 전에 원균을 도로 경상우수사로 임명하여 다시 수군을 거느리고 적이 오면 싸울 수 있도록 미리 준비시키자고 요청한 바가 있습니다. 그런데 원균이 현재 맡고 있는 병사의 후임을 물색하기 곤란하다는 보고만 있었습니다.

신이 언젠가 「일본고(日本考)」란 책을 본 적이 있는데, 거기에는 왜적은 육지 싸움에서는 우수하나 바다 싸움에서는 무능하다는 말이 명백히 씌어 있었습니다. 그리고 임진년 병란이 일어난 이후에 적의 예봉을 꺾어 놓은 것은 오직 수군이었고 육지 싸움에서는 모두 그만 못하였습니다.

또 듣자니, 적들은 수군을 특히 무서워하면서 접근하지 않고 피해가곤 하지만 우리 육군은 하찮게 여긴다고 합니다."」

이 모두가 이순신의 공로였지 결코 원균의 공로가 아니었다. 그런데도 다음에 이어지는 것과 같은 엄청난 거짓말을 계속하고 있다.

「"임진년 바다 싸움에서 공로를 세운 여러 장수들을 꼽아보면 그 중에서도 원균이 제일 용감하고 강직하였습니다. 제 한 몸 바쳐서 용감히 떨쳐나서서 죽음을 회피하지 않았기 때문에 공적이 매우 드러났던 것입니다. 또한 바다 싸움에 능숙하여 적을 만나는 족족 마주치고 싸워서 이기기만 하였지 실패한 일이 없었기 때문에 군사들은 믿는 바가 있어서 겁을 내지 않았습니다.

그런데 지금 수군을 내어놓고 기병이나 보병을 통솔하고 있으니, 병사(兵使)의 직위가 아무리 수사(水使)보다 높다 하더라도, 이야말로 옛날 사람이 비난한 것처럼 그의 장점을 버리고 단점을 쓰게 한 것이니 인재를 잘못 등용한 것입니다.

　더구나 지금 5명의 왜적의 장수와 대부대의 왜적이 겨울이나 봄에 나올 것이라는 소식이 들려오는 판에, 우리나라로서는 적을 바다에서 소멸시킬 계책을 세우기에 급급해야 할 것입니다. 만약 시기를 놓쳐서 적이 육지에 오르게 되면 아무리 많은 기병, 보병이 뒤에 있다 하더라도 벌떼처럼 날아드는 그 예봉을 무슨 수로 막아내겠습니까. 임진년의 사실에서 교훈을 찾아야 할 것입니다.

　바다에서 소멸시켜버림으로써 적이 육지에 오르지 못하도록 만드는 것이 오늘 적을 막는 유일한 계책인 만큼, 수군의 장수로는 응당 여러 번 싸워서 승리한 사람을 골라 세워야 할 것입니다. 원균이 수군을 통솔한다면 꼭 승리할 수 있을 것이라고 기대할 수 있겠지만, 만일 적임자가 아닌 사람【이순신을 지칭】을 그 자리에 앉혀 놓는다면 적을 감당해내지 못할 것입니다.”」

이 엄청난 사실왜곡과 모함을 태연히 하고 있는 자가 과연 정상적인 인간인지 의심하지 않을 수 없다.

　「“적이 일단 호남 방면으로 쳐들어가기만 하면 원균이 아무리 본 도의 기병, 보병을 거느리고 대장노릇을 한다고 하더라도 결코 바다 싸움에서와 같은 솜씨를 보여주지 못할 것입니다. 아무래도 그를 다시 수사로 임명하여 지난날 이미 시험해 본 우수한 재능을 발휘하도록 해야 할 것 같습니다.

　육군 장수로 말하면 응당 적임자가 있을 터인데 장수로 원균을 대신할 사람이 왜 없겠습니까. 어떤 사람은 말하기를, ‘원균과 이순신이 서로 대립하고 있는 상황에서 이순신이 통제사로서 원균을 지휘해야 하는데 원균이 그 밑에 있기를 달가워하지 않을 것이다. 두 장수가 화목하지 않고서는 일이 제대로 되지 못할 듯하다'라고도 하지만, 신은 그렇게 생각하지 않습니다.

통제사의 직위는 일시적으로 둔 것이므로 계속 그냥 둘 수도 있고 없앨 수도 있는 것입니다. 이순신을 통제사의 직위에서 물러나게 할 수도 있는 것이고, 혹은 원균을 경상도 통제사로 임명하여 칭호와 지위가 이순신과 서로 대등하게 만들 수도 있습니다. 신축성 있게 조절해서 안 될 것도 없을 것인바, 그 이유는 원균의 품계가 본래 이순신과 같았었기 때문입니다. 이야말로 나라의 존망에 관계되는 것이므로 전하를 성가시게 한다는 혐의도 미처 고려할 겨를 없이 다시 건의하게 된 것입니다.

신은 지난번에도 한산도의 수군을 빨리 거제의 장문포로 진주시켜야 한다고 건의하였습니다. 지금은 저 적들이 침입할 조짐이 이미 나타나서 불이 당장 눈썹에 옮겨 붙을 형편이니 잠시도 늦출 수 없습니다. 모두 거제로 진주시켜 바닷길을 차단하도록 해야 할 것입니다.

책봉하러 간 사신만 돌아오면 일체 오가는 적의 배들을 우리 수군이 제때에 차단하고 섬멸시켜 적의 길을 끊어버려야 할 것입니다. 만약 적의 장수가 나오는데도 수군의 여러 장수들이 적을 살육하기를 꺼려하면서 미처 막지 못하였다고 핑계를 대거든 즉시 군법으로 다룸으로써 군사 규율을 엄히 세우도록 해야 할 것입니다. 빨리 글을 내려 보내서 이순신 등에게 엄히 주의를 주어 시급히 거제로 진주하게 하기 바랍니다. 이러저러한 구실을 대지 못하도록 해야 합니다."

(선조가) 대답하였다. "이처럼 글로 써서 건의한 데 대하여

대단히 기쁘게 생각한다."」   -〈선조실록〉(1596. 11. 9.)-

임진왜란 초기의 해전에 대한 기록이 생생하게 남아 있던 당시의 상황에서 윤근수가 선조에게 보고한 내용들은 온통 사실 왜곡의 거짓말투성이다.

임진왜란이 일어난 지 4년 후의 시점에서 이야기하다 보니 전혀 사실과 다른 말을 하고 있음에도 선조는 그것이 거짓말임을 인식하지 못하고 있어서일까, 아니면 이미 딴 마음을 품고 있었기에 그에 부합되는 여론을 앞장서서 조성해 주는 윤근수가 고마웠기 때문이었을까. 아니, 그는 누군가가 나서서 적극적으로 거짓말을 해주기를 바라고 있었을는지도 모른다.

패전한 장수가 구원을 요청하여 적을 쳐부수었다면, 당연히 그 공로는 구원하러 나가서 적을 쳐부순 장수에게 있는 것이고, 조선 수군이 강한 점은 어디까지나 이순신이 왜적과의 접근전을 피하고 대포를 이용한 함포 사격전을 편 사실에 있었는데, 그렇다면 그런 함포 사격전을 할 수 있는 배와 대포를 미리 준비하고 거북선을 고안해낸 장수에게 승전의 공로가 전적으로 있는 것이지, 어떻게 먼저 자신의 전함과 군사들을 다 바다에 침몰시켜 버리고 도망가다가 겨우 다른 지역을 관할하는 장수에게 구원을 요청한 자에게 가장 큰 공로가 있다고 말할 수 있단 말인가.

우리가 더욱 이해할 수 없는 것은, 이러한 간신배들의 주장에 근거하여 원균의 전공이 이러니저러니 하면서 마치 원균을 훌륭한 장수였던 것처럼 역사를 왜곡하고 있는 자들이 현재에도 있다는 것이다.

가등청정을 요격하라는 요시라(要時羅) 반간계의 진상

「선조는 통제사 이순신을 옥에 가두고 원균을 대신 임명하라고 지시하였다.

이보다 앞서 행장(行長)과 경상우도 병사 김응서(金應瑞)가 연계를 가지고 요시라(要時羅)가 그 중간에서 오갔는데, 그의 말에는 행장과 청정이 서로 사이가 나쁘다는 듯한 암시가 있는 것을 우리나라에서는 그대로 믿었다. 이때 왜적이 다시 쳐들어올 계획을 하면서 우리 수군을 두려워하였고, 더욱이 이순신을 꺼려서 요시라를 보내어 말하기를 "화의 문제가 성사되지 않는 것은 전적으로 청정 때문입니다. 만일 이 사람을 없애버린다면 나의 원한이 풀릴 것이고 귀국의 근심도 없어질 것입니다. 모월, 모일에 청정이 모 섬에서 머물 것이니 귀국에서 수군을 잠복시켜 기다린다면 체포할 수 있을 것입니다"라고 하였다.

김응서가 이것을 임금에게 보고하니, 임금이 황신(黃愼)을 보내어 이순신에게 비밀히 지시하였으나, 이순신은 말하기를 "바다 길이 험하여 왜적은 반드시 매복하고 기다릴 것이다. 전선을 많이 동원하면 왜적이 반드시 알아차릴 것이고, 적게 동원하면 도리어 습격을 받게 될 것이다"라고 하고는 집행하지 않았다.

이날 청정이 과연 다대포 앞바다에 왔다가 그 길로 서생포로 향했는데, 사실은 행장과 함께 소수의 군사로 우리를 유인해낼 계획을 한 것이다. 그런데도 조정에서는 지시를 따르지 않았다고 이순신을 옥에 가두고 고문하고는 전라남도 병사 원균을 통제사로 임명하였다.」　　　　－〈선조수정실록〉(1597년 2월)－

이순신은 나라와 은혜를 배반했다?

1597년 2월 4일, 이날 사헌부에서는 이순신을 붙잡아 와서 죄를 주자고 청하였다.

「 "통제사 이순신은 나라의 막대한 은혜를 받아 순서를 뛰어 넘어 한껏 높은 자리에 올랐음에도 불구하고 힘을 다하여 은혜에 보답할 생각은 하지 않고 있습니다. 바다 가운데서 군사를 끼고 앉아 이미 다섯 해나 지나다보니 군사들은 늙어 약해지고 일은 망쳐지고 있습니다. 방비할 여러 가지 일에 대해서는 전혀 손 한 번 대지 않고 그저 남의 공로나 가로채려고 기만하는 장계를 올렸습니다.

그리하여 결국 적의 배들이 바다를 덮으면서 밀려오는데도 오히려 길목을 지켰다거나 적의 선봉을 막아냈다는 말은 듣지 못하였습니다. 뒤에 떠난 배들이 곧바로 나와서 제멋대로 돌아다니도록 내버려 둔 채 아무런 손도 쓰지 않았습니다.

적들을 내버려 둔 채 치지 않고 나라와 은혜를 저버린 죄가 큽니다. 붙잡아다 신문하고 법대로 죄를 주기를 바랍니다."」

－〈선조실록〉(1597. 2. 4.)－

이순신은 잡아오고 원균을 수군통제사로 삼아라

1597년 2월 6일, 선조는 비밀문서로 김홍미(金弘微)에게 이순신을 잡아올 때 주의할 사항을 지시했다.

「 "이순신을 잡아올 때 선전관에게 신표(信標)와 밀부(密符)를 주어서 잡아오되, 원균과 교대한 뒤에 잡아오라고 일러 보내

도록 하라. 또 이순신이 만일 군사들을 거느리고 적과 대적하여
싸우고 있는 중이면 잡아오기가 불편할 터이니, 싸움이 끝나고
쉬는 틈을 보아 잡아오라고 일러 보내도록 하라."」
                                    -〈선조실록〉(1597. 2. 6.)-

그리고 다음 날(1597년 2월 7일) 선조는 또다시 김홍미에게 비망
기(備忘記)를 내려서 수군통제사를 원균으로 경질하고 이순신과 가
까운 수군 장수들을 모두 원균 측의 인물들로 경질하라는 지시를 내
린다.

「 "이런 때에는, 만약 그가 힘써 싸우는 장수라면, 설사 잘
못한 일이 있더라도 그리 대단한 일이 아니라면 심하게 추궁할
것 없이 그대로 써야 할 것이다. 수군은 지금 적과 맞붙어 싸우
고 있기 때문에 그 형세가 매우 긴박하다.
그러나 통제사 이순신은 부득불 경질시킬 수밖에 없었다. 경
상우수사를 교체시키는 문제와 관련하여, 나주 목사 권준(權俊)
과 경상우수사 배흥립(裵興立)이 서로 규탄하면서 다투고 있으
니, 이들로서는 아마도 일을 그르칠 것 같다. 수사로 합당한 사
람을 빨리 의논하여 건의하도록 하라."」
                                    -〈선조실록〉(1597. 2. 7.)-

이리하여 1597년 2월 26일, 드디어 이순신은 한산도에서 포박되
어 서울로 향한다.

원균, 통제사가 된 후에도 계속해서 이순신을 모함

1597년 2월 28일, 원균은 수군통제사의 자리를 대신 차지하자마자 제일 먼저 이순신을 모함하는 내용의 장계를 올린다.

「부산포 앞바다에서 드나들면서 무력을 시위한 것과 가덕 등지에서 맞붙어 싸운 경위에 대해서는 전 통제사 이순신이 이미 장계를 올렸습니다.

그 당시의 일을 자세히 알아본 바에 의하면, 본 수영의 도훈도 김안세(金安世)는 이렇게 진술했습니다.

"전 통제사(李舜臣)가 부산 앞바다로 나가 드나들면서 무력을 시위할 때, 그가 탄 전선이 적진 아주 가까운 곳에서 조수가 밀려나가 얕아지는 바람에 배의 밑창이 걸려 주저앉게 되었습니다.

적들에게 거의 빼앗기게 되었을 때 배 위에 있던 군사들의 고함소리를 듣고 안골포 만호 우수(禹壽)가 노를 빨리 저어 달려 들어가 이순신을 업고 간신히 우수의 배에 옮겨놓았습니다. 그리고 나서 이순신이 탔던 배는 안골포의 배꼬리에 묶어 매어 가지고 겨우 빠져나올 수 있었습니다."

대체로 이번에 부산에서 일어난 일은 우리나라의 군사를 바다 가득히 빠져죽게 만들어 적들의 비웃음이나 샀을 뿐 이득을 본 것은 별로 없었으니 심히 통분한 일입니다. 여러 장수들과 함께 조정에서 처리하기를 바랍니다.」

―〈선조실록〉(1597. 3. 20.(庚戌)―

원균이 이순신을 대신하여 통제사로 부임하자 첫 번째로 한 일이 자기 수하의 군관을 시켜서 이런 터무니없는 모함을 하도록 하고, 그리고 그 내용을 장계로 올린 것이다.

그가 통제사가 되기 위해 그간 온갖 모함을 한 것은 그 자리에 앉아서 적을 물리치기 위한 것이 아니라 오로지 이순신의 자리를 빼앗아 대신 차지함으로써 자신의 가슴속에 맺힌 전란 초기의 패전의 부끄러움, 그리고 열등의식과 원한을 풀려는 것이었으니, 이런 행동은 현실에서도 흔히 볼 수 있는 일이라 하겠다.

통제사의 직책을 제수 받은 직후 그가 보인 이러한 행동의 심리상태를 알 수 있게 해주는 글이 조선 중기의 유학자 안방준(安邦俊)이 쓴 문집 「우산집(牛山集: 후에 증보판으로 은봉전서(隱峯全書)라는 이름으로 다시 발행됨)」 가운데 〈백사(白沙) 이항복의 장수론에 대한 비판(白沙論壬辰將士辨)〉에 나오므로 이에 소개한다.

이순신의 자리를 빼앗고 통쾌해 하는 원균

　「백사(白沙) 이항복(李恒福)이 말하기를, "전하께서 일찍이 여러 장수들을 평하면서 '마땅히 이순신과 원균의 해전에서의 공로와 권율의 행주(幸州) 승첩을 으뜸공로로 삼아야 한다'고 말씀하셨는데, 이 말씀은 바꾸지 못할 정론이다"고 해놓고는, 나중에 가서 또 말하기를 "원균은 특히 남으로 인해서 성공한 자인만큼 진실로 이순신과 더불어 맞설 수는 없다"고 하였으니, 백사는 어찌 그리도 그릇된 생각을 하였을까?
　적이 해군을 거느리고 호남을 향해 몰아칠 때, 이순신은 만 번 죽어도 좋다는 생각을 가지고 한산도를 차단하여 적으로 하여금 감히 서쪽으로 나오지 못하게 한 지 무릇 6년 동안에, 원균은 겁을 먹고 어찌할 줄 몰라 스스로 자기 휘하의 전선들을 몽땅 침몰시키고 바닷가에 숨어 엎디어 있는 것을 이순신이 끌어내어 진중에 두고, 군량을 넉넉히 보급해주고, 자기가 싸워 얻은 적의 머리까지도 원균에게 나누어줌으로써 원균으로 하여금 군법을 면하게 했을 뿐만 아니라 따라서 상까지 받게 했던 것이다.

그러므로 원균이 이순신에 대해서는 그 양육 받은 은혜가 진실로 적지 않건마는, 원균은 득의(得意)한 후부터 도리어 시기하는 마음을 품고 무릇 이순신을 해치는 흉측한 짓이 극도에 이르렀는데 마침내는 이순신 스스로 '바다의 왕(海王)'으로 자처하고 있다는 헛소리까지 지어내어 퍼뜨리면서 모함하고, 청정(淸正)이 바다를 건너올 때 이순신이 머뭇거리고 진군하지 않았다고 무고함으로써 결국 이순신은 잡혀가서 문초를 받게 되는 지경에까지 이르렀던 것이다.

원균이 통제사를 대신한 지 얼마 되지도 않아 조선 수군 전부가 패망을 당했으니, 그에게는 목 베어 죽일 죄만 있지 기록할만한 공이 전혀 없는데도 이순신, 권율과 함께 나란히 으뜸공로자로 부르는 것은 도대체 무슨 이유인가?

대개 원균은 서울에서 살아서 그 족속들이 귀인들과 연결되고 또 아첨하는 시속 사람들이 많이 그의 편을 들었다. 그래서 임금을 속여 상과 벌이 거꾸로 베풀어졌던 것인데, 백사(白沙)는 그런 것을 듣지도 못했던가?

어전에서 공로를 논평할 적에 어찌 이와 같이 아뢰어서 우리 선왕(선조)으로 하여금 옳고 그름을 소상히 알도록 하지 못하고 물러나온 다음에야 말을 하며, 또 처음에는 "바꾸지 못할 정론이다"고 해놓고는 다시 나중에 가서는 "이순신과 더불어 감히 맞설 수 없다"고 하니, 정론이란 것은 과연 그런 것인가?

나의 중부(仲父) 동암공(東巖公)의 처가 바로 원씨(元氏)의 일
가이기 때문에, 원균은 통제사로 부임하던 날 나의 중부를 찾아
와 뵙고 "내가 이 직함을 영화롭게 여기는 것이 아니라 오직
이순신에 대한 부끄러움을 씻게 된 것이 통쾌합니다"고 하므
로, 중부는 "영감이 능히 성심을 다하여 적을 무찔러 그 공로가
이순신보다 뛰어나야만 부끄러움을 씻었다고 할 수 있는 것이
지, 그저 이순신의 직함을 대신하는 것으로 통쾌하게 여긴대서
야 어찌 부끄러움을 씻었다고 할 수 있겠소"라고 하였다.

그러자 원균은 다시 "내가 적을 만나 싸우게 될 때 멀면 편
전(片箭)을 쓰고, 가까우면 장전(長箭)을 쓰고, 맞부딪치는 경우
에는 칼과 막대를 쓰면 이기지 못할 것이 없소"라고 하므로, 중
부는 웃으면서 "대장으로서 칼과 막대를 쓰게까지 되어서야 될
말인가?" 하고 대답했다.

원균이 떠난 뒤에 중부가 나에게 "원균의 인품을 보니 일은
다 글렀다"고 하며 한참동안이나 탄식하였다.

남쪽 사람들이 지금까지도 이 일을 이야기할 적에는 부르르
화를 내며 팔을 걷어붙이지 않는 사람이 없다.」

―〈우산집(牛山集)〉―

요시라의 반간계는 이렇게 성공했다

1597년 2월 6일에 이순신을 잡아오라는 임금의 밀명이 내려지고,
이순신은 2월 26일에 붙잡혀서 서울로 압송되어, 3월 4일에 옥에
갇히고, 3월 중순에 혹독한 국문을 당하고, 3월 13일에는 선조가 이
순신을 마땅히 죽여야 한다는 취지를 말한 후 신하들에게 그에게 내

릴 형량을 의논해서 결정하라고 지시하였다.

여기에서는 '청정을 바다에서 맞아 쳐 죽이라'는 요시라(要時羅)의 반간계(反間計)가 성공하는 과정을 정리해 본다.

1월 11일. 김응서를 만난 요시라는 이렇게 말하였다.

"조선 침략군 제1진의 지휘관으로 조선에 온 소서행장(小西行長)은 조선과 명나라에 대하여 강화(講和)를 성사시키고자 노력하고 있으나, 제2진의 지휘관 가등청정(加藤淸正)은 강화 자체를 반대하고 있으므로, 청정을 죽여 없애야만 강화가 성사될 수 있다. 그런데 지금 청정을 제거할 수 있는 절호의 기회가 왔으니, 조선 수군이 바다 길목에 매복해 있다가 청정이 일본으로부터 바다를 건너올 때 불시에 들이치면 틀림없이 그를 죽일 수 있다."

소서행장은 이와 같은 허위 정보를 요시라를 통하여 경상우병사 김응서(金應瑞)에게 전달하였고, 김응서는 이 허위 정보를 조정과 도원수 권율에게 보고하였다.

김응서와 권율로부터 이러한 허위 정보를 보고받은 임금 선조와 조정의 대신들은 깊이 생각해 보지도 않고 적이 전해준 거짓정보에 근거하여 황신(黃愼)을 권율에게 보내어, 바다에서 청정을 치라는 명령을 수군통제사 이순신에게 내리도록 하였다.

그러나 이 명령을 받은 이순신은 판단하기를, 청정이 부산에 도착한다는 날짜로 보아서 그는 이미 부산에 도착해 있을 것이고, 따라서 이 정보는 적의 반간계(反間計)임이 불을 보듯 뻔하다는 생각이 들었다. 그래서 배를 이끌고 적을 맞아 치러가지 않았던 것이다.

이러한 왜적의 뻔한 이간책에 당시 조선의 임금 이하 모든 대신들이 다 속아 넘어감으로써(어쩌면 속으로는 허위 정보인 줄 다 알고 있었을지도 모르는 일이지만,) 결국 이순신은 적의 손에 의해서가 아니라 내부의 적들에 의해 제거당하고 마는 불행한 사태가 벌어졌고, 결국 조선의 수군은 얼마 후에 무능하나 탐욕스런 원균의 지휘 하에서 전부 함몰당하고 마는 비극을 맞이하게 되었던 것이다.

제21부 백의종군의 남행길 천리

〈백의종군 때의 남행도〉

이순신은 정유년(1597) 2월 26일, 함거에 실려 한양으로 압송되어 투옥(3월 4일)된 후 그 해 4월 1일 석방되었다. 4월 13일에는 모친상을 당했고, 그 후 백의종군의 남행길에 올라 순천에서 권율 도원수를 만났다. 이순신은 초계(草溪)의 도원수부에서 군사 고문역을 수행하면서 원균의 부실한 군영 經·營으로 조선 함대가 오래 지탱할 수 없을 것을 예측했다. 그리고는 울돌목(鳴梁) 대반전을 준비한다.

1. 이순신, 옥문을 나서다

(1597년) 4월 1일. 맑다. 옥문 밖으로 나왔다. 남문 밖 윤간(尹侃)의 종의 집에 이르러 조카 봉(菶), 분(芬), 아들 울(蔚) 그리고 사행(士行)들과 함께 고향에서 멀리 떨어진 곳에서 한 방에 같이 앉아 오래도록 이야기하였다. 지사(知事) 자신(尹自新)이 와서 위로해 주었고, 비변랑(備邊郎) 이순지(李純智)가 와서 만나보았다.

윤 지사가 돌아가더니 저녁 식사 후에 술을 가지고 다시 왔다. 기헌(耆獻)도 왔다. 영공(令公) 이순신(李純信)이 술병을 차고 와서 같이 취하면서 성의를 다해 주었다. 영의정(柳成龍), 판부사 정탁(鄭琢), 판서 심희수(沈喜壽), 좌의정 김명원(金命元), 참판 이정형(李廷馨), 대사헌 노직(盧稷), 동지 최원(崔遠), 동지 곽영(郭嶸) 등이 사람을 보내어 문안하였다. 취하여 땀이 몸을 적셨다.　　　　　　　　　　　　　　－〈난중일기〉(1597. 4. 1.)－

남대문 밖 종(관노)의 집에서 자게 된 것은 죄인의 몸이라 도성 안에서는 거처할 수 없었기 때문이다. 가마니가 깔린 종의 집 사랑방은 귀양을 떠나는 죄인들이 묵고 가는 집으로 금부 나졸들이 문 밖에서 보초를 섰다.

이순신의 집안은 조상 대대로 한성에서 살았고 이순신도 아홉 살까지는 한성에서 자랐다. 훈련원 시절에는 세 번이나 한성에서 근무했으며, 임진란 개전 초부터 그렇게도 지켜내고 수복하려던 한성이었다.

그런데 그 도성은 이순신을 죄인으로 몰아 남대문 밖으로 내쫓았다. 그러나 이순신이 조정을 원망하는 글귀는 보이지 않는다. 그저 당시에 겪은 심경과 일들을 담담한 심정으로 기록했을 뿐이다. 이 같은 면모도 이순신의 수도(修道)된 모습이다.

최원(崔遠) 전 전라병마사는 동지(同知) 벼슬에 올라 있었는데 사람을 보내어 위로 문안을 했다. 이순신이 죄인의 몸인지라 공개적으로 문안한다는 것은 양쪽 모두를 위해 바람직하지 않았을 것이다.

4월 2일. 비. 종일 비가 왔다. 여러 조카들과 함께 이야기하였다. 방업(方業: 方氏 성인 것으로 보아 처갓집과 가까운 인척인 듯함)이 음식을 매우 풍성하게 차려왔다. 저녁에 성안으로 들어가 정승(유성룡)과 이야기하다가 닭이 울어서야 파하고 나왔다.

4월 3일. 맑다. 일찍 남으로 길을 떠났다. 금부도사 이사빈(李士贇), 서리(書吏) 이수영(李壽永), 나장(羅將) 한언향(韓彦香)은 먼저 수원부에 이르렀다. 나는 인덕원(안양시 관양동)에서 말에게 먹이를 주고 조용히 누워 쉬다가 저물어 수원에 들어가 경기체찰사(홍이상)의 수하인 어느 병사의 집에서 잤다. 신복룡(愼伏龍)이 우연히 왔다가 내 행색을 보고 술을 갖추어 가지고 와서 위로했다. 수원부사 유영건(柳永健)이 나와서 보았다.

금부도사 등 호송 인원은 약 10~20명 정도였다. 이들은 왜 죄인을 호송하지 않고 수원부에 먼저 가 있었을까? 이순신을 죄인으로 삼아 호송한다면 한성 백성들로부터 원성을 살 것을 우려했기 때문에 미리 가 있었던 것이다.

말에게 먹이를 준 것은 타고 가는 말을 챙겨야 하는 말 타는 사람으로서의 의무를 행한 것이다. 또한 말은 당시 소처럼 큰 재산이었다. 조용히 누워서 쉰 것은 옥중에서 받은 고문의 후유증 때문으로 보인다.

수원부사도 이순신이 숙박하고 있는 어느 병사의 집에 와서 위로했고, 수원부사라는 공직자로서 여러 가지를 확인하고 점검했다.

> 4월 4일. 맑다. 길에 올라 독성(禿城: 오산시 양산동) 아래에 이르니 반자(半刺: 판관) 조발(趙撥)이 술을 갖추어 막을 치고 기다리므로 마시고 취하여 길을 떠나 바로 진위(振威)의 구로(舊路: 북면 봉남리)를 거쳐 냇가에서 말을 쉬게 하고 오산 황천상(黃天祥)의 집에서 점심을 먹었다. 황천상은 내 짐이 무겁다고 말을 내어 실어 보내주니 감사하기 그지없었다. 수탄(水灘)을 거쳐 평택 고을 이내은(李內隱)의 손자 집에 이르니 대접이 매우 은근하였다.

수원 독성산성 아래에 이르니 산성을 지키고 있던 조발이 천막을 치고 일행을 접대했다. 황천상이라는 사람이 말을 내어주었는데, 이때 하인도 함께 딸려 보냈을 것이다(목적지에 도착하면 하인과 말은 다시 돌아간다).

> 4월 5일. 맑다. 해가 뜨자 길을 떠나 바로 선산(아산시 염치읍 백암리)에 이르러 울며 절을 하고 그 길로 외조카 뇌(蕾)의 집에 이르러 사당에 절을 하였다. 거기서 남양(南陽) 아저씨가 세상을 떠났다는 소식을 들었다. 저물어 집에 이르러 장인 장모님의 신위 앞에 절을 하였다. 곧바로 형님(堯臣)과 여필(아우 禹臣)의 부인인 제수씨의 사당에 다녀와서 잠자리에 들었으나 마

음이 편치 않았다.

남양 아저씨는 외숙인데 이순신의 모친을 따라 여수로 피난 와 있다가 세상을 떠났다. 이순신의 부인 방(方)씨는 무남독녀였기 때문에 장인 장모의 제사는 현재까지 충무공 종가에서 모시고 있다.

4월 6일. 맑다. 멀고 가까운 친척과 아는 이들이 모두 모여 와서 오래 동안 못 본 정을 풀고 갔다.

7년 만에 찾은 고향이었지만 금의환향이 아닌 백의종군의 죄인이었다. 또 전란 중에 많은 친인척들이 세상을 떠났다.

4월 7일. 맑다. 금오랑(金吾郎: 금부도사의 별칭)이 아산 고을로부터 오기에 나는 가서 그윽하게 접대하였다. 홍 찰방, 이 별좌, 윤효원(尹孝元)이 와서 보았다. 금오랑은 홍백(興伯: 변존서)의 집에서 잤다.

4월 8일. 맑다. 자리를 펴고 남양 아저씨를 곡하고 상복을 입었다. 늦게 흥백의 집에 이르러 금부도사를 접대하였다.

4월 9일. 맑다. 동네 안에서 각기 술병을 차고 와서 멀리 가는 길을 위로하므로 정리상 거절하기 어려워 몹시 취하여 헤어졌다. 홍군우(찰방)가 노래를 부르고, 이 별좌도 노래를 하는데 나는 조금도 즐겁지가 않았다. 금부도사는 술을 잘 마시면서도 실수를 하지 않았다.

4월 10일. 맑다. 아침 식후에 흥백의 집에 이르러 금부도사와 함께 이야기하였다.

4월 11일. 맑다. 새벽에 꿈이 몹시 산란하여 마음이 매우 불안하였다. 병드신 어머님을 생각하던 차에 눈물이 흐르는 것도 깨닫지 못했다. 종을 보내어 어머님 소식을 알아오게 하였다. 금부도사는 온양으로 들어갔다.

4월 12일. 맑다. 종 태문이 안흥량(安興梁: 태안군 근흥면)에서 들어와 편지를 전하는데, 초 9일에 어머님과 위아래 여러 사람들이 모두 무사히 안흥에 도착했다고 하였다. 울(蔚)을 먼저 해정(海汀)으로 보냈다.

여수로 피난 가 있던 가족들이 아산으로 돌아오고 있다.

2. 모친상과 백의종군 남행길

4월 13일. 맑다. 일찍 아침을 먹고 어머님을 마중하려고 해정 길로 갔다. 가는 길에 홍 찰방 집에 잠깐 들러 이야기하는 동안 울(蔚)이 종을 보내어 하는 말이 "아직은 배가 온다는 소식이 없다"고 하였다. 또 들으니 황천상이 흥백의 집에 왔다고 하므로 홍 찰방과 작별하고 흥백의 집에 이르렀는데, 조금 있다가 종 순화(順花)가 배에서 와서 어머님의 부고를 전하였다. 뛰쳐나가 뛰며 굴렀다. 하늘에 해조차 캄캄하였다. 곧 해암(蟹

巖: 아산시 인주면 해암리)으로 달려가니 배가 벌써 와 있었다. 애통함을 어찌 다 적을 수 있으랴.

이순신의 모친은 4형제 중 하나 남은 자식(이순신)을 따라 머나먼 객지 여수까지 피난을 갔으나 이순신이 그 무렵부터 한산도로 나가 있었기에 노모는 외로운 객지생활을 해야 했다. 그 후 자식이 하옥되었다는 소식을 듣고 한성으로 올라가 탄원서를 올리려고 배를 타고 오다가 도중에 임종을 맞았다.

할머니보다 먼저 상경한 아들 회와 조카 분 등은 〈난중일기〉를 가지고 유성룡과 정탁(鄭琢) 등을 찾아가서 이순신의 억울한 사정을 읍소했고, 정탁은 구명상소(伸救箚)를 올려 이순신을 구했다.

4월 14일. 맑다. 홍 찰방, 이 별좌 등이 들어가 곡을 하고 관을 정돈하였다. 관은 본영에서 준비해 가지고 온 것으로 조금도 흠 난 데가 없다고 하였다.

4월 15일. 맑다. 늦게 입관하였다. 오종수(吳從壽)가 극진한 마음으로 호상해 주니 뼈가 가루가 되도록 잊지 못할 것이다. 천안 군수가 들어와서 초상 치를 준비를 하고, 전경복(全慶福)씨가 연일 진심으로 상복 만드는 일을 돌보아 주니, 감사한 말을 어찌 다하랴.

4월 16일. 궂은 비. 배를 끌어 중방포(中方浦: 아산시 염치읍 중방리)로 옮겨 대고 영구를 상여에 올려 싣고 마을을 바라보면서 집으로 돌아오는데 찢어지는 아픈 가슴을 어찌 다 말하랴. 집에 이르러 빈소를 차렸다. 비는 그대로 퍼붓고, 남쪽으로 내려가기는 해야겠고, 울부짖으며 다만 어서 죽기를 바랄 따름이었다. 천안 군수는 돌아갔다.

4월 17일. 맑다. 금오랑의 서리 이수영(李壽永)이 공주로부터 와서 가기를 재촉했다.

4월 18일. 비. 종일 비가 왔다. 몸이 몹시 불편했다. 다만 빈소 앞에서 곡만 하다가 종 금수의 집으로 물러 나왔다.

4월 19일. 맑다. 일찍 집을 나서서 길을 떠나야겠기에 어머님 빈소 앞에서 울며 하직했다. 어찌하랴, 어찌하랴! 천지에 나 같은 이가 또 어디 있으랴! 어서 죽는 것만 못하다. 조카 뇌(蕾)의 집에 가서 조상의 사당에 하직을 고하고 가다가 금곡(金谷) 강선전(姜宣傳)의 집 앞에 이르러 강정(姜晶)과 강영수(姜永壽) 씨를 만나 말에서 내려 곡하고, 다시 그 길로 보산원(寶山院: 천안시 광덕면 보산원리)에 이르니 천안 군수가 먼저 와 있기에 말에서 내려 같이 냇가로 쉬러갔다.
임천(林川: 부여군 임천면) 군수 한술(韓述)이 중시(重試)를 보러 서울로 올라가는 중에 앞을 지나다가 내가 간다는 말을 듣고는 와서 조문하고 갔다. 아들 회(薈), 면(葂), 울(蔚), 조카 해(荄), 분(芬), 완(莞)과 주부 변존서가 함께 천안까지 따라왔다. 원인남(元仁男)도 와서 보고 작별한 뒤에 말에 올랐다. 일신역(日新驛: 공주시 장기면 신관리)에 이르러 잤다. 저녁에 비가 내렸다.

노산 이은상은 이 무렵의 〈난중일기〉에서 글귀들을 뽑아 다음과 같은 시를 남겼다.

나라에 충성코자 했지만 죄가 이미 이르렀고
어버이에게 효도코자 했지만 어머님마저 가셨네
이제야 내 죽을 날만 기다려야 한단 말인가
퍼붓는 빗속에 빈소를 마련하고
금부도사 길 재촉 받아 동구 밖을 나서니
하늘과 땅 사이에 나 같은 이 또 있을까

4월 20일. 맑다. 공주 정천동(定天洞)에서 아침을 먹고 저녁에
니산(尼山: 논산시 노성면 읍내리)에 도착하니 고을 수령이 반가이
접대하였다. 김덕장(金德章)이 우연히 왔기에 서로 만나보고 금
부도사도 와서 보았다.

죄인이기에 공주 감영에는 들어가지 못하고 공주 군청에서 숙박
했는데, 감영의 금부도사가 찾아왔다.

4월 21일. 맑다. 일찍 떠나 은원(恩院: 논산 은진면 연서리)에 이
르니 김익(金瀷)이 우연히 왔다고 하였다. 임달영(任達英)이 곡
식을 사러 은진포(恩津浦)에 왔다고 하는데 그 꼴이 몹시 괴상
하다. 저녁에 여산(礪山: 익산군 여산면) 관노의 집에서 잤다. 한
밤에 홀로 앉아 있노라니 슬픈 생각에 견딜 수가 없었다.

당시에는 부모상을 당하면 전쟁 중이라도 고향으로 돌아가 시묘
(侍墓)살이를 했다. 하지만 죄인이었던 이순신의 경우에는 초상도 치
르지 못하고 끌려가야 했다.

4월 22일. 맑다. 정오에 삼례(參禮: 완주군 삼례면 삼례리) 역리

(驛吏)의 집에 이르고 저녁에는 전주 남문 밖 이의신(李義臣)의 집에서 잤다. 판관(判官) 박근(朴勤)이 와서 보았다. 부윤(府尹)도 역시 후대해 주었다.

4월 23일. 맑다. 일찍 떠나 오원역(烏原驛: 임실군 관촌면 관촌리)에 이르러 아침을 먹고 저물어 임실현(任實縣)에 투숙했다. 군수가 예사로이(죄인 다루는 원칙대로) 대접했다. 군수는 홍언순(洪彦純)이다.

예사로이 대접했다는 것은 이순신을 죄인 취급 했음을 말한다.

4월 24일. 맑다. 일찍 떠나 남원에 이르렀다. 15리쯤에서 정철(丁哲) 등을 만나 남원부 5리 안에까지 이르러 작별하고, 이희경(李喜慶)의 종의 집에 이르렀다. 아픈 마음이야 어찌 다 말하랴.

4월 25일. 비가 올 것 같다. 아침 식후에 길을 떠나 운봉(雲峯: 남원시 운봉면)의 박롱(朴龍)의 집에 들어가니 비가 크게 퍼부어 출두할 수가 없었다. 거기서 들으니 원수(권율)는 벌써 순천으로 갔다고 하므로 곧 사람을 금오랑에게 보내어 머물러 있게 하였다. 현감(南侃·남간)은 병으로 나오지 않았다.

권율의 도원수부는 합천군 초계(草溪)에 있었다. 이순신은 권율이 순천부로 가고 있다는 소식을 듣고 초계를 향해 앞서 가고 있던 금오랑 일행의 발길을 멈추게 했다.

4월 26일. 흐리고 개지 않았다. 일찍 식사하고 길에 올라 구례현에 이르러 손인필(孫仁弼)의 집에 이르렀다. 현감이 급히 나와 반가이 대접했다. 금오랑도 와서 보았다. 현감에게 금오랑에게 마실 것을 권하도록 청하자 현감이 진심으로 대접했다.

4월 27일. 맑다. 일찍 떠나 송치(松峙: 순천시 서면) 밑에 이르니 구례 현감(이원춘)이 점심을 짓도록 사람을 보내왔으나 도로 돌려보냈다. 순천 송원(松院: 서면 송원리)에 이르니 이득종(李得宗)과 정선(鄭愃)이 와서 문안하였다.
저녁에 정원명(鄭元溟)의 집에 이르니 원수(권율)가 내가 온 것을 알고 군관 권승경(權承慶)을 보내어 조문하고 또 안부도 묻는데 위로하는 말이 매우 간곡하였다. 저녁에 부사(우치적: 순천 부사)가 와서 보았다. 정사준(鄭思俊)도 와서 원공(원균)의 망령된 짓을 많이 말하였다.

권율은 군관을 보내어 먼저 조문부터 했다. 여수에 가까워질수록 이순신을 사랑하고 존경하는 민심이 높아지고 있다. 또 구례 등 남해안으로 내려오자 원균 통제사의 문제점도 들려오기 시작했다.

4월 28일. 맑다. 아침에 원수가 또 군관 권승경을 보내어 문안하며 "상중에 몸이 피곤할 터이니 기운이 회복되면 나오라"고 전하였다. 그리고 또 "통제사와 친한 군관이 있다고 하니, 편지와 공문을 보내어 나오게 해서 데리고 가서 돌보게 하라"고 하며 편지와 공문을 만들어 보내왔다.

'친한 군관'은 이순신의 옛 군관들인데, 권율은 이들을 한산도에서 차출하여 이순신의 수발을 들게 했다.

> 4월 29일. 맑다. 신(愼) 사과(司果)와 방응원(方應元)이 와서 보았다. 병사(이복남)도 원수에게서 의논을 들으려고 고을로 들어왔다고 하였다.

> 4월 30일. 아침에는 흐리고 저물 무렵부터는 비가 왔다. 병사 이복남이 식전에 와서 보며 원공(원균)의 일을 많이 이야기하였다. 전라감사(박홍노)도 원수에게 왔다가 군관을 보내어 안부를 물었다.

전라도의 군 수뇌진들이 모이고 있다. 외관상으로 보면 이들의 스케줄은 초계의 도원수부를 출발한 권율의 구례─순천지역 순찰에 맞추어져 있었던 것으로 보인다. 그리고 권율의 순찰은 이순신의 구례 도착과 때를 같이 하고 있다. 이렇게 모이는 가운데 한산도에 있는 원균 통제사의 문제점이 화제가 되고 있다.

> 5월 1일. 비. 비. 신(愼) 사과(司果)가 머물러 이야기하였다. 순찰사와 병마사는 원수가 머물고 있는 정사준의 집에 같이 모여 술을 마시며 무척 즐겁게 놀았다고 한다.

도원수, 순찰사, 병마사들이 자리를 함께 했다.

그날 논의한 내용은 형식적으로는 이순신을 초계 원수부에서 무밭을 가꾸게 하고, 실제로는 원수부의 군사 고문으로 삼는다는 것이었다.

3. 백의종군의 군사 고문

금부도사 일행은 순천에서 한성으로 되돌아갔고, 이순신 일행은 권율과 이원익 등의 배려로 초계로 향했다. 이순신은 초계에서 권율의 군사 고문역을 맡아 다가올 위험에 대비해 나갔다.

> 5월 2일. 늦게 개었다. 원수는 보성(寶城)으로 갔고, 병사는 본영으로 갔고, 순찰사(박홍노)는 담양으로 가는 길에 들러 보고 갔다. 부사(순천 부사 우치적)도 와서 보았다. 진흥국(陳興國)이 좌수영으로부터 와서 눈물을 뿌리면서 원(원균)의 일을 이야기하였다.
> 이형복, 신홍수도 왔다. 남원 종 말석(末石)이가 아산으로부터 와서 어머님의 영연(靈筵)을 편안히 모셨다고 전하였다. 홀로 빈 동헌에 앉아 있으니 슬픈 마음을 이길 수가 없었다.

여수 본영으로부터 진흥국이 와서 '눈물을 뿌리며' 이야기하였다. 여수는 전라좌수사 겸 3도수군통제사의 본영이고, 한산도는 둔치고 있는 진(陣)이다. 원균이 군영 經·營을 어떻게 했기에 여수 본영 사람들이 눈물을 뿌리고 있을까?

원균이 통제사로 부임한 지 불과 세 달 정도밖에 되지 않았는데도 여수 본영과 한산도 진영에는 큰 갈등이 일어나고 있었다.

「이보다 먼저 원균이 한산도에 이르렀는데, 그는 이순신이 정하여 놓은 제도를 다 변경하고 장수와 군사들 중에 이순신이 신임하여 부리던 사람들은 거의 다 내쫓아버렸으며, 이영남이 자기가 전날에 패하여 도망하였던 사실을 자세히 알고 있다고 해서 그를 미워하니, 군사들의 마음은 그를 원망하고 분해하였다.

이순신이 한산도에 있을 때 집을 한 채 지어 운주당(運籌堂)이라 이름 짓고 밤낮을 그 안에서 지내면서 여러 장수들과 함께 전쟁에 대한 일을 의논하였는데, 비록 졸병이라 하더라도 군사에 관한 일을 말하고자 하는 사람이면 와서 말하게 하여 군사 사정에 통하게 하였으며, 늘 싸움을 하려 할 때에는 장수들을 불러 모아 계교를 묻고 전략이 결정된 다음에야 싸웠기 때문에 싸움에 패한 일이 없었던 것이다.

그런데 원균은 좋아하는 첩을 데려다가 그 집 안에서 살면서 이중으로 울타리를 만들어 안팎을 막아 놓으니 여러 장수들도 그의 낯을 보는 일이 드물었다. 그는 또 술 마시기를 좋아하여 날마다 술주정과 성내는 것을 일삼았고, 형벌이 법도가 없었으므로, 군중에서는 은밀히 수군거려 말하기를 "만약 왜적을 만난다면 오직 도망치는 수만 있을 따름이다"고 하면서 여러 장수들은 몰래 서로 그를 비웃었으며, 또한 다시 품의하거나 두려워하지도 않았으므로 호령이 시행되지 않았다.」 ―〈징비록〉―

선조는 이순신이 거느린 함대를 원균에게 주면서 원균이 잘 싸워줄 것으로 기대했다. 그러나 원균 통제사의 조선 함대는 싸우기도 전에 여수 본영과 한산진의 군영 經·營에서부터 먼저 무너지고 있었다.

'若無湖南, 是無朝鮮'(약무호남 시무조선: 충무공이 남긴 어록으로 '호남이 없으면 조선이 없다' 는 뜻)의 정신으로 역대 전라 감사(이광, 권율, 이정암, 박홍노)들이 백성과 힘을 합해 한산도를 지켜 왔지만, 원

균은 취임 3개월 만에 한산도를 위기로 몰아넣고 있었다. 한산도의
위기는 곧 호남과 조선의 위기로 이어질 것이기 때문에, 전라도의
장졸들과 백성들은 불안에 떨기 시작했다.

이때 백의종군한 이순신이 다리를 절룩거리는 모습으로 호남 땅
에 접어들었다는 소식이 들려오자 호남의 민·관·군은 돌아온 영웅을
반기며 불안감을 달랬다.

그러나 박홍노 감사는 이순신이 전주에 유숙하고 있었어도 이순
신이 죄인의 몸이었기 때문에 만나서 문상조차 하지 못해 미안해했
고, 원균의 부실한 한산도 군영 經·營에 대해 자문을 구하지도 못해
답답해했다. 이러한 마음들이 모아져서 '정사준 집에서의 만남'이
이루어졌고, 전라도의 수뇌진들은 그곳에서 향후 이순신에 대한 예
우와 역할을 논의했던 것이다.

5월 3일. 맑다. 이기남이 와서 보았다. 차남의 이름 울(蔚)자
를 열(荺)자로 고쳤다. 이 자(字)는 소리는 '기쁠 열(悅)'과 같
고, 뜻은 '움이 돋아나다, 초목이 무성하게 자라다'는 것으로
매우 좋은 글자이다. 늦게 강소작(姜所酢)이 와서 곡을 하였다.
오후 4시 무렵에 비가 내렸다. 저녁에 고을 수령(부사)이 와서
보았다.

5월 4일. 비가 왔다. 이 날은 어머님의 생신일이라 슬프고 애
통함을 참을 길이 없었다. 닭이 울자 일어나 앉아서 눈물만 흘
렸다. 오후에 비가 몹시 퍼부었다. 정사준도 오고 이수원(李壽
元)도 왔다.

5월 5일. 맑다. 새벽꿈이 어지러웠다. 아침에 부사(우치적)가

와서 보았다. 늦게 충청우후 원유남(元裕男)이 한산에서 와서
원공(원균)의 못된 짓을 많이 전하고, 또 도(道)와 진(陣)에 속
한 진중의 장졸들이 모두 다 (원균을) 배반하므로 앞으로 일이
어찌 될지 알 수 없다고 하였다.

이날은 단오절인데 천리 밖에 종군하여 어머님의 영전을 멀리
떠나 있어서 장례도 못 지내니, 무슨 죄로 이런 일을 당하는지
가슴이 찢어지는 듯하였다. 나 같은 운수(운명)는 고금을 통해
서 둘도 없을 것이다. 다만 때를 잘못 만난 것을 한탄할 따름
이다.

5월 6일. 맑다. 꿈에 돌아가신 두 분 형님을 만났는데 서로 붙
들고 우시면서 하는 말씀이 "장사를 지내기 전에 천리 밖으로
떠나와 군무에 종사하고 있으니 대체 모든 일을 누가 주관해서
한단 말이냐. 통곡한들 어찌하랴!"라고 하셨다.

이것은 두 형님의 혼령이 천리 밖까지 따라와서 근심하고 애달
파하심이 이렇게까지 하는 것이니, 비통할 따름이다. 아침저녁
으로 그립고 서러운 마음에 눈물이 엉기어 피가 되건만 아득한
저 하늘은 어째서 내 사정을 살펴주지 못하는고! 왜 어서 죽지
않는지….

능성(綾城) 현감 이계명(李繼命)도 역시 상제의 몸으로(복상 중에)
기용된 사람인데, 늦게 와서 보고 돌아갔다. 정원명이 한산에
서 돌아와서 흉측한 자(원균)의 못된 짓을 많이 전하고, 또 부
찰사(한효순)가 여수로 나와서 병으로 조리하고 있다고 전하였
다. 우수사(이억기)가 편지를 보내어 조상(弔喪)하였다.

5월 7일. 맑다. 아침에 정혜사(定惠寺)의 중 덕수(德修)가 와서

짚신을 바치므로 거절하고 받지 않았으나, 두 번 세 번 간절히 받으라고 하므로 값을 주어 보냈다. 짚신은 곧 정원명에게 주었다. 송대기, 유몽길이 와서 보았다. 서산 군수 안괄(安适)도 한산에서 와서 흉측한 자(원균)의 일을 많이 전하였다. 이원룡 (李元龍)은 수영(水營)에서 돌아왔다.

이순신은 짚신 한 켤레라 하더라도 신세를 지는 관계라면 빠짐없이 기록을 해 놓았다. 한산도 시절에도 승려들이 삼베를 가져오면 대신에 김과 미역을 주어 보내곤 했다.

5월 8일. 맑다. 아침에 중 수인(守仁)이 밥 지을 중 두우(杜宇)를 데리고 왔다. 원(원균)이 편지를 보내어 조상하였는데, 이것은 원수(권율)의 명령에 따른 것이었다.

중에게 밥을 짓게 한 것은 이순신이 상중이어서 고기 음식을 먹지 않았기 때문에 절간 음식을 차려주려는 배려였다. 한 끼에 몇 인 분의 밥을 지었을까? 이순신과 아들, 그리고 두 사람을 수발하는 하인 2~3명, 도원수가 한산진에서 차출해 보낸 군관들과 그들의 하인들, 문상객과 그들의 하인들… 이렇게 따져보면 약 20명 내외의 식솔이다.

이경신(李敬信)이 한산에서 와서 음흉한 원(원균)의 일에 대해 많이 이야기하고, 또 말하기를, 그가 데리고 온 서리(書吏)에게 육지로 가서 곡식을 사오라며 내보내 놓고는 그의 처를 겁탈하려고 하자, 그 여자가 악을 쓰며 듣지 않고 밖으로 뛰쳐나가 고함을 질렀다고 하였다.

원(원균)이 온갖 계략을 다 써서 나를 모함하려 하니 이 역시 운수 탓인가. 그가 바치는 뇌물 짐이 서울로 가는 길을 연달아 잇고 있으면서도 날이 갈수록 나를 헐뜯고 있으니, 그저 때를 잘못 만난 것이 한스러울 따름이다.

5월 9일. 흐리다. 아침에 이형립(李亨立)이 와서 보았다. 순천 급제(及第) 강승훈(姜承勳)이 군병을 모으러 왔다. 종 한경(漢京)이 보성에서 말을 끌고 왔다.

5월 10일. 궂은 비. 늦게 큰 비가 왔다. 이날은 태종대왕의 제삿날이다. 옛날부터 이 날은 비가 온다고 한다. 집주인이 보리밥을 지어 들여왔다. 부사도 조문 편지를 보내왔다. 녹도 만호 송여종이 삼(麻)과 종이 두 가지를 부의(賻儀)로 보내왔다. 전라도순찰사는 "백미와 중품 미 각각 1곡(斛: 1곡은 10말, 즉 1섬이다)씩과 콩, 소금도 구해 놓았는데 군관을 시켜 보내겠다"고하였다.

5월 11일. 맑다. 전 광양현감 김성(金惺)이 체찰사(이원익)의 군관을 데리고 살대(화살 제작용 대나무) 구할 일로 순천에 왔다가 와서 보았다. 소문을 많이 전하는데, 그 소문이란 모두 흉측한 자(원균)의 일이다. 부찰사(한효순)가 순천부에 도착하자 정사립, 양정언이 와서 "부사가 보러 오시겠다고 합니다"고 전했으나, 나는 몸이 불편하여 보지 못했다.

5월 12일. 맑다. 이원룡을 보내어 부사에게 문안했더니 부사도 김덕린을 보내어 문안하였다. 아침에 아들 열을 부사에게 보냈다. 저녁에 향사당(鄕社堂)으로 가서 부사와 함께 이야기하고 자정에야 숙소로 돌아왔다.

5월 13일. 맑다. 지난 밤 부사가 말하기를 "체찰사(이원익)가 보낸 편지에 영공(令公: 원균)에 대한 일을 많이 탄식하더라"고 하였다. 늦게 정사준이 떡을 만들어 왔다. 부사(우치적)가 노자를 보내주어 참으로 미안하다.

5월 14일(甲辰). 맑다. 아침에 순천부사(우치적)가 와서 만나보고 돌아갔고, 부체찰사는 부유(富有: 승주군 주암면 창촌리)로 향해 갔다. 정사준(鄭思竣), 정사립(鄭思立), 양정언(梁廷彦)들이 와서 나를 모시고 가겠다고 하기에, 일찍 아침을 먹고 길을 떠나 송치(松峙: 승주군 서면) 밑에 이르러 말을 쉬었다. 운봉(雲峯)과 박롱(朴龍)이 왔다. 저물녘에 찬수강(粲水江: 승주군 황전면)에 도착하였다. 말에서 내려 걸어서 강을 건너 구례 고을(손인필의 집)에 이르니, 구례 현감(李元春)이 찾아와서 만나보았다.

5월 15일. 비가 오다 개었다 하였다. 주인집이 너무 낮고 깨끗하지 못하여 파리가 벌떼처럼 모여들어 밥을 먹을 수 없으므로 관아의 정자로 옮겨왔더니 남풍이 바로 불어 들어오는 것이었다. 구례 현감과 하루 종일 같이 이야기하였다.

5월 16일. 맑다. 저녁에 남원 탐후인이 돌아와서 전하기를 "체찰사가 내일 곡성을 들러 본 고을(구례)로 들어와서 며칠 머문 뒤에 진주로 갈 것"이라고 전하였다.

이원익 체찰사는 곡성 → 구례 → 진주로 순찰을 다니고 있었는데 역시 이순신의 남행길과 관련이 있는 행적으로 보인다.

5월 17일. 맑다. 남원 탐후인이 와서 전하기를 "원수가 운봉 길로 가지 않고 명나라 총병 양원(楊元)을 영접하는 일로 완산 (전주)으로 달려갔다"고 하였다. 내 걸음이 낭패여서(제대로 걷지 못하여) 답답하였다.

걸음이 늦은 것은 옥중에서 받은 고문의 후유증 때문에 말을 타고 급히 달릴 수 없었던 탓이다.

〈백의종군시의 행적도〉

5월 18일. 맑다. 동풍이 크게 불었다. 저녁에 김종려(金宗麗) 영공(令公)이 남원으로터 와서 만나보았다. 충청 수영의 영리 이엽(李燁)이 한산도로부터 왔기에 집에 보낼 편지를 부쳤다.

5월 19일. 맑다. 체찰사가 고을로 들어올 텐데 성 안에 머물고 있기가 미안하여 동문 밖 장세호(張世豪)의 집으로 옮겨 나갔다. 저녁에 체찰사가 고을로 들어왔다.

백의종군하는 죄인의 몸이었으므로 성문 밖에서 기다렸다.

5월 20일. 맑다. 첨지 김경로(金敬老)가 와서 보았다. 체찰사가 내가 머물고 있다는 말을 듣고 먼저 군관 이지각(李知覺)을 보내더니 조금 있다가 또다시 군관을 보내어 조문하여 말하기를 "상(喪) 당한 소식을 일찍 듣지 못했다가 이제야 들었습니다. 매우 놀랐으며 애도하는 바입니다"라고 하면서 저녁에 다시 만나볼 수 있겠는지 물었으므로, 나는 "저녁에 마땅히 찾아가 뵙겠다"고 대답하고 어두울 무렵에 가서 뵈니, 체찰사는 평복을 입고 접대하였다. 조용히 일을 의논하고 나올 무렵에 남 종사관이 사람을 보내어 문안하였다.

체찰사 이원익이 평복을 입고 그를 맞이한 것은 이순신에게 부담을 주지 않으려는 배려에서였고, 조용히 일을 의논했다는 것은 원균과 관련된 문제로 보인다.

5월 22일. 맑다. 유 박천(柳博川)이 승평(昇平: 순천시)으로 가서 그 길로 한산으로 갈 예정이라고 하기에 전라도, 경상도의 두

수사(水使)와 가리포(李應彪) 등에게 보낼 문안편지를 써서 보
냈다. 늦게 체찰사의 종사관 김광엽(金光燁)이 진주에서 고을로
들어오고, 배흥립도 온다고 하였다. 회포를 터놓을 수 있을 터
이니 다행, 다행이다. 배(裵) 동지(同知)와 구례 현감이 와서 보
았다.

배흥립은 개전 초부터 함께 싸워 온 부하장수인데, 그는 이날로부
터 50일 후인 1597년 7월 15일 칠천량해전에서 전사한다.

5월 23일. 아침에 정사룡(鄭思龍)과 이사순(李士順)이 와서 보
고 원공(원균)의 말을 많이 전했다. 늦게 배흥립이 한산으로 돌
아갔다. 체찰사가 사람을 보내어 부르므로 가서 뵙고 조용히
의논했는데, 시국이 그릇되어 감을 무척 분히 여기면서 다만
죽을 날만 기다린다고 하였다. 내일 초계로 가겠노라고 하니,
체찰사가 이대백(李大伯)이 모은 쌀 두 섬을 부쳐 주기에 성 밖
집주인 장세호의 집으로 보냈다.

'다만 죽을 날만 기다린다' 고 했는데, 이순신이라는 거목(巨木)이
통제사에서 물러나자 한산도의 조선 수군과 후방 기지인 호남의 백
성들은 자신감을 상실하고 있었을 뿐만 아니라 조정의 비변사 - 이
원익의 체찰사 본부 - 권율의 도원수부 - 원균의 3도수군통제영 간에
는 서로 손발이 맞지 않아 서로 따로 놀 듯 갈팡질팡하고 있었다.
혼란스럽고 어지러운 시국을 맞아 체찰사 이원익도 몹시 힘들어하
고 있는 모습이다.
이 같은 혼란과 갈등 속에서 원균 통제사는 후에 권율 도원수에게
('부산으로 나아가 왜적을 치라' 는 어명을 이행하지 않은 죄로) 곤

장을 맞았고, 조선 함대는 칠천량에서 전부 불타고 말았다.

5월 24일. 맑다. 아침에 광양의 고언선(高彦善: 高應命의 아들)이 와서 만나보았다. 한산의 사정을 많이 전해 주었다. 체찰사가 군관 이지각을 보내어 안부를 묻고, 경상우도의 연해안 지도를 그리고 싶으나 그릴 방도가 없으니 본대로 그려서 보내주면 고맙겠다고 하였다. 나는 거절할 수가 없어서 그림을 그려서 보내주었다. 저녁에 비가 크게 쏟아졌다.

이순신이 지리에 밝고 지도를 잘 그렸다는 점은 이원익도 익히 알고 있었다. 이날 이원익이 요청한 지도는 남해안 일대의 왜성과 왜군들의 주둔 현황을 파악해 볼 수 있는 지도였을 것이다.

이 무렵은 원균이 부산포 공격을 위한 전제 조건으로 안골포 등지의 왜군을 육군에서 선제공격해 주어야 한다는 내용을 장계로 올렸고, 조정·체찰사·도원수 등이 원균의 전제 조건에 대한 대책을 놓고 고민에 쌓여 있던 때였다.

5월 25일. 비가 왔다. 아침에 떠나려 하다가 비에 막혀서 멈추었다. 혼자 촌가에 앉아 있으니 착잡한 마음 그지없다. 슬픈 생각을 어찌 다 말하랴.

초계로의 출발이 비 때문에 늦어지고 있다.

5월 26일. 종일 큰 비가 왔다. 비를 맞으며 길을 떠나려 하자 사량만호 변익성(邊翼星)이 무슨 신문받을 일로 체찰사에게로 왔는데 잠깐 서로 만나보고 그 길로 석주관(石柱關: 구례군 토지면 송정리)에 이르니 비가 퍼붓듯이 쏟아졌다.

엎어지며 자빠지며 간신히 악양(岳陽: 하동군 악양면 정서리) 이정
란(李廷鸞)의 집에 이르렀으나 문을 닫고 거절당했다. 김덕령*
의 아우 김덕린이 빌려 쓰는 집이다. 나는 아들 열(葆)을 시켜
서 억지로 사정하게 해서 들어가 잤다. 행장(行裝)이 흠뻑 다
젖었다.

「*김덕령(金德齡: 1567~1596). 조선 중기의 의병장. 자는
경수(景樹). 본관은 광주이다. 성혼(成渾)의 문하에서 수학하다
가 임진왜란이 일어나자 천거를 받아 조정의 종군명령을 받았
다. 1594년 의병을 모아 선전관에 임명되었고, 권율 밑에서 왜
군을 물리쳐 공을 세웠다. 그 후에도 의병장 곽재우와 협력하
여 여러 번 왜군을 물리쳤다. 1595년 고성에 상륙하려는 왜군
을 기습하여 격퇴시켰다.

1596년, 윤근수(尹根壽)의 노복이 주인의 세도를 믿고 명령
을 듣지 않자 곤장을 쳐서 죽인 일 때문에 투옥되었다가 영남
유생들의 상소와 정탁(鄭琢)의 변호로 석방된 일이 있었다. 그
후 명·왜 간의 강화회담이 진행되어 전쟁이 소강상태에 접어들
자 전쟁에서 공을 세운 무신들을 제거하려는 문신들의 모함으
로 대역죄에 몰려 매를 맞고 옥사하였다. 1668년 병조참의에
추증되었고, 1678년 벽진서원(碧津書院)에 모셔졌다. 1681년
병조판서에 가증되었으며, 1788년(정조 12년) 좌찬성에 가증되
었다. 시호는 충장(忠壯)이다.

그가 감옥에 갇혀 죽기 직전에 남긴 옥중시로서 춘산곡(春山
曲)이라는 시가 있다. 젊은 나이에 전쟁에 공을 세우고서도 억
울하게 죽임을 당하게 된 자의 울화가 생생하게 느껴지는 시이
다.

「춘산에 불이 나니 못다 핀 꽃 다 붙는다.

저 뫼 저 불은 끌 물이나 있거니와

이 몸에 연기 없는 불은 끌 물 없어 하노라.」

김덕령이 옥사한 것은 이순신이 백의종군하기 2년 전인 1595년이다. 대역죄로 몰렸기에 그의 아우 김덕린(金德麟)의 집안도 벼슬길은 물론 사람들과의 교류도 끊겼다. 그렇게 되자 김덕린은 세상을 비관했고 세상과의 인연을 끊고자 두문불출했으며 과객들의 출입도 거절하며 지내고 있었다.

그날도 이순신 일행의 진입을 거절했는데, 과객 중 한 젊은이(이순신의 아들 열)가 하인들을 밀치고 들어와 자신은 이순신의 아들이라면서 비라도 피하게 해 달라며 사정을 했다. 이에 주인집은 깜짝 놀라 이순신 일행을 받아들였다. 이렇게 김덕린의 집으로 들어간 10~20명 정도의 이순신 일행은 스스로 밥을 해 먹는 등 민폐는 끼치지 않았다.

이때로부터 세월이 흘러 1668년(숙종 때)에 와서 김덕령 장군의 억울함이 벗겨졌고, 그 후 이민서(1633~1688)가 「김충장공유사(金忠壯公遺事)」를 집필하였는데, 그 속에는 다음과 같은 내용의 글이 있다.

"김덕령 장군이 죽고부터는 여러 장수들이 저마다 스스로 의심을 품고 또 스스로 제 몸을 보전하지 못하였으니, 저 곽재우는 마침내 군사를 해산하고 숨어서 화를 피했고, 이순신은 바야흐로 전쟁 중에 갑주를 벗고 스스로 탄환에 맞아죽었으며, 호남과 영남 등지에서는 부자와 형제들이 의병은 되지 말라고 서로들 경계하였다는 것이다."

−〈김충장공유사〉−

이순신이 '갑주를 벗고 스스로 탄환에 맞아죽었다'고 하였는데, 오늘날까지 지속되고 있는 '이순신 자살설'의 시작이 이곳이다. 과연 자살했을까? 이 문제는 제4권 '노량해전편'에서 심도 있게 살펴보기로 한다.

5월 27일. 흐렸다 개었다 하였다. 아침에 젖은 옷을 바람에 걸어 말리느라 늦게 출발하여 두치(豆峙: 광양군 다압면 섬진리)의 최춘룡(崔春龍)의 집에 도착했다. 유기룡(柳起龍)이 와서 만나보았다. 사량 만호 이종호(李宗浩)가 먼저 와 있었다. 변익성(邊翼星)은 곤장 20대를 맞고 몸을 움직이지 못한다고 하였다.

5월 28일. 흐렸으나 비는 오지 않았다. 늦게 출발하여 하동(河東)에 이르니 현감(申蓁·신진)이 서로 만나보게 된 것을 반가워하면서 성 안의 별사(別舍)로 맞아들여 간절한 정을 베풀어 주었다. 그리고 원(원균)이 미친 짓을 많이 한다고 말했다. 날이 저물도록 이야기하였다. 변익성도 왔다.

죄인이었음에도 성 안 별사에서 반갑게 대접을 받은 날이다.

5월 29일. 흐리다. 몸이 몹시 불편하였다. 그래서 그대로 머물면서 조리하였다. 현감(신진)이 정겨운 이야기를 많이 했다. 황생원(黃生員)이라고 하는 칠십 난 노인이 하동으로 왔는데, 본래는 서울 사람인데 시골로 떠돌아다닌다고 하였다. 나는 만나보지 않았다.

몸이 몹시 불편한데 26일 비를 흠뻑 맞았기 때문인지도 모르겠다.

6월 1일. 비. 비. 일찍 떠나 청수역(淸水驛: 하동군 옥종면 청수리)의 시냇가 정자에서 말을 쉬고, 저물어 진주 땅 접경에 있는 단성 땅 박호원(朴好元)의 머슴 농사꾼의 집에 들어가니 주인이 반갑게 맞아주기는 하였으나 숙소가 좋지 못하여 간신히 밤을 지냈다.

6월 2일. 비가 오다 개었다 하였다. 일찍 떠나 단계(丹溪: 산청군 신등면 단계리)에서 아침을 먹고 늦게 삼가현(三嘉縣)에 이르니, 삼가 현감 신효업(申孝業)은 이미 산성(山城)으로 가고 없어서 빈 관아에서 잤다. 고을 사람들이 밥을 지어 와서 먹으라고 하는 것을 종들에게 먹어서는 안 된다고 타일렀다.

6월 3일. 비. 비. 길을 떠날 수 없어서 머물러 유숙하였다. 도원수의 군관 유홍(柳泓)이 흥양에서 와서 길이 험하다고 일러주었다. 아침에 종들이 고을 사람들에게서 밥을 얻어먹었다는 말을 듣고 종들에게 매를 때리고 밥쌀을 도로 갚아 주었다.

종들이 민폐를 끼쳤기에 매를 때렸다.

6월 4일. 맑다. 일찍 떠나려는데 삼가 현감이 문안편지를 보내고 노자까지 보내왔다. 합천 땅에 이르러 말을 쉬고 5리쯤 되는 앞에 이르니 갈래길이 있는데 한 길은 바로 고을로 들어가고 한 길은 초계로 가는 길이어서 강을 건너지 않고 가다가 거의 10리나 가니 도원수 진(陣)이 바라보였다. (어릴 적 친구인) 문보(文珤)가 살고 있는 집에 들어가 잤다.
개연(介硯: 속칭 '갯벼루') 고갯길을 타고 오는데 기암절벽이 천

길이나 되며, 굽이도는 강물이 깊고, 길 또한 건너질러 놓은 다리가 위태로웠다. 만일 이 험한 곳을 눌러 지킨다면 적이 만 명이라도 지나가기 어려울 것이다. 여기가 모여곡(毛汝谷: 합천 군 율곡면 영전리 팔복원. 이순신이 이날부터 7월 18일까지 머문 곳)이다.

초계 땅 갯벼루까지 왔을 때 지형 공부가 습관이 된 듯 적어둔 글 귀이기도 하고, 도원수부의 군사 고문으로서 행한 지리 연구이기도 하다. 이런 곳을 택해서 산 위에는 육군을, 강에는 수군을 배치한다 면 적들이 그 사이의 길로는 감히 통과하기 어려울 것이다.

지금은 자동차 길이 되어 넓고 낮아졌지만 당시에는 절벽을 타고 도는 좁은 길이었을 것이다. 이 같은 천험의 요새가 도원수부 인근 에 있음을 메모해 두었다.

6월 5일. 맑다. 아침에 초계 군수(李惟儉·이유검)가 달려오기에 곧 불러들여 이야기하였다. 식후에 중군 이덕필(李德弼)도 달려 와서 옛날 이야기를 하였다. 조금 있으니 심준(沈俊)이 와서 만 나보았다. 저녁에 이승서(李承緖)가 와서 파수병과 복병들이 도 망간 일을 말했다. 이날 아침 구례 사람과 하동 현감(申蓁 신진) 이 보내준 종과 말들을 모두 돌려보냈다.

남행길의 종착지인 초계에 도착했기에 그간 수고해 준 종들을 주 인들에게 돌려보냈다. 돌려보낸 숫자는 10여 명의 종과 10여 필의 말 정도였을 것이다.

6월 6일. 맑다. 자는 방을 새로 도배하고 군관 휴식소 두 칸을 만들었다. 모여곡(毛汝谷)의 주인집 이웃에 사는 윤감과 문익신이 와서 보았다. 집주인이 과부여서 곧 다른 집으로 옮겼다.

군관들과 주인집 과부 간에 불미스러운 일이 있을까 염려해서 다른 집으로 옮겼는데, 이순신의 신독(愼獨) 사상을 엿볼 수 있다. 이순신의 여성 관계는 엄격했다. 더구나 이 무렵은 백의종군의 죄인이자 개인적으로는 상주의 몸이었다. 이 같은 상황에서 부하 군관들과 집주인 과부 간에 불미스러운 일이 없도록 주변을 깨끗하게 관리했다.

6월 7일. 맑다. 원수의 군관 박응사(朴應泗)와 유홍(柳泓) 등이 와서 만나보았다. 원수의 종사관 황여일(黃汝一)이 사람을 보내어 문안하므로, 고마워하더라고 말을 전하라고 하여 보냈다.

6월 8일. 맑다. 오후에 원수가 진에 도착하였기에 곧 가서 만나보고 원수와 2시간 넘게 이야기하였다. 원수가 박성(朴惺)이 올린 글의 초본을 꺼내 보여주었는데, 원수의 처사에 허술한 점이 많다고 박성은 진술하고 있었다.
원수는 스스로 불안하여 체찰사(이원익) 앞으로 글을 올렸다고 하였다. 저물어서 돌아왔는데, 몸이 불편하여 저녁 식사를 하지 않았다.

권율은 순천에서 이순신을 만나본(4. 27~5. 2) 후, 독려차 보성 등지로 나갔다가 이날 초계로 돌아왔다.

6월 9일. 궂은비가 내렸다. 늦게 정상명(鄭翔溟)을 원수의 처소로 보내어 문안인사를 드리게 하였다. 처음으로 노마료(奴馬料: 종과 말을 거두는 데 드는 비용)를 받았다.

권율이 초계에 도착하자 종과 말에 대한 급료도 나오기 시작했다. 당시 백의종군의 몸이던 이순신에게 지급된 급료는 얼마나 되었을까? 아래는 순천향대 이순신연구소가 주최한 학술대회(2004. 4. 28.)에서 소설가 송우혜 씨가 발표한 백의종군 관계 내용이다.

*백의종군(白衣從軍)의 의미

「조선왕조에서 죄를 범한 무장에게 가했던 처벌에는 여러 종류가 있는데 각각 차등이 있었다. 가장 중형이 장수에 대한 처형이었고, 그 아래로는 귀양을 보내는 유배가 있고, 그보다 약한 처벌은 파면이었다.

백의종군은 파면보다 더 약한 아주 가벼운 처벌로서 정확히 말하자면 '보직 해임'의 처벌이었다. 그래서 백의종군의 처분을 받으면 흰옷을 입고 자신이 근무하는 곳에서 계속 근무해야 했는데, 실제 사례를 고찰해 보면, 보직을 해임당한 상태로 흰옷을 입고 근무하는 경우도 있고, 경우에 따라서는 보직을 그대로 지니고 근무하면서 옷만 백의를 입게 하는 사례도 있는 등 일종의 '정서적 처벌'로 활용되었다.

입고 있는 옷으로 그 사람의 신분과 위계를 표시하는 신분 사회였던 조선시대에, 관리로서 관복이 아닌 '백의'를 입고 집무하게 한다는 것은 사실 충분한 징계 효과가 있는 처벌 방식이었다. 〈난중일기〉에 보면 이순신이 백의종군하는 동안 자신의 종을 거느리고 다니고, 그가 묵는 곳에 각급 관리들이 와서 현안을 보고하고, 다량의 녹봉을 받고 있음을 알 수 있으니, 백의종군의 실상을 알려주는 산 자료이다.」

6월 10일. 맑다. 원수의 종사관(황여일)이 삼척 사람 홍연해(洪

漣海)를 보내어 문안하면서, 자기는 늦게 와서 만나보겠다고
하였다. 연해는 홍견(洪堅)의 삼촌 조카이다. 어려서 죽마(竹馬)
를 타고 같이 놀던 서철(徐徹)이 합천 땅 동면 율진(栗津)에 사
는데, 내가 왔다는 말을 듣고 찾아와서 만나보았다. 아이 때
이름은 서갈박지(徐加乙朴只)였는데, 음식을 대접해 보냈다.
저녁에 원수의 종사관 황여일이 와서 만나보았다. 임진년 때
적을 무찌른 일에 대하여 한참 동안 신나게 이야기하다가, 산
성에 험고한 요새를 쌓지 않은 것에 대하여, 그리고 현재 토벌
과 방비의 대책이 허술한 것 등에 대하여 한탄하였다.

도원수부 종사관과의 대화는 군사 고문으로서 나눈 대화이다.
'산성에 험고한 요새'는 행주산성과 독성산성에서처럼 화약무기를
설치한 요새를 말한다.

정유재란 때, 조선군은 화왕산성과 황석산성 외에도 크고 작은 산성과 고갯길을 막아서 왜군들의 북상을 저지했다. 이 막아서기 작전 속에는 임진년 때 곽재우 군이 펼친 게릴라전술, 권율의 웅치·이치 고갯길 막아서기 노하우, 그리고 백의종군의 이순신이 초계에서 조언한 내용들이 담겨져 있었기에 왜군들은 더 이상 북상하지 못했다. 이러한 대치 상황에서 울돌목(명량) 해전과 명나라 군이 참전하자 왜군들은 남해안으로 퇴각해 내려갔다.

> 6월 11일. 맑다. 중복(中伏)이어서 쇠라도 녹일 것 같았고 땅은 찌는 듯하였다. 명나라에서 보낸 관리 경략(經略)의 군문(軍門) 이문경(李文卿)이 와서 만나본 후 부채를 선물로 주어 보냈다. 어제 저녁 원수의 종사관(황여일)과 이야기할 때 변흥백(卞興伯: 변존서)의 종이 집안 편지를 가지고 와서 전해주었다. 그 편에 어머님의 영연(靈筵)이 평안하신 줄은 알았으나 쓰린 마음을 어찌 다 말하랴.
> 그런데 흥백이 나를 만나기 위해 여기까지 왔다가 그냥 청도로 돌아갔다고 하니, 참으로 섭섭하였다. 흥백에게 보낼 편지를 써서 보냈다. 아들 열이 토사곽란(吐瀉霍亂)을 만나 고통스러워서 밤새도록 끙끙 앓았다. 닭이 울고 나서야 좀 덜해졌다. 이날 아침 한산진의 여러 사람들에게 편지를 14통이나 썼다.

변존서는 외사촌으로 변존서는 초계 변(卞) 씨이며, 경북 청도에 살다가 왜란이 일어나자 고모(이순신의 모친)가 사는 아산으로 피난을 왔고, 그 후 여수까지 피난 와서 의병장으로 종군했다. 이순신이 하옥되자 변존서는 아산으로 돌아가 아산과 초계, 그리고 청도를 오가면서 이순신을 뒷바라지하는 가운데 의병을 모집하고 다녔다.

6월 12일. 맑다. 종 한경(漢京)과 종 인(仁)을 한산진으로 보냈
다. 전라우수사(이억기), 충청수사(최호), 경상수사(배설), 가리
포(이응표), 녹도(송여종), 여도(김인영), 사도(황세득), 배 동지
(배흥립), 김 조방장(김완), 거제(안위), 영등(조계종), 남해(박대
남), 하동(신진), 순천(우치적) 등에게 편지를 썼다.

거처할 곳이 마련되었기에 두 사람의 종을 시켜서 그간 받은 문상
에 대한 답례 편지를 보냈다.

늦게 승장(僧將) 처영(處英)이 와서 만나보고 부채와 짚신을 바
치기에, 대신 물건으로 보상해 주어 보냈다.

승장 처영은 행주대첩에서 공을 세운 후 권율 휘하의 장수가 되었
다. 개인적인 전답이나 수입이 없었던 승려에게 시주는 못할망정 신
세를 끼쳐서는 안 된다는 생각으로 물건으로 답례했다.

낮에 중군장(李德弼·이덕필)이 군사를 거느리고 적에게로 갔다
는 말을 들었으나 무슨 일인지 몰랐다. 그런데 원수에게 가서
보니 우병사(金應瑞·김응서)의 보고에 '부산의 적들은 창원 등
지로 떠나려 하고 서생포의 적들은 경주로 진을 옮기고 있다'
고 하였으므로, 복병을 보내서 길을 막고 군대의 위세를 뽐내
려고 했던 모양이다. 병사의 우후 김자헌(金自獻)이 일이 있어
서 원수에게 와서 인사를 하였다. 나도 김자헌을 만나보고 늦
게 달빛을 이고 돌아왔다.

권율과 함께 아군의 대응전략을 논의했는데, 군사 고문으로서의

역할과 소임을 다하고 있는 모습이다.

> **6월 13일.** 맑다. 병사의 우후 김자헌이 찾아와서 두 시간이 넘
> 도록 이야기하였다. 한참 동안 이야기하다가 점심을 대접해 보
> 냈다. 이날 낮에 왕골을 쪄서 말렸다. 어두워져서 청주의 이희
> 남(李喜男: 4월 28일자에 기술된 '친한 군관들' 중의 한 명)의 종이 들
> 어와서, 그의 주인이 우병사(右兵使: 김응서)에게 와서 방어하게
> 되었으므로 지금 원수의 진 근처에 왔는데, 날이 저물어서 그
> 곳에서 묵고 있다고 하였다.

이복남 병마사의 우후가 도원수부를 다녀가면서 이순신과 대화를
나누었는데, 이 역시 군사 고문과 대화를 나누고 돌아간 격이다.

> **6월 14일.** 흐리되 비는 오지 않았다. 이른 아침에 이희남이 들
> 어와서 아산의 어머님의 영연(靈筵)과 위아래가 모두 다 무사
> 하다고 하였으나 쓰리고 그리운 마음을 어찌 다 말하랴. 아침
> 식후에 이희남은 편지를 가지고 우병사(김응서)에게로 갔다.

군관 이희남이 김응서에게 보낼 편지를 가지고 갔는데, 도착 인사
(백의종군 신고식)를 겸한 것으로 보인다.
한편 이순신 하옥사건의 발단은 '선조 – 김응서 – 요시라 – 고니시
간의 비밀교류'에서 비롯되었기에 김응서에게 편지를 보내는 이순
신의 마음은 착잡했을 것이다.

> **6월 15일.** 맑다. 이날은 보름인데 몸이 군중에 있으므로 어머
> 니의 신위(神位)에 절을 하고 곡을 할 수 없으니 아픈 마음을

어찌 다 말하랴! 초계 군수가 떡을 마련하여 보내왔다. 원수의 종사관 황여일이 군관을 보내어 전하기를 "원수가 산성으로 가려고 한다"고 하였다. 나도 뒤를 따라 큰 냇가에까지 이르렀다가, 혹시 다른 의견이 있을까 염려되어 냇가에 앉은 채 정상명(鄭翔溟)을 보내어 병이 나았다고 보고하게 하고 그대로 돌아왔다.

3년상 동안에는 초하루와 보름날 빈소에서 곡을 해야 했지만, 그렇게 할 수 없었기에 '아픈 마음을 어찌 다 말하랴!' 라고 했다.

6월 16일. 맑다. 하루 종일 혼자 앉아 있었다. 아무도 들여다보는 사람이 없었다. 아들 열과 이원룡(李元龍)을 불러들여 책을 매어서 변씨(卞氏) 족보를 쓰게 하였다. 저녁에 이희남이 편지를 보냈는데 "병사가 보내주지 않는다"고 하였다. 아들 열과 정상명이 큰 냇가에 가서 전마(戰馬)를 씻겨가지고 돌아왔다. 변광조(卞光祖)가 찾아와서 만나보았다.

김응서로부터 회신이 없었다. 전마(戰馬)가 있었는데 공을 세워 백의종군에서 벗어나기 위해서는 관리에도 신경을 써야 했다.

4. 원균과 비변사의 갈등

6월 17일. 흐리되 비는 오지 않았다. 아침 식후에 원수(권율)에게로 가니 원공(원균)의 정직하지 못한 것을 많이 말하고, 또 비변사에서 내려온 공문을 보여주는데 "원균의 장계에 의하면 수군과 육군이 함께 나가서 먼저 안골포의 적을 무찌른 연후에 수군이 부산 등지로 진군하겠다고 말했으니, 안골포의 적을 먼저 칠 수 없겠는가?" 라고 하였고, …

원균이 비변사에 건의한 내용은 이순신이 지난 5년간 피력해 온 지론이다. 그런데 원균은 지난 5년 동안 이순신의 이 같은 견해를 반박하면서 자신이 통제사가 되면 함대를 부산 쪽으로 끌고 가서 왜적을 섬멸하겠다고 주장해 왔다. 선조는 이 같은 주장에 현혹되어 원균을 통제사에 제수했던 것이다. 〈선조실록〉에 실려 있는 원균의 장계 내용을 보자.

「…신의 어리석은 생각으로는 수백 척의 수군으로 영등포 앞을 지나서 가덕도 뒤에 숨어 있게 하고 가볍고 빠른 배를 골라서 서너 척이나 네댓 척씩 절영도 밖으로 나가 무력시위를 하게 하는 한편 100여 척이나 200척이 큰 바다에서 무력시위를 하면, 가등(加藤淸正)은 본래 해전에는 익숙하지 못하므로 겁을 먹고 반드시 군대를 거두어 돌아갈 것입니다.

수군으로 하여금 적을 바다 밖에서 맞아 침으로써 적들이 육지에 오르지 못하게 한다면 걱정할 것이 없을 것입니다. 신이 함부로 하는 말이 아니라 지난날 수군을 맡아 바다를 지킨 일이 있어서 이 문제에 대해 잘 알고 있기 때문에 드리는 말씀입니다.」　　　　　　　　　－〈선조실록〉(1597. 1. 22.)－

그 후 통제사가 된 원균은 조정에서 부산 진격을 독촉하자 '부산 진격을 위해서는 안골포 등지의 왜군을 먼저 쳐야 하고, 그러기 위해서는 육군 쪽에서 왜군들을 바다로 몰아내 주어야 한다' 는 건의를 한 것이다.

그러나 상식적으로 철옹성에 진을 친 10만여 명의 왜군들을 공격 하려면 그보다 몇 배의 병력이 필요한데 조선에는 그만한 병력이 없 었다. 당시 조선 육군은 총 3만 명 규모였고 대부분이 산성과 산골 소로, 읍성 등지에 분산 주둔하고 있었다.

안골포와 인접한 곳에 있는 조선 육군은 김응서 경상우병마사의 병영이었다. 그러나 그곳에도 수천 명밖에 되지 않는 병력으로 낙동 강 하구에서부터 초계 지역까지를 수비하고 있는 형편이었다. 그 병 력으로 남해안에 있는 10만의 왜군을 공격할 수 없다고 판단한 김응 서는 그 대신 '선조 – 김응서 – 요시라 – 고니시 간의 비밀 대화창 구'를 활용, "원균 통제사가 함대를 이끌고 부산으로 나아가 고니 시와 손잡고 가토를 사로잡게 하자"는 내용으로 선조를 설득하고 있 었다.

선조는 여러 해 전부터 '선조 – 김응서 – 요시라 – 고니시 간의 비 밀 대화창구'를 유지해 오면서 '원균으로의 통제사 교체' 작업을 추진해 왔다. 선조가 추구하려고 했던 전략적 목표는 부산과 남해안 일대의 왜군들을 몰아내는 데 있었다.

선조는 자신의 목적을 달성하기 위하여 결국 원균을 통제사로 임 명했지만, 원균은 전날의 이순신처럼 "수군만으로는 부산포 공격이 어렵다"고 장계를 올렸고, 김응서는 "원균이 부산으로 나가면 고니 시의 협력을 얻어 부산의 왜군들을 몰아낼 수 있다"며 서로 엇갈린 주장들을 했다.

선조의 총애를 받아온 수륙의 장수들이 서로 엇갈린 주장을 하자 비변사와 도체찰사, 그리고 도원수부에서도 이 사안을 놓고 난감해 하고 있었다. 그러던 차에 원균의 장계를 받은 비변사는 권율에게 의견을 물어왔던 것이다.

또 원수의 (비변사의 공문에 답하는) 장계에는 "통제사 원균이 앞으로 나아가려 하지 않고 오직 안골포를 먼저 쳐야 한다고만 말하며, 수군 여러 장수들은 많이들 다른 생각을 갖고 있을뿐더러 원균은 안으로 들어가 나오지 않고 있으므로 절대로 여러 장수들과 합의하지 못할 것이므로 일을 그르칠 것이 뻔하다"는 것이었다.

권율은 비변사의 공문에 답하는 장계를 보여주면서 이순신에게 의견을 물었다.

나는 원수에게 건의하여 이희남과 변존서, 윤선각 등에게 모두 공문으로 독촉해서 오게 하자고 하였다. 올 때 황 종사관을 보고 1시간이나 의논하고 머무르고 있는 집으로 돌아와 희남의 종을 의령산성으로 보내고 청도에는 파발로 공문을 보냈다.

권율이 의견을 물었는데 이순신이 어떻게 답했는지에 대한 기록은 없다. 그러나 수발을 들고 있는 군관들까지 관아와 산성 등지로 보내면서 군병을 모으라고 건의했음을 보면 현실을 심각하게 보고 있었던 것 같다.

6월 18일. 흐리되 비는 오지 않았다. 황종사관(황여일)이 종을 보내어 문안하였다. 명나라 사람 섭성(葉盛)이 초계에서 와서 이야기하고, 또 말하기를 "명나라 사람 주언룡(朱彦龍)이 일찍이 일본에 사로잡혀 갔다가 이번에 나왔는데 적병 10만이 벌써 사자마(沙自麻: 쓰시마)나 대마도에 왔을 것이오. 행장(行長: 고니시)은 의령을 거쳐 곧장 전라도를 칠 것이오. 또 청정(淸正: 가토)은 경주·대구 등지로 진을 옮기고 그대로 안동으로 가려고 하오"라고 하였다. 저물어 원수가 사천에 갈 일이 있다고 알려왔기에 곧 정사복을 보내어 물었더니, 원수가 수군의 일 때문에 사천으로 간다고 하였다.

고니시 군은 전라도로, 가토 군은 대구→안동으로 북상한다는 정보다. 하지만 왜군들의 이 같은 진격은 원균의 조선 함대를 먼저 분쇄한 후에야 진행될 계획이었다.

아무튼 이 무렵, 왜군들은 이순신을 실각시켰던 것처럼 원균 함대 분쇄를 위한 2차 반간계를 진행하고 있던 때였고, 원균을 부산 쪽으로 유인해 내기 위한 온갖 시도들이 펼쳐지고 있었다.

6월 19일. 새벽닭이 세 번 울 때 문을 나서서 원수진에 이르니 원수와 황종사관이 나와 앉아 있었다. 원수가 내게 원균의 일을 말하기를 "통제사(원균)의 일은 그 흉측함을 다 말할 수가 없다. 안골포와 가덕의 적을 모조리 무찌른 뒤에 수군이 나아가 토벌해야 한다고 하니 그게 무슨 심보인가. 질질 끌면서 나가지 않으려는 생각에 불과하기 때문에 사천으로 가서 독촉하겠다"는 것이었다. 또 위에서 내려온 밀지(密旨)를 보니 '안골포의 적은 경솔히 들어가 칠 것이 못 된다'고 하였다.

권율의 부름을 받고 꼭두새벽에 권율을 만났다. 권율은 원균이 올린 장계를 놓고 사천으로 가서 따지겠다며 벼르고 있었다. 또 임금의 밀지도 보여 주었는데 안골포의 적을 치지 말고 곧바로 부산을 치라는 것인지, 아니면 추후 출병하는 명군과 합세해서 안골포를 친 후 부산을 치라는 것인지 그 내용이 확실치가 않았다.

후에 조정이 선전관을 보내어 원균의 부산 출동을 어명으로 독촉
하면서 명확해졌지만, 조정에서는 그 중요한 작전명령서 하나도 정
확하게 표현하지 못하는 수준이었다.

6월 20일. 비. 하루 종일 비가 왔다. 늦은 아침에 (어릴 적 친구
들인) 서철(徐徹), 윤감(尹鑑), 문익신(文益新), 문보, 변유(卞瑜)
등이 찾아와서 만나보았다. 오후에 노마료(奴馬料: 종과 말 등의
유지비)를 받아왔다. 병든 말이 차츰 좋아지고 있었다.

종과 말의 급료가 나왔다. 이순신에게도 역시 소정의 급료가 나왔
을 것이다.

6월 21일. 비가 오다 개었다 하였다. 영덕(盈德) 현령 배진경
(裵晉慶)이 원수를 만나러 왔다가 원수가 사천으로 가고 없자
나를 찾아와서 좌도(左道)의 사정을 많이 전해 주었다. 황 종사
관이 사람을 보내어 문안을 하였다. 저녁에 변존서, 윤선각이
와서 밤새 이야기하였다. 작은 워라말(月羅馬)이 먹지를 않는
다. 더위를 먹었나보다.

영덕 현령으로부터 전하는 말만 들은 것이 아니라 무엇인가를 조
언했다. 변존서, 윤선각은 인척이자 직속 군관들이다. 이들과 모병
관계를 논의했다.

6월 22일. 개었다 비가 오다 하였다. 아침에 초계 군수가 연포
국(軟泡: 무, 두부, 다시마, 고기 등을 넣고 끓인 맑은 국)을 끓여가지
고 와서 권하기는 했으나 오만한 기색이 많았다. 그의 하는 짓

이 말할 수 없이 무례하였다.

늦게 이희남(李喜男)이 들어와서 우병사(右兵使)의 편지를 전하였다. 낮에 정순신(鄭舜信), 정사겸(鄭思謙), 윤감, 문익신, 문보 등이 찾아왔고 이어서 이선손(李先孫)도 찾아 왔다.

이순신은 상주가 된 후 고기를 일절 금하고 있었다. 그런데 초계 군수가 연포국을 권하면서 예의를 어긴 말을 한 것 같다.

6월 23일. 아침에 불화살(火箭)을 다시 다듬었다. 늦게 우병사가 편지를 보내고 겸하여 크고 작은 환도(環刀)를 보내왔다. 그러나 가지고 온 사람이 물에 빠뜨려 장식과 칼집을 망가뜨렸으니 유감스럽다. 나굉(羅宏)의 아들 재흥(羅再興)이 자기 아버지의 편지를 가지고 찾아왔다. 또 어려운 살림에 노자(路資)까지 보내주어 미안, 미안하다. 이방(李芳)이 찾아왔다. 방(芳)은 아산 이몽서(李夢瑞)의 둘째 아들이다.

백의종군 중에도 화전(火箭)을 제작하고 있다.

6월 24일. 새벽안개가 사방에 자욱하였다. 오늘은 입추(立秋) 날이다. 아침에 수사 권언경(權彦卿)의 종 세공(世功)과 감손(甘孫)이 와서 무밭에 관한 일을 아뢰었다. 무밭을 갈고 씨 뿌리는 일을 감독할 관원으로 이원룡(李元龍), 이희남(李喜男), 정상명(鄭翔溟), 문임수(文林守) 등을 정해 보냈다. 생원 안극가(安克可)가 와서 보고 세상일을 이야기하였다. 합천 군수(吳溳 오운)가 조언형(曹彦亨)을 보내어 안부를 물었다. 날씨가 지독하게 더워서 찌는 듯하였다.

군관들을 무밭 둔전관으로 보냈다.

6월 25일. 맑다. 다시 명령하여 무씨를 뿌리게 하였다. 황 종 사관이 와서 군사(軍事)를 의논하였다. 저녁에 종 한경이 한산 에서 돌아왔는데 "보성 군수 안홍국(安弘國)이 왜적의 탄환에 맞아 죽었다"는 소식을 듣고 놀라고 슬픔을 이기지 못하였다. 적 한 놈도 잡지 못하고 먼저 두 장수를 잃어버리니 통탄함을 어찌 다 말하랴. 원수가 오늘 내일 진으로 돌아올 것이라고 하 였다.

일방적으로 당한 싸움이었던 것 같다. 이 무렵 왜군들은 패를 나 누어 사냥개가 곰을 번갈아가며 공격하듯 작은 단위로 번갈아 공격 하는 해전법을 구사하고 있었다. 조선 함대는 왜선보다 속력이 느렸 기에 곰이 될 수밖에 없었다.

그날로부터 20일 후, 원균 함대가 부산포 앞바다로 나갔다가 되 돌아올 때, 왜군 함대는 하루 종일 '사냥개들의 곰몰이 작전'을 구 사했고 이에 지친 원균 함대가 칠천량에 정박해 있던 새벽에 대대적 인 야간기습을 해왔다.

'원수가 오늘 내일 진으로 돌아올 것'이라고 하였는데, 권율은 6 월 19일 사천포로 갔다가 이날 초계진으로 돌아왔다.

6월 26일. 맑다. 중군장(中軍將) 이덕필(李德弼)과 변홍달(卞弘 達), 심준(沈俊) 등이 찾아왔다. 아산의 종 평세(平世)가 들어와 서 어머님의 영연(靈筵)이 평안하시고, 여러 집안 상하가 모두 무고하다고 하였다. 다만 석 달이나 날이 가물어 농사가 결딴 나서 가망이 없다고 하였다. 그리고 장삿날은 7월 27일로 하

려다가 미루어 8월 4일로 택했다고 하였다. 지극한 그리움과
슬픔을 어찌 다 말하랴.

어머니의 장례일이 8월 4일로 연기되었다. 장례일 하루 전날(8.
3.) 이순신은 통제사에 복직된다.

> 경상우병사(김응서)가 체찰사에게 '아산의 이방(李芳), 청주의
> 이희남(李喜男)이 복병하기 싫어서 원수(권율)의 진영 곁으로
> 피해 있다'고 보고한 일 때문에, 체찰사가 원수에게 공문을 보
> 내왔다. 원수는 크게 노하여 공문을 만들어 보냈다. 병사 김응
> 서의 속뜻을 알지 못하겠다. 이날 작은 워라말(月羅馬)이 죽어
> 서 내다 버렸다.

이희남과 이방은 도원수, 전라감사, 전라병사 등의 합의하에 이순
신의 군관으로 배속된 이순신의 '친한 군관'들이다. 그런데 김응서
는 이들 군관들이 '복병(伏兵: 요새지 근무)하기 싫어서 원수의 진영
으로 피해 있다'며 이원익 체찰사에게 고발했다.

이순신은 '아산의 이방', '청주의 이희남'이라고 적어 놓았다.
두 군관이 충청도 출신이므로 경상우병사 김응서의 관할이 아니라
는 점을 기록해 둔 것이다. 때문에 '김응서의 속뜻을 알 수 없다'고
했다.

이순신의 시각에서는 김응서가 왜 자기 관내의 일도 아닌데 나섰
는지, 또 문제를 제기하려면 경상감사나 권율에게 할 일이지 왜 우
의정을 겸한 이원익 체찰사에게 곧바로 고발해서 권율을 노하게 했
는지 그 속을 알 수 없었던 것이다.

'선조-김응서-요시라-고니시의 비밀 대화통로'가 통제사 교체

의 창구로 활용되었음을 잘 알고 있었던 이순신으로서는 김응서의
이 같은 움직임은 예사롭지 않게 비춰졌다.

> 6월 27일. 맑다. 노응린(盧應麟), 박진삼(朴晉參)이 찾아와서 만
> 나보았다. 이희남, 이방이 체찰사의 행차가 이르는 곳으로 갔
> 다.

김응서의 고발에 따라 이희남과 이방은 자신들의 직분을 해명하
기 위해 체찰사에게로 갔다.

> 6월 28일. 맑다. 황해도 백천(白川)에 사는 별장(別將) 조신옥
> (趙信玉)과 홍대방(洪大邦)이 찾아와서 만나보았다. 초계의 아전
> 이 올린 보고서에서 '원수(권율)가 내일 남원으로 가신다'고
> 하였다. 이날 새벽 꿈자리가 매우 어지러웠다. 종 한경(漢京)이
> 물건을 사러 나갔다가 돌아오지 않았다.

권율이 순찰과 독려를 위해 남원 지역으로 떠났다.

> 6월 29일. 맑다. 이희남, 이방이 돌아왔다. 중군장(이덕필)이
> 심준(沈俊)과 함께 와서 전하기를 "심유격(심유경)이 붙잡혀 갔
> 는데, 양 총병(楊元)이 삼가(三嘉)로 와서 그를 결박해서 보내더
> 라"고 하였다.

이희남과 이방은 자신들의 역할을 해명하고 무사히 돌아왔다. 이
원익은 이순신의 능력을 잘 알고 있었기에 전날 선조가 원균을 통제
사로 삼으려고 했을 때 늘 반대편에 섰던 인물이다. 그런데 원균을

통제사로 결정하는 어전회의 때에는 지방출장 중이었기에 통제사
교체를 반대하는 상소문을 올리기도 했다. 이런저런 정황을 살펴보
면 이희남 등이 무사히 돌아온 이유는 쉽게 짐작할 만하다.

명나라 심유경이 강화회담의 실패로 탄핵을 받아 붙잡혀 갔다. 심
유경이 붙잡혀 간 사건은, 이제 조·명·왜 간에는 전쟁 이외에 다른
수단은 남아 있지 않음을 의미한다.

6월 30일. 맑다. 새벽에 정상명(鄭翔溟)을 보내어 체찰사에게
안부를 묻게 하였다. 이날 몹시 더워서 찌는 듯하였다. 흥양의
신여량(申汝樑), 신제운(申霽雲) 등이 찾아와서 만나보았다. 연
해안 지방에는 비가 알맞게 왔다고 한다.

이원익이 초계에 왔다. 권율은 이틀 전에 남원으로 떠났기 때문에
이원익과 권율은 만나지 못했다. 대신 이원익은 이순신을 만났다.

제22부 칠천량에서 불타는 조선 함대

칠천량 패전에서부터 이순신이 통제사에 재임명되기까지의 과정들을 살펴본다.

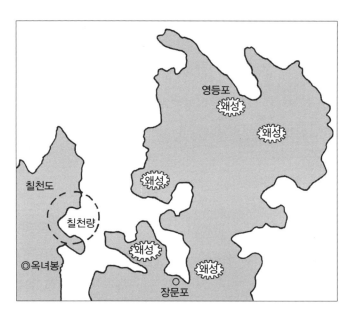

〈칠천량해전 무렵 거제도 북단에 축성된 왜성들〉

1. 이순신이 들은 칠천량 패전의 전모

(1597년) 7월 1일. 새벽에 비가 오고 늦게 개었다. 명나라 사람 셋이 와서 부산으로 가는 길이라고 했다. 송대립(宋大立)과 송득운(宋得運)이 함께 왔다. 송득운이 원수의 진영을 왕래했는데, 오는 길에 보니 황 종사관(황여일)이 큰 냇가에서 피리(笛)를 들으며 놀고 있더라고 하였다. 이날은 바로 인종(仁宗)대왕의 제삿날인데 참으로 놀랄 일이다.

-〈난중일기〉(1597. 7. 1.)-

권율은 남원 지역 순시를 위해 자리를 비웠고, 심유경 사건도 일단락되었기에 황 종사관은 모처럼만에 하루를 쉰 것 같다. 그런데 이순신은 인종대왕의 제삿날 황 종사관이 피리소리를 들으며 놀았다는 사실에 놀라고 있다. 당시 임금의 제삿날에는 관청에서도 긴급 업무가 아닌 한 휴무를 했을 만큼 삼가는 날이었다.

7월 2일. 맑다. 늦게 신제운(申霽雲)과 평해(平海) 사는 정인서(鄭仁恕)가 종사관의 심부름으로 이곳에 문안하러 왔다. 오늘은 바로 돌아가신 아버님의 생신날인데, 천리 밖에 와서 군문(軍門)에 소속되어 있으니 이런 일이 어디 있을 것인가.

7월 3일. 맑다. 새벽에 앉아 있으니 싸늘한 기운이 뼛속까지 사무쳐 비통한 마음이 더욱 극심해졌다. 제사에 쓸 조과(造果:

만든 과자. 유밀과, 과자 따위를 말함)와 밀가루를 장만했다. 늦
게 정읍(井邑)의 군사 이량(李良), 최언환(崔彦環), 건손(巾孫) 등
세 사람을 사환(심부름꾼)으로 쓰라고 보내왔다.

늦게 장준완(蔣俊琓)이 남해로부터 와서 남해 현령(박대남)의
병이 위중하다고 전했다. 답답하기 짝이 없다. 합천 군수 오운
(吳澐)이 와서 보고 산성(山城)의 일에 대해 많이 이야기하였다.
오후에 원수의 진영으로 가서 황 종사관(황여일)과 이야기하였
다. 종사관은 전적(典籍) 박안의(朴安義)와 활을 쏘았다. 그때
좌병사(左兵使)의 군관이 항복한 왜인 두 명을 압송해 왔는데,
청정(淸正)의 부하라고 하였다. 날이 저물어 돌아왔다. 고령 현
감이 성주(星州)에 갇혔다는 말을 들었다.

합천 군수에게 이것저것 조언을 했다. 가토 기요마사(加藤淸正) 진
영으로부터 투항해 온 왜군들을 문초하는 자리에도 참석해서 문초
를 주도했다.

7월 4일. 맑다. 황 종사관이 정인서를 보내어 문안하였다. 이
방과 유황(柳滉)이 왔다. 자모군(自募軍: 지원병)들이 흥양·노량
등지에 도착했다.

백의종군의 몸으로 지원병 모집 현황에까지 관심을 가지고 기록
해 놓았다. 아무튼 이러한 현황 파악은 뒷날 큰 도움이 된다.

7월 5일. 비가 왔다. 이른 아침에 초계 군수가 체찰사의 종사
관 남이공(南以恭)이 경내(境內)를 지나간다고 하면서 산성(山
城)으로부터 와서 문 앞을 지나갔다. 늦게 변존서가 마흘방(馬

訖坊)으로 갔다.

7월 6일. 맑다. 변존서가 마흘방에서 돌아왔다. 안각(安珏) 형제도 변흥백(변존서)을 따라서 왔다.

7월 7일. 맑다. 오늘 칠석(七夕)을 맞으니 슬프고 그리움을 어찌 다 말하랴. 꿈에 원공(원균)과 만났다. 내가 원공의 윗자리에 앉아 밥상을 받는데, 원공이 기쁜 기색을 띠는 것 같았다. 무슨 징조인지 모르겠다.

박영남(朴永男)이 한산도로부터 왔는데, 그 주장(主將: 원균)이 실책과 과오로 죄를 받기 위해 원수(權慄)에게 붙들려갔다고 하였다. 초계 군수가 햇것들을 갖추어 보내왔다. 아침에 안각(安珏) 형제가 찾아왔다. 저물어서 흥양의 박응사(朴應泗)가 찾아오고, 심준(沈俊) 등도 왔다. 의령현감 김전(金銓)이 고령(高靈)으로부터 와서 병사(金應瑞)의 처사에 전도된 것들이 많다고 하였다.

원균은 이날 그동안 권율의 명령을 무시하고 잘 따르지 않다가 결국 붙들려가서 곤장을 맞았다.

김응서가 선조의 총애를 믿어서인지, 또는 요시라와 고니시가 진심으로 조선을 도와주고 있다고 믿어서 그랬는지는 몰라도 주변 사람들의 눈에는 거슬리는 점이 많았다.

7월 8일. 맑다. 아침에 이방(李芳)이 찾아왔기에 밥을 먹여 보냈다. 그에게서 원수(권율)가 구례로부터 이미 곤양에 이르렀다는 말을 들었다. 늦게 집주인 이어해(李於海)와 최태보(崔台

輔)가 찾아왔다. 저녁에는 송대립(宋大立), 유홍(柳泓), 박영남(朴永男)이 왔다. 송대립과 유홍 두 사람은 밤이 깊어지자 돌아갔다.

7월 9일. 맑다. 내일 열(荄)을 아산으로 보내려고 제사(장례일을 8월 4일)에 쓸 과실을 봉하였다. 어버이 그리워서 슬피 울면서 밤이 깊도록 잠들지 못하였다.

7월 10일. 맑다. 열(荄)과 변존서를 보내려고 앉아서 날이 새기를 기다렸다. 일찍 아침 식사를 하고 나서 스스로 감정을 억누르지 못하여 통곡하며 보냈다. 내가 무슨 죄를 지었기에 이런 처지에 이르렀는가. 구례에서 온 말을 타고 가니 더욱 염려가 되었다.
열 등이 막 떠나자 황 종사관(黃汝一)이 와서 두 시간 넘게 이야기하였다. 저녁에, 텅 빈 방에 혼자 앉아 있으니 온갖 생각에 마음이 몹시 편치 않아 밤 깊도록 잠을 이루지 못했다.

7월 11일. 맑다. 열이 가는 것을 생각하고 있으니 마음이 견딜 수 없이 아팠다. 더위가 너무 기승을 부리니 걱정을 금할 수 없었다. 늦게 변홍달(卞弘達), 신제운(申霽雲), 임중형(林仲亨) 등이 찾아왔다. 혼자 빈 방에 앉아 있으니 그리운 마음을 어찌하랴, 비통해 마지않았다. 종 태문(太文)과 종이(終伊)가 순천으로 갔다.

7월 12일. 맑다. 합천 군수(吳澐)가 햅쌀과 수박을 보내왔다. 점심밥을 지을 때 방응원(方應元), 현응진(玄應辰), 홍우공(洪禹

功), 임영립(林英立) 등이 박명현(朴名賢)으로부터 와서 함께 식사를 했다. 종 평세(平世)가 열을 따라 갔다가 돌아와서 잘 갔다고 전해주었다. 다행이다. 그러나 슬프고 한탄스러움을 어찌 말하랴. 이희남(李喜男)이 사철 쑥 백 묶음을 베어 왔다.

7월 13일. 맑다. 남해 현령(박대남)이 편지와 음식물을 많이 보내주었다. 또 전마(戰馬)를 가져가라고 하였다. 늦게 이태수(李台壽), 조신옥(趙信玉), 홍대방(洪大邦)이 와서 적을 토벌할 일을 이야기하였다.

7월 14일. 맑다. 새벽에 꿈을 꾸었는데 나와 체찰사가 함께 어떤 곳에 이르니 시체가 많이 널려 있어서 혹은 밟기도 하고 혹은 목을 베기도 하는 꿈이었다. 이른 아침에 전마를 끌고 올 일로 정상명을 남해로 보냈다. 방응원, 윤선각, 현응진(玄應辰), 홍우공(洪禹功) 등과 함께 이야기하였다. 홍우공은 자기 아버지가 병이 나서 종군하고 싶지 않다고 하더니, 나에게는 팔이 아프다고 핑계를 대었다. 놀랄 일이다.
황 종사관이 정인서를 보내어 문안하고 또 김해 사람으로 왜적에게 부역했던 김억의 편지를 보여주었는데 '7일 왜선 5백여 척이 부산으로 나오고 9일에는 왜선 1천여 척이 합세하여 우리 수군과 절영도 앞바다(태종대 앞)에서 싸웠는데, 우리 전선 5척이 표류하여 두모포(豆毛浦)에 이르고, 또 7척은 간 곳을 모른다'고 하였다. 그 말을 듣고 분함을 이기지 못하여 곧 황 종사관에게 달려가서 의논했다.

7월 15일. 비가 오다 개었다 하였다. 중군장 이덕필이 왔다.

그 편에 우리 수군 20여 척이 적에게 패했다는 소식을 들으니 참으로 통분하였다.

도원수부의 중군장이 패전소식을 전하면서 대응책을 듣고 갔다. '곰 함대'는 계속 당하고만 있다. 이순신이 통제사로 있었다면 지금이라도 한산도로 물러나 견내량을 막아섰을 것이다. 그랬다면 왜군들은 가덕도 해안에 머물러 있다가 이듬해 히데요시가 병사하고 나면 모두 철수했을 것이다. 그 무렵에는 히데요시의 중병설이 파다했고 심지어 히데요시의 사망설도 몇 차례나 있었다.

7월 16일. 비가 오다 개었다 하면서 끝까지 흐린 채 맑게 개지는 않았다. 아침 식사 후에 손응남(孫應男)을 중군장(李德彌)의 처소로 보내서 수군의 사정을 알아보게 하였다. 그가 돌아와서 중군장의 말을 전하기를, 좌병사(左兵使)의 긴급 보고를 보니 불리한 일이 많다고 하였다. 그러나 자세하게 말하지 않으니 답답한 노릇이다.

낮에 이희남을 시켜서 칼을 갈게 했더니 아주 예리하게 갈았다. 적의 괴수를 잘라도 될 것 같았다. 저녁에 영암 송진면(松進面)에 사는 사삿집 종 세남(世男)이 서생포(西生浦: 울산군 서생면 서생리)로부터 맨몸으로 왔기에 그 까닭을 물어보았더니,

"7월 5일에 우후(虞侯)가 타는 배의 격군이 되어 칠천량(漆川梁: 거제군 장목면)에 도착해서 자고, 6일에 옥포로 들어갔다가, 7일 새벽에 말곶(末串)을 거쳐 다대포(多大浦)에 도착하니 왜선 8척이 정박하고 있었습니다. 그래서 여러 배들이 곧바로 돌진하였더니 왜적들은 모조리 육지로 올라가고 빈 배만 남겨두었습니다. 우리 수군들은 그것을 끌어내다 불태우고 그 길로 부

산 절영도 바깥 바다로 향해 갔습니다. 그때 마침 대마도로부터 건너오는 적선 1천여 척과 마주쳐서 서로 맞붙어 싸우려고 했으나 왜선들은 흩어져서 회피하므로 결국 잡아 섬멸시킬 수가 없었습니다. 그런데 제가 탄 배와 다른 배 6척은 배를 제어하지 못하여 표류하다가 서생포 앞바다에까지 이르렀습니다. 그곳에서 육지로 올라가다가 적들에 의해 거의 다 살육을 당하고, 저만 혼자서 수풀 속으로 들어가 기어서 겨우 목숨을 살려 간신히 여기까지 왔습니다" 라고 하였다.

들고 보니 참으로 놀랄 일이었다. 우리나라에서 믿는 것은 오직 수군뿐인데, 수군이 이러하다면 다시 더 무엇을 바랄 것인가. 생각할수록 분하여 가슴이 온통 찢어질 것만 같았다. 또 선장 이엽(李燁)이 왜적에게 붙들려 갔다고 하니 더욱 통분하였다.

세남(世男)이 이순신에게 전한 말을 정리해 보면, 세남이 속해 있던 함대는 7월 5일 한산도를 출발해서 → 칠천량 정박 → 7월 6일 옥포 → 7월 7일 다대포 → 절영도 앞바다에서 왜선 1천여 척과 조우 → 세남의 배 서생포 표류 → 세남의 초계 도착이라는 과정으로 되어 있다. 이순신은 세남의 얘기를 듣고 '무슨 항해와 해전을 이따위로 하고 다니는가?' 하고 놀라면서 분하게 여겼다. 그럼 여기서 문제점을 살펴보자.

첫째, 7월 6일 옥포 → 다대포 → 절영도까지 하루 만에 항해한 것은 파김치가 될 정도의 무리한 항해였다. 왜군의 심장부인 부산과 대마도 앞바다까지 이 같은 조건으로 다가갔다는 것은 항해술과 해전술 모두에서 상식을 벗어난 것이다.

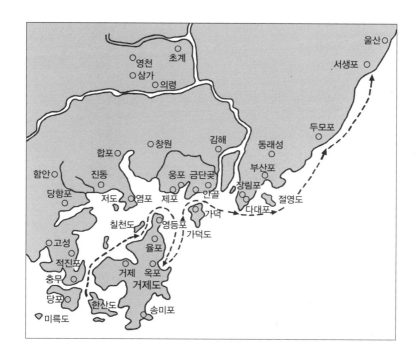

〈세남(世男)이 속해 있던 조선 함대의 이동 경로〉

둘째, 부산포에 갔다면 먼저 부산포에 정박해 있는 왜선단을 공격했어야 했다. 그런데 왜 절영도 앞바다로 갔을까? 조선 함대가 절영도 앞까지 이르렀을 때 왜군들이 퇴로를 막은 후 김해·안골포·웅천 등지의 왜선단도 퇴로 차단에 나선다면(그렇게 된 것이 칠천량해전이다) 조선 함대는 갈 곳이 없게 된다.

셋째, 조선 함대가 자랑하는 해전법은 '거북선+학익진의 판옥선단'에 의한 협격전이다. 그런데 조선 함대의 해전 원리는 활용해 보지도 못하고 오히려 '사냥개들의 곰 사냥' 해전 원리에 농락당하고 말았다. 이순신은 이러한 점을 분석해 보고는 '다시 더 바라볼 것이 없다'고 통분해 했다.

7월 17일. 비. 이희남을 황 종사관에게 보내서 세남의 말을 전하게 하였다.

세남의 이야기를 전략 전술적으로 분석, 해설하여 도원수부에 보낸 것이다.

7월 18일. 맑다. 새벽에 이덕필과 변홍달이 와서 전하기를 "16일 새벽에 해군이 대패했는데 통제사 원균과 전라우수사 이억기, 충청수사 최호 및 여러 장수 등 많은 사람들이 해를 입었다"고 하므로 통곡하였다.

얼마 있다가 원수가 와서 "일이 이렇게까지 되었으니 이제 어찌할 수가 없다"고 하였다. 오전 10시가 되도록 대책을 세우지 못했다. 나는 "내가 연해안 지대로 가서 직접 보고 듣고 한 연후에 대책을 세우겠다"고 했더니 원수가 기뻐하였다.

나는 송대립, 유황, 윤선각, 방응원, 현응진, 임영립, 이원룡, 이희남, 홍우공 등 군관들과 함께 길을 떠나 삼가현에 이르니 삼가 현감이 새로 부임하여 나를 기다렸다. 한치겸(韓致謙)도 왔다.

청천벽력 같은 소식에 통곡을 했다.

권율은 멀리 나가 있다가 급보를 받고 달려왔지만 두 사람은 한동안 아무 말도 하지 못했다. 한참 후, 이순신은 백의종군의 군사 고문으로서 대책을 세우겠노라고 했다. 울돌목 대반격의 구상에 들어간 것이다.

7월 19일. 비. 비. 단성(丹城: 산청군 단성면) 동산산성에 올라 형세를 살펴보니 매우 험고하여 적이 엿볼 수 없을 것 같다. 그대로 단성에서 잤다.

단성과 초계 지역을 중심으로 경상도 – 전라도의 내륙에는 크고 작은 성이 50여 개에 달했다. 정유재란 때 5만의 왜군이 초계→거창→황석산성→진안→전주로 침공해 오자 이 성들은 스스로 와해되어 무너지기도 했다.

그러나 왜군의 대부대가 통과한 후에는 왜군의 보급로를 차단했는데 이 같은 전략 전술도 이순신의 초계 체류와 관련이 있어 보인다.

7월 20일. 하루 종일 비, 비가 왔다. 단성 현감이 와서 만나보았다. 정오에 진주 정개산성(鼎盖山城) 아래 강정(江亭)에 이르니 진주 목사(羅廷彦)가 와서 만나보았다. 굴동(屈洞: 진양군 수곡면 창촌리) 이희만(李希萬)의 집에서 잤다.

진주목사가 마중을 나올 정도로 이순신은 난국 수습의 구심점이 되어가고 있었다.

7월 21일. 맑다. 일찍 진주를 떠나 곤양군(昆陽郡)에 이르니 군수 이천추(李天樞)도 고을에 있고 백성들도 본업에 힘써서 올벼를 거두기도 하고 혹은 보리밭 준비도 하고 있었다.

아직 칠천량 패전보를 듣지 못한 곤양 군수와 백성들의 모습이다.

곤양을 떠나 오후에 노량에 이르니 거제 현감 안위(安衛)와 영등포 만호 조계종 등 10여 명이 와서 통곡하고 피해서 나온 군

사와 백성들도 울부짖지 않는 이가 없었다. 그런데 경상수사
(배설)는 도망가고 보이지 않았다. 우후 이의득(李義得)이 왔기
에 패할 당시의 정황을 물어보았다.

모든 사람들이 울며 말하기를 "대장(원균)이 적을 보고 먼저
달아났기 때문"이라고 하였다. 거제 소속 배 위에서 자고 현감
과 함께 이야기한다는 것이 새벽 2시나 되었는데, 조금도 눈을
붙이지 못하여 안질(眼疾)을 얻었다.

이순신은 칠천량에서 도망해 오는 조선 수군 패잔병들을 찾고 있
었고, 때마침 노량에서 패잔병들을 만나 패전의 진상을 들었다. 안
질을 얻을 만큼 밤 새워 고심에 고심을 거듭했다.

7월 22일. 맑다. 아침에 배설(경상우수사)이 찾아와서 만나보니
원공(원균)이 패하여 도망친 일을 많이 이야기하였다. 늦게 남
해현령 박대남(朴大男)이 있는 곳에 갔더니 그의 병세는 이미
거의 회복불능의 상태였다. 전마(戰馬)를 끌고 갈 일을 다시 이
야기했더니, 남해 현령은 종 평세(平世)와 군사 1명을 보내라고
하였다. 오후에 곤양에 이르러 몸이 불편하므로 그대로 잤다.

노량에서 배설도 만났고, 길을 떠나 남해 현감을 방문한 후 곤양
으로 돌아왔다. 연일 계속된 강행군으로 몸살이 났다.

7월 23일. 비가 오다 개다 하였다. 공문을 작성하여 송대립에
게 주어 먼저 원수부로 보내고 뒤따라 떠나서 십오리원(十五里
院: 곤명면 봉계리)에 이르러 말에서 내려 잠깐 쉬고 진주 굴동(屈
洞)의 전일 숙박하던 곳에 이르러 잤다. 배흥립도 와서 잤다.

이순신은 도원수부를 떠나오면서 권율에게 "내가 연해안으로 가서 직접 보고 듣고 한 후에 대책을 세우겠다"고 약속했고, 7월 21일 노량에서 배설이 12척의 병선을 이끌고 도망해 온 사실 등을 적어 원수부에 보냈다.

그동안 권율은 이순신이 공을 세워 복권될 수 있도록 물심양면으로 배려해 왔다. 그러던 중 칠천량 패전 소식을 들었고, 곧장 이순신에게 달려가서 한참 동안이나 말없이 앉아 이순신의 계책을 기다렸는데, 이는 이순신이 아니면 국난을 수습할 수가 없었고, 또 국난을 수습해야 이순신도 복권될 수 있었기 때문이다.

결국 이순신으로부터 대책을 강구하겠노라는 승낙을 받은 권율은 즉시 원수부로 돌아가서 사위이자 병조판서였던 이항복에게 이순신을 통제사에 재임명할 것을 건의했으며, 이항복은 그렇게 건의했다. 이순신도 그렇게 될 것을 예상하고 수군 재건에 나섰고 그 현황을 군관 송대립(송희립의 형)에게 전해 보내는 등 권율과 손발을 맞췄다.

> 7월 24일. 비. 비. 한치겸, 이안인(李安仁)이 부체찰사에게로 돌아갔다. 식후에 이홍훈(李弘勛)의 집으로 옮겼다. 방응원이 정개산성에서 와서 "종사관(황여일)이 산성에 와서 연해안의 사정을 보고 들은 대로 전하더라"고 전했다. 조방장 배경남이 만나보러 왔기에 술을 주어 위로했다.

권율의 종사관 황여일이 하동 정개산성에 와서 방비 태세를 독려하고 있다. 그러나 왜군은 10만 대군이었으므로 상황은 절망적이었다.

> 7월 25일. 맑다. 황 종사관이 편지를 보내어 문안하였다. 배수

립(裵樹立)과 이곳 집주인 이홍훈이 와서 보았다. 남해 현감 박대남(朴大男)이 사람을 보내어 내일 들어오겠다고 하였다. 저녁에 배홍립의 병을 보니 고통이 극도로 심하였다. 걱정, 걱정이다.

7월 26일. 비가 오다 개었다 하였다. 일찍 식사를 하고 정개산성(鼎城) 아래의 송정(松亭)으로 가서 황 종사관(황여일), 진주목사와 함께 이야기하고 늦게 숙소로 돌아왔다.

7월 27일. 비. 하루 종일 비가 왔다. 이른 아침에 정개산성(鼎城) 건너편에 있는 손경례(孫景禮)의 집으로 옮겨서 머물렀다. 늦게 동지(同知) 이천(李薦)과 판관 정제(鄭霽)가 체찰사로부터 와서 명령을 전했다. 함께 저녁 식사를 하였다. 이(李) 동지는 배 조방장(배경남)의 처소에서 잤다.

7월 28일. 비. 비. 이희량(李希良)이 와서 만나보았다. 초저녁에 동지(同知) 이천(李薦), 진주 목사(나정언)가 소촌(召村) 찰방(察訪) 이시경(李蓍慶)과 함께 와서 대응책을 논의하였다.

7월 29일. 비가 오다 개었다 하였다. 냇가로 나가서 군사를 점고하고 말을 달렸는데 원수가 보낸 사람들은 다 말도 없고 활도 없어 아무 소용이 없으니 답답하였다. 박대남이 와서 보았다.

권율이 군사를 모아 보냈는데 병력의 규모와 무장 내용이 너무나 형편없었다.

2. 칠천량 패전에 대한 선조의 어전회의

「 "7월 15일 저녁 10시에 왜선 5~6척이 갑자기 소동을 일으키며 불을 질러 우리나라 전함 4척이 전부 타버렸고, 우리 여러 장수들은 황급하여 어쩔 줄을 몰라 하며 진을 벌리지 못했습니다. 그러던 중 닭이 울 무렵, 왜선이 헤아릴 수 없이 많이 나타나서 서너 겹으로 에워싸고 형도(荊島) 근처에 가득 널린 채 싸우거니 물러나거니 하였는데, 도저히 적들을 당해낼 도리가 없었습니다.

이에 우리 군사들이 고성 땅 추원포(秋原浦)로 물러나 진을 쳤으나 적세가 하늘을 찔러 우리 배들이 전부 불타고 깨어지고, 장수와 병졸들도 모두 불에 타서 죽고 빠져 죽을 때에, 신은 통제사 원균, 순천부사 우치적과 함께 빠져나와 육지로 올라왔습니다. 그런데 원균은 늙어서 달아나지 못하고 혼자 칼을 집고 외로이 소나무 아래 앉아 있었습니다. 신이 달아나다가 돌아보았더니 왜놈 6~7명이 이미 칼을 휘두르면서 원균이 있는 곳에 이르렀는데, 원균이 죽었는지 살았는지는 자세히 알지 못합니다.

경상우수사 배설과 옥포·안골포 만호 등이 겨우 몸을 보전하였고, 모든 배들의 불타는 연기가 하늘을 찌르는데 왜적들이 무수히 한산도로 향하는 것이었습니다." 」

－〈선조실록〉(1597. 7. 22.)－

선전관 김식(金軾)이 조정에 보고한 칠천량해전 상황을 기록한 장계 내용이다.

김식은 원균의 기함에 타고 부산포 공격을 계속 독촉했던 것 같다. 밤 10시에 왜선들이 와서 불을 질렀다면 조선 함대의 정박지는 이미 들통 나 있었던 것 같다. 이에 왜군 특공선단이 몇 척의 병선에 불을 질렀고 이를 신호탄으로 이튿날 새벽 영등포·장문포·가덕도·웅천포·안골포·김해 등지에서 작전 대기중이던 왜선단이 바다를 뒤덮듯이 몰려들었다.

조선 함대는 왜군들의 방화가 있은 직후 즉시 함대를 한산도로 물려서 왜군들의 공격에 대비했어야 했다. 그러나 선전관이 기함에 타고 앉아 어명을 들먹이며 한산도로의 퇴각을 막았는지, 아니면 원균이 그날 저녁에도 술을 마시고 취해 있다가 그렇게 되었는지는 모르지만, 아무튼 칠천량에 눌러 있다가 당한 참변이다.

7월 22일자 〈선조실록〉을 통해 선조의 조정이 어떠한 사후 대책을 논의했는지 살펴보자.

벙어리가 된 어전회의

김식의 장계를 받아본 선조는 할 말을 잊은 채 별전에서 대신들과 비변사, 당상관들을 불러 모아 시국 수습에 대한 긴급 어전회의를 열었다.

「선조: (김식의 장계를 대신들에게 보여주며) 수군 전부가 엎질러 져버렸으니(궤멸당하였으니) 이제는 어찌할 길이 없다. 대신들 은 마땅히 명나라 도독과 안찰(按察)의 아문(衙門)으로 가서

이것을 보고해야 할 것이다. 글쎄 원, 충청도나 전라도 등지
에는 혹시 남은 배가 있는지! 어찌 이 사태를 그냥 내버려 둘
수 있겠나. 이제라도 남은 배들을 거두어서 수비할 계책을 세
우는 것이 옳지.(좌우가 한 마디 말도 없이 시간이 한참이나 흘
러갔다.)
>
> 선조: (목소리를 높여서) 그래, 대신들은 왜 아무 대답이 없는
> 가? 이대로 두고 그저 아무 것도 아니할 셈인가! 그래, 아무
> 대답도 아니 하면 저절로 왜적들이 물러가고 나랏일도 잘 되
> 어갈 거란 말인가!」

모두들 할 말이 없었다. 특히 그동안 원균을 두둔했던 대신들은
책임 추궁이 두려워서 자라목이 되어 있었다.

> 「유성룡(영의정): 감히 대답하지 못하는 것이 아닙니다. 하도 답
> 답해서 당장 무슨 좋은 계책이 생각나는 게 없으므로 미처 말
> 하지 못하고 있는 것입니다.
>
> 선조: 전부가 엎질러져 버렸다는 것은 천운(天運)이니까 어찌할
> 수가 없어! 원균은 죽었을망정 어찌 달리 (그를 대신할) 사람
> 이 없겠나. 그저 각 도의 전선들을 수습해서 속히 수비해야
> 할 뿐이야. 원균은 척후선도 배치하지 않았던가? 왜 한산도
> 로 물러나서 지키지 않았을까?」

선조는 패전의 결과를 하늘의 뜻으로 돌리고 있다. 스스로에 대한
책임회피였고, 그 덕에 윤두수, 윤근수, 김응남 등 원균을 두둔했던
사람들이 책임추궁을 면하게 되었다.

선조는 '전선들을 수습해서 속히 수비해야 한다'고 했지만, 그러

고 싶어도 그럴 병력은 이미 모두 다 사라지고 난 후였다.

「유성룡: 거의 한산에 가까이 오다가 거제 칠천도(七川島)에 도착했는데, 밤 9시쯤 적이 어둠을 타고 몰래 들어와서 갑자기 총포를 쏘고 우리 전함 4척에 불을 질렀습니다. 어리둥절한 중에 따라가 잡지 못했으며, 그 이튿날 날이 밝자마자 적들이 사면을 에워쌌기 때문에 우리 군사들은 부득이 고성으로 향해서 상륙하는 수밖에 없었습니다. 그러나 적이 먼저 올라가 진을 치고 있었기 때문에 우리 군사들은 손을 쓸 도리도 없이 모조리 죽임을 당하고 말았다고 합니다.」

왜군 측은 수륙군 합동으로 거의 완벽에 가까운 공격전을 펼쳤다. 오랫동안 준비해 온 작전이었기 때문이다. 이 같은 사실을 알지 못했던 선조는 원균이 부산포 쪽으로 나가기만 하면 고니시의 도움을 받아 가토를 잡을 수 있을 줄로 알았다. 그래서 선전관을 원균의 기함에 동승하게 해서 부산 출동을 어명으로 강요했던 것이다.

「선조: 한산도를 굳게 수비해서 범이 숲 속에 든 형세를 갖추는 것이 좋겠다. 그런데 너무 명령을 독촉해서 이 같이 패전하게 된 것이니, 이것은 사람이 한 것이 아니라 사실은 하늘이 한 일이다(此非人之所爲, 天實爲之). 이제 와서 말해 봐야 아무 소용도 없다. 그러나 어찌 할 수 없다고 하면서 아무 일도 안 하고 그냥 내버려둘 수야 있겠는가? 당연히 남은 배들을 수습해서 충청도와 전라도를 수비토록 해야 할 것이다.」

'한산도(견내량) 막아서기 작전'은 이순신의 지론인데, 언제부터인지 원균이 인용하더니 이 시점에 와서는 선조가 이를 인용하고 있다.

> 「이항복(병조판서): 지금 할 일이라고는 통제사와 수사를 속히 임명하고 그들을 시켜서 계획을 세우고 방비를 하도록 하는 것밖에는 없습니다.」

이순신의 복권을 염두에 둔 발언이다.

> 「선조: 그래, 그 말이 옳다! 적의 수가 극히 많다니 애당초 바람에 표류했다는 말은 역시 거짓말이고, 저항하지 못하고 스스로 물러난 것임이 분명하다. 한산의 형세는 아주 좋은 곳일 뿐더러 바다 길목을 끊어 막아 지키기에 적당한 곳인데, 거기를 내버리고 지키지 않았다는 것은 잘못이다. 원균이 일찍이 절영도 앞바다로 나가는 것은 어렵다고 하더니 이제 과연 이렇게 되었다! 내가 전에 말한 것처럼, 저 놈들이 6년 동안이나 버티고 있는 것이 어찌 명나라로부터 책봉한다는 문서 한 장을 받으려는 것 때문이겠는가. 그리고 또 적선들이 그 전보다 훨씬 많았다고 하는데, 도대체 사실인가?
>
> 김응남(좌의정): 그러하옵니다.
>
> 선조: 대포나 불화살 같은 것도 역시 싣고 왔는가?
>
> 김명원(형조판서): 그것은 모르겠으나, 김식(선전관)의 말을 들으면 왜적들이 우리 배 위로 육박해 올라왔기 때문에 장수와 군졸들이 손 쓸 도리도 없이 모두 죽었다고 하옵니다.
>
> 정광적(좌승지): 우리 군사는 다만 총 7자루밖에 쏘지 못했다고 하니 참으로 통탄할 일이옵니다.

선조: 평수길이 매양 말하기를, 먼저 우리 수군을 깨뜨린 뒤에라야 육군을 무찌를 수 있다고 한다더니, 과연 그렇군!

노직(상호군): 9일 싸움에 병졸들이 겁을 내어 화살 하나 못 쏘았다고 하옵니다.

선조: 이미 지나간 일이야 의논해서 무엇 하겠는가. 한편으로는 통제사를 임명해서 곧 남은 배들을 거두게 하고, 또 한편으로는 도독부에 보고하고, 또 다른 한편으로는 명나라 천자에게 주청하는 것이 좋을 것이다.

(이항복을 보고) 전군이 몽땅 다 깨졌나? 하지만 도망해서 산 자도 있겠지?

이항복: 바다에서는 설사 패했다 하더라도 도망쳐 살아 나오는 경우가 있기는 합니다만, 이번에는 그렇지 못하옵니다. 좁은 목에서 머물고 있다가 갑자기 적을 만나 황급히 상륙한 것이므로 아마도 전군이 다 없어져버린 것 같습니다.

선조: (바다 지도를 꺼내 이항복에게 보이며) 물러나올 때에 미처 견내량까지는 오지 못하고 고성 땅에서 적을 만났기 때문에 그렇게 패한 것인가? 저리로 갔다면 한산으로 빠져 나가기가 쉬웠을 텐데 이리 오다가 그렇게 패했다는 것인가?」

왜군들은 각본에 의한 준비된 기습전을 감행했다. 그러므로 당연히 원균의 본 함대가 한산도로 되돌아갈 길목을 차단했고, 그 때문에 원균은 불가피하게 적진포 쪽 춘원포에 상륙했던 것이다. 그러나 배설은 야습을 우려해서 달아날 준비를 갖추고 있었다. 그리고 왜선단의 접근을 확인하자 곧바로 한산도로 돌아올 수 있었다.

「이항복: 그러하옵니다.

유성룡: 만일 한산을 잃어버린다면, 남해는 본래 중요한 길목인
　　데, 그곳을 그만 적이 점령하고 만 것입니다.

선조: 그럼 영의정(유성룡)은 남해를 걱정하는 것인가?

유성룡: 어찌 남해만을 걱정하는 것이겠습니까.

선조: 이게 어찌 사람의 계책이 잘못되어서 그리 되었겠는가.
　　천명이므로 어쩔 수가 없다.

김명원: 만일 장수를 파견한다면 누구를 보냈으면 좋겠습니까?

이항복: 오늘 할 일은 오직 여기(통제사 임명)에 있사옵니다.

선조: 원균도 처음에는 나가지 않으려고 했다더군! 남이공(南以
　　恭)의 말을 들으니, 배설도 "비록 군법에 저촉되어 나 혼자
　　죽을망정 어찌 병졸들을 모두 죽을 땅에 몰아넣을 수 있겠는
　　가"라고 했다던데…. 아닌 게 아니라 무슨 일이든 그때의 정
　　세를 살펴보고 나서 해야 하는 법이다. 또 요해지를 든든히
　　지키고 있는 것이 제일인데도 도원수(권율)가 원균을 독촉해
　　서 이렇게 되었다!」

　권율이 원균을 독촉한 것은 선조의 어명 때문이었고, 이 같은 선
조의 어명은 평소 원균을 비롯한 윤두수, 김응남 등이 부산 쪽으로
나갈 수 있다고 맞장구를 쳐주었기 때문에 가능했다. 그런데 이제
와서 부산 진출이 잘못된 것임을 깨닫게 되자 선조는 슬며시 발을
빼면서 갑자기 책임을 권율에게 돌리고 있다.

　선조는 성품이 포악하거나 잔인한 임금은 아니었다. 그러나 당쟁
의 시대에 40년간 보위를 지켰기에 정치적 책임 회피나 붕당들을
견제하고 제어하는 데에는 천재적일 만큼 노련했다.

　「이항복: 적이 만약 광양과 순천으로 향하게 된다면 양원(楊元)

혼자서 수비할 수는 없을 것입니다.

유성룡: 명나라 군사도 이제는 믿고 의지하기 어렵습니다. 그러
므로 남은 배들을 거두어 강화 등지를 수비하는 수밖에 없습
니다.」

차츰 살펴보겠지만 '강화도 수비론' 은 곧 '울돌목 수비론' 이다.

「윤두수(판중추부사): 비록 남은 배가 있다손 치더라도 군졸을
얻기 어려울 테니 일단 통제사는 임명하지 말고 각 도 수령들에
게 명령해서 그 고을 군사들을 거두어 모아 각자 제 고장을 지
키도록 하는 것이 어떻겠습니까?」

고니시를 중심으로 하는 6만군과 가토를 중심으로 하는 6만군이
집단적으로 몰려올 것이므로 제고장 지키기로 대응한다면 개전 초
처럼 360여 고을들이 도미노로 무너질 것은 너무나도 분명했다. 그
런데도 선조가 제갈량처럼 믿고 있던 윤두수의 군사 작전 수준은 이
러했던 것이다. 아니, 윤두수는 자신들이 공모하여 원균을 통제사로
앉힌 과오를 은폐하기 위해서도 이순신을 다시 통제사로 앉혀서는
안 된다고 생각했던 것 같다.

「유성룡: 혹시 명나라의 산동 해군이 나온다 하더라도, 날씨
가 점점 추워지면 반드시 나오리라고 기대할 수 없을 것이옵니
다.」

당시 함대의 겨울 출동은 흔치 않은 경우였다. 진린 도독의 함대
가 조선으로 온 것도 이듬해 여름(1598년 7월)이었다.

「선조: 명나라 군사가 설령 나온다 하더라도 적들이 어찌 두려워할 리가 있겠는가. 어떤 사람은 말하기를 명나라 군사만 나오면 왜적은 물러갈 거라고 하지만, 그건 틀린 말이다. 자, 한가한 이야기나 하고 있어봐야 성패에 아무런 이익이 없으니, 어서 대신들은 먼저 도독과 안찰사에게 가서 보고하고 또 한편으로 수군을 수습하도록 하라. 이것 말고는 다른 좋은 방책이 없다. 내 말이 너무 지나치게 걱정하는 것 같지만, 실은 명나라 장수들이 전에 늘 우리 수군을 신뢰한다고 했는데 이제 이 꼴을 보고 혹시 물러갈 염려가 있어서 하는 말이다. 만일 그렇게 된다면 어찌할 것인가.」

수군이 없으면 제해권을 빼앗기게 되고, 한반도의 수운이 모두 막히게 되어 나라의 존립 자체도 어려워진다. 그렇게 되면 명나라 군대가 오더라도 별 도움이 안 된다.

「이항복: 그러나 (명나라 군대는) 반드시 경솔하게 물러가지는 않을 것입니다.
선조: 한산도는 적에게 가까이 있기 때문에 외로운 군사를 가지고는 수비하기가 어려울 것이다. 전라우도로 물러나서 수비하는 것이 좋을 것이다.」

남해를 지키려면 한산도와 진주성을 지켜내야 했다. 그러나 이들 방어선은 이미 무너지고 있었다.

「선조: 글쎄, 나도 어찌해야 할지 모르겠군. 이제 만일 수군이 모두 무너졌다는 소식이 전해지면 남쪽 인심은 모두 놀라서 다시 대혼란에 빠져들 텐데, 어쩔 수 없다고 해서 아무 것도 하지 않고 가만히 있을 수야 없지 않은가? 그래, 어찌 죽기를 기다리고 약도 한 번 안 써 볼 수 있겠는가? 그저 답답하다는 말만 하고 앉아 있으면 적이 저절로 물러가 주기라도 한단 말인가?

유성룡: 혹시 남해와 진도를 수비하다가 정 안 되면 그 다음에는 근거를 아무데나 두어도 좋을 것이옵니다.」

유성룡도 울돌목을 막아서야 한다고 생각하고 있었던 것 같다.

3. 〈징비록〉에 기록된 칠천량해전

「이때 왜적이 다시 쳐들어 왔는데, 적장 평행장(平行長)은 또 요시라를 파견하여 김응서를 속여 말하기를 "우리나라 배가 아무 날에는 꼭 더 들어올 것이니 조선 수군은 중간쯤에서 맞아 쳐부수는 것이 좋을 것입니다"라고 하였다.

도원수 권율은 이 말을 믿을 만하다고 생각했으며, 또 이순신이 머뭇거리다가 죄를 받았음을 알고 있었기 때문에 원균에게 빨리 군사를 거느리고 나아가서 치라고 재촉하였다.」

－〈징비록〉－

요시라와 김응서의 관계는 '고니시－요시라－김응서－선조' 간의 비밀교섭 통로의 중간 고리였으며, 선조는 고니시를 조선을 도와주는 은인으로 확신했다. 때문에 고니시와 요시라에게 벼슬을 내리는 한편 이순신을 실각시켰던 것이다.

이순신이 파직되자 고니시는 가토 기요마사라는 미끼를 이용하여 '사냥개들의 곰 몰이 작전'으로 조선 함대마저 끝장낼 준비를 하고 있었다.

'도원수 권율은 그 말을 믿을 만하다고 생각했다'고 하였는데, 권율은 선조의 어명을 실천했을 뿐이다.

> 「원균 또한 "이순신이 왜적을 보고도 나아가 치지 않았다"고 하면서 이순신을 모함하여 자기가 그 자리에 대신 임명되었기 때문에, 이때 이르러 비록 그 형세가 어려운 줄 알았지만 거절할 도리가 없어서 전함을 거느리고 나아가 싸울 수밖에 없었다.」
> ─〈징비록〉─

원균은 이순신을 모함해서 3도수군통제사 자리에 올랐지만, 결국 스스로 무덤을 판 꼴이 되고 말았다. 원균도 그것을 깨닫고 참회했을까?

〈난중일기〉를 보면, 원균이 절영도 앞바다에서 곤욕을 치른 7월 7일, 이순신은 '꿈에 원공과 만났다. 내가 원공의 윗자리에 앉아 밥상을 받는데, 원공이 기쁜 기색을 띠는 것 같았다. 무슨 징조인지 모르겠다'라는 내용이 있다.

> 「우리 배들이 출전하자 언덕 위의 왜적의 진영에서는 우리 측 움직임을 살펴보고는 서로 전하여 알리었다. 원균이 절영도에 이르자 바람이 불고 파도가 거세게 일었다. 날은 벌써 저물기 시작했는데 배가 머물러 정박할 곳이 없었다.
> 그때 왜적의 배가 바다 가운데 출몰하는 것이 보이자 원균은

군사들에게 앞으로 나아가 공격하라고 명령했다. 그러나 배 안의 군사들은 한산도로부터 종일토록 노를 저어 오느라 쉬지도 못했는데다 굶주림과 목마름에 지쳐서 더 이상 움직이기도 힘들었다.

배들은 풍랑에 밀려 이리저리 흔들리고 앞서거니 뒤서거니해서 대열을 정비할 수가 없었다. 왜적들은 우리 군사를 지치게 만들기 위해 우리 배에 가까이 다가왔다가는 멀리 달아나기를 반복하면서 싸우지도 않았다.

밤은 깊어지고 바람은 점점 더 세게 불어 우리 배들은 사방으로 흩어져 표류하기 시작하였다.

원균은 간신히 남은 배를 수습하여 거느리고 가덕도로 돌아왔다. 섬에 닿자 군사들은 너무나 목이 말라서 다투어 배에서 내려 물을 찾았다. 그 순간 왜적들이 섬에서 뛰쳐나와 덮쳤으므로 결국 우리 군사 4백여 명을 잃고 원균은 다시 물러나와 거제의 칠천도에 이르렀다.」 −〈징비록〉−

설욕의 날만을 기다려 온 왜군 함대 수뇌진은 본격적으로 '곰 사냥'을 시작했다.

「그날 밤 왜적의 배가 기습하여 우리 진영은 크게 무너졌다. 원균은 도망하여 바닷가에 이르러 배를 버리고 언덕으로 기어 올라 달아나려고 하였으나, 몸이 비대하여 소나무 밑에 주저앉고 말았는데 좌우 사람들은 다 흩어져 버렸다. 어떤 사람은 그가 왜적에게 죽임을 당하였다고도 하고 어떤 사람은 그가 도망하여 죽음을 면하였다고도 하는데, 사실은 알 수가 없다.

이억기는 배 위에서 바다에 뛰어들어 죽었다.

이에 앞서 배설은 원균에게 여러 번 권고하였다.

"이러다가는 반드시 패할 것입니다."

그날도 배설은 이렇게 간하였다.

"칠천도는 물이 얕고 좁아 배를 움직이기가 어렵습니다. 진을 다른 곳으로 옮기는 것이 좋겠습니다."

그러나 원균은 듣지 않았다. 배설은 자기 수하의 배들만 이끌고 지키고 있다가 적이 공격해 오자 달아났기 때문에 그의 군사들은 화를 면할 수 있었다. 한산도에 도착한 그는 무기와 양곡, 건물 등을 모두 불태워 버리고 남아 있는 백성과 함께 피해 달아났다.

한산도가 격파되자 왜적들은 승리한 기세로 서쪽을 향해 쳐들어가니 남해, 순천이 차례로 함락되었다. 왜적들은 두치진(豆峙津)에 이른 다음 육지로 올라가 남원을 포위했다. 이렇게 되자 호남·호서 지방이 모두 전란에 휩싸이게 되었다.

왜적들이 임진년에 우리나라 땅에 쳐들어온 이래 오직 수군에게만 패하였는데, 이를 분하게 여긴 평수길(平秀吉: 히데요시)은 소서행장에게 어떻게 해서든 조선의 수군을 반드시 쳐부수라고 명령하였다. 정면으로 붙어서는 이길 수 없다고 판단한 소서행장은 계략을 꾸몄는데, 거짓 정성을 바쳐서 김응서에게 호감을 사는 한편으로 이순신이 모함에 빠지도록 술수를 부렸고, 그런 후에 원균을 바다 한가운데로 유인해 내어 습격한 것이다. 그의 간교한 계략에 모두 떨어져 큰 피해를 입었으니, 아, 얼마나 슬픈 일인가!」

－〈징비록〉－

'소서행장은 거짓 정성을 바쳐서…' 라고 하였는데, 거짓 정보와 뇌물작전을 말한다. 예로부터 일본인들은 선물을 받으면 답례하는 것을 소중한 미덕으로 여겼다. 선조는 비밀 교섭 창구를 통해 요시라에게 벼슬을 내리고 선물을 보냈다. 고니시 역시 답례로 조선 측에 선물을 보냈으며 그 선물은 점차 뇌물성으로 변질되어 갔다. 김응서 주변이나 선전관들 중에는 이러한 뇌물에 매수된 인물들이 많았을 것이다.

오사카 상인의 아들로 태어난 고니시는 교역과 거래에 밝았고 이러한 성장 배경은 그로 하여금 명·왜 간의 강화교섭 및 조선과의 비밀 교섭을 주도하게 하는 밑천이 되었다. 그리고 임진왜란의 중요 고비 마다 '뇌물작전' 이라는 카드를 통해 위기를 돌파할 수 있게 한 지략의 원천이기도 했다.

제2차 평양성전투 때 명군에게 평양성을 내주는 조건으로 추격당하지 않고 퇴각할 수 있었던 것이나, 한성을 비워주는 조건으로 추격당하지 않고 남으로 퇴각할 수 있었던 것도 일종의 뇌물작전의 성과였다. 1598년, 명나라 유정으로부터 순천 왜교성을 빠져나와 본국으로 가는 퇴로를 보장받은 것도 뇌물작전의 결실이었다. 당시 고니시는 진린과 이순신에게도 뇌물을 주었지만, 이순신으로부터는 퇫자를 맞은 바 있다.

> 「행장(行長)이 공에게도 사람을 보내어 총과 칼 등을 선물로 가지고 와서 간청하자, 공은 곧 물리치며 "임진년 이래로 적을 무수히 사로잡아서 얻은 총과 칼이 산처럼 쌓였는데 원수의 심부름꾼 놈이 여기는 무엇 하러 왔단 말이냐!" 라고 하였더니, 적이 아무 말도 못하고 물러갔다.」 　　－〈이충무공행록〉－

아무튼 선조의 시각에서 보면 칠천량해전은 '어명으로 치른 해전' 이었고, 고니시의 시각에서 보면 '모략과 뇌물로 치른 전쟁' 이었으며, 권율의 시각에서 보면 (어명에 따라) '곤장으로 치른 해전' 이었다. 또 원균의 시각에서 보면 '자포자기로 치른 해전' 이었다. 그리고 원균을 두둔한 대신들의 입장에서 보면 '당쟁의 제물 삼아 치른 해전' 이었다.

4. 이순신의 복직

8월 1일. 큰비가 와서 물이 불어 넘쳤다. 이 찰방(李薈慶·이시경)이 찾아와 만났다.

8월 2일. 잠깐 개었다. 혼자 수루에 앉아 있으니 회포가 이루 말할 수 없고, 비통한 마음 걷잡을 수 없다. 이날 밤 꿈에 왕명(王命)을 받게 될 조짐이 보였다.

8월 3일. 이른 아침에 선전관 양호(梁護)가 교서(敎書)와 유서(諭書)를 가지고 들어왔다. 그것은 곧 3도수군통제사로 임명한다는 것이었다.

이 무렵은 칠천량에서 살아 돌아온 군사들과 전선의 행방을 탐문하고 다닐 때였다. 그러던 중에 노량에서 도망쳐온 12척의 전선이 있음을 확인하자 그때까지 구상하고 있던 작전 개념을 '진주성 수비'에서 '울돌목(명량해협) 막아서기'로 바꾸게 된다.

그러나 더 많은 전선과 군사가 필요했으며, 그것을 실현하기 위해서는 예전 통제사의 지휘권이 절실했다. 이순신의 이 같은 소망이

하늘에 통했는지, 3도수군통제사로의 복직을 계시하는 꿈을 꾸었고,
다음날 통제사에 재임명한다는 임금의 교지가 내려왔다.
　아래는 임명장의 내용이다.

　「왕은 이와 같이 이르노라.
　아! 나라가 의지하여 보장(保障)으로 생각해 온 것은 오직 수
군뿐인데, 하늘이 화(禍) 내린 것을 후회하지 않고 다시 흉한 칼
날이 번득이게 함으로써 마침내 우리 대군(大軍)이 한 차례의
싸움에서 모두 다 없어졌으니, 이후 바닷가 여러 고을들을 그
누가 막아낼 수 있겠는가. 한산을 이미 잃어버렸으니 적들이 무
엇을 꺼려하겠는가.
　초미(焦眉)의 위급함이 조석(朝夕)으로 닥쳐온 상황에서, 지금
당장 세워야 할 대책은 흩어져 도망간 군사들을 불러 모으고 배
들을 거두어 모아 급히 요해처에 튼튼한 큰 진영을 세우는 길뿐
이다. 그렇게 함으로써 도망갔던 무리들이 돌아갈 곳이 있음을
알게 될 것이고, 한창 덤벼들던 적들 또한 막아낼 수 있을 것이
다.
　그러나 이 일을 책임질 수 있는 사람은 위엄과 은혜와 지혜
와 재능에 있어서 평소 안팎으로 존경을 받던 이가 아니고는 이
런 막중한 임무를 감당해 낼 수 없을 것이다. 생각건대 그대의
명성은 일찍이 수사(水使)로 임명되던 그날부터 크게 드러났고,
그대의 공로와 업적은 임진년의 큰 승첩이 있은 후부터 크게 떨
쳐 변방의 군사들은 마음속으로 그대를 만리장성처럼 든든하게
믿어 왔었는데, 지난번에 그대의 직책을 교체시키고 그대로 하
여금 죄를 이고 백의종군하도록 하였던 것은 역시 나의 모책(謀
策)이 좋지 못하였기 때문에 그렇게 된 것이며, 그 결과 오늘의

이런 패전의 욕됨을 만나게 된 것이니 더 이상 무슨 말을 하겠는가! 더 이상 무슨 말을 하겠는가!(而致今日敗戰之辱也, 尙何言哉! 尙何言哉!)

이제 특히 그대를 상복(黑衰) 중에 기용하고 또 그대를 백의(白衣) 가운데서 뽑아내어 다시 옛날같이 충청·전라·경상 3도수군통제사로 임명하는 바이니, 그대는 부임하는 날 먼저 부하들을 불러 어루만져 주고 흩어져 도망간 자들을 찾아내어 단결시켜 수군 진영을 만들고 나아가 형세를 장악하여 군대의 위풍을 다시 한 번 떨치게 한다면 이미 흩어졌던 민심도 다시 안정시킬 수 있을 것이며, 적들 또한 우리 편이 방비하고 있음을 듣고 감히 방자하게 두 번 다시 들고 일어나지 못할 것이니, 그대는 힘쓸지어다.

수사(水使) 이하 모두 다 그대가 지휘하고 통제하되 만약 일에 임하여 규율을 어기는 자가 있거든 누구든 군법대로 처단하도록 하라. 그대가 나라를 위해 자기 몸을 잊고 기회를 보아 나아가고 물러남은 이미 그대의 능력을 다 시험해 보아서 알고 있는 바이니, 내 어찌 감히 많은 말을 보태겠는가.

아! 저 육항(孫陸抗: 중국 삼국시대의 오(吳)나라 장수)이 국경의 강 언덕 고을을 두 번째 맡아서 변방의 군사 임무를 완수했으며, 저 왕손(王遜: 명나라 때의 관리(御使). 성품이 곧아 남의 모함에 빠져 귀양 갔다가 다시 풀려나 복직되었음)이 죄인의 몸으로 적을 소탕한 공로를 세웠던 것처럼, 그대는 충의(忠義)의 마음을 더욱 굳건히 하여 나라 구제해 주기를 바라는 나의 소망을 이루어주기 바라면서, 이에 교서(敎書)를 내리는 것이니 생각하여 잘 알지어다.」　　　　　　－상중에 다시 3도통제사를 임명하는 교서

(起復授三道統制使敎書)(1597. 7. 23.)－

내용에서 보듯이, 선조는 많이 뉘우치고 있었다. 이에 원균을 두 둔하던 대신들을 멀리했고 김응서를 백의종군하게 하였다. 또한 이 덕형, 이항복, 이원익 등 중도적이고 실용실학적인 인재들을 중용하 면서 수군의 작전에 대해서는 관여하지 않고 모두 이순신에게 일임 했다.

자신의 작전 관여가 칠천량 패전을 초래했고 나라와 백성을 또 다 시 고통의 전란으로 몰아넣었음을 깨달았기 때문이다.

이순신은 교서와 유서를 받은 즉시 답서를 썼다. 그리고 '그대는 부임하는 날 먼저 부하들을 불러 어루만져 주고… 수군의 진영을 만 들고 나아가 요해지를 지켜… 힘쓸지어다' 라고 명한 선조의 어명을 따라 모병과 군수물자 조달 등 본격적인 방비태세에 들어갔다.

⟨백의종군한 이순신이 3도수군통제사의 임명장을 받은 장소(하동군 소재)⟩

(8월 3일) 교서와 유서에 숙배를 올린 후 서장(書狀)을 받았다 는 회답 장계를 써서 봉해 올리고, 그날로 출발하여 곧장 두치 (豆峙)를 경유하는 길에 올랐다. 초저녁에 행보역(行步驛: 하동군

횡천면 여의리)에 이르러 말을 쉬고, 자정이 넘어서 다시 길을 떠나 두치에 이르니 날이 밝으려 하였다. 남해 현령(박대남)은 길을 잃어 강정(江亭)으로 잘못 들어갔으므로, 말에서 내려 불러오게 하였다.

쌍계동(雙溪洞: 하동군 화개면 탑리)에 이르니 삐죽삐죽한 돌들이 어지럽게 흩어져 있는데 새로 내린 비로 물이 불어 있었다. 간신히 건너서 석주관(石柱關: 구례군 토지면 연곡)에 이르니 이원춘(李元春)과 유해수(柳海守)가 복병하고 있다가 나를 만나보고는 적을 토벌할 일에 대해 많은 이야기를 하였다.

저물어 구례현(求禮縣)에 이르니 경내 전체가 적막하였다. 성문 밖의 전날 묵었던 집에 가서 잤는데, 그 집 주인은 벌써 산속으로 피난을 갔다고 하였다. 곧 손인필(孫仁弼)이 찾아왔는데 곡식까지 지고 왔고, 손응남(孫應男)은 일찍 익은 감을 가져와서 바쳤다.

　교서와 유서를 받은 즉시 답서를 봉해 올렸다. 그리고는 바로 출발했다. 이순신은 이날 ①초저녁에 행보역에 도착해서 말을 쉬게 하고→자정이 넘어서 출발→섬진강을 건너, ②두치에 이르니 날이 밝았다. 즉, 밤새 강행군을 한 것인데 선조의 교유서('그대는 부임하는 날… 힘쓸지어다')에 따라 어명을 실천하고 있는 모습이다. 그 와중에 남해 현령 박대남은 길을 잘못 든 탓에 헤매기도 했다. ③비로 인해 물이 불어난 쌍계동 개천을 건너, ④저녁 무렵 구례에 도착하니 이미 칠천량 패전 소식을 들은 사람들은 모두 다 피난을 가서 마을이 텅 비어 있었다.

　이러한 상황에서 어떻게 군사들을 모으고 왜적의 침략에 대비할지 이순신으로서는 답답하고 한심스러웠다. 이 무렵 왜군들은 이순신과 2~3일 거리 뒤에서 서진(西進)해 오고 있었다.

8월 4일. 맑다. 압록강원(鴨綠江院: 곡성군 죽곡면 압록리)에 이르러 점심밥을 짓고 말의 병을 돌보았다. 고산(高山) 현감 최진강이 모집한 군사들을 넘겨주기(交付) 위해 왔다가 수군에 관한 일을 많이 말했다. 정오에 곡성(谷城)에 이르니 관아와 여염집들이 모두 텅 비어 있었다. 그 고을에서 잤다. 남해(박대남)는 남원으로 직행하였다.

말이 병이 날 정도로 강행군을 하고 있다.

8월 5일. 맑다. 옥과(玉果: 곡성군 옥과면)에 이르니 피난 가는 사람들로 길이 가득 메워졌다. 말에서 내려 타이르고 고을로 들어갈 때 이기남(李奇男) 부자를 만났다. 고을에 이르니 정사준(鄭思竣)과 정사립(鄭思立)이 마중을 나왔다. 옥과 현감(洪堯佐·홍요좌)이 병을 핑계대고 나오지 않았는데, 잡아내서 처벌하려고 하자 찾아왔다.

조선 함대가 패했다는 소식을 접한 백성들은 혼비백산 피난길에 올랐다. 피난민들 속에는 올망졸망한 어린 자식들과 노부모들도 섞여 있었다. 과연 어디로 가서 무엇을 먹고 살 것인지, 곧 겨울이 닥쳐오는데 가을걷이는 또 어떻게 할지…. 피난 떠나는 백성들이나 이를 바라보는 이순신이나 다 마찬가지로 두렵고 막막했을 것이다.

임진왜란 때 왜군들은 진주성에서의 패전을 설욕한다면서 조선 백성 8만여 명을 죽였다. 그리고 그간 전라도를 향해 이를 갈아 왔는데 그 보복성 작전이 조선 백성들에게 자행된 무차별적인 '코베기'였다.

전란이 터지자 전라도 백성들은 남편과 자식을 군대에 보냈고, 자신들은 굶으면서까지 군량미를 보내면서 선전을 기원했다. 그러나 남편과 자식은 수중고혼이 되었고, 이제 그 가족들은 '코베기 군대' 앞에 무방비로 노출되는 신세가 되고 말았다.

> 8월 6일. 맑다. 이날은 옥과(玉果)에서 머물렀다. 초저녁에 송대립(宋大立) 등이 적의 움직임을 정탐하고 왔다.

송대립이 3일 거리를 두고 뒤쫓아 오고 있는 왜군들을 정탐하고 왔다. 왜군들은 이순신의 통제사 복권 사실을 모르고 있었다.

> 8월 7일. 맑다. 일찍 떠나 바로 순천으로 갔다. 길에서 선전관 원집(元潗)을 만나 임금의 분부를 받았다. 병사(兵使: 이복남) 휘하의 군사들이 모두 패하여 돌아가는데 그 행렬이 길 위에 연달아 있었으므로 말 3필과 활과 화살 약간을 빼앗아 왔다. 곡성의 강정(江亭: 석곡면 유향리)에서 잤다.

'모두 패하여 돌아가는데'라고 했지만, 이는 어떤 전투에서 패한 것이 아니라 산성과 산골 소로를 지키던 부대들이 스스로 무너진 것이다.

이순신이 복직되어 호남의 여러 고을들에서 군사를 모집하고 다닐 무렵, 왜군들은 노령산맥을 넘어 전라도 해안과 도서(島嶼) 지역을 유린하기 시작했다. 다음은 이때의 상황을 기록한 기타노 쓰기오가 쓴 〈이순신과 히데요시〉에서 인용한 것이다.

「이 무렵 일본 육군은 두 가지 작전계획에 따라 행동 중이었다. 그 한 가지는 모리 히데모토(毛利秀元)를 우군 총대장으로 삼은 가토(加藤淸正) 군·구로다(黑田長政) 군·아사노(淺野長吉) 군 5만에게는 전라도 수도인 전주를 공략케 하고, 또 한 가지는 우키타 히데이에(宇喜多秀家)를 좌군 총대장으로 한 고니시(小西行長) 군·시마즈(島津義弘) 군·하치스카(蜂須賀家政) 군 5만여 명은 남원성을 함락케 했다. 전주·남원 모두 북진을 위한 최대 관문이 되는 전라도 호남지방의 요소였다.

8월 12일, 육상의 고니시 군은 남원성에 접근했다. 성내에는 조선왕조의 애끓는 호소로 응원 나온 명나라 장수 총병 양원(楊元)이 명나라 군사 3천여 명과 약간의 조선군과 함께 농성하고 있었다.」　　　　　　　　　　　　　　　　　－〈이순신과 히데요시〉－

8월 8일. 새벽에 떠나 부유창(富有倉: 순천시 주암면 창촌리)에서 아침을 먹었는데 병사 이복남이 명령하여 불을 질렀기 때문에 다만 재만 남아 있어 보기가 참담했다. 광양 현감 구덕령(其德齡), 나주 판관 원종의(元宗義) 등이 부유창 아래에 있다가 내가 왔다는 말을 듣고 급히 구치(鳩峙)로 달아났다. 이에 곧 전령을 내렸더니 일제히 와서 보므로 나는 도피한 것을 꾸짖었다. 그들은 죄를 모두 병사 이복남에게로 돌렸다.

이복남은 며칠 후 남원성에서 우키타와 고니시가 이끄는 왜군과의 전투에서 전사한다.

곧장 길을 떠나 순천에 이르니 성 안팎에 인적이 드물었다. 중 혜희(惠凞)가 찾아와서 인사를 하므로 의병장(義兵將) 임명장을

주었다. 관사와 곳간의 곡식과 군기 등이 그대로 있었으나 병
사는 그것들을 처치하지도 않고 달아났으니 탄식할 노릇이다.
총통(銃筒) 같은 것은 옮겨서 땅에 묻어 감추고, 장편전(長片箭)
은 군관들이 나누어 가지고 순천에서 잤다.

화약무기 등을 후방이나 산성으로 옮기지도 않고 달아난 것을 개
탄했다.

8월 9일. 맑다. 일찍 떠나 낙안(樂安: 승주군 낙안면)에 이르니
많은 사람들이 5리나 나와서 환영해 주었다. 도망가고 흩어진
까닭을 물으니 모두들 하는 말이 "병사(兵使)가 적이 가까이까
지 왔다고 겁을 먹고는 창고에 불을 지르고 물러갔기 때문에
인민(人民)들도 흩어져 도망갔던 것"이라고 하였다.
군(郡)에 이르니 관사와 창고의 곡식들이 모두 다 불타버렸다.
관리와 촌민들이 모두 눈물을 흘리며 와서 보았다. 오후에 길
을 떠나 십리쯤 오니 늙은이들이 길 가에 늘어서서 다투어 술
병을 바쳤는데, 받지 않자 울면서 억지로 권하였다.
저녁에 보성(寶城)의 조양창(兆陽倉: 오성면(烏城面) 오성리)에 이
르니 사람은 하나도 없었으나 창고의 곡식은 봉해진 채 그대로
있었다. 군관 4명을 시켜서 지키게 하고 나는 김안도(金安道)의
집에서 잤는데, 그 집 주인은 벌써 피난을 가고 없었다. 순천
부사 우치적과 김제(金堤) 군수 고봉상(高鳳翔)이 찾아와서 인
사를 하였다.

이복남은 청야(淸野) 작전의 일환으로 관사와 곳간을 불태웠고,
백성들에게는 피난을 떠나게 했으며, 자신은 남원성에 들어가 전사

했다. 이순신이 지적한 내용을 보면, 이복남은 지휘관으로서 적절한
대응을 하지 못했기에 이순신의 전란 수습을 어렵게 만들었다.

8월 10일. 맑다. 몸이 몹시 불편하여 그대로 김안도의 집에서
머물렀다. 동지(同知) 배흥립도 같이 머물렀다.

8월 11일. 아침에 양산원(梁山沅)의 집으로 옮겼다. 이 집 주인
은 벌써 곡식을 배에 가득 싣고 바다로 피난갔다고 하였다. 송
희립과 최대성(崔大晟)이 찾아왔다.

8월 12일. 맑다. 장계 초고를 쓰며 그대로 유숙했다. 거제 현
령(안위)과 발포 만호(소계남)이 들어와서 명령을 들었다. 그 편
에 배설이 겁을 먹고 벌벌 떨었다는 말을 전해 듣고 괘씸하고
한탄스러움을 이기지 못하였다. 권세 있는 자에게 아첨하여 능
력이 미치지 못하는 자리에까지 승진하면 군사(軍事)를 크게
그르치게 된다. 조정에서 반성함이 없으니 이 일을 어찌할꼬.

배설의 자질을 개탄했다. 아울러 배설 같은 위인을 경상수사로 임
명한 조정의 부적절한 인사발령에도 문제가 있음을 지적하고 있다.

8월 13일. 맑다. 거제와 발포 등은 돌아가고 우후 이몽구는 전
령을 받고 들어왔는데, 본영의 군기들을 하나도 옮겨 싣지 않
은 일로 곤장 80대를 때려 보냈다. 하동 현감 신진(申蓁)이 와
서 전하기를, 8월 3일 내가 떠난 뒤에 진주 정개산성과 벽견
(碧堅) 산성의 군대가 해산하여 저절로 무너졌다고 한다. 통탄
할 일이다.

이몽구가 여수 본영에서 피난해 나오면서 병장기를 챙기지 않았기 때문에 곤장 80대라는 중벌을 내렸다. 이복남도 순천 지역의 무기들을 버려두고 피난을 갔지만 그는 이순신의 옛 부하가 아니었기에 개탄만 했었다. 그러나 이몽구는 전쟁이 일어나기 전부터 여수 본영의 우후로서 이순신을 보필해 온 측근이었다. 그런 그가 본영의 군기들을 그대로 버려두고 몸만 빠져 나왔으니 이순신으로서는 중벌을 내리지 않을 수 없었던 것이다.

8월 14일. 아침에 여러 가지 문서(書狀)를 7가지나 봉하여 윤선각을 시켜서 받들고 가게 하였다. 오후에 어사 임몽정(任夢正)을 만나러 보성에 갔다가 열선루(列仙樓)에서 잤다. 이날 큰 비가 내렸다.

이 무렵, 왜군들은 섬진강을 타고 구례→남원으로 북상하고 있었고 이순신은 왜군들의 추격을 아슬아슬하게 벗어나 이동했다. 보성 고을에는 며칠간이었지만 왜군들의 진입이 늦어지고 있었다.

8월 15일. 비. 비. 늦게 개었다. 열선루에 나와 앉았다. 선전관 박천봉(朴天鳳)이 유지(諭旨)를 가지고 왔다. 그것은 8월 7일에 발행한 것이었다. 곧 받았다는 문서(狀達)를 작성하였다. 보성의 군기를 검열한 후 말 4마리에 나눠 실었다. 술을 많이 마셔서 잠들지 못했다.

열선루(보성 관아에 있던 누각)에 앉아 그 유명한 '한산도가'(閑山島歌)를 지어 읊은 날이다.

한산도의 원래 한자명은 '한가(閑暇)하다'는 뜻의 '閑' 자로 쓴다. 이순신은 한산도가의 제목은 이 '閑' 자로 그대로 하고, '한산도월명(寒山島月明)' 으로 시작되는 시조의 서두는 '寒' (춥다. 쓸쓸하다) 자로 썼다. 왜 그랬을까?

시조를 쓴 날은 음력 8월의 추석날이었다. 당시 이순신을 따르는 군사들의 수는 약 2백 명 정도였다. 통제사에 복권되었지만 군사 모집을 위해 고을들을 둘러보니 관아와 민가는 폐허가 되어 텅 비어 있었다. 그나마 남아 있는 보성 관아의 군기를 모아서 말에 실게 했는데, 곧 들이닥칠 12만의 왜군에 비해 너무도 초라했기에 '寒' 자로 표현했던 것은 아닐까?(*친필 한시에는 寒자로 되어 있음.)

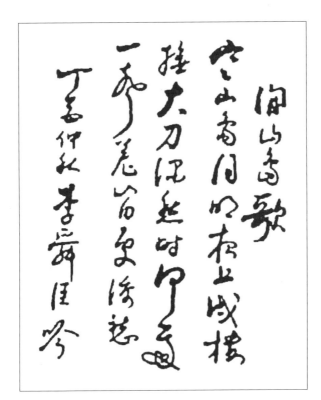

〈충무공이
 남긴 친필
 한산도가
 (閑山島歌)〉

한산도가(閑山島歌)

寒山島月明夜	한산섬 달 밝은 밤에
上戍樓撫大刀	수루에 혼자 올라 큰 칼 불끈 잡고
深愁時何處	깊은 시름 하는 차에, 어디에선가
一聲羌笛更添愁	들려오는 피리소리, 이내 시름 더해 주네

8월 16일. 맑다. 아침에 보성 군수에게 지시하여, 군관들을 굴암(屈巖)으로 보내어 난을 피해 달아난 관리들을 수색하게 하였다. 나주 목사(배응경)와 어사 임몽정(任夢正)에게 답장을 써 보냈다. 박사명(朴士明)의 집으로 사람을 보냈더니, 그의 집은 이미 텅 비어 있더라고 하였다. 오후에 궁장(弓匠: 활 만드는 장인) 이지(李智)와 태귀생(太貴生)이 찾아왔다. 중 선의(先衣), 대남(大男)도 들어오고 김희방(金希邦), 김붕만(金鵬萬)도 찾아왔다.

8월 17일. 맑다. 아침 식사 후에 장흥 땅 백사정(白沙汀)에 이르러 말에게 먹이를 먹이고 군영구미(軍營龜尾: 강진군 고군면)에 이르니 온 고을이 이미 무인지경이 되어 있었다. 장흥 사람들이 많은 군량을 훔쳐내어 옮겼으므로 잡아다가 곤장을 때렸다. 수사 배설이 배를 보내주지 않았는데, 그가 약속을 위반한 것은 참으로 통탄스러운 일이다.

8월 18일. 맑다. 회령포로 갔더니 수사 배설이 멀미를 핑계로 보이지 않았다. 다른 장수들은 만나보았다. 관사에서 잤다.

5. "尙有十二隻(상유12척)"의 어록(語錄)

「8월 18일에 회령포에 이르니 전선이라고는 다만 10척뿐인데 공(이순신)은 전라우수사 김억추(金億秋)를 불러 전선을 거두어 모으게 하고, 또 여러 장수들에게 분부하여 거북선 모양으로 꾸며서 군사의 위세를 돋우도록 하며…」 —〈이충무공행록〉—

10척의 판옥선 중 거북선으로 고치게 한 것은 몇 척인지, 또 어떻게 고쳤는지는 알 수 없다. 아무튼 관아에서 문짝 등을 떼어다가 판옥선의 옆과 위를 덮고 선수 쪽에 다락방을 만들어 포탑으로 삼으면 거북선의 모습이 된다. 그리고 전선의 수가 12척이라면 학익진도 펼 수 있다.

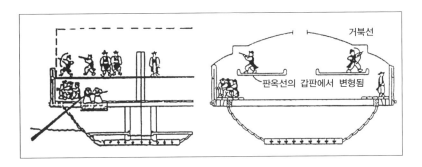

〈점선의 위치만큼 판자를 덮으면 거북선과 흡사한 모습이 된다〉

8월 19일. 맑다. 여러 장수들이 (임금의)교서에 엄숙히 절하였으나 배설은 교서와 유서에 고개 숙여 예를 다하지 않으니 그 모욕적이고 오만한 태도는 말로 다할 수가 없다. 그 영리(營吏)

에게 곤장을 때렸다. 회령 만호 민정붕(閔廷鵬)이 전선에 쓸 양
식을 사사로이 피난민 위덕의(魏德毅) 등에게 넘겨주고 술과 음
식을 받아먹었기에 곤장 20대를 때렸다.

이순신은 예전(1594)에도 원균이 충청병사로 전출되는 교서를 받
고 교유에 절하지 않는 모습을 보고 '저 무식한 것이…'라면서 그
무례한 처사를 〈난중일기〉에 기록해 둔 바 있다. 이번에도 그러한
시각에서 배설의 문제점을 기록해 놓았다. 그리고 조정에 믿는 배경
이 있다고 오만방자해진 배설을 경계하기 위해 배설 대신 영리에게
곤장을 때렸다.

이날 내려온 선조의 교서는 '수군을 파하고 육전에 힘쓰라'는 내
용이었다. 이에 이순신은 즉각 장계를 올려 '상유12척(尙有十二
隻)'론을 주장하게 된다. 〈이충무공행록〉에서 이에 대한 내용을 살
펴보자.

「이때에 조정에서는 수군이 무척 약하여 적을 막아내지 못할
것으로 판단하고 공에게 "육전(陸戰)에 힘쓰라"는 명령을 내렸
으므로 공은 장계를 올렸다.

"저 임진년으로부터 5~6년 동안에 적이 감히 충청, 전라도
를 바로 찌르지 못한 것은 우리 수군이 그 길목을 누르고 있었
기 때문입니다. 지금 신에게는 아직도 전선 12척이 있사온데,
죽을힘을 다해 항거해 싸운다면 오히려 해볼 만합니다(今臣戰
船尙有十二, 出死力拒戰, 則猶可爲也).

이제 만일 수군을 전폐한다면, 이는 적이 만 번 다행으로 여기
는 일일 뿐더러 충청도를 거쳐 한강까지 갈 터인데, 신은 그것
을 걱정하는 것입니다. 또한 비록 전선의 수는 적지만 신이 죽

지 않은 한 적은 감히 우리를 업신여기지 못할 것입니다(戰船雖
寡, 微臣不死, 則賊不敢侮我矣)."」   ―〈이충무공행록〉―

8월 20일. 맑다. 앞 포구가 좁기 때문에 진을 이진(梨津: 해남군
북평면 이진리)으로 옮겼다. 몸이 몹시 불편하여 식음을 전폐하
고 신음했다.

8월 21일. 맑다. 새벽에 토사곽란(霍亂)으로 몹시 앓아 인사불
성이 되었다. 밤새도록 앉아 있다가 아침을 맞았다.

옛날, 토사곽란은 위험한 병이었다.

8월 22일. 맑다. 곽란이 점점 심해져서 몸을 움직일 수 없다.

8월 23일. 맑다. 병세가 점점 중해져서 배에서 잠을 자기가 불
편했다. 전쟁하는 때도 아닌지라 배에서 내려 육지로 나와서
잤다.

8월 24일. 맑다. 일찍 도괘(刀掛) 땅에 이르러 아침 식사를 하
고, 정오에 어란포(於蘭浦: 해남군 송지면 어란리) 앞바다에 이르니
곳곳이 벌써 비었기에 바다(배)에서 잤다.

8월 25일. 맑다. 당포 보자기가 피난민의 소 두 마리를 훔쳐
끌고 가면서 적이 왔다고 헛소문을 냈으나 나는 그것이 거짓말
이라는 것을 알고 헛소문을 낸 두 명을 잡아와 곧 목을 베었더
니 군중 안이 안정되었다.

8월 26일. 임준영(탐색인)이 말을 달려와서 "적선이 벌써 이진(梨津)에 도착했다"고 전했다. 전라우수사(김억추)가 왔다.

칠천량에서 전사한 이억기의 후임으로 김억추가 부임해 왔다.

어란포해전

8월 28일. 맑다. 묘시(卯時: 오전 6시경)에 적선 8척이 갑자기 쳐들어오자 여러 배들은 겁만 내고 경상수사(배설)는 피해서 물러나려고만 하였다. 내가 동요하지 말고 깃발을 휘두르며 추격하라고 명령하자, 적선은 물러갔다. 뒤쫓아 갈두(葛頭: 해남군 송지면 갈두리)까지 갔다가 돌아와 저녁에는 장도(獐島: 해남군 장지면)에 진을 쳤다.

정유재란 이후 왜군 선발대와의 첫 교전이었다. 왜군들도 이 무렵에는 이순신의 복직 소식을 알고 있었다. 때문에 그 행방도 파악할 겸 이동해 왔다가 이순신의 선단을 발견했고, 이를 칠천량 해전에서 도망친 패잔 선단쯤으로 생각하고 달려들었다. 그러나 막상 이순신의 깃발을 보고는 줄행랑을 쳤다.

왜군들은 그 길로 기지로 돌아가 바다에 이순신이 존재하고 있다는 사실과 이순신 함대의 규모 등을 보고했다.

이 소식은 남해안의 왜군 기동 함대들은 물론 호남 내륙을 타고 북진을 시작하고 있던 왜군 육군들에게도 급전으로 알려졌다. 그러나 왜군 수뇌진의 입장은 그리 놀랄 게 없다는 반응이었다. 그들에게 이순신이라는 존재는 이제 이빨도 발톱도 다 빠지고 없는 병든 호랑이에 지나지 않았다.

　서진을 위해 선봉 함대와 대규모 수송선단을 이끌고 있던 와키자카 야스하루(脇坂安治)도 같은 생각이었다. 언제든 마음만 먹으면 최후를 안겨줄 수 있는 존재일 뿐이었다. 때문에 이순신에 대한 보고를 받았을 때 와키자카는 당장이라도 달려가서 이순신의 최후를 집행하고 싶었으나, 자신감이 지나쳐 대사를 그르쳤던 한산도에서의 사건을 떠올리며 신중에 신중을 기하여 대처하겠다는 쪽으로 마음을 다잡았다.

배설, 도망가다

　8월 29일. 맑다. 벽파진(碧波津: 진도 고군면 벽파리)에 도착했다.

　8월 30일. 맑다. 계속 진을 치고 벽파진에 머물러 있었다. 배설은 적이 대거 쳐들어올 것을 겁내어 도망가려고만 했다. 나는 그런 사정을 알고 있었지만 그러나 드러나지 않은 것을 먼저 발설하는 것은 장수가 취할 행동이 아니므로 애써 참고 있었다. 그런데 배설이 자기 종을 보내어 청원서를 제출하기를, 병세가 몹시 중하므로 몸조리를 해야겠다고 하였다. 나는 육지로 나가서 조리하라고 하였다. 배설은 우수영에서 육지로 올라갔다.

　9월 1일. 맑다. 점세(占世)가 탐라(제주)로부터 나왔는데 소 5마리를 특별히 싣고 와서 바쳤다.

9월 2일. 맑다. 이날 새벽에 배설이 도망을 쳤다.

도망친 배설은 그 후 자기 고향 경북 성주에서 붙들려 처형당한다.

9월 3일. 비가 왔다. 밤에는 북풍이 불었다.

9월 4일. 북풍이 크게 불었다. 배들을 겨우 보전하였다.

9월 5일. 북풍이 크게 불었다.

9월 6일. 맑다. 바람은 조금 그쳤으나 물결은 자지 않았다. 추위가 엄습하니 격군들이 크게 걱정되었다.

벽파진해전

9월 7일. 맑다. 바람이 비로소 잤다. 탐망 군관 임중형이 와서 보고하기를 "적선 55척 중에 13척이 벌써 어란포 앞바다에 와 대었는데 아마 그 목적이 우리 수군에 있는 것 같다"고 하므로 각 배에 엄중히 신칙하였다. 오후 4시에 적선 30척이 바로 우리 배를 향해 오기에 우리 배들도 역시 닻을 들어올리고 바다로 나가 맞아 싸우니, 적들은 배를 돌려 분주히 도망갔다.

왜군 탐색대에 의해 이순신 함대의 소재와 규모가 파악되자 오후 4시경 왜군의 선봉 함대가 드디어 싸움을 걸어왔다.

왜군들은 10여 척 규모의 소단위 함대로 전락한 이순신 함대를 보자 '이번에는 한 번 해 볼만하다'는 자신감을 갖게 되었고, 접전할 듯한 기세로 곧장 돌진해 왔다. 그러나 이순신이 몇 척의 거북선(개조형)을 앞세우고 마중을 나가 함포사격을 가하자 왜군들의 사기는 이내 바닥으로 곤두박질쳤다. 이에 왜군들은 급히 노를 저어 외항으로 빠져 나갔다.

> 뒤쫓아 먼 바다까지 갔다가 바람과 물이 모두 역류여서 행선할 수가 없어 다시 벽파진으로 돌아왔다. 이날 밤 틀림없이 무슨 야습이 있을 것만 같아서 각 배에 준비하고 있으라고 명령하였더니, 과연 밤 10시에 적들이 총포를 쏘며 야습해 왔다.
> 여러 배의 병사들이 겁을 먹는 것 같아서 다시 엄명을 내리고 내가 탄 배를 곧장 앞으로 이끌고 나가서 적선을 향해 대포를 쏘자 천지가 진동하였다. 적들은 당해내지 못할 줄 알고 네 번이나 나왔다 물러갔다 하면서 대포만 쏠 따름이더니, 자정 무렵이 되어서 물러갔다.

오후 교전 후 곧바로 정박지로 도망쳐온 왜군들은 비록 이순신이 소단위 함대를 이끄는 단위 대장 신세로 전락했다고는 해도 무시할 수 없는 존재임을 시인하면서 보다 안전하고 효과적인 작전을 계획했다.

이들이 계획한 작전은 원균의 조선 함대를 궤멸시켰을 때와 같은 기습전이었다. 왜군들은 칠천량에서와 같이 야간기습으로 작전을 개시했다. 그런데 이순신이 이미 알고 있었던 것처럼 즉각적으로 응수해오자 왜군들은 오히려 자신들이 기습을 당한 것처럼 당황했다.

기습전이 실패로 돌아가자 왜군들은 수차례에 걸쳐 '사냥개 곰

몰이' 식의 치고 빠지기 전술을 구사했다. 하지만 이순신은 소규모의 선단으로도 자신들을 압도했고 자리를 지키며 자신들의 유인전에 내응하지 않았다.

소득도 없이 시간만 흘러가자 왜장은 문득 '지치는 쪽은 우리들이고 오히려 이순신의 꾀에 말려든 것은 아닌가?' 하는 의문을 갖기 시작했다. 이에 왜장은 함대를 물려 돌아갔다.

> 9월 8일. 맑다. 적선은 오지 않았다. 여러 장수들을 불러서 대책을 의논했다. 우수사 김억추(金億秋)는 기껏해야 일개 만호에 적합한 인물이지 국방의 책임(수사의 직무)을 맡길 수 있는 사람은 아니다. 그런데도 좌의정 김응남이 사사로운 정으로 무리하게 임명해 보냈으니, 이러고도 조정에 사람이 있다고 할 수 있겠는가. 다만 불행한 시국을 탄식할 따름이다. 참으로 통탄스럽다.

김응남은 당쟁의 시각에서 원균을 통제사로 삼는 데 앞장선 인물이다. 김억추를 추천한 것도 같은 맥락에서였다. 당쟁의 논리로 부임해 온 배설 경상수사가 도망친 지 며칠 되지도 않은 시점에서 이같은 문제들이 자꾸 불거지자 이순신은 '불행한 시국을 탄식할 따름'이라며 속을 끓였다.

> 9월 9일. 맑다. 이날은 중양절(重陽節)로서 1년 중 명절이므로 나는 상제의 몸이지만 여러 장병들은 먹지 않을 수 없어서 제주에서 실어온 소 5마리를 녹도(송여종), 안골포(禹壽) 두 만호에게 주어 장사들을 먹였다. 적선 2척이 어란포로부터 감보도(甘甫島: 진도군 고군면)로 바로 들어와서 우리 배의 많고 적음

을 정탐하므로 영등포 만호 조계종이 뒤를 추격했으나 놓치고 말았다. 적들은 황급하여 배에 실었던 물건들을 모조리 바다에 던져 버리고 달아났다.

소 5마리를 잡아 장병들을 먹여주어 군의 사기를 높였다. '판옥선 13척×160명=2,080명'과 여타 장병들의 수를 1천 명으로 보면 약 3천 명에게 쇠고깃국을 먹인 것이다. 이순신 본인은 상제의 몸이어서 고깃국을 먹지 않았다.

9월 10일. 맑다. 적들이 멀리 달아났다.

9월 11일. 흐리고 비가 왔다. 배 위에 홀로 앉아 그리운 생각에 눈물을 지었다. 천지간에 나 같은 사람이 또 어디 있으랴. 회 (薈)도 내 심정을 알고는 몹시 불안해하였다.

돌아가신 어머니, 그리고 칠천량에서 수중 고혼이 된 동지들이 그리웠다. 아들 회가 아버지 앞에 끝없이 펼쳐져 있는 가시밭길을 보며 하늘과 세상을 원망했다.

9월 12일. 비. 비. 배 뜸 아래 앉아 있으니 마음이 산란하였다.

9월 13일. 맑다. 북풍이 크게 불었다. 꿈에 이상한 일이 있었다. 임진년 대승첩 때의 일과 비슷하다. 무슨 징조인지 모르겠다.

며칠 후에 있을 울돌목(명량) 해전을 계시하는 꿈을 꾼 것이다.

9월 14일. 맑다. 북풍이 크게 불었다. 벽파진 건너편에 신호(信號) 연기가 오르기에 배를 보내어 실어와 보니 바로 임준영(任俊英)이었다. 임준영이 육지를 정탐한 후 달려와서 보고하기를 "적선 2백여 척 중에 55척은 벌써 어란포 앞바다로 들어왔다"고 하였다.

대규모 왜선단의 움직임이 어란포 근처에서 감지되었다. 이순신은 직감적으로 대해전이 임박했음을 알았다.

그리고 또 하는 말이 "사로잡혀 갔다가 도망쳐 돌아온 사람인 중걸(仲乞)이 말하기를 '이달 6일 달마산(達磨山: 해남)으로 피난갔다가 왜적에게 붙잡혀 묶여서 왜선에 실렸는데, 이름을 모르는 어떤 김해 사람이 왜장에게 사정해서 묶은 것을 풀어 주었습니다. 그날 밤 왜놈들이 깊이 잠든 사이에 김해 사람이 저의 귀에다 대고 조용히 말하기를, 왜놈들이 모여서 의논하는 말을 들으니, 조선 수군 10여 척이 우리(왜적) 배를 추격하여 혹은 쏘아 죽이고 또 배를 불태우기도 했으니 보복하지 않을 수 없다. 그러니 여러 배를 불러 모아서 조선 수군을 다 죽여 버린 후에 바로 경강(京江)으로 올라가려고 한다고 했습니다' 라고 하였습니다."
이들의 말을 비록 다 믿기는 어려워도 역시 그럴 수도 있으므로, 전령선(傳令船)을 우수영으로 띄워 보내서 피난민들에게 어서 뭍으로 올라가도록 타이르라고 하였다.

만일의 사태에 대비해서 피난민들을 산으로 대피하도록 전령을 띄웠다.

"必死則生(필사즉생)"의 어록

9월 15일. 맑다. 벽파정 (碧波亭) 뒤에는 명량(鳴 梁: 울돌목)이 있는데, 몇 척 안 되는 적은 수의 전선으로는 명량을 등 지고 진을 칠 수 없으므 로 조수(潮水)를 타고 진을 우수영 앞바다로 옮겼다. 그리고 여러 장 수들을 불러 모아 다짐 하기를 "병법에 이르기 를 '죽으려 하면 살고, 살려고 하면 죽는다(必 死則生, 必生則死)'고 하였고, 또 '한 사람이 길목을 지키면 천 명의 사내들도 겁을 낸다(一 夫當逕, 足懼千夫)'는 말이 있는데, 이는 모두 오늘의 우리를 두고 한 말이다! 너희 여러 장수 들은 결코 살려는 생각

〈충무공 친필
"必死則生, 必生則死"〉

을 품지 말라! 조금이라도 명령을 어긴다면 군법으로 다스릴
것이다!"라고 하면서 두 번 세 번 거듭 엄격히 다짐해 두었다.
이날 밤 신인(神人)이 꿈에 나타나서 "이렇게 하면 크게 승첩
하고, 이렇게 하면 질 것이다"고 일러주었다.

'명량 해협을 등지고 진을 칠 수 없다'고 했는데, 등지고 진을 친
다면 유속이 12~16km일 때는 병선들이 떠내려갈 정도가 되므로 진
의 대오가 유지되지 않는다. 그래서 지금의 진도대교가 있는 위치에
서 옮겨가서 유속이 비교적 완만한 우수영 앞바다 쪽에다 진을 쳤
다. 신인(神人)의 말씀이 이튿날 이순신이 울돌목에서 기획·연출한
'전체대용(全體大用)의 신산(神算)의 해전 프로그램'이었을까?

제23부 신산(神算)의 울돌목(명량)해전

〈명량해전의 장소인 울돌목. 진도대교가 해남–진도를 이어주고 있다.
충무공의 7년간 기록에서 '거북선+학익진의 해전원리'를 이해하고, 20세기
세계 해군들의 '거북선+학익진 승계사'를 규명하고 나면 울돌목해전의 신비
가 비로소 해독된다〉

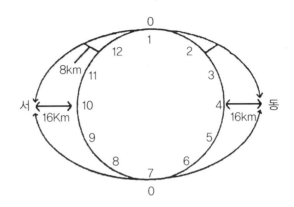

〈그날의 울돌목 유속. 왜선단이 몰려온 것은 낮 12시경이다.
왜군들은 유속이 4km일 때 순류(順流)를 타고 진입해 들어왔다.
12시 이전에 해전이 있었다면 아래와 같은 대치가 된다〉

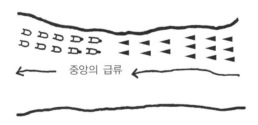

〈이러한 대치가 되면 거북선의 선수 쪽은 방탄이 우수해서 별 피해가 없다.
반면에 왜선단은 뱃머리가 불타고 해협은 막혀버리며, 곧이어 조류가 역류가
되면 물러갈 수밖에 없다. 일본에도 울돌목과 같은 해협이 있으며 왜군들은 울
돌목의 물길이 복잡하고 험하다는 사실을 중국-한반도-일본 간의 수천 년 동
안 이어져온 해상교류의 역사를 통해서도 잘 알고 있었다. 그래서 조선인 물길
안내인들을 앞세우고 울돌목 어귀에 모습을 드러냈다〉

1. 서해로 가는 마지막 관문−울돌목(명량)

벽파진에서의 해전 상황을 보고받은 와키자카 등 왜군 함대 수뇌진은 이순신이 거느렸다는 조선 함대의 규모를 확인하자 일단 크게 안도하면서 그토록 고대하던 서해 진출의 날이 다가왔음을 확신했다.

미리부터 서해 진출을 기념하는 자축 분위기가 무르익는 가운데 함대 수뇌진의 관심사는 자연히 이순신에게 모아졌다.

칠천량에서의 승전으로 지금껏 이순신과 조선 해군에게 당한 수모를 되갚았노라고 자위해 왔지만, 원흉이 빠진 반쪽짜리 승리였음을 모두는 아쉽게 생각하고 있던 터였다. 나머지 반쪽은 응당 이순신으로부터 받아내야 할 몫이었고, 온전한 승리를 갈구하던 왜장들에게 하늘은 뜻하지도 않은 선물을 베풀고 있다고 생각했다.

서해 진출이라는 역사적인 순간을 기념할 수 있는 이벤트까지 마련되자 기동 함대 사령관들은 앞 다투어 영광의 순간을 쟁취하고 싶어 했다.

10여 척에 불과한, 그것도 칠천량에서 도망쳐 왔을 패잔 선단을 상대로 한 싸움이었기에 왜장들로서는 양보할 수 없는 승부였다.

벽파진에서 이순신 함대와 교전을 벌이고 돌아온 왜군들로부터 "이순신은 아직 건재하며 몇 척 되지도 않는 전선을 거느리고서도 결코 우리를 두려워하는 기색이 없었다"는 보고를 들었지만, 그것은 어디까지나 최후의 발악일 뿐이라고 생각하였다.

왜장들은 저마다 자신이 이순신의 최후를 집행할 적임자임을 자처하며 출전 의지를 밝히고 나섰다. 그러나 와키자카 등 일부 왜장들의 생각은 달랐다.

서해 보급로 확보의 의미를 이순신이 모를 리 없었고, 자신들이 서해로 순순히 나가도록 지켜만 보고 있지는 않을 것이라고 생각했다. 이번이 이순신과 겨루는 마지막 승부가 될 것이다. 와키자카 등은 이 승부로 인해 힘들게 얻은 대세가 훼손되는 것을 원치 않았고, 그 어떤 계략에도 흔들리지 않는 완벽한 승리를 갈망했다.

왜장들은 대규모 연합함대로써 이순신과 그 휘하 잔당들을 일거에 쓸어버린다는 작전을 구상했다.

대 함대의 위용만으로 적의 항거 의지를 짓밟아놓겠다는 왜장들의 구상은 선봉 함대와 일정 거리를 두고 서진 길에 나선 해군 총사령관 구키 요시다카(九鬼嘉隆)에게도 전해졌다.

구키는 즉시 선봉 함대의 작전에 동의했다. 그리고는 선봉 함대가 머물고 있던 해남 어란포를 서해 진출을 위한 중간기지로 삼겠다고 전하면서 서진 중인 다른 함대들의 어란포 집결을 명령했다.

9월 중순이 되자 명령을 받고 항진해 온 왜군 함대들이 어란포에 들어와서 닻을 내리기 시작했다. 그 중에는 히데요시로부터 "함대의 선봉을 맡아 이순신의 수급을 베어 바치라"는 특명을 받고 달려온 기동 함대 사령관 구루시마 미치후사(來島道總)가 있었다.

그는 '돌격전의 달인'이라는 찬사를 받으며 무명(武名)을 떨쳐온 해군 장수였다. 그의 수영(水營)은 왜국의 울돌목으로 일컬어지는 미야쿠보 해안에 위치해 있었기 때문에 울돌목에서의 해전을 가상한다면 최고 적임자였고, 더구나 임진년 당항포해전(1592. 6.) 때 '검은색 왜군 함대'를 지휘하다가 전사한 왜장과는 친형제지간이었기 때문에 전투에 임하는 각오 또한 남다른 면이 있었다.

이러한 이력이 히데요시가 구루시마를 선봉장으로 내세운 이유였다. 이순신이 제 아무리 신출귀몰하는 재주를 가졌다 하더라도 몇 척의 배만으로는 대규모의 파상 돌격전을 감당해 내지 못할 것이라는 것이 히데요시의 생각이었다. 히데요시는 구루시마를 앞세워 일본 해군의 상징인 돌격전으로 조선 해군의 상징인 이순신을 꺾어버리겠다는 생각을 하고 있었던 것이다.

2. 울돌목해전

9월 16일. 맑다. 이른 아침에 별망군(別望軍: 별도로 조직된 정탐군)이 나와서 보고하기를 "헤아릴 수 없을 만큼 많은 적선들이 명량(鳴梁)을 거쳐 우리 배를 향해 들어오고 있다"고 하였다.
　　　　　　　　　　　　　　　 -〈난중일기〉(1597. 9. 16.)-

9월 16일. 새벽 4시경. 어란포에 집결해 있던 왜선단이 목표를 향해 기동을 시작했다.

와키자카 야스하루(脇坂安治), 가토 요시아키(加藤嘉明), 도도 다카도라(藤堂高虎), 구루시마 미치후사(來島道總) 등 기동 함대 사령관들의 연합으로 편성된 300척이 넘는 초대형 함대였다. 왜선단은 벽파진을 거쳐 곧장 울돌목으로 향했다.

조선 반도의 바다 사정을 속속들이 꿰고 있을 이순신이 제2의 견내량이라 할 수 있는 울돌목을 자신들이 그냥 지나가도록 내버려 두지는 않을 것이었다.

아니나 다를까, 척후선의 보고 역시 "이순신이 거느린 조선 함대가 울돌목에 나타났고, 아마도 우군이 오기를 기다리고 있는 것 같다"는 것이었다.

오전 9시경, 왜선단은 울돌목 어귀에 모습을 드러냈다. 그러나 그 때는 울돌목의 유속이 빨라지는 시점이었기 때문에 왜군들은 진도 해안에서 머물다가 유속이 느려진 12시경에 울돌목으로 진입했다.

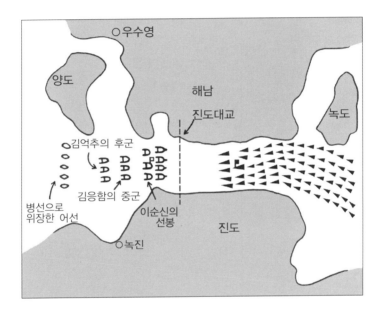

〈조선 함대와 왜군 함대의 울돌목 대치도.
조선 함대 후미에 포진한 어선들은 해전에 참가했으므로 모두 포작선이다. 이 들은 의병들이 스스로 무장을 갖추듯 화약무기와 군악대를 갖추고 있었다. 이 들 어선단은 해전 중 급류에 떠내려 오는 왜선들을 공격해서 깨뜨렸는데, 왜군 들의 입장에서는 실체가 불분명한 또 다른 조선 함대였다〉

선봉 함대를 이끌고 맨 먼저 해협에 진입한 구루시마의 시야에 조 선 함대의 모습이 들어왔다. 듣던 대로 이순신에게는 병선 10여 척 이 전부였고, 이순신의 기함은 거북선이 포함된 5~6척의 호위선단을 거느리고 자신들을 마중하려는 듯 멀리서 노를 저어 오고 있었다.

다급해진 구루시마

표적을 확인한 구루시마는 즉각 선봉 함대에 공격대형을 갖추도
록 명령을 내렸다. 그러자 왜군 돌격대를 실은 돌격선단이 신속하게
전방으로 포진해 나아갔다. 구루시마의 직할 호위선단이 기함을 호
위한 채 돌격선단의 뒤를 따르자 후방의 선단들도 진형을 갖추고 항
진했다.

전투 진형이 갖춰지자 구루시마는 후방의 중군 및 후군 함대들과
수기를 통해 상호 '작전준비 이상무'를 교신했다. 그리고 모든 준
비가 완료되었음을 확인하자 구루시마는 지체 없이 돌격선단에 공
격을 명령했다.

"속히 돌진하라!"

구루시마가 신속한 공격을 주문한 데에는 나름대로 사정이 있었
다. 머뭇거릴 이유도 없었지만, 무엇보다 하루에 4번 바뀌는 울돌목
의 조류(潮流)를 감안해야 했기 때문이다.

왜군들로서는 물살의 유속(流速)이 느려지는 12시에서 2시 사이에
조선 함대를 완전히 궤멸시키고 전 함대가 해협을 통과해야 했다.
만약 궤멸시키지 못한다면 이순신이 자신들의 뒤를 따라 항진해 오
고 있는 보급 선단들을 차례로 불태울 것이 분명했기 때문이다. 이
에 구루시마를 비롯한 왜군 함대 수뇌진의 마음은 울돌목에 진입해
들어온 순간부터 조급해지기 시작했다.

단 한 번의 공격으로 끝내야 한다. 이 점은 조선 함대의 최후를
관장해야 할 구루시마 본인이 누구보다 잘 알고 있었다.

전진해 갈수록 구루시마의 시야에 조선 함대의 모습이 점점 또렷하게 들어왔다. 조선 함대 역시 자신들이 다가오기를 기다리고 있는 듯했다.

내심으로 '이순신이 우리의 위용에 겁을 집어먹고 달아나기라도 하면 어쩌나' 하는 생각을 품고 있던 구루시마로서는 운명에 순응하듯 자신들을 마중 나온 이순신의 용기가 그저 고맙고 가상할 따름이었다. 구루시마의 눈에는 이순신의 이 같은 행동이 죽기를 작정하고 덤벼드는 무모하면서도 맹랑한 도전으로 보였다.

함교(층루)에 앉아 상황을 주시하고 있던 구루시마가 어느 순간 자리에서 일어나 결전의 순간이 임박했음을 고성(高聲)으로 알렸다. 그리고 목표와의 거리가 제법 좁혀들자 지휘봉을 잡은 구루시마의 오른손이 허공을 갈랐다. 적을 포위해서 도선(渡船)을 시작하라는 신호였다. 신호를 접수한 돌격선단들은 이내 조선 함대 주위로 모여들어 겹겹이 에워싸기 시작했다.

> 곧이어 여러 배에 명령하여 닻을 올리고 바다로 나가니 적선 330여 척(초고에는 130여 척, 또 다른 초고에는 133척)이 우리 배를 에워쌌다. 여러 장수들은 적은 군사로는 많은 적을 대적할 수 없다고 낙심하면서 모두 회피할 꾀만 내었다. 그 와중에 우수사 김억추는 벌써 아득한 곳으로 물러나 있었다.
> ─〈난중일기〉(1597. 9. 16.)─

133척은 선두에 선 전투선단이고 330척은 그 뒤를 따르고 있는 후방의 함대를 포함한 것 같다. 어떤 기록에는 6백여 척, 또 어떤 기록에는 1천여 척이라고도 되어 있는데, 이는 서해 진출을 위해 전라도 해상에 머물고 있던 전체 규모의 왜선단으로 보인다.

왜선단이 바다를 뒤덮듯이 몰려오자 조선 함대 수병들은 망연자실했다.

이순신은 이 같은 가능성을 내다보고 9월 15일 '필사즉생(必死則生)'론에 대해 두 번 세 번 거듭 엄격하게 다짐해 두었지만, 후군장 김억추의 기함조차 겁에 질려 노 젓기를 소홀히 하자 약 2마장(800m)이나 멀어져 있었다.

> 나는 노를 바삐 저어 앞으로 돌진하며 지자총통과 현자총통 등 각종 총통을 마구 쏘아 바람과 우레같이 터뜨렸다. 군관들도 배 위에 가득 서서 빗발같이 쏘아대니 적도들은 당적하지 못하고 나왔다 물러갔다 하였다. 하지만 왜군들은 여러 겹으로 둘러 싼 채 기회를 엿보고 있었다. 배 위의 모든 사람들은 형세가 어떻게 될지 알 수 없어서 서로 돌아다보며 어찌 할 줄 몰랐는데, 모든 사람들의 얼굴빛은 사색(死色)이 되어 있었다.
> 　　　　　　　　　　　　　　　－〈난중일기〉(1597. 9. 16.)－

이순신은 왜군들이 12시경에 총공격으로 나올 것으로 짐작하고 있었다. 또 오후 2시 안에 해협을 통과하려고 시도할 것이라는 점도 예상하고 있었다. 그러자면 왜장이 직접 진두지휘에 나설 것이라고 판단한 이순신은 선봉 함대를 이끌고 물밀듯이 밀려오는 왜선단을 막아섰는데, 이른바 '거북선+학익진 공격'의 시작이었다.

이순신이 선봉에 선 것은 망연자실해 있던 군사들에게 몸소 '필사즉생'의 시범을 보이기 위해서이기도 했지만 무엇보다도 왜장과 그 기함에 대한 공격을 위해서였다.

돌격전을 위해 이순신의 선봉 함대를 향해 다가온 왜군 돌격대들은 조총의 밀집사격으로 초전부터 기세를 올리는 듯했다. 그러나 방탄을 대폭 강화하고 출전한 판옥선단에 효과적인 타격을 가하지는 못했다. 오히려 거북선과 판옥선단의 일시집중타 공격에 왜군 돌격 선단에 불이 붙는 등 왜군 측은 심각한 타격을 입었다.

이렇게 되자 돌격(포위)→도선(渡船)→백병전의 순서에 따라 조선 함대 지휘부를 초토화시키겠다던 돌격대 제1진은 돌격은커녕 배에 붙은 불을 끄거나 장대비처럼 쏟아지는 살탄과 산탄 공격을 피해 몸을 숨기느라 정신이 없었다.

그 와중에 코앞까지 접근해 온 거북선들이 대포 사격과 함께 자신들의 배 위로 온갖 투척용 포탄(발화탄, 질려탄, 진천뢰 등)들을 집어 던지자 선두에 선 돌격선단은 아비규환의 대혼란에 빠져버렸다.

절대적 우세 속에서 치르게 될 해전이었기에 이순신의 수급이 돌격대원들에 의해 떨어지는 것은 시간문제일 뿐이라고 자신했던 구루시마는 상황이 전혀 이상하게 돌아가자 직접 호위선단을 이끌고 재차 돌격을 독려하고 나섰다.

"물러서지 말고 돌격하라!"

사령관의 명령이 떨어지자 왜군 돌격대들은 다시금 돌격태세를 갖추고 도선을 준비했지만 거북선과 판옥선단이 퍼부어 대는 가공할 화약무기 공격에 선뜻 돌격에 나서지 못했다.

돌격전이 성공하려면 자신들의 앞을 막아선 채 근접 사격을 해대는 거북선의 돌격 저지선을 돌파해야만 했다. 그러나 조총으로는 거북선을 당해낼 수 없었기 때문에 왜군들은 조선 함대 주위를 겹겹이 에워싸면서 기회를 엿볼 뿐이었다.

그러는 사이에 조선 함대를 에워싼 맨 앞줄의 돌격선단들은 또 다시 거북선과 판옥선단의 시스템 식 공격(협격)으로 만신창이가 되어 차례차례 전열에서 이탈해 나갔다.

한편, 조선 함대가 왜선들에 겹겹이 포위되는 상황을 지켜보고 있던 육지의 백성들은 '이제 다 죽는구나'라고 생각하며 발을 동동 굴렀다.

'거북선+학익진의 판옥선단'에 역포위된 구루시마 사령관

나는 차분히 타이르기를 "적이 비록 1천 척이라 하더라도 우리 배를 쉽게 당해내지 못할 것이다. 동요하지 말고 힘을 다해서 적을 쏘라!"고 하였다. 그리고는 여러 장수들의 배를 돌아보니 먼 바다에 물러나 있으면서 바라만 보고 나오지는 않고 있었다.

나는 즉시 배를 돌려 중군장 김응함의 배로 가서 그 목을 베어 효시(梟示)하고도 싶었으나, 내 배가 머리를 돌리면 여러 배들이 차츰 더 멀리 물러날 것이고, 그로 인해 적선이 점점 더 가까이 다가오면 사세가 크게 그르쳐질 것이기에 곧 호각을 불어 중군의 영하기(令下旗)를 세우고 또 초요기(招搖旗)를 세웠다.

그러자 중군장 미조항 첨사 김응함의 배가 차츰 내 배로 가까이 다가왔는데, 거제 현령 안위의 배가 먼저 이르렀다.

나는 배 위에 서서 직접 안위를 부르며 "안위야! 군법에 죽고 싶으냐! 네가 군법에 죽고 싶으냐! 도망간다고 어디 가서 살 것이냐!"라고 하니, 안위도 황급히 적선 속으로 돌입하였다.

이번에는 김응함을 부르며 "너는 중군장이면서 멀리 피하기만 하고 대장을 구원하지 않았으니 그 죄를 어찌 면할 것이냐! 당장 처형할 것이지만 지금은 상황이 급하므로 우선 공을 세우게 하겠다"고 하였다.

이에 두 배(안위와 김응함)가 바로 들어가 접전을 벌이자 적장이 그 휘하의 배 3척을 지휘해서(*초고에는 적장선과 다른 배 2척과 합하여 3척이라고 되어 있다) 싸움을 독려하자, 왜군들은 한꺼번에 안위의 배에 개미 달라붙듯 매달려 서로 먼저 올라가려고 하였다.

그러자 안위와 그 배에 탄 사람들이 죽기를 맹세하고 싸우는데, 혹은 모난 몽둥이를 쥐고, 혹은 긴 창을 잡고, 또 혹은 큰 자갈 덩어리로 사정없이 치고 때리며 싸우다가 힘이 거의 다 빠지게 되었다.

그래서 나는 배를 돌려 바로 들어가 빗발치듯 마구 쏘아 적선 3척에 타고 있던 적들을 남김없이 무찔렀는데, 이때 녹도 만호 송여종과 평산포 대장 정응두(丁應斗)의 배가 연달아 와서 합력하여 적을 쏘았다. 몸을 움직이는 적은 한 놈도 없었다.

-〈난중일기〉(1597. 9. 16.)-

이순신으로부터 호통을 들은 안위와 김응함은 애초의 작전대로 왜장선을 향해 돌진해 들어갔다. 이에 구루시마의 기함과 3척의 호위선들이 돌진해 들어간 안위의 판옥선에 달려들어 백병전을 위한 도선(渡船)을 시도했다.

바로 그 순간, 거북선을 포함한 모든 판옥선에서는 구루시마의 기함과 휘하선 3척을 표적으로 삼아 일시집중타를 날렸다.

'거북선+학익진의 판옥선단'에 노출된 구루시마의 기함과 그의 호위선단은 그 순간 '거북선+학익진의 판옥선단'에 역(逆) 포위되었고, 그것으로 최후를 마쳤다.

조선 함대는 에워싸고 있던 왜선들에게는 최소한의 수비를 위한 공격을 펼치는 대신에 나머지 화력은 왜장이 탄 배에 집중시켰다.

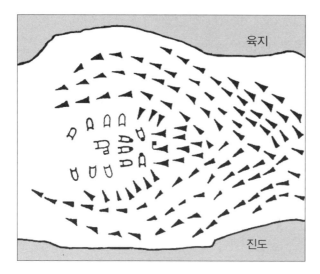

육지

진도

〈판옥선들은 날개를 접은 모습의 학익진형으로 왜선단과 대치했다. 그리고 주위를 에워싼 왜선들에게는 최소한의 응전만 하면서 나머지 화력은 왜장의 배에 집중시켰다.〉

왜선들이 겹겹이 에워쌓으나 뒷줄은 사격에 나서지 못하고 구경만 하는 꼴이었다. 그리고 왜장은 '거북선＋학익진의 판옥선단'에 역 포위되어 최후를 맞았다. 또 일부 왜선들은 물살을 이기지 못하고 해협 서쪽으로 떠내려갔는데, 그 배들은 의병으로 참전한 조선 어선들의 공격을 받아 불타고 깨졌다.

'그래서 나는…'에서 '나'에는 이순신의 기함과 직할 거북선 및 판옥선들이 포함된 소형의 '거북선＋학익진 함대'로서 모두 5~6척의 선단이었다.

이들 선단은 안위의 배에 개미처럼 달라붙어 있는 왜군들을 향해 편전, 장전(보통 화살), 피령전, 산탄 등을 빗발치듯 쏘아 그들을 고슴도치와 같이 만들었다.

이순신의 기함과 직할 선단이 안위의 배를 구하고 있을 때 중군과 후군에 속한 송여종과 정응두의 판옥선도 합세했다. 즉, 13척 모두가 '거북선＋학익진'으로 공격에 나섰고, 때문에 구루시마의 기함과 30여 척의 호위함들은 당포와 당항포에서 궤멸된 왜군 지휘부처럼 해전 초에 화염에 휩싸이고 말았다.

> 항복해 온 왜인 준사(俊沙)라는 자는 안골포의 적진에서 투항해 온 자인데, 그가 내 배에 타고 있다가 내려다보며 "저 무늬 있는 붉은 비단옷을 입은 놈이 안골포의 적장 마다시(馬多時: 來島道總·구루시마 미치후사)입니다"고 하였다.
> 내가 물 긷는 군사인 김석손(金石孫: 초고에는 김돌손(金乭孫)으로 되어 있다)을 시켜서 갈고리로 뱃머리 위로 끌어올리게 했더니, 준사가 펄쩍펄쩍 뛰면서 말하기를 "맞다, 마다시(馬多時)다"고 하였다. 그래서 곧바로 그의 몸을 토막 내어 자르게 하니(그리고는 토막을 장대에 매달아 높이 내거니) 적들의 기세가 크게 꺾였다.   -〈난중일기〉(1597. 9. 16.)-

치열한 난타전 속에서 왜장 구루시마는 자신이 앉아 있던 층루가 박살나자 바다에 굴러 떨어졌고, 이순신은 아직 숨이 붙어 있던 구루시마를 건져 올려 갑옷 채 토막 내어 판옥선 장대 높이 내걸게 했다.

'이순신의 목을 베어 일본 해군의 치욕을 씻겠노라'고 호언장담하던 왜군 사령관의 토막 난 주검을 본 왜군들은 그 순간 싸울 마음이 완전히 달아나고 말았다. 사실상 해전은 그것으로 끝이었다.

멀리서 구루시마의 최후를 지켜본 와키자카 및 왜군 함대 수뇌진도 뜻밖의 상황에 경악을 금치 못했다. 선봉 함대 사령관과 그 지휘부가 눈 깜짝할 사이에 박살난 것도 놀라웠지만, 이순신이 330:13의 대치 구도를 한 순간에 역전의 대치 구도로 바꿔버렸다는 것은 과연 이순신이 인간인지 신인지를 의심케 하는 믿기 어려운 사건이었다.

〈그루시마 군이 남긴 울돌목 해전도. 조선 함대 병사들이 화살을 연속으로 발사할 수 있는 '수노기'(쇠뇌)를 사용하고 있는 모습이다. 수노기는 위쪽에 달린 손잡이를 상하로 움직이면 화살이 발사되는 무기로 아주 오래 전부터 사용되어 온 화살 발사용 무기이다. 사용된 화살은 편전의 애기 살이며, 5～10초당 1발씩 쏘았다면 근접전이었던 상황을 고려해 볼 때 왜군 조총수들에게는 매우 위협적인 무기였다〉

조선 함대를 에워쌌던 제1선의 왜선들 외에는 모두가 허수(虛數)의 전력이라는 판단이 서자 와키자카는 눈앞이 캄캄해지는 좌절감을 느꼈다.

이렇게 해전을 계속하다가는 왜장들 모두가 구루시마의 전철을 밟아 차례차례 최후를 맞게 될 수 있다는 생각도 들었다. 그 순간 임진년 7월 한산도에서 겪었던 공포가 다시 엄습해 왔다. 장소만 다를 뿐 이순신이 노리는 것이 기함의 지휘부라는 것을 깨닫자 와키자카는 바짝 긴장하기 시작했다.

이번에도 이순신의 계략에 말려든 게 분명했다. 그러나 이순신이 감추고 있을 흉계의 깊이를 짐작조차 할 수 없었기에 와키자카 등은 더욱 두려웠다.

그 와중에 해협 양 편의 육지에서는 난 데 없이 군악소리와 함께 강강수월래 노랫소리가 울려 퍼지기 시작했다. 또 해협 저 멀리 실체를 알 수 없는 수백 척의 선단(어선단)에서도 군악이 울렸기 때문에 새가슴이 된 왜장들은 그 진상을 파악할 새도 없이 전 함대에 퇴각령을 내렸다.

왜장들은 뭔지 모르는 흉계의 실체가 드디어 모습을 드러내고 있다고 생각했고, 서둘러 해협을 빠져 나가는 것만이 위기를 벗어나는 길이라고 생각했다.

물살이 급류로 바뀌면 꼼짝없이 해협에 갇히게 되고, 만약 그때 이순신이 숨겨 놓았을지도 모르는 복병선단이 퇴로를 막고 양 쪽에서 공격해 온다면 그것으로 모든 게 끝장이라고 생각했기 때문이다.

그러나 왜군들은 퇴각 시점에서 뜻하지 않은 난관에 부딪히고 말았다. 조선 함대의 집중 공격에 불이 붙은 선두의 왜선들이 마침 조수의 흐름이 바뀌자 자신들의 진영 속으로 떠내려 왔고 곧바로 연쇄 방화를 일으켰던 것이다.

우리의 여러 배들이 일제히 북을 울리며 나아가 각각 지자, 현
자 대포를 쏘고, 또 화살을 빗발같이 쏘아 적선 30척을 깨뜨렸
다. 그러자 적선들은 퇴각해 달아났고 다시는 우리 해군 앞으
로 가까이 오지 못하였다. 이는 실로 천행(天幸)이었다.

싸움하던 바다에서 그대로 정박해 있고 싶었으나 물결이 아주
험하고, 또 바람조차 역풍인데다가 우리 수군의 형세 또한 외
롭고 위태로웠기 때문에 진을 당사도(唐笥島: 무안군 암태면)로
옮겼다.   -〈난중일기〉(1597. 9. 16.)-

‘물결이 아주 험하다’고 했는데, 오후 3시경이다. 물결도 빨랐지
만 왜군들이 울돌목 해협을 벗어나 넓은 바다로 되돌아 나가고 있었
기에 이순신은 함대를 물리어 당사도로 진을 옮겼다.

13척의 조선 함대로는 왜군들을 쫓아 넓은 바다로 나가서 싸우는
것은 ‘사냥개 곰 몰이 작전’에 휘몰릴 우려가 있었다. 게다가 모두
가 초죽음이 될 정도로 지쳐 있었기 때문에 이순신은 울돌목에 탐망
선을 배치해 두고 다음 전투를 준비했다.

신산(神算)의 다단계 공격

울돌목해전에 대해 ‘기적’이라거나 ‘천운’이라거나 하는 얘기들
이 많지만, 그 날의 상황을 분석해 보면 이순신은 필승을 염두에 두
고 임한 해전이었음을 알 수 있다. 또 울돌목해전을 다음과 같은 8
단계로 구분해 볼 때, 왜군들로서는 어느 한 단계도 극복하기가 쉽
지 않은 힘든 해전이었음이 밝혀졌기 때문에 20세기의 세계 해군들
은 울돌목해전을 가리켜 ‘신산(神算)의 해전’이라 불렀다.

① 왜장 구루시마는 거북선의 용머리포, 혹은 일시집중타에 맞아 초 전에 바다로 굴러 떨어졌다. 이순신은 구루시마를 건져 올려 토막 을 낸 후 뱃전에 걸어 왜군들로 하여금 전의를 상실하도록 했다.

② 잇달아 구루시마의 직할 선단마저 화염에 휩싸이자 거기에 타고 있던 3천여 명(중형 왜선 31척×약 100명)의 왜군들이 바다로 뛰어 들었다. 그리하여 해협은 허우적대는 왜군들로 아수라장이 되었 다.

③ 불탄 왜선들은 마침 조류가 바뀌자 후방의 왜선단 속으로 떠내려 갔다. 이는 '적의 배를 불 질러 적의 함대를 불태우는 방식'인데 그 시점 또한 절묘했다.

④ 왜군 측에는 퇴각령이 내려졌다.

⑤ 반면에 조선 함대에는 공격령이 내려졌으며, 요란한 군악소리에 맞춰 수병들 모두는 신들린 듯 공격하였다.

⑥ 왜군들은 귀신같은 이순신이 부근 섬 어딘가에 복병 함대를 숨겨 놓고 퇴로마저 끊고서 공격해 오는 것은 아닐까 염려했다.

⑦ 육지와 진도 양쪽에서 강강술래의 노랫소리와 군악소리가 요란 하게 울려왔다.

⑧ 때마침 공포의 조류 유속 16km의 시점이 다가오고 있었기 때문 에 왜군들은 얼이 빠져서 달아났다.

남해안으로 퇴각하는 왜군

그 후 왜장들은 재차 공격에 나서고자 했지만 16일 싸움에서 희 생도 많았고 이순신이 똑 같은 방식으로 막아선다면 어쩔 도리가 없 다고 생각했다.

진도 남단을 돌아 서쪽으로 진입하더라도 같은 원리로 막아선다면 결과는 마찬가지일 거라는 게 왜장들의 생각이었다. 또 동·서 양쪽으로 동시에 진입한다는 것은 조류의 흐름 때문에 불가능한 일이었다.

그렇다고 조선 함대를 그대로 두고 서해→강화도→한강→한성으로 진격해 간다면 퇴로가 차단될 뿐만 아니라 뒤따르는 수송선단은 모두 울돌목 근해에서 불타고 말 것이다.

이 같은 염려는 왜의 육군 쪽으로 불똥이 튀었다.

이 무렵 전라도를 거쳐 충청도 직산(稷山)까지 북상한 왜군들은 보급품이 바닥난 상황에서 조·명 연합군과 일진일퇴의 공방전을 벌이고 있었다. 그런데 마침 그때 "복권된 이순신 때문에 울돌목 통과가 불가능하다"는 소식이 날아든 것이다.

왜군들은 '도대체 지난 여러 해 동안 이순신을 이기려고 온갖 노력을 다해온 일본국의 연합 함대가 어째서 12척의 배밖에 없는 이순신도 이기지 못한단 말인가?' 하는 의문도 품어보고 한탄도 했지만, 그러나 그것이 현실이었기에 허탈했다.

제해권이 넘어간 상황에서는 비록 자신들이 한성을 다시 탈환하더라도 얼마 지켜내지 못할 것이란 점을 모두들 잘 알고 있었다. 더욱 심각한 것은 이순신이 해군력을 보강해서 여수→순천→사천을 수복하고 거기에 명나라 해군까지 합세한다면, 자신들의 퇴로까지 차단될 수 있다고 생각했다.

또 당포, 한산도, 안골포 등지에 머물러 있는 수송선단의 안위도 장담할 수가 없었는데, 수송선단이 불타버리고 나면 본국으로의 귀환에도 차질이 생기므로 왜군들은 북상을 단념하고 서둘러 부산과 남해안 일대의 왜성으로 퇴각하기 시작했다.

군민 합동 經·營 시대 창출

> **9월 17일.** 맑다. 어외도(於外島: 무안군 지도면)에 이르니 무려 3
> 백여 척의 피난선이 와 있었다. 이들은 우리 수군이 크게 승첩
> 했다는 소식을 듣고는 서로 다투어 치하하며 양식들을 가지고
> 와서 군사들에게 나누어 주었다. 나주의 진사(進士) 임선(林瑄),
> 임환(林懽), 임업(林業) 등이 찾아와서 만나보았다.
>
> —〈난중일기〉(1597. 9. 17.)—

피난 어선 3백여 척이 먼저 도착해 있었다. 1척당 20명이면 피난
민은 모두 6천 명이다.

> **9월 18일.** 맑다. 어외도에서 머물렀다. (울돌목해전 때) 내 배에
> 서는 순천 감목관 김탁(金卓)과 본영의 노비 계생(戒生)이 총탄
> 에 맞아 죽었다. 그리고 박영남(朴永男), 박봉학(朴奉鶴)과 강진
> 현감 이극신(李克新)도 총탄에 맞았으나 중상에 이르지는 않았
> 다.

이순신의 기함에서 총탄에 의해 2명이 전사하고 2명이 부상을
당했다. 기함이 왜군들로부터 집중 공격을 받았던 것을 감안하면
매우 경미한 손실만 입은 셈인데, 이는 방탄을 철저히 했기 때문이
며, 방탄을 강화한 것은 기함뿐 아니라 12척의 병선들도 마찬가지
였다. 손실 정도로 보아 이번에도 해전 시간은 길지 않았음을 알
수 있다.

9월 19일. 맑다. 일찍 떠나 배를 저어 갔다. 바람도 부드럽고 물결도 순하여 무사히 칠산(七山: 영광군 낙월면) 바다를 건넜다. 저녁 무렵에 법성포(法聖浦: 영광군 법성면)에 이르니 흉악한 왜적들이 육지로 와서 인가 곳곳에 불을 질렀다. 해가 진 후 홍농(弘農: 영광군 홍농면) 앞바다에 이르러 배를 정박시키고 잤다.

육지 쪽은 전라북도 일대가 왜군들에 의해 불타고 있었다. 그러나 백성들은 깊은 산중이나 신안 앞바다의 인근 섬으로 피신했기 때문에 왜군들은 약탈할 것이 없었다. 이 점이 임진년 북상 때와 달랐다.

9월 20일. 맑다. 새벽에 떠나 바로 위도(蝟島: 영광군 위도면)에 이르니 피난선이 많이 정박해 있었다. 이광축(李光軸), 이지화(李至和) 부자가 찾아와서 만나보았다.

이 무렵부터 조선 수군은 피난민들을 보호하고, 피난민들은 조선 수군의 보호 아래 고기를 잡고 농사를 짓는 등 군민 합동 經·營 시대를 열었다.

9월 21일. 맑다. 일찍 떠나 고군산도(古群山島: 옥구군 목면 선유도)에 이르니 호남 순찰사가 내가 왔다는 말을 듣고 배를 타고 급히 옥구(沃溝)로 갔다고 하였다.

일찍 출발해서 전북 옥구 지방까지 갔는데 병력과 전선, 그리고 군량미를 모으기 위해서였다. 또 다른 한편으로는 전라도의 제해권을 확보해서 왜군들이 도서지방을 넘보지 못하게 하려는 의도도 있었다.

9월 22일. 맑았으나 북풍이 크게 불어 그대로 머물렀다. 나주 목사 배응경(裵應褧), 무장(茂長) 현감 이람(李覽)이 찾아왔다.

9월 23일. 맑다. 승첩(勝捷) 장계의 초안을 수정했다. 정희열(丁希悅)이 찾아와서 만나보았다.

9월 24일. 맑다. 몸이 불편하여 끙끙 앓았다. 김홍달(金弘達)이 찾아와서 만났다.

9월25일. 맑다. 몸이 몹시 불편하여 식은땀이 온 몸을 적셨다.

9월 26일. 맑다. 몸이 불편하여 종일토록 나가지 않았다.

9월 27일. 맑다. 송한(宋漢), 김국(金國), 배세춘(裵世春) 등에게 승첩 장계를 가지고 뱃길로 올라가게 하였다. 정제(鄭霽)는 부체찰사에게 보내는 공문을 가지고 충청수사가 있는 곳으로 보냈다.

9월 28일. 맑다. 송한(宋漢), 정제(鄭霽) 등은 바람이 막혀서 다시 돌아왔다.

9월 29일. 맑다. 장계를 가지고 송한(宋漢) 등과 정제(鄭霽)가 다시 올라갔다.

3. 〈충무공행록〉으로 보는 울돌목해전

「9월 16일 이른 아침, 적이 바다에 깔려 명량을 거쳐 우리 진을 향해 올라오므로 공(公)은 모든 장수들을 거느리고 나가 막았다. 적은 열 겹으로 에워싸고 패를 갈라 차례로 싸웠는데 공은 닻을 내리고 배를 멈추었다.

적이 대장선인 줄 알고 마침내 333척이 나와 에워쌌는데 그 형세가 몹시 급해지자 여러 장수들은 공을 다시 구해내기 어려울 것이라 생각하고 각각 1리(393m) 쯤이나 물러나므로 공은 한 사람의 목을 베어 매어 달고 지휘 독려하며 진군하였다.」

'닻을 내리고' 라고 하였는데, 이유는 ①조류에 떠내려가지 않기 위해서, ②격군들까지 전투병으로 싸우게 하기 위해서였다. 그러나 안위 등은 그렇게 하지 않았기 때문에 역류에 떠내려갔다.

「첨사 김응함이 배를 돌려 들어오고, 거제 현령 안위도 또한 다가오므로 공이 일어나 뱃머리에 서서 큰 소리로 안위를 부르며 "안위야, 네가 군법에 죽고 싶으냐!"라고 하였고, 다시 또 불러 "안위야, 정말로 네가 군법에 죽고 싶으냐! 네가 물러간다고 살 듯 싶으냐!"고 하자, 안위도 황급히 "예, 어찌 감히 죽기를 마다 하겠습니까" 하고 돌진해 들어가 싸웠다.

이에 적의 배 3척이 안위의 배에 달라붙어 거의 함락될 위기에 처하였으므로 공은 자기 배를 돌려 들어가 안위의 배를 구출하자 안위도 죽기로 싸웠는데, 적선 2척이 무찔러지자 적의 기운이 조금 꺾이면서 잠깐 사이에 적선 30척이 연달아 깨졌으며, 죽는 자도 그 수를 알 수 없었다. 적이 지탱하지 못하고 포위를 풀고 달아났다.」

'2척······ 30척이 연달아 깨졌다'고 하였는바, 화력이 절대 우세였음을 알 수 있다. 화력이 우세였던 이유는,

① 임진왜란 개전 초부터 왜군들은 조총과 일본도에 의존하는 방식에서 쉽게 벗어나지 못했다.

② 이순신은 왜장과 그 호위선단이 12시~2시 사이에 전면 공격에 나설 것임을 예상했고, 이에 대비해서 대포, 발화탄, 질려탄 및 기타 인화성 물질들을 많이 준비해 놓고 있었다.

③ 닻을 내리고 격군들까지 전투에 가담하는 총력전을 펼쳤다.

이러한 ①, ②, ③의 조건으로 왜군 지휘부와 호위선단이 해전 초에 궤멸적인 타격을 입자 왜군 함대는 전의를 잃고 달아나기 시작했던 것이다.

「공이 한산도에 있었을 때 왜인 준사(俊沙)라는 자가 안골포 적진에서 죄를 짓고 항복해 와서 우리 진중에 머물러 있었는데, 이날도 준사가 공이 타고 있는 배에 같이 있다가 바다에 떠 있는 적의 시체들 속에 있는 붉은 비단 옷을 입은 자가 있는 것을 굽어보고는 손가락으로 가리키며 "저것이 안골포의 왜장 마다시(馬多時: 來島道總·구루시마 미치후사)요!" 하고 외쳤다.

공이 갈고리로 뱃머리로 끌어올리게 하고 보니 아직도 죽지 않았는데, 준사가 좋아라고 날뛰며 "맞아, 이 자가 바로 마다시요!" 하므로 공은 그의 목을 베라고 명하였다.」

구루시마를 죽여서 왜군들에게 토막 난 사령관의 시체를 확인시켜 준 것이 해전을 조기에 끝낼 수 있었던 이유였다.

「그날 피난하는 사람들이 높은 산 위에 올라가 바라보면서 적선이 들어오는 것을 3백까지는 헤아렸으나 그 나머지는 얼마인지 몰랐다. 그 큰 바다가 꽉 차서 바닷물이 안 보일 지경이었는데 우리 배는 다만 10여 척이라 마치 바위로 계란을 누르는 것 같았을 뿐 아니라 여러 장수들이 막 패전한 뒤에 갑자기 큰 적을 만났기 때문에 기가 죽고 혼이 빠져 모두들 달아나려고만 할 뿐이었다. 다만 공만이 죽겠다는 결심으로 바다 복판에 닻을 내리자 이내 적에게 포위를 당하게 되니 마치 구름과 안개 속에 파묻힌 것과 같이 되었는데 시퍼런 칼날이 공중에 번뜩이고 대포와 우레가 바다를 진동하였다.

피난하는 사람들이 서로 보고 통곡하며 "우리들이 여기까지 온 것은 다만 통제사 대감만 믿고 온 것인데, 이제 이렇게 되니 우린 이제 어디로 가야 하나?" 하였다.

얼마 있다가 다시 보니 적선이 차츰 물러나는데 공이 탄 배는 아무 탈 없이 우뚝 서 있었다. 그러자 적도 다시 패를 갈라 차례로 싸우는데, 이렇게 하기를 종일토록 하였고, 결국에는 적이 크게 패하여 달아났다. 이로부터 남쪽 백성들의 공을 의지하는 마음은 더욱 더 두터워졌다.」

'종일토록' 이라고 하였는데, 아침 전투 준비 때부터 해전 종료 시점인 오후 3시 이후 전리품 수거단계까지를 포함하면 '종일' 이 된다.

「그때(칠천량해전 때) 다 쓰러진 뒤에 임명을 받아서 지치고 흩어진 군사들을 거두어 모았지만, 군량이나 무기 등도 보잘 것 없었다. 그런데다가 철 또한 늦은 가을이어서 해상의 날씨가 무척 찬기 때문에 공이 그것을 걱정하다가 문득 몇 백 척인지 헤아릴 수 없이 많은 피난선들이 모여드는 것을 보고 영을 내려 물어보았다.

"큰 적들이 바다를 뒤덮고 있는데 너희들은 어쩌자고 여기에 있느냐?"

그들이 대답하기를 "저희들은 다만 대감님만 바라보고 여기에 있습니다"고 하였다. 공은 다시 영을 내려 물어보았다.

"너희들이 내 명령대로 한다면 내가 너희들의 살 길을 가리켜 주겠지만, 만일 따르지 않겠다면 어쩔 수 없다."

이에 모두들 말하였다.

"어찌 감히 명령에 복종하지 않을 수 있겠습니까!"

공은 다시 영을 내리기를 "지금 군사들이 배도 고프고 옷도 없어서 이대로 가다가는 모두 죽게 될 것이다. 이 같은 상황에서 어찌 적을 막아주기를 바라느냐. 너희들이 만일 여벌옷이나 양식을 내어서 우리 군사들을 도와준다면 이 적을 무찌를 수 있을 것이고, 그렇게 되면 너희들도 죽음을 면할 수 있을 것이다"고 하였다.

공의 말을 들은 백성들은 모두 그대로 실행하여 마침내 양식을 얻어 여러 배에 갈라 싣고 왔으며, 또 군사들도 옷을 입지 않은 자가 없었기에 승첩을 거두었던 것이다.」

이렇게 해서 군민 합동 經·營이 자리잡기 시작했고, 이 같은 합동 經·營 체제는 전란이 끝날 때까지 조선 수군의 동력으로 작용했다.

「이보다 앞서 공은 피난민들에게 명령하기를 "적들을 피해서
배를 옮겨 가라!"고 하였지만, 그들은 모두 공을 버리고 떠나가
려 하지 않았다. 그래서 명량 싸움에서 공은 그 모든 배들로 하
여금 먼 바다에 늘여 서서 마치 후원하는 배처럼 꾸미게 했다.
그리고 공은 앞으로 나아가 힘써 싸웠으므로 적들이 크게 패했
으며, 또 우리 수군이 아직도 건재해 있다고 생각하여 감히 다
시는 침범하지 못했다.」

전선으로 위장한 어선들에 관한 기록이다.

4. 〈징비록〉으로 보는 울돌목해전

「통제사 이순신이 왜적을 진도의 벽파정에서 쳐부수고 왜장
수 마다시(馬多時: 구루시마 미치후사)를 잡아 죽였다.

처음에 이순신이 진도에 도착해 보니 배가 10여 척에 불과했
다. 이때 해안가의 백성들로 배를 타고 피난길에 나섰던 사람들
이 헤아릴 수 없이 많았는데, 그들은 이순신이 돌아왔다는 소식
을 듣자 모두들 기뻐서 어쩔 줄을 몰라 했다.

이순신이 여러 길로 사람들을 불러 모으니, 먼 곳 가까운 곳
할 것 없이 수많은 사람들이 구름처럼 모여들었다. 이순신은 그
들을 군(軍)의 뒤에 늘어서 있게 하여 싸움을 돕는 형세를 취하
도록 했다.

왜적의 장수 마다시는 해전을 잘한다고 이름났는데 그는 전
선 2백여 척을 거느리고 서해를 침범하려고 했으나 이순신이

거느린 군사와 진도 벽파정 아래에서 서로 만났다. 이때 이순신은 12척의 배에 대포를 싣고 조수의 흐름을 이용하여 적을 공격하니 왜적들은 패하여 달아나버렸다. 이에 이순신이 거느린 군대의 명성이 크게 떨치게 되었다.

이때 이순신에게는 이미 군사 8천여 명이 있어서 고금도(古今島)에 나아가 주둔하였는데, 식량이 궁핍할 것을 근심하여 해로 통행첩을 만들어 명령하기를 "3도(경상·전라·충청도)의 연해를 통행하는 공사(公私) 선박으로서 통행첩이 없는 것은 간첩선으로 인정하고 통행할 수 없게 하겠다"고 선포하였다.

이에 난을 피하여 배를 탄 사람들은 모두 와서 통행첩을 받아갔다. 이순신은 그 배의 크고 작음에 따라서 차등을 두어 쌀을 바치게 한 후 통행첩을 발급해 주었는데, 큰 배는 3섬, 중간 배는 2섬, 작은 배는 1섬으로 정했다. 이때 피난하는 사람들은 자신들의 재물과 곡식을 다 싣고 바다로 들어왔기 때문에 곡식 바치는 것을 어렵게 여기지 않았으며, 그로 인하여 통행을 금지당하는 일이 없는 것을 기뻐하였다.

그래서 10여 일 동안에 군량 1만여 섬을 확보하였다. 이순신은 또 백성들이 가지고 있는 구리, 쇠를 거두어 모아 대포를 주조하고 나무를 베어 배를 만드는 등 모든 일이 잘 추진되었다. 이때 먼 곳 가까운 곳에서 병화(兵禍)를 피하려는 사람들이 다 이순신에게 와서 의지하였으며, 집을 짓고, 막사를 만들고, 장사를 하며 살아가니, 이들을 성 안에 다 수용할 수 없을 정도였다.」 　　　　　　　　　　　　　　　　　　　－〈징비록〉－

이순신은 늘 이 같은 經·營에 노력했기 때문에 평소에도 강한 수군력을 유지했고, 울돌목해전을 전후해서는 수군력을 조기 회복시킨 것은 물론 백성들의 생업도 조기에 안정시켰다.

5. KBS 〈역사스페셜 6〉에서의 울돌목해전

울돌목해전은 이순신 스스로도 천행(天幸)이라고 했을 만큼 극적인 해전이었지만, 이순신은 처음부터 이길 수 있다는 확신을 가지고 있었다. 그러나 세계 해전사에 전무후무한 대결이었기 때문에 이를 규명하는 과정에서 여러 가설들이 등장했으며, 아직 매듭지어지지 않은 채 논란 중에 있다.

소중한 민족문화 자산의 복원이라는 측면에서 논란중인 주요 가설들을 살펴보고자 한다. 그런 점에서 KBS 〈역사스페셜 6〉(2003. 9. 초판)은 좋은 교재가 될 것이다.

'쇠사슬론'

「그러나 울돌목에서는 학익진법도 소용이 없었다. 잘못하다간 빠른 물살에 배가 휩쓸려 떠내려가 버리기 때문이다. 울돌목 현지 주민들에게는 이순신이 어떻게 싸웠는지 전해오는 얘기가 있다. 가장 폭이 좁은 진도와 해남 우수영에 쇠줄을 연결해서 당겨 왜적을 격파했다는 것이다. 실제로 불과 10년 전까지도 쇠사슬을 묶었던 고리가 남아 있었다고 한다. 실제로 가능한 일일까?」

물살이 빨라서 학익진도 소용이 없었다고 했다. 그러나 12시~2시 경에는 학익진법을 펼칠 수 있었다. 울돌목의 물살 속도(流速)와 학익진에 대한 이해가 부족한 상태에서 '전해오는 얘기가 있다'고 했고, 곧 쇠사슬에 얽힌 전설을 소개했다.

「이순신 장군의 무용담을 뒷받침하는 기록을 전남 강진의 금강사라는 곳에서 찾았다. 명량해전에서 충무공과 함께 싸운 김억추 장군을 기리는 이 사당에 오래된 책이 한 권 전한다. 당시 전라우수사 김억추가 자신의 행적을 직접 기록한 〈현무공실기(顯武公實記)〉에 '철쇄(鐵鎖)'라는 기록이 보인다. "철쇄, 즉 쇠사슬과 철구(鐵鉤)로 적선을 깨뜨렸다"는 내용이다. 어떻게 철쇄로 배를 걸어 깨뜨릴 수 있었을까?

목포 해양방어사령부에는 지금도 수백 척의 배를 끌어당길 때 쓰는 막개가 있다. 조선시대에도 배를 끌어당길 때 이런 막개를 사용했다고 한다. 이순신 장군은 울돌목에서 이런 막개를 이용한 쇠사슬 전법을 썼을 것이다. 울돌목의 폭은 280~320m 안팎이다. 여기에다 배를 끄는 데 필요한 쇠사슬의 길이를 감안하면 450m 안팎의 쇠사슬이 필요했을 것이다. 쇠사슬의 무게는 배의 무게를 감안하면 4톤 안팎일 것으로 보인다.」

'배를 끌어당길 때(인양할 때) 쓰는 막개'는 지렛대의 원리이고, 또 연자방아 등에서도 사용되었다. 그리고 쇠사슬의 무게가 4t이라면 과학적으로도 가능할 것이다. 하지만 울돌목해전 때에는 페이지 289의 해전도에서처럼 왜군들은 조선 함대를 여러 겹으로 포위하고 있었다. 게다가 안위, 김응함, 이순신의 선봉 함대가 왜선단 속에서 백병전에 가까운 혼전을 벌이고 있었는데, 그러한 상황에서 과연 쇠사슬 작전이 가능했을까?

'막개를 이용한 쇠사슬 전법'은 임진왜란 후 어느 수사(水使)에 의해서 제시되었거나, 혹은 임진란 때 있었다고 해도 별 도움이 없었기 때문에 〈난중일기〉와 〈이충무공행록〉에 그 기록이 없는 것이다.

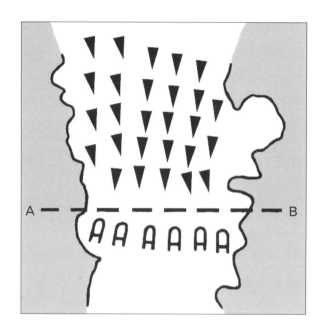

〈막개를 이용한 쇠사슬 전법으로 수백 척의 왜군 전함을 격퇴하는 해전도. 위쪽에서 몰려오던 왜군 전함은 A−B 사이에 설치한 쇠사슬에 걸려 갇히게 된다.

그러나 만약 A−B의 쇠사슬로 양측이 경계지어졌다면 〈난중일기〉와 〈이충무공행록〉에 기록된 안위와 김응함의 돌격전, 이순신의 안위 구출작전, 왜장 마다시를 토막냈던 상황들은 설명될 수 없다.

그리고 만약 막개와 철쇄가 있었다면 왜군들도 미리부터 알고 있었을 것이다. 왜냐하면 왜군 함대에는 울돌목의 사정을 잘 아는 조선인 징용병들(물길 안내, 격군, 전투병 등이 척당 10명씩 승선해 있었다면 '133척×10명=1330명')도 있었기 때문이다〉

「수중 철쇄는 지금의 진도대교가 있는 폭이 가장 좁은 자리에 걸었을 것이다. 양쪽에 막개를 박아놓고 쇠줄은 물 속에 잠기게 숨겨놓은 뒤 일본 수군을 기다리는 것이다. 1597년 9월 16일 오전 11시경 어란진에서 출발한 133척의 일본 대선단은 우수영으로 흐르는 밀물을 타고 빠른 속도로 울돌목에 들어선다. 거침없이 몰려오던 일본 전선들은 생각지도 않은 철쇄에 걸려 차곡차곡 쌓이며 서로 부딪혀 여지없이 부서진다. 오후 1시경 밀물이 끝나고 물길이 멈춘다. 그러나 일본 수군들은 좁은 수로에 갇혀 오도가도 못한 채 혼란에 빠져 있다. 이때 조선 수군이 전진하면서 각종 화포를 빗발처럼 퍼부어대며 맹렬한 공격을 가한다.」

'좁은 수로에 갇혀 오도 가도 못한 채' 라고 했는데, 만약 왜군 선두가 쇠사슬에 걸렸다면 뒤를 따르던 왜선들은 물살이 약한 해협의 가장자리로 비껴 설 수도 있고, 제 자리에서 후진해 돌아갈 수도 있다. 또 일본 사무라이들이 육지로 올라가 막개 초소를 공격했다면 막개 수비병들이 무슨 재주로 버틸 수 있었겠는가.

「다시 썰물이 되는 순간, 정지했던 물길이 거꾸로 바뀌어 일본 수군 쪽으로 빠르게 흐른다. 유리하던 조류마저 불리하게 변하자 일본 수군은 극도로 사기가 떨어진다. 조선 함선은 떠내려가는 일본 수군을 화포로 쏘며 추격해 완전히 섬멸해버린다.」

'다시 썰물이 되는 순간', '정지했던 물길이 거꾸로 바뀌어' 등으로 해전 때의 조류 사정을 설명했다. 하지만 오후 1시경, 물길이 바뀌는 시점 전후의 1시간 정도는 유속이 완만하기에 조·왜 어느 쪽이

든 조류가 주는 영향은 적음에도 불구하고 〈역사스페셜 6〉에서는 과장되게 설명했다.

한편 〈난중일기〉를 보면, 이순신 함대의 벽파진 도착은 8월 29일이다. 야습에 대한 우려 속에 9월 14일까지 벽파진에 머물렀으며 실제 왜군들의 야습도 있었다. 만약 쇠사슬이 있었다면 함대를 우수영 앞바다로 옮겨서 보다 안전하게 지내지 않았겠는가.

9월 15일이 되어서야 우수영 앞바다로 진을 옮겼는데, 이순신은 옮긴 이유를 '몇 척 안 되는 전선으로는 명량을 등지고 진을 칠 수 없기 때문'이라고 했다. 그리고 진을 옮긴 후, 장병들에게 "한 사람이 길목을 지키면 천 사람도 두렵게 한다"고 했고, 9월 16일에는 그렇게 실천해서 승리했다. 즉, 쇠사슬에 대해서는 일체 언급이 없다.

또 '거북선+학익진의 원리'로 조명해 보면 이미 20세기 세계 해군들은 이 같은 해전원리를 이어받아 그 위력을 충분히 검증해 주었다.

쇠사슬과 막개가 있었다면 이는 전라우수영의 시설이므로 그에 대한 정비와 지휘는 김억추 우수사의 소관이다. 그렇다면 김억추는 해전 때 후군이 아닌 선봉을 맡았어야 한다. 그러나 2마장이나 떠내려 간 김억추가 멀리 있는 쇠사슬과 막개, 그리고 장졸들을 어떻게 지휘했겠는가.

김억추가 지휘하지 않았다면 이순신이 지휘했겠지만, 그러나 〈난중일기〉와 〈이충무공행록〉에는 그에 대한 언급이 전혀 없다. 쇠사슬과 막개가 나라를 위기에서 구한 중요 역할을 했다면 왜 기록이 없겠는가.

정조대왕의 왕명에 의해 〈이충무공전서〉가 발간된 것은 1795년이다. 이 책을 읽은 강진(康津)의 유림들이 충무공의 울돌목해전과 고하도·고금도 시절의 우국충정을 기리기 위해 금강사(錦江祠: 전남 강진군 강진읍 영파리)를 세웠다. 당시의 고금도는 강진군 소속(오늘날은 완도군 소속)으로 김억추 수사의 관내인 전라우수영 소속 고을이었다. 그래서 금강사에는 김억추 장군의 위패도 함께 봉안되어 있다.

'쇠사슬론'에 대한 학자들의 견해

울돌목해전에서의 승첩 비결이 '쇠사슬론'에 있었다면 〈난중일기〉에는 왜 그와 같은 언급이 전혀 없을까? 또 쇠사슬론을 수용한다면 〈난중일기〉에 기록된 백병전에 가까웠던 해전 내용들은 다 무엇이란 말인가? 결국 총사령관이 남긴 〈난중일기〉를 부인하고 부사령관이 남겼다는 〈현무공실기(顯武公實記)〉를 수용한다는 얘기인데, 참으로 듣기 민망한 주장이다.

〈난중일기〉와 〈현무공실기〉의 내용이 이렇듯 서로 상충·상반되어 있는 현실이다 보니 오늘날까지 울돌목해전의 신비는 여전히 해독이 안 되고 있는 것이다.

울돌목해전의 원리를 이순신 해전 원리의 진수로 본다면 그 진수가 아직도 해독이 안 되고 있음인데, 이는 대한민국을 대표하는 지식 자산의 실체를 아직도 규명하지 못해서 세계화시키지 못하고 있다는 것이므로 역시 민망스러운 일이다.

그렇다면 쇠사슬론에 대한 우리 학계의 시각은 어떨까? 아래는 해군사관학교 이민웅 교수의 저서 〈임진왜란 해전사〉에서이다.

「다음으로 명량 해협의 철쇄 가설 여부를 살펴보면, 우선 조성도는 앞 논문에서 "철쇄를 설치하여 일본 전선을 격침시켰다는 설이 전해온다"고 소개하면서, 사실 여부는 좀 더 연구되어야 한다고 언급하였다. 한편, 조원래는 이에 대해 사실로 확정하는 언급은 없었지만, 긍정적으로 재검토할 필요성이 있다고 지적하였다. 특히 그는 좌수영에 철쇄를 가설한 사실과 일본 학자 아오야기 쓰나타로(靑柳綱太郎)의 저서 『조선침략전쟁의 일한 사적(征韓役日韓史蹟)』의 관련 내용 등을 소개하면서 명량 해협에 철쇄가 가설되었을 가능성이 있다고 주장하였다.」

―〈임진왜란 해전사〉―

조성도, 조원래 등은 철쇄 가설에 대해 반신반의하는 입장인 듯하다. 이들 학자들은 '쇠사슬론'의 규명에 앞서서 먼저 '直衝(직충)·又衝(우충)·而今(이금)'에 대한 오역을 바로잡고, 또 20세기 세계 해군들의 충무공 연구사를 참조해서 〈난중일기〉에 기록된 '거북선+학익진'의 과학적인 해독을 위해 노력해야 했었다. 그러나 그렇게 하지 않았기에 '쇠사슬론'에 막연히 끌려다니는 감을 느끼게 한다.

「그러나 앞에서 본 정황으로 볼 때 이순신이 함대를 인수한 후 명량해전 이전까지 철쇄가 가설되었을 가능성은 매우 낮다고 생각된다. 그렇다면 명량해전 이전에 이미 설치되어 있었어야 하는데, 이를 증명할 만한 기록은 남아 있지 않다. 또한 좌수영의 철쇄는 이곳 명량 해협의 철쇄와는 무관한 것으로 서로 연결시켜 볼 어떤 이유도 없다.

만약 철쇄 가설이 승리의 원인이라면 당시 사료나 공식 기록이 남아 있어야 하는데, 관련 기록이 전무하다는 점도 부정적인 판단을 갖게 하는 중요한 요인이다. 이 해전의 결과로 일본 전

선 31척을 격침하고 수백 명을 사살했다는 『실록』의 기록 외에
는 철쇄를 이용한 전과 내용에 관한 그 어떤 기록도 당시 사료
나 공식 기록에서 찾아 볼 수 없다.」   -〈임진왜란 해전사〉-

이순신이 통제사에 재임명된 것은 1597년 8월 3일 진주에서이다.
같은 무렵 김억추는 이억기의 후임으로 전라우수사에 임명되었다.
김억추가 소수의 수병(水兵)을 이끌고 이순신과 처음 만난 것은
1597년 8월 26일 어란포에서다.

김억추가 이순신을 만나기 전에 전라우수영에 들렀는지는 알 수
없다. 하지만 그가 우수영에 들렀다 하더라도 쇠사슬이 없었다면 맨
손인 김억추가 값비싼 쇠사슬을 준비하기에는 당시 상황으로 볼 때
완전히 불가능한 일이었다. 그렇다면 이억기 수사 때 쇠사슬이 있었
다고 가정해 보자.

이억기 함대가 칠천량에서 무너졌다는 소식이 우수영에 전해지자
우수영을 수비하고 있던 군사들은 뿔뿔이 흩어져 도망을 갔고, 도망
가면서 값나가는 물건들은 모두 가지고 갔을 것이다. 막개를 돌리던
소는 끌고 갔을 것이고, 쇠사슬은 토막을 내어 나눠가졌을 것이다.
당시 쇠는 값비싼 물건이었으므로 피난 중에 쇠사슬을 팔아 연명하
기 위해서다.

우수영 관내가 이렇듯 텅 비게 되자 다음에는 피난민과 현지 백성
들이 들어와서 모든 것을 나눠 가져갔을 것이므로, 이순신과 김억추
가 8월 27일 벽파진에 이르렀을 때에는 우수영은 이미 황폐화되어
있었다.

칠천량 패전 후 전라우수영 우후 이몽구는 병장기를 챙기지 않고
달아난 죄로 처형하라는 상부의 지시가 있었다(〈난중일기〉 1597년
10월 24일자). 또 전라우도 우후 이정충도 도망갔기 때문에 곤장을

맞은 바 있고(〈난중일기〉 1597년 10월 13일자), 무안 현감·목포 만호
·다경포 만호 등도 도망간 죄로 금부도사에게 붙잡혀 갔다(〈난중일
기〉 1597년 10월 24일자). 우수영 관내 지휘 책임자들부터 이렇게 도
망간 상황에서 막개와 쇠사슬이 있었다면 과연 온전했겠는가.

> 「18세기의 사료로서 철쇄 기록을 담고 있는 이중환의 『택리
> 지(擇里志)』는 임란 해전에 관한 기록이 극히 간략할 뿐 아니라
> 부정확하고, 그가 여러 지방을 돌아보며 현지에서 들은 설화(說
> 話)를 채록했을 가능성이 높으므로 신빙성이 부족하다.」
> ─〈임진왜란 해전사〉─

〈택리지〉는 충무공 사후 130년이 지난 영조 시대에 출간되었다.
때문에 이중환은 〈이충무공전서〉에 수록된 〈난중일기〉의 울돌목해
전 기록을 보기 어려웠을 것이다. 설혹 보았다 하더라도 20세기 세
계 열강 해군들의 연구내용을 참조할 수 없었을 것이므로 이중환이
나 이중환에게 전설을 전해준 사람들로서는 울돌목해전에 대한 해
독이 불가능했다.

아무튼 이중환은 실사구시적인 실학자로서 울돌목 현지답사는 했
던 것 같다. 그러나 그때도 답사 현장에서 막개를 본 것이 아니라
전설을 듣고 기록해 둔 것이다.

> 「한편, 철쇄 가설을 긍정하는 근거로 제시하는 다른 기록으
> 로는 전라우수사 김억추가 뛰어난 용력으로 철쇄를 가설하고
> 이를 통해 많은 일본 전선을 격침시켰다는 『호남절의록(湖南節
> 義錄)』과 김억추의 후손들이 20세기 초에 펴낸 『현무공실기(顯
> 武公實記)』가 있다.

*호남절의록(湖南節義錄: 전라남도, 1990, 『호남지방임진왜란
사료집 4-호남절의록』355~356쪽)의 김억추 기록을 검토해 보
면 사실과 다른 내용도 있고, 그의 용력에 관한 것과 일본 장수
의 용모 등 설화적인 요소가 다분하다. 이것은 호남절의록이 임
진왜란 200년 후인 1799년에 작성된 후대의 기록이기 때문일
것으로 추정된다.
*「현무공실기(顯武公實記)」(청우당출판사)는 20세기 초에 저
술된 실기를 바탕으로 후손들이 관련 기록을 재편집하고 국역
해서 펴낸 책이다.」 　　　　　　　　　　　　-〈임진왜란 해전사〉-

〈현무공실기〉는 김억추가 집필한 것이 아니며, 이중환의 〈택리
지〉이래 전해져 오는 전설들을 오늘날의 후손들이 모아서 엮은 것
이다. 청주 김씨 문중과 해군사관학교 도서관에도 보관되어 있을 것
인바, 향후 좀 더 자세한 연구가 기대된다.

「그러나 이들 자료 역시 후대에 꾸며진 설화를 채택한 것임
을 쉽게 알 수 있고, 후자는 최근에 만들어진 전기로서 철쇄 가
설을 증명할 만한 사료는 아니라고 판단된다.
이와 같이 철쇄 가설은 당시의 정황이나 관련 기록을 검토해
본 결과 사실로 보기 어렵고, 단지 후대에 '조상의 전쟁 영웅
담'이 확대 재생산되는 과정에서 만들어진 '설화'라고 볼 수
있다.」 　　　　　　　　　　　　　-〈임진왜란 해전사〉-

'쇠사슬론'에 대해서는 이상에서와 같은 이유로 불신하고 있다.
그리고는 다음과 같은 가설을 제기했는데, 〈난중일기〉와 기존 해석
들에 대한 반론이다.

울돌목해전을 치른 장소는 우수영 앞바다였다?

〈지도 5-1-1〉
명량해전 상황도

「다른 한 가지는 "명량해전의 전장이 기존 연구의 지도에 표시된 곳이 올바른가?"라는 문제를 제기하려고 한다. 지금까지 명량해전의 전장은 명량의 가장 좁은 곳 근처로 알려졌고, 해전을 설명하는 지도도 이와 같이 작성되어 왔다(지도 5-1-1〉 참조). 그런데 실제로 해전이 이곳에서 벌어졌는지는 의심스럽다. 왜냐하면, 이곳은 지형이 좁을 뿐 아니라 물살이 가장 빠른 곳이기 때문에 조류가 정지된 순간(停潮期)의 짧은 시간을 제외하고는 전투가 불가능하다고 판단되기 때문이다.」

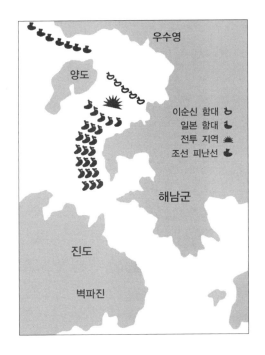

우수영

양도

이순신 함대
일본 함대
전투 지역
조선 피난선

해남군

진도

벽파진

〈지도 5-1-2〉
명량해전 상황도

「그렇다면 명량해전은 어느 곳에서 펼쳐졌는가. 그 해답은 이순신의 『난중일기』, 9월 16일 일기의 서두 부분에서 찾을 수 있다. 즉, 아침 일찍 별망군이 전한 일본 함대의 접근 보고를 받고, 전투 준비를 마친 후 바다로 나갔는데 곧바로 일본의 133척이 우리 전선들을 에워쌌다고 한다. 이 기록으로 볼 때 명량해전의 전장은 우수영 바로 앞바다라고 추정해 볼 수 있다. 이 곳은 해협을 통과하여 우측으로 구부러진 곳으로 해협의 폭이 보다 넓어지고 유속이 다소 약해지는 곳으로서 해전이 가능한 장소였다고 볼 수 있다. 이상의 내용을 두 지도로 비교하면 위와 같다.

이상의 전장 문제는 근거할 만한 문헌 자료가 없는 한계가 있지만, 지형적으로 볼 때 후자인 〈지도 5-1-2〉의 장소가 더

타당성이 높다고 생각한다.

　명량해전이 이상과 같은 쟁점들을 남긴 것은 이 해전이 결정적인 순간에 극적인 승리를 거뒀기 때문에 후대의 많은 사람들이 관심을 가졌던 것에 비해 당시의 사실을 기록한 문헌 자료가 부족했던 탓으로 보인다.」　　　－〈임진왜란 해전사〉－

　기존의 학설 가운데는 〈지도 5-1-1〉에 해당하는 학설도 있을 것이다. 〈난중일기〉에는 ‘한 사람이 길목을 지키면 천 명도 두려워한다’고 기록되어 있다. 그 길목을 해협에서 가장 폭이 좁은 오늘날의 진도대교가 있는 위치로 볼 수도 있다. 그렇게 막아섰다면 ‘쇠사슬론’은 더더욱 적용하기 어려워진다.

　또 그곳에서 닻을 내렸다면 유속이 상당한 수준에 이를 때까지 버티고 있을 수 있다. 이에 비해 왜군의 돌격선인 중간 왜선은 선체와 노의 크기가 작아서 판옥선만큼 버티기가 어려웠겠고, 그 결과 조류가 서쪽으로 흐를 때 몇 척은 서쪽으로 떠내려갔기에 김억추의 후군 선단과 어선단의 공격을 받아 깨졌을 것이다.

　한편, 조수가 동쪽으로 흐를 때에도 이순신의 판옥선단은 닻을 내린 후 버티고 서서 왜군의 중형선들이 동쪽으로 퇴각해 가기를 기다린 것으로 보인다. 이렇게 하는 것이 이순신이 밝혀둔 ‘한 사람이 길목을 지키면 천 명도 두렵게 한다’는 해전 이론이다.

　이번에는 이민웅 교수가 제시한 〈지도 5-1-2〉에 대해서 살펴보자. 우선 우수영 앞바다는 조류의 흐름과 무관하며 바다는 호수같이 잔잔하다. 때문에 조류의 방향이 바뀌어도 왜군들은 물러가지 않고 조선 함대가 궤멸될 때까지 계속 공격해 올 것이다.

　또 〈지도 5-1-2〉와 같은 진법으로 대치하고 있었다면 마다시의 죽음과 관계없이 도도 다카도라, 구키 요시다카, 와키자카 야스하루 등의 선단들도 총력 공세를 폈을 것인바, 왜군들은 칠천량에서 조선 함대를 전멸시켰듯이 13척의 이순신 함대를 전멸시켰을 것이다.

그러나 이순신은 진도대교 아래에서 마다시를 죽였고 마다시 선단을 대신해서 공격을 시도코자 했던 도도 다카도라 등 뒤따르고 있던 왜선단은 패전한 마다시의 선단이 불이 붙은 채 아비규환의 상황에서 떠내려 오고 있었기에 공격에 나설 수 없었다. 그 위에 역류가 된 물살은 더욱 급류로 변해 갔기에 이순신 함대에 접근해 간다는 것은 엄두도 낼 수 없었다. 이렇게 정리해 볼 때 필자들은 〈지도 5-1-2〉에 동의할 수가 없다.

한편, 이민웅의 〈임진왜란 해전사〉에서는 조성도의 '直衝·又衝·而今'에 대한 오역을 이어받고 있는 것 같다. 그 결과 진해 해군사관학교에 기증된 고증이 잘못된 거북선을 모델로 삼았으며, 이 같은 연유에서인지 20세기 세계 해군들의 학익진 승계사도 소개하지 못한 것 같다.

6. 지용희 저 〈경제전쟁 시대, 이순신을 만나다〉에서의 울돌목해전

이 책은 2003년 11월에 출판되었으므로 울돌목해전에 대한 해설에 있어서도 최신의 것으로 볼 수 있다.

「장군은 명량을 선택했다. 천혜의 지형과 조류를 활용하기 위해서다. 명량해협의 폭은 평균 500m이지만 해협 양안에 암초가 있어 배가 다닐 수 있는 너비는 평균 400m에 불과하다. 명량해협 중에서도 울돌목은 너비가 120m로 가장 좁다. 이순신은 12척의 배로 이곳에서 적의 공격을 저지하기로 결정했다.」

〈명량해전 전투 초기의 상황도. 다른 조선 수군 배들이 뒤로 물러나 있는 가운데 이순신 장군선 단독으로 왜군과 싸우고 있다〉

– 〈경제전쟁 시대
이순신을 만나다〉 –

가장 좁은 곳을 120m로 가정하고 지도를 보면 이순신의 기함이 위치한 곳은 그 정도로 좁아 보인다. 그런데 이 지도는 옛 그림이 아니고 오늘날에 그린 모조품으로 보인다. 만약 모조품이 아닌 진품이라면 국보급 그림이 될 것이다. 아무튼 참고로 삼은 옛 지도의 출처를 밝히지 않았으니 모조품만으로 어떻게 가장 좁은 곳을 120m

로 단정하고 이순신의 해전사를 논하겠는가. 또한 그림 설명에서 '이순신 장군선 단독'이라는 부분은 '이순신의 선봉함대'가 올바른 표현이다.

'일(一)자 진법'과 '쇠사슬론'

「장군은 12척의 배를 일렬로 정렬시켰다. "적이 비록 1천 척이라도 우리 배에게는 맞서 싸우지 못할 것이다. 일체 마음을 동요치 말고 맞서 싸워라!" 장군은 조선 수군을 독려했다.」

'12척의 배를 일렬로 정렬시켰다'는데 이렇게 되면 12척은 따로따로 포위되어 개미떼처럼 기어오르는 왜군들에 의해 각개 격파되고 말았을 것이다. 즉, 안위의 배처럼 포위를 당해도 구원해 주는 이가 없는 상황이 되는 것이다.

「철쇄를 감아라!
그 순간, 장군이 기수에게 신호를 보냈다. 기수는 급히 깃발을 올렸다. 장군선에서 오른 낯선 깃발. 그것은 장군이 육지로 보내는 신호였다. 그러자 진도와 해남의 양쪽에 숨어 있던 일단의 장정들이 물레를 돌렸다. 그것은 마치 연자방아 같은 기구였다. 양쪽에서 동시에 물레를 돌리자 물레통에는 쇠줄이 감기기 시작했다. 그것은 철쇄였다. 명량의 바다를 가로막은 채 느슨하게 늘어져 있던 쇠줄, 그것이 팽팽해진 것이다. 지금의 진도대교 위치였을 것이다. 왜군의 배는 배 밑바닥이 뾰족하다. 따라서 배의 바닥이 물 속에 비교적 깊이 잠기는 이른바 첨저선(尖

底船)이다.

조류를 타고 장군선을 향해 달려들던 왜선의 선두가 쇠줄에 걸렸다. 왜선들이 심하게 흔들렸다. 마치 암초에 걸린 듯 선두함들이 중심을 잃었다. 연달아 추돌 현상이 발생한 것이다. 순식간에 왜군 함대는 진용을 잃고 서로 부딪히며 허우적댔다. 장군이 다시 북을 울렸다. 장군선에서 일제히 화포와 화살이 날았다. 장군선의 화포와 화살은 철쇄에 걸려 허우적대는 왜선을 정확하게 타격해 나가기 시작했다.」

이순신의 해전법인 ‘거북선+판옥선단의 해전법’에 대한 해설은 일체 없고, ‘일자진법+쇠사슬론’으로 해전을 설명하고 있다.

쇠사슬을 당겨서 왜선들의 접근을 막았다는데, 이 설명대로라면 9월 16일에는 싸움다운 싸움도 해보지 못하고 왜선들은 부서지고 패퇴한 것이 된다. 그러나 〈난중일기〉에는 ‘적선 330여 척이 우리 배를 에워쌌다’는 기록이 있고, 〈이충무공행록〉에는 ‘적이 대장선인줄 알고 마침내 333척이 나와 에워쌌는데’라는 기록이 있다. 즉, 쇠사슬로 왜선단을 막을 수 있는 상황이 아니었음을 확인케 해주는 기록들이다. 재차 언급하지만, 만약 쇠사슬을 당겼다면 〈난중일기〉와 〈이충무공행록〉에는 왜 쇠사슬에 대한 기록이 없을까?

「장군은 홀로 거의 한 시간을 싸웠다. 철쇄에 걸려 허우적대는 왜선에 대항해 장군선이 선전을 하자 물러나 있던 조선 수군들이 움직이기 시작했다. 한 척 두 척 장군선 가까이 다가와 전투에 참여했다. 이제 조선 수군은 대오를 정비했다. 전투는 갈수록 치열해졌다.」

　이순신을 돋보이게 설명하려다 보니 '장군 홀로 거의 한 시간을 싸웠다'고 과장되게 표현하였으나, 이 설명대로라면, 이순신은 마치 덫에 걸린 짐승을 상대로 사냥하듯이 철쇄에 걸려 허우적대는 왜선을 상대로 홀로 싸운 것이 된다. 이순신의 해전 방식은 전 함대가 왜군 지휘선단을 목표로 일시에 집중타를 가해서 초토화시키는 속 공전 방식이다. 따라서 이순신의 기함이 1시간이나 홀로 싸웠다는 것은 이순신이 지향하는 해전 방식과 어긋난다.

　또 혼자서 1시간이나 200척을 상대로 싸웠다면 이순신의 기함에는 많은 사상자가 났을 것이다. 더구나 여러 장수들의 배가 멀리 물러나 있는 상황에서 이순신은 호각을 불고 초요기를 세웠고→김응함과 안위가 달려와서 호통을 듣고→돌격 개시까지 1시간이 걸렸다는 것은 아무래도 너무 긴 시간이다.

　또 '한 척, 두 척 장군선에 가까이 다가와 전투에 참여했다'고 했는데, 가까이 다가온 정도가 아니라 안위와 김응함은 사생결단으로 왜선단 속으로 돌격해 들어갔다.

7. 기타노 쓰기오 저 〈이순신과 히데요시〉에서의 울돌목해전

　「명량 수로의 조류는 하루 네 번씩 그 방향을 바꾼다. 그것은 예고도 없다. 일본 수군 함선들의 발길이 갑자기 둔해졌다. 아니 역류를 타게 되어 거꾸로 밀려나는 형편이 되었다. 일본 수군의 선대형(船隊形)에 혼란이 왔다.」 　-〈이순신과 히데요시〉-

‘그것은 예고도 없다’고 했는데, 하루 4번씩 방향을 바꾼다면 하루 4번 예고된 것이다. 따라서 예고도 없다는 것은 잘못된 설명이다.

‘선대형에 혼란이 왔다’고 했는데, 왜군들은 유속이 완만한 12시 무렵에 울돌목 돌파를 시도했으므로 선대형에 혼란이 온 것이 아니라 해전이 본격적으로 시작된 것이다.

> 「이 명량해전의 쾌승으로 원균이 잃은 전라도 해역의 제해권을 회복하고 그 후 일본 수군에게 서해 진출의 야망을 포기시켰던 것이다. 결국 전후 2회에 걸친 전쟁(戰爭)을 통해서 일본 수군이 가장 멀리 서쪽으로 가본 곳이 이 명량이었다. 조선 수군은 뜻하지 않은 승리를 얻었다.」

이순신에게는 ‘뜻하지 않은 승리’가 아니라 예견된 승리였다. 그래서 ‘상유십이척(尙有十二隻)’과 ‘필사즉생(必死則生)’의 어록을 남긴 것이다.

8. 김훈 저 〈칼의 노래〉에서의 울돌목해전

〈칼의 노래〉는 이순신 관련 서적들 중에서 가장 많이 읽히고 알려진 소설 작품이다. 또 방송용 드라마, 만화 등의 원작으로 활용되는 등 그 영향력 또한 크기 때문에, 비록 창작의 자유가 보장되는 소설이라 하더라도 이 작품을 조명해 보는 것은 그만큼 의미 있는 일이 될 것이다.

「정유년 늦가을 나는 교서를 받들고 우수영에 부임했다. 우
수영은 진도와 마주보는 해남 쪽 바닷가 언덕이었다.」

'부임'이란 임명을 받고 임지로 가는 것이므로 김억추 수사에게
나 해당되는 표현이다. 즉, 통제사 이순신은 부임한 것이 아니라
'우수영으로 진을 옮긴 것'이다. 이순신은 흩어진 군사들을 모으
고 있던 8월 3일 삼도수군통제사로 임명한다는 교서를 받고 두치
방향으로 가기 시작하여 8월 29일에 벽파진에 도착하였고, 9월 15
일 명량 해전 하루 전에야 벽파진에서 우수영 앞바다로 진을 옮긴
것이다.

「우수영에서 내 군사는 120명이었고 내 전선은 12척이었다.
그것이 내가 그 위에 입각해야 할 사실이었다. 그것은 많거나
적은 것이 아니고 다만 사실일 뿐이었다. … 거제 현령 안위,
미로항 첨사 김응함, 녹도 만호 송여종, 경상우수사 배설들도
우수영 관하로 들어와 엎드려 있었다.」

'전선 12척'에서 1척당 160명이면 $12 \times 160 = 2,880$명이다. 그런
데 이들 병력은 제외하고 120명만 군사로 인정하고 있다.
'미로항'이 아니라 '미조항(彌助項)'이다.
배설은 9월 2일 벽파진에서 도망갔고, 우수영에는 따라오지 않았
기 때문에 배설의 알리바이는 조작되었다.

「우수영에 부임하던 첫날, 장졸들을 수루에 모아놓고 교서에
절까지 했다. 지방 수령과 수사, 여러 읍진의 만호들은 누각 위
에 앉았고 병졸들은 누각 아래 마당에 가마니를 깔고 앉았다.

　제주에서 보내온 소 3마리를 잡고 술 10말을 풀었다.」

　'부임' 하지도 않았고, 이 같은 부임식도 없었다.
　병졸들이 누각 아래에 앉았다고 했는데, 이 병졸들에는 12척에 타고 있던 2,880명의 병졸들이 제외되어 있으므로 말이 안 되는 병력 집계 방식이다. 그리고 소설에서의 부임식 광경은 마치 춘향전에 나오는 변사또의 생일잔치를 연상시키는 광경으로 지나친 허구이다. 그리고 이순신이 제주도에서 보내온 소 5마리를 잡아서 군사들을 먹인 것은 명절인 9월 9일 중양절 날이다.

　　「칠천량 전투 때 배설은 원균의 휘하였다. 조선 수군의 일자
　　진이 적에게 포위되었을 때 그는 전선 10척과 수졸들을 포위망
　　에서 빼내 진도로 물러섰다. 그 전선은 아직 나에게 인계되지
　　않고 있었다. 칠천량에서 물러설 때 그는 적들의 상륙이 임박한
　　한산 통제영에 불을 질렀다.」

　칠천량에서 원균 함대가 포위될 때는 일자진이 아니라 포구에 밀집하여 정박해 있을 때였다. 이때 배설이 몰래 빠져나와 숨겨두었던 전선들이 '아직 나에게 인계되지 않고 있다'고 했는데, 천만의 말씀이다. 이순신이 12척에 승선한 것은 8월 18일 회령포에서이며, 8월 28일에는 배설과 함께 어란포해전을 치렀다.
　그 후 이순신과 배설의 12척 함대는 8월 29일 벽파진에 도착했고, 9월 2일 배설이 도망을 갔다. 9월 7일, 12척 함대는 벽파진해전을 치렀고, 9월 15일에는 우수영 앞바다로 진을 옮겼다.
　그럼에도 '아직 나에게 인계되지 않고 있었다'라고 한 것을 보면 김훈은 〈난중일기〉조차 자세히 읽지 않았던 것 같다.

「그날 밤 경상 우수사 배설은 탈영을 해서 도주했다. …진도
에 군사를 풀어서 모든 연안 갯벌을 뒤졌다. 그가 감추어둔 전
선 10척을 수습했다. 노가 몇 개 부러져 있을 뿐 배들은 온전했
다.」

군사를 풀어서 모든 연안 갯벌을 뒤져서 감추어둔 12척 가운데
10척을 수습했다고 하는데, 이에 대해서는 뭐라 할 말조차 없다.

「적들은 아침에 왔다. …명량까지는 일렬종대로 나아가서,
거기서 적의 주력 정면에 일자 횡렬진으로 펼칠 것이었다. 중군
장 김응함이 선두로 나아갔다. 안위가 뒤따랐다. 나는 대열의
한가운데서 여섯 번째로 나아갔다.
이물에 덤비는 역류의 물결은 사나웠다. 물결은 길길이 뛰면
서 앞 쪽에서 달려들었다.」

또 일자진이 등장하고 있다.
우수영 앞바다에서 명량 입구까지는 조류의 흐름과 관계없이 바
다는 호수처럼 조용하다. 그런데 '물결이 사납고 길길이 뛰었다'고
한 것을 보면 김훈은 현장답사도 한번 해본 적이 없는 것 같다. 우
수영 앞바다는 바로 앞에 있는 양도가 막아주고 있기 때문에 항상
호수처럼 고요하다.

「명량 어귀에서 북소리는 난타로 바뀌었다. 격군들의 몸이
북소리를 받아내지 못했다. 역류로 달려드는 물결과 앞으로 내
모는 북소리 사이에서 격군들의 몸이 으스러지고 있었다. 배는
밀리면서 겨우 나아갔다. 후미의 전선들은 세 마장 이상 처져

있었다. …명량 어귀에서 격군 전원을 교대시켰다.
　－일자진을 펼쳐라.」

　왜선단은 아직 시야에 들어오지도 않았는데 왜 일자진으로 거친 물살의 명량 해협을 막아서서 힘을 빼고 있었다는 것일까? 적이 나타나기도 전에 군사들을 기진맥진하게 하고서 어떻게 싸울 수 있으며, 또한 배 위에서 격군을 전원 교대시킬 수 있을 정도로 예비 군사들이 많이 있었다는 것인데, 앞뒤가 모순된다.

　　「진도 쪽 봉우리에서 봉화는 계속 올랐다. 적들은 아직 시야에 들어오지 않았다. 횡렬 일자진의 배 간 간격은 한 마장, 중심은 내가 탄 대장선이었다. 물길의 중앙부에는 배가 머물 수 없었다. 일자진의 가운데 두 마장을 비워놓았다. 거기는 명량의 서쪽 어귀였다. …역류 위에서 떠밀려 내려가지 않으려면 격군들은 나아가지 않더라도 노를 저어야 했다.」

　'적들은 아직 시야에 들어오지 않았다'고 했으면서 공연히 일자진으로 막아서서 계속 힘을 빼고 있다. '횡렬 일자진의 배 간의 간격은 한 마장'이라고 했는데, 1마장=393m이다. 진도대교 전체의 폭이 1마장 정도인데 김훈은 1마장을 몇 미터로 알고 있는 것일까? '일자진의 가운데 두 마장을 비워놓았다'고 했는데, 그렇다면 일자진의 가운데서는 배와 배 사이의 거리가 780m 이상 떨어져 있었다는 말이 된다. 명량 해협의 전체 폭이 평균 500m를 넘지 않는다.

　　「사부들에게는 아직 화약과 화살이 지급되지 않았다. 흔히 겁에 질린 사부들은 적선이 눈에 띄면 아득히 먼 적들을 향해 쏘 아댔다.」

도망해 온 12척의 병사들은 역전의 용사들이다. 이들은 화살과 조 총의 유효 사정거리에 대해서도 잘 알고 있었을 것이기에 '아득히 먼 적을 향해서 쏘아대는 일'.은 없었을 것이다.

「명량 어귀에서 나는 외가닥 일자진으로 물결을 버텨가며 기 다렸다. 명량의 서쪽 어귀였다. 나의 사지(死地)는 내 앞에 끝도 없이 펼쳐져 있었다. 잘 죽을 수 있는 자리였다. 그러나 죽음에 이르는 길은 너무 멀어서 끝은 보이지 않았다. 물결은 우우우 울며 내달았고, 이물은 솟고 또 곤두박질쳤다.」

적들은 아직 멀리 있는데 계속해서 일자진으로 막아선 채 힘을 빼 고 있다. 이쯤 되면 격군들은 싸움도 하기 전에 파김치가 되었을 것 이고, 이런 상태에서 맞붙어 싸워 이긴다는 것은 불가능하다.

「일자진은 다시 뒤로 흘렀다. 적은 명량 깊숙이 달려들었다. 적의 날개를 피해서 물러선 만큼 적들은 달려들었고, 끌어들인 만큼 다시 걷어내야 할 것이었다. 명량의 동쪽 어귀에서 서쪽 어귀에 이르는 예순 마장의 물길에 적의 대열은 온전히 들어와 있었다.」

명량 해협의 총길이가 60마장×393m=23,580m(=23.58km)이나 되었다는 것으로, 말씀이 안 되는 거리 감각이다.

「중군장 김응함과 거제 현령 안위는 두 마장 정도 뒤로 물러서서 다만 고요한 바다에 떠 있었다. 노조차 움직이지 않았다. 베어야 했으나 배를 돌릴 수 없었다.」

'두 마장' 정도 물러난 것은 김억추의 기함이다. 김응함과 안위는 이순신과 김억추 사이(두 마장 정도의 거리 중간쯤, 약 1마장)에 있었을 것이다.

「적의 날개는 연안 쪽에서 빠르게 좁혀들고 있었다. 초요기를 세웠다. 김응함이 겨우 다가왔다. 김응함이 내 배로 건너왔다. 김응함의 배 좌현에서 적탄에 맞은 사부 2명이 물 속으로 고꾸라졌다. 나는 김응함의 목에 칼을 들이댔다.

─응함아, 여기는 사지다. 내 칼에 죽느니 나아가서 적의 칼에 죽어라.

제 배로 건너간 김응함은 격군을 질타해서 앞으로 나아갔다.

안위가 다가왔다. 대장선으로 건너와서 안위는 갑판에 꿇어앉았다. 나는 말했다.

─안위야, 너를 죽여서 길을 열겠다. 네가 군법에 죽겠느냐? 물러서면 살 듯 싶으냐?

안위가 몸을 떨었다. 안위는 제 배로 건너갔다. 안위의 배가 앞으로 나아갔다.」

김응함과 안위가 이순신의 기함으로 건너온 것이 아니라 두 배가 가까워져서 깃발 신호로서가 아니라 갑판 위에서 서로 얼굴을 보고 육성으로 말할 수 있는 상황에서 이순신한테 야단을 맞은 것이다.

「나는 일자진으로 밀어붙였다. 노가 부러진 적선들이 물살 위에서 가랑잎처럼 맴돌며 위로 밀렸다. …명량 서쪽 어귀에서 아직도 온전한 적의 후미는 이물을 돌려 달아나기 시작했다. 추격할 수 없었고, 화살을 보낼 수도 없었다. 날이 저물고 있었다.」

'일자진'이 아니라 학이 날개를 접은 모습의 학익진(鶴翼陣)이다. '날이 저물 때'가 아니라 유속이 최고 속도에 달하는 오후 3시에 가까워지고 있었다.

제24부 조·명의 4로군(四路軍) 전략과
히데요시의 죽음

울돌목해전에서의 패전 후 좌절감에 빠진 왜군들은 황급히 남해안 요새로 물러났는데, 가토 기요마사(加藤淸正) 군은 울산으로, 시마즈 요시히로(島津義弘) 군은 사천으로, 고니시 유키나가(小西行長) 군은 순천으로 각각 퇴각했다. 반면에 승기를 잡았다고 판단한 조·명군은 4로군(四路軍) 전략으로 궁지에 몰린 왜군들을 압박했다. 4로군 전략이란 조·명의 수륙군이 남해안 일대의 왜군 요새들을 공격하는 작전으로 동로군(東路軍)은 울산 왜성을, 중로군(中路軍)은 사천 왜성을, 서로군(西路軍)은 순천 왜성을 공격하고, 4로군은 이순신과 진린의 조명 연합 함대가 순천 왜성을 포위 공격하는 것이었다.

4로군 작전은 1598년 8월, 히데요시 사망 후 본국으로의 전격 철수를 결정한 왜군과 '한 개의 수레도 온전하게 돌아가게 할 수 없다'는 방침 하에 왜군의 퇴로를 끊고 총력공세를 펼친 조·명군의 대치 국면에서 더욱 강화되었다. 그 과정에서 순천 왜교성 전투와 노량해전이 있게 된다.

1. 막내아들 면(葂)의 전사

(1597년) 10월 1일. 맑다. 아들 회(薈)를 보내어 저의 어미도
보고 집안사람들의 생사도 알아보게 하려고 했다. 그런데 심사
가 너무 불편하여 편지를 쓸 수 없었다. 병조(兵曹)의 역졸(驛
卒)이 공문을 가지고 내려와서 전하기를, 아산 집이 적들에게
분탕질을 당하여 거덜났다고 하였다.

−〈난중일기〉(1597. 10. 1.)−

이순신의 두 형이 일찍 타계했기에 이순신의 부인이 막내아들을
데리고 조상의 제사를 받들며 아산 집을 지키고 있었다.

10월 2일. 맑다. 아들 회가 배를 타고 올라갔으나 잘 갔는지
모르겠다. 내 심정을 어찌 말하랴.

맏아들 회는 울돌목해전에 참전해 있다가 아산 고향이 분탕질을
당했다는 소식에 배편으로 아산에 올라갔다.

10월 3일. 맑다. 새벽에 떠나 다시 법성포(法聖浦)로 돌아왔다.

10월 4일. 맑다. 그대로 머물러 잤다.

10월 5일. 맑다. 그대로 머물러 있게 되어 촌가(村家)로 내려가
서 잤다.

10월 6일. 흐리다. 눈비가 부슬부슬 내렸다.

10월 7일. 바람이 순조롭지 않고, 비가 오다 개었다 하였다. 들으니 호남 안팎으로 적의 자취가 전혀 없다고 한다.

10월 8일. 맑다. 출발하여 어외도(於外島: 무안군 지도면)에 이르러 갔다.

10월 9일. 맑다. 일찍 떠나서 우수영에 이르니 성 안팎에 인가(人家)라고는 하나도 없었고, 또 인적(人跡)도 없어서 보기에 참담하였다. 또 들으니 흉악한 적들이 해남(海南)에 진을 치고 있다고 하였다. 초저녁에 김종려(金宗麗), 정조(鄭詔), 백진남(白振男) 등이 찾아와서 만났다.

전라우수영이 피난민과 왜군들에 의해 약탈을 당했다. 한편, 울돌목에 막개와 쇠사슬이 있었다면, 쇠는 당시 대단히 값비싼 물건이었기 때문에, 약탈 등을 우려해서라도 해전이 끝난 후 즉시 철거했을 것이다. 그러나 이에 대한 어떤 기록도 없다.

10월 10일. 비가 뿌리고 북풍이 세게 불었다. 밤 10시경에 중군장 김응함(金應諴)이 와서 전하기를, 해남에 있는 적들이 급히 물러나고 있는 조짐이 현저하다고 하였다. 이희급(李希伋)의 아비가 적에게 포로로 잡혀갔다가 애걸하여 풀려 나왔다고 하였다. 몸이 불편하여 앉았다 누웠다 하며 밤을 새웠다. 우도 우후(虞侯) 이정충(李廷忠)이 배에 왔다는데도 찾아와 보지 않는 것은 외도(外島)로 도망가 있었기 때문이다.

우후 이정충이 도망가 있었던 이유는 이억기 함대의 칠천량 패전 소식을 듣고 우수영을 떠나 있었거나, 아니면 울돌목해전을 회피하기 위해서였던 것으로 여겨진다.

10월 11일. 맑다. 새벽 2시에 바람기가 조금 자는 것 같으므로 닻을 들고 바다 가운데 이르러 정탐할 사람으로 이순(李順), 박담동(朴淡同), 박수환(朴守煥), 태귀생(太貴生) 등을 해남으로 보냈더니, 해남에는 연기가 하늘로 치솟아 오르더라고 하였다. 틀림없이 적도들이 달아나면서 불을 지른 것이리라.

정오에 발음도(發音島)에 이르니 바람도 좋고 날씨도 화창하였다. 뭍으로 내려 상봉(上峰)에 올라가서 배를 감출만한 곳을 살펴보니, 동쪽에는 앞에 섬이 있어서 멀리 바라볼 수 없었으나, 북쪽으로는 나주(羅州)와 영암(靈巖)의 월출산(月出山)으로 통하고, 서쪽으로는 비금도(飛禽島)로 통하여 시야가 확 틔어 있었다. 얼마 있다가 중군장(김응함)과 우치적(禹致績)이 올라오고, 조효남(趙孝南), 안위(安衛), 우수(禹壽)도 이어서 왔다. 날이 저물어 산에서 내려와 해안 언덕에 앉았는데 조계종(趙繼宗)이 와서 왜적의 정황을 말하고, 또 왜적이 수군을 몹시 겁낸다고 하였다.

이희급(李希伋)의 아비가 찾아와서 인사를 하고 포로로 잡혀간 경위를 말하는데 마음이 아파 견딜 수가 없었다. 저녁에는 따뜻하기가 마치 봄날 같아서 아지랑이가 하늘에 아른거리고 비가 내릴 징조가 많이 있었다.

밤 8시경에 달빛이 비단결 같아서 혼자 선실 창 옆에 앉아 있으니 온갖 생각이 다 났다. 밤 10시경에 식은땀이 나서 온몸을 다 적셨다. 자정 때쯤부터 비가 내렸다. 이날 우수사(김억추)가 군량선에 있는 뱃사람들을 곤장으로 무릎을 쳤다고 한다. 참으로 놀랄 일이다.

인근 왜군들의 동향을 확인해 가면서 해남을 수복하고 있다. 무릎뼈를 치는 것은 크게 다칠 수 있기 때문에 금지되어 있었다.

10월 12일. 비. 비. 아침에 우수사가 와서 절하고 그 부하들의 무릎 뼈 때린 죄를 사과하였다. 가리포(첨사 이응표), 장흥(부사 전봉) 등 여러 장수들이 와서 종일토록 이야기하였다. 탐후선이 나흘이나 되어도 오지 않으니 걱정스러우나 아마 흉측한 적도들이 멀리 도망가는 것을 보고 그 뒤를 쫓아가서 돌아오지 않는 것이리라.

우수사가 부하들의 무릎 뼈 때린 일로 사죄했다.

10월 13일. 맑다. 배 조방장(배흥립)과 경상우후(이의득)가 찾아와 보았다. 얼마 있으니 탐후선이 임준영(任俊英)을 싣고 왔다. 그 편에 적의 소식을 들으니 "해남으로 들어와서 틀어 앉아 있던 적들이 초 10일에 우리 수군이 내려오는 것을 보고는 11일에 모두 급히 도망갔는데, 해남의 향리 송언봉(宋彦逢)과 신용(愼容) 등이 적진 속으로 들어가서 왜놈들을 끌고 와서는 지방 사람들을 많이 죽였다"고 하였다. 통분함을 이길 길이 없었다. 곧 순천 부사 우치적, 금갑도 만호 이정표(李廷彪), 제포 만호 주의수(朱義壽), 당포 만호 안이명(安以命), 조라포 만호 정공청(鄭公淸)과 군관 임계형(林季亨), 정상명(鄭翔溟), 봉좌(逢佐) 태귀생(太貴生), 박수환(朴壽煥) 등을 해남으로 보냈다. 늦게 조방장(배흥립)과 장흥 부사 전봉(田鳳) 등과 함께 이야기하였다.

이날 우수영 우후 이정충이 싸울 때 뒤떨어져 있었던 죄로 매를 때렸다. 저녁에 중군장 김응함에게서 들으니, 섬 안에 알지 못하는 어떤 사람이 산골짜기에 숨어 살면서 소나 말을 잡는다고 하였다. 그래서 황득중(黃得中)과 오수(吳水) 등을 보내어 염탐하게 하였다.

해남 지방으로 갔던 탐후선이 돌아와 소식들을 전했다.

10월 14일. 맑다. 새벽 2시쯤 꿈에 내가 말을 타고 언덕 위로 올라가는데 말이 발을 헛디뎌서 냇물 속에 떨어지기는 했으나 쓰러지지는 않았다. 끝에는 아들 면(葂)이 나를 끌어안고 있는 듯한 모습을 보고 깼다. 무슨 징조인지 모르겠다.

저녁에 어떤 사람이 천안으로부터 와서 집안 편지를 전해주었는데, 열어 보기도 전에 뼈와 살이 먼저 떨리고 심기가 혼란해졌다. 겉봉을 뜯어내고 그 속의 편지봉투를 보니 겉에 열(둘째 아들)의 글씨가 보였는데 '통곡(痛哭)'이란 두 글자가 씌어 있었다. 면(葂)이 전사했음을 알고 나도 몰래 간담이 떨어져 소리를 내어 통곡, 통곡하였다.

하늘은 어찌하여 이다지도 인자하지 못한가. 내가 죽고 네가 사는 것이 마땅한 이치거늘, 네가 죽고 내가 살아 있으니, 어찌 이런 괴상한 이치가 다 있단 말이냐!

천지가 캄캄해지고 해조차도 빛이 바래는구나. 아, 슬프구나, 내 아들아! 나를 버려두고 어디로 간단 말이냐. 남 달리 영특하기로 하늘이 이 세상에 남겨 두지 않으려 한 것인가. 내가 지은 죄 때문에 그 화가 네 몸에 미친 것이냐. 내 이제 이 세상에 살아 있은들 장차 누구에게 의지한단 말이냐. 너를 따라 같이 죽어 지하에서 같이 울고 싶건마는 네 형, 네 누이, 네 어미가 의지할 곳이 없으므로 아직은 참고 연명은 한다마는, 이미 속은 죽고 껍데기만 살아있는 셈이니, 그저 울부짖으며 통곡할 따름이다.

하룻밤 지내기가 1년 같았다. 이날 밤 10시경에 비가 내렸다.

'괴상한 이치'에서의 '이치'는 격물·치지에서 말하는 '이치'이다.

막내아들 면의 죽음과 관련하여 〈이충무공행록〉에는 다음과 같은 기록이 전해진다.

「10월 14일 공이 우수영에 있다가 아들 면(葂)이 죽었다는 기별을 들었는데, 면은 공의 막내아들로서 용기와 지혜가 있고 또 말 타기 활쏘기에도 능하여 공은 늘 자기를 닮았다고 사랑해 왔던 것이다. (면은) 그해 9월에 어머님을 모시고 아산 본가에 가 있다가 왜적들이 여염집을 분탕질한다는 말을 듣고 달려 나가 싸우다가 복병의 칼에 찔려 길에서 죽은 것이다.

공은 그 기별을 듣고 너무 애통해 한 나머지 그 후부터 정신이 날마다 쇠약해져 갔다.」　　　　　 －〈이충무공행록〉－

10월 15일. 하루 종일 비바람이 불었다. 누워 있기도 하고 앉아있기도 하면서 하루 종일 몸을 뒤척거렸다. 여러 장수들이 찾아와서 위문하였으나 얼굴을 들고 바라볼 수가 없었다. 임중형(林仲亨), 박신(朴信) 등이 적정을 정탐하기 위해 작은 배를 타고 흥양, 순천 등지의 바다로 갔다.

10월 16일. 맑다. 우수사(김억추)와 미조항 첨사(김응함)를 해남으로 보냈다. 해남 현감 유형(柳珩)도 보냈다. 나는 내일이 막내아들 죽은 소식 들은 지 나흘째 되는 날인데도 여태 마음 놓고 통곡할 수 없었으므로, 섬 안에 있는 강막지(姜莫只)의 집으로 갔다. 밤 10시경에 순천 부사(우치적), 우후 이정충, 금갑도(이정표), 제포(주의수) 등이 해남으로부터 돌아왔는데, 왜적의 머리 13개와 적진에 투항에 들어갔던 송언봉(宋彦逢) 등의 머리를 베어왔다.

강막지의 집으로 가서 그곳에서 곡을 하며 막내아들의 혼령을 위로했다.

10월 17일. 맑다. 새벽에 아들을 위해 상복을 입고 통곡하며 비통함을 이기지 못하였다. 우수사가 와서 보았다.

10월 18일. 맑다. 바람도 자는 것 같았다. 우수사는 배를 부릴 수 없어서 바깥 바다에서 잤다. 강막지가 와서 보았다. 임계형(林季亨)과 임준영이 들어왔다.

10월 19일. 맑다. 지난밤 12시경에 꿈을 꾸었는데, 새벽에 고향 집의 종 진(辰)이 내려왔기에 죽은 아들을 생각하면서 통곡하는 꿈이었다. 늦게 조방장 및 경상우후(이의득)가 찾아왔다. 백 진사(백진남)가 찾아오고 임계형이 와서 인사를 하였다. 김신웅(金信雄)의 아내, 이인세(李仁世), 정억부(鄭億夫)를 붙잡아왔다. 거제 현령(안위), 안골포 만호(우수), 녹도 만호(송여종), 웅천 현감(김충민), 제포 만호(주의수), 조라포(助羅浦) 만호(정

공청), 당포 만호(안이명), 우 우후(이정충) 등이 찾아왔다. 적
을 잡은 공문을 가져와 바쳤다. 윤건(尹健) 등이 적에게 붙었
던 자 2명을 잡아왔다.

어두울 무렵 코피를 한 되 남짓 흘렸다. 밤에 앉아서 생각에
잠겨 눈물을 흘렸는데, 어찌 말로 다하랴. 이제는 영령(英靈)이
되었으니, 불효가 이에까지 이를 줄 그가 어찌 알았으랴. 비통
하여 가슴이 찢어지듯 함을 이기기 어려웠다.

10월 20일. 맑다. 미조항 첨사(김응함), 해남(유형), 강진 현감
(이극신) 등이 해남의 군량을 운반할 일로 보고한 뒤 돌아갔고,
또 안골포만호 우수(禹壽)도 보고하고 돌아갔다. 늦게 김종려
(金宗麗), 정수(鄭遂), 백진남 등이 와서 보았다. 또 윤지눌(尹志
訥)의 못된 짓을 많이 말하였다. 김종려를 소음도(所音島) 등
열세 섬의 염장(鹽場)의 소금 굽는 것을 감독하는 총책임자(監
煮都監撿)로 뽑아 보냈다.

　강진 현감도 전후 복구에 나서고 있고, 각 지역의 염전 經·營도
회복되고 있다.

　10월 21일. 비가 오다가 눈이 오다가 하였다. 바람이 몹시 차
가워서 뱃사람들이 추위에 얼까봐 걱정이 되어 마음을 안정시
킬 수 없었다. 정상명(鄭翔溟)이 들어와서 전하기를, 무안(務安)
현감 남언상(南彦祥)이 들어왔다고 하였다. 언상은 본래 수군에
소속된 관리였는데 자기 몸을 보전하기 위한 사사로운 계책으
로 수군에 오지 않고 몸을 산골짜기에 숨긴 지 이미 달포가 넘
었다. 그러다가 적이 물러간 다음에야 무거운 처벌을 받게 될

까봐 겁이 나서 비로소 와서 얼굴을 내미니, 그 하는 짓이 극히 해괴하다.

10월 22일. 아침에는 눈이 오고 늦게는 개었다. 군기시(軍器寺) 직장(直長) 선기룡(宣起龍)이 임금의 유지와 의정부 방문(榜文)들을 가지고 왔다. 해남 현감 유형(柳珩)이 적에게 붙었던 자들인 윤해(尹海), 김언경(金彦京) 등을 묶어서 올려 보냈기에 단단히 가두어 놓게 하고, 또 무안현감 남언상은 가리포 전선에 가두었다.

10월 23일. 맑다. 윤해, 김언경을 처형했다. 백진남이 찾아와서 보았다. 전마(戰馬)의 편자가 떨어진 것을 고쳐 박았다.

10월 24일. 맑다. 해남에 있던 왜적의 군량 322섬을 실어왔다. 저녁에 선전관 하응서(河應瑞)가 유지(諭旨)를 가지고 들어왔는데, 그 내용은 우후 이몽구를 처형하라는 것이었다.

우후 이몽구가 여수에서 나올 때 가족들은 피난시키면서 병장기를 버려두고 온 일은 큰 죄였기에 조정에서도 그 죄를 물어왔다.

그 편에 들으니, 명나라 해군이 강화에 이르렀다고 하였다. 밤 10시경에 땀이 흘러 등을 적셨는데 자정이 넘어서야 그쳤다. 새벽 2시경에 또 선전관과 금부도사가 왔다는 말이 전해졌다. 날이 밝은 뒤에 들어왔는데, 선전관은 권길(權吉)이었고 금부도사는 홍지수(洪之壽)였다. 무안현감(남언상)과 목포(방수경), 다경포만호(윤승남)를 잡아 갈 일로 왔다고 하였다.

선조는 이순신을 통제사에 재임명하면서 '그대는 도임하는 날 먼저 부하들을 불러 어루만지고 흩어져 도망간 자들을 찾아다가 단결시켜 수군의 진영을 만들고, 나아가 요해지를 지켜 군대의 위세를 새로 한 번 떨치게 하라'는 어명을 내렸다. 이순신이 울돌목에서 거둔 대 반전, 해남반도 일대에서 펼친 수복활동 등은 이 같은 어명(經)을 실천(營)한 것이다. 이에 조정에서는 이 같은 군국(軍國) 經營에 불참한 수령들을 잡아들이고 있었다.

10월 25일. 맑다. 몸이 몹시 불편하다. 종 순화가 아산으로부터 배를 타고 왔는데, 그 편에 집안 편지를 받아보았다. 마음이 편치 못하여 이리저리 뒤척이면서 혼자 앉아 있었다. 초저녁에 선전관 박희무(朴希茂)가 유지를 가지고 왔는데, 명나라 해군의 배가 정박하기에 적합한 곳을 생각해서 급히 회답 장계를 올리라는 것이었다. 양희우(梁希雨)가 장계를 가지고 서울로 올라갔다가 돌아왔다. 충청우후 원유남(元裕男)이 홍시 한 접(100개)을 보내왔다.

10월 26일. 비가 뿌렸다. 조방장 등이 찾아왔다. 김종려, 백진남, 정수 등이 찾아왔다. 이날 밤 10시경에 식은땀으로 몸이 젖었다. 온돌에 불을 너무 많이 땠기 때문이다.

10월 27일. 맑다. 영광군수(전앙)의 아들 전득우(田得雨)가 군관(軍官)이 되어 와서 신고하였다. 곧 자기 아버지 있는 곳으로 돌려보냈더니 홍시 백 개(한 접)를 가지고 왔다. 밤에는 비가 뿌렸다.

10월 28일. 맑다. 아침에 여러 가지 장계를 봉하여 피은세(皮銀世)에게 주어 올려 보냈다. 늦게 강막지의 집에서 나와 지휘선으로 옮겨 탔다. 저녁에 염장(鹽場)의 도서원(都書員: 총무) 거질산(巨叱山)이 큰 사슴을 잡아 와서 바치기에 군관들에게 주어 나눠 먹게 하였다.

2. 목포 고하도(보화도) 통제영 시대

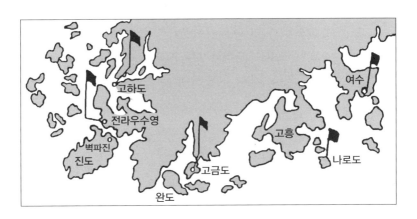

10월 29일. 맑다. 새벽 2시경에 출발하여 목포로 향했다. 비와 우박이 섞여 내리고 동풍이 약간 불었다. 목포에 이르렀다가 다시 옮겨 보화도(寶花島: 지금의 高下島)에 대었더니 서북풍을 막을 수 있을 것 같았고 또 배를 감추기에 아주 적합하였다. 뭍으로 올라가서 섬 안을 돌아보니 지형이 대단히 좋으므로 진영을 이곳에 설치하기 위하여 집 지을 계획을 세웠다.

이순신은 고하도(高下島)에 통제영을 설치하고 울돌목과 신안 앞

바다를 지키면서 영산강 상류에서 왜군들이 배를 만들어 바다로 나
오는 것을 방지했다.

　　10월 30일. 맑다. 아침에 집 지을 곳으로 내려가 앉으니 여러
　　장수들이 와서 인사를 하였다. 해남현감(유형)도 와서 왜적에
　　게 붙었던 자들의 소행을 전했다.
　　황득중(黃得中)에게, 목수(耳匠)들을 데리고 섬의 북쪽 봉우리
　　밑으로 가서 집 지을 재목을 찍어 오라고 하였다.
　　늦게 해남에서 적에게 붙었던 정은부(鄭銀夫)와 김신웅(金信雄),
　　그리고 왜놈에게 우리나라 사람들을 죽이도록 지시한 두 사람
　　과, 선비 집 처녀를 강간한 김애남(金愛男) 등을 모두 목 베어
　　효시하였다. 저녁에 도양장(道陽場)의 벌레 먹은 곡식을 제멋대
　　로 나누어준 죄로 양밀(梁謐)에게 곤장 60대를 쳤다.

　오늘날 고하도 유적지에는 충무공을 추모하는 24편의 시가 있는
데 다음의 시는 그 중의 하나이다.

　　추 모 사

　　7년 전쟁 싸움터에 사랑하는 아들 잃고
　　옥체 불편하신 중에서도 한 인간의 고뇌를 이겨내시어
　　이 작은 섬에 배를 대고 다시 전열 가다듬어
　　민족의 맥을 이어주셨다.

　　거룩하신 님의 숨결이 여기 고하도 언덕 노송에
　　스치는 바람결 따라 들려오기에 옷매무새 고쳐 입고
　　님의 채찍 달게 받는다.　　　-해군준장 최정식(1985. 11.)-

일제시대 때 동아일보의 주도로 현충사가 중건된 후, 조선일보는 민족의식 고취를 위해 전국에 향토 노래가사를 공모했다. 그때 이난영의 노래로 유명해진 '목포의 눈물'이 1등작으로 뽑혔는데, 이 노래가 조선 8도를 뒤덮자 총독부는 노래 2절에 있는 '삼백년 원한 품은 노적봉… 임 자태 완연하다' 등의 가사를 충무공과 관계된 것으로 보고 금지곡으로 삼았다. 그러나 체포와 투옥에도 불구하고 온 조선인들이 계속 그 노래를 불렀고, 나중에는 이들을 수용할 감방이 부족해서 총독부는 단속을 단념하고 말았던 일이 있었다.

11월 1일. 비. 비. 아침에 사슴 털가죽 두 장이 물에 떠내려 왔으므로 명나라 장수에게 보내주기로 했다. 괴이한 일이다. 오후 2시경에 비가 개었으나 북풍이 크게 불었다. 배에 탄 사람들은 추위를 견디기 어려웠고, 나도 선실에 웅크리고 앉아 있으니 심기가 좋지 않아 하루를 보내기가 마치 1년 같았다. 비통함을 어찌 다 말하랴. 저녁에 북풍이 크게 불어 밤새도록 배가 흔들려서 사람들이 안정을 취할 수가 없었다.

11월 2일. 흐리다. 우수사(김억추)의 전선이 바람에 떠내려가다가 바위에 걸려 깨어졌다고 하니, 매우 통분하다. 병선 담당 군관 당언량(唐彦良)에게 곤장 80대를 쳤다. 선창에 내려가 앉아서 다리 놓는 것을 감독하였다. 그 길로 새로 집 짓는 곳으로 올라갔다가 어두워질 때 배로 내려왔다.

11월 3일. 맑다. 일찍 새로 집 짓는 곳으로 올라갔더니, 선전관 이길원(李吉元)이 배설(裵楔)을 처단할 일로 들어왔다. 배설은 벌써 성주(星州) 본가로 도망갔는데, 그리로 가지 않고 바로 이

리로 찾아 왔으니, 그의 사사로운 정분 앞세우는 죄가 극심하
다.

이길원은 도망간 경상우수사 배설과 친한 사이였다. 그래서 의도
적으로 배설이 달아날 시간 여유를 주려고 이곳으로 와서 시간을 지
체하고 있음을 지적한 것이다.

11월 4일. 맑다. 일찍 새로 집 짓는 곳으로 올라갔더니, 이길원
이 그곳에 머물러 있었다. 진도 군수 선의경(宣義卿)이 왔다.

11월 5일. 맑다. 따뜻하기가 봄날 같다. 일찍 새로 집 짓는 곳
으로 올라갔다가 해가 저물어서야 배로 내려왔다. 영암군수 이
종성(李宗誠)이 와서 밥 30말을 지어 일꾼들을 먹이고 또 말하
기를, 군량미 2백 섬과 벼 7백 섬을 준비해 놓았다고 하였다.
이날 보성군수와 흥양군수를 시켜서 군량 창고 짓는 일을 보살
피게 하였다.

11월 6일. 맑다. 일찍 새로 집 짓는 곳으로 올라가서 종일 거닐
며 해가 지는 줄도 몰랐다. 새로 지은 집에 지붕을 잇고 군량
창고도 세웠다. 전라우도 우후(이정충)가 나무를 찍어 올 일로
황원장(黃原場)으로 갔다.

11월 7일. 맑고 따뜻하다. 해남의 의병(義兵)들이 왜놈의 머리
하나와 환도 한 자루를 가지고 와서 바쳤다. 이종호(李宗浩)와
강언국(康彦國)을 잡아왔기에 거제의 배에다 가두었다. 늦게 홍
산(鴻山) 전 현감 윤영현(尹英賢)과 생원 최집(崔濈) 등이 와서

보고 또 군량으로 벼 40섬, 쌀 8섬을 바쳤다. 본영의 박주생(朴注生)이 왜적의 머리 두 개를 베어 왔다. 전 현감 김응인(金應仁)이 찾아와서 만나보았다. 저녁에 새집 마루를 다 놓았다. 여러 수사들이 찾아왔다.

이날 밤 자정 때쯤 꿈에 죽은 면(葂)을 보고 슬퍼서 울부짖고 통곡하였다.

11월 8일. 맑다. 새벽 2시경에 물에 들어가 고기를 잡는 꿈을 꾸었다. 이날은 따뜻하고 바람도 없었다. 새 방 벽에 흙을 발랐다. 이중화(李重和) 부자가 찾아와 만나보았다.

드디어 겨울을 지낼 따뜻한 방이 마련되었다.

11월 9일. 맑다. 따뜻하기 봄날 같다. 우수사가 와서 보았다. 강진 현감이 돌아갔다.

11월 10일. 눈비가 섞여 왔다. 서북풍이 세게 불어 배를 간신히 보호하였다. 이정충이 와서 말하기를, 장흥에 있던 적들이 달아났다고 하였다.

11월 11일. 맑다. 식사 후에 새로 집 짓는 데로 올라갔더니 평산 새 만호가 찾아와서 부임장을 바쳤다. 그는 하동현감(신진)의 형 신훤(申萱)이다.

장흥 부사(전봉)와 조방장(배흥립)이 찾아왔다. 저녁에 우 우후 이정충이 왔다가 밤 8시경에 돌아갔다.

11월 12일. 맑다. 이날 늦게 영암, 나주 사람들이 타작을 못하게 방해한 자들을 결박해 왔으므로, 그 중에서 주모자를 뽑아내어 처형하고 나머지 4명은 각 배에다 가두었다.

11월 14일. 맑다. 해남현감 유형이 와서 윤단중(尹端中)의 무리한 일을 많이 전하였다. 또 아전들이 법성포로 피난 갔다가 돌아올 때 바람을 만나 배가 전복되려고 할 때, 그들을 바다 가운데서 만났으나 구조하기는커녕 배에 있는 물건들을 약탈했다고 하였다. 그래서 중군선(中軍船)에 가두었다. 김인수(金仁守)는 경상 수영의 배(水營船)에 가두었다. 내일은 아버님의 제삿날이어서 드나들지 않았다.

11월 15일. 맑다. 따뜻하기가 마치 봄날 같았다. 식사 후에 새로 지은 집으로 올라갔다. 늦게 임환(林懽)과 윤영현(尹英賢)이 찾아왔다. 밤에 송한(宋漢)이 서울에서 들어왔다.

11월 16일. 맑다. 군공마련기(軍功磨鍊記: 개인별 전공 조사기록)를 보니 안위(安衛)가 통정대부(通政大夫)가 되고 그 나머지도 차례차례 벼슬을 받았으며, 은자 20냥은 나에게 상으로 하사되었다. 명나라 장수 경리(經理) 양호(楊鎬)는 붉은 비단 한 필을 보내며 "배에 괘홍(掛紅: 승전했을 때 군선에 붉은 비단을 걸어서 전공을 치하하는 의식)하는 의식을 거행하고 싶으나 길이 멀어서 못 간다"고 하였다. 영의정(유성룡)의 답장도 왔다.

울돌목해전의 공로를 표창함에 있어 선조는 이순신에게 은자 20

냥을 하사했는데, 선조가 일찍이 요시라에게 하사한 은자는 80냥이었다. 요시라에게 은자를 내렸을 때는 전쟁은 소강상태였고 전라도가 건재했으며 조정의 재정도 다소 안정되어 있었다. 그러나 이 무렵 전라도는 초토화되었고 조정과 사대부, 온 백성들이 피난 준비를 하느라 세상은 아비규환이었다.

이러한 상황에서 받은 은자였으므로 이순신은 금액에 관계없이 오직 진충보국에 힘썼으며, 이 같은 시대상도 긍정적으로 이해했다.

명 황제가 내린 면사첩과 그 속에 담긴 메시지

11월 17일. 비. 비. 경리 양호의 차관이 초유문(招諭文: 적이나 적에게 붙었던 자들을 너그러운 조건으로 용서한다는 포고문)과 면사첩(免死帖: 죽음에 처하지 않게 할 것임을 약속하는 증명서)을 가지고 왔다.

명나라가 초유문을 보내온 것은 수복지의 민심을 조기에 안정시키고자 했기 때문이다. 초유문은 명군 사령관 양호의 명의로도 발급할 수 있다. 그러나 면사첩은 '죽을 사람도 살리는 증명서'이기에 황제만이 가지는 권한이다. 춘원 이광수 저 〈이순신〉(1931)에서도 '면사첩은 명의 천자만이 내릴 수 있다'고 했고, 오늘날 명·청 시대를 다룬 중국의 TV 사극물에서도 황제-면사첩 관련 내용은 자주 등장한다.

명나라는 해양국가로 출발했기에 해군의 중요성을 잘 알았다. 또 이순신이 한산도·울돌목 대첩으로 명나라를 지켜낸 공도 잘 알고 있었다. 명나라로서는 이순신 같은 명장이 또다시 모함을 받아 하옥되

거나 목숨을 잃게 될 것을 우려해서 면사첩을 내렸는데, 여기에는
이순신을 해치려는 조선 조정과 붕당들에 대한 경고가 들어있다.

　'면사첩의 발급 권한'이 누구에게 있었는지를 아는 것은 이순신
의 자살설 논쟁을 해석하는 데 있어서도 매우 중요한 의미를 갖는
다. 흔히 면사첩을 선조 임금이 내린 것으로 잘못 이해하고 있는데,
결코 그렇지 않다. 아래는 김훈 저 〈칼의 노래〉에서다.

　「이원길이 돌아간 지 보름 뒤에 임금이 보낸 면사첩(免死帖)
을 받았다. 도원수부의 행정관이 면사첩을 들고 왔다. '면사(免
死)' 두 글자뿐이었다. 다른 아무 문구도 없었다. 조정을 능멸하
고 임금을 기만했으며 임금의 기동출격 명령에 따르지 않은 죄
에 대하여 죽음을 면해 주겠다는 것이었다. 면사첩을 받던 날은
하루 종일 비가 내렸다. 나는 '면사' 두 글자를 오랫동안 들여
다보았다. 죄가 없다는 것도 아니고, 죄를 사면해 주겠다는 것
도 아니고, 다만 죽이지는 않겠다는 것이었다.

　너를 죽여 마땅하지만 죽이지는 않겠다고 임금은 멀리서 그
렇게 말하고 있었다. '면사' 두 글자 속에서, 뒤척이며 돌아눕
는 임금의 해소기침 소리가 들리는 듯했다. 글자 밑의 옥새는
인주가 묻어날 듯이 새빨갰다. 칼을 올려놓은 시렁 아래 면사첩
을 걸었다. 저 칼이 나의 칼인가 임금의 칼인가. 면사첩 위 시
렁에서 내 환도 두 자루는 나를 베는 임금의 칼처럼 보였다. 그
러하더라도 내가 임금의 칼에 죽으면 적은 임금에게도 갈 것이
었고, 내가 적의 칼에 죽어도 적은 임금에게도 갈 것이었다. 적
의 칼과 임금의 칼 사이에서 바다는 아득히 넓었고 나는 몸 둘
곳 없었다.」
　　　　　　　　　　　　　　　　　　　　－〈칼의 노래〉－

면사첩을 보낸 이를 선조 임금으로, 가지고 온 사람을 도원수부의 행정관으로 꾸몄다. 내용을 보면 김훈은 면사첩 제도에 대한 연구가 전연 없었던 것 같다. 연구가 있었다면 '내가 임금의 칼에 죽으면…'과 같은 표현은 하지 않았을 것이다.

다음은 박기봉 편역 〈충무공 이순신 전서(李舜臣全書)〉에서 밝혀 둔 면사첩 관련 내용이다.

「면사첩(免死帖)은 본래 조선에는 없었던 명나라의 제도로서, 명나라 황제가 내려준 것이기 때문에 조선의 임금조차도 중국 황제에게 거역할 각오 없이는 이순신을 감히 죽일 수 없다. 따라서 이순신이 명나라 황제에게 반역의 죄를 범하지 않는 이상 조선에서 이순신의 목숨을 해칠 권력은 존재하지 않게 되었다.

이 면사첩이 명나라 황제에게서 내려왔다는 점에서 이순신이 전란이 끝난 후에 또다시 선조와 반대 측의 질시로 죽임을 당할까봐 최후의 전투에서 스스로 죽는 쪽을 택했다는 자살설(自殺說)은 근거가 없는 것임이 증명된다. 즉, 중국 황제가 내려준 면사첩을 소지하고 있는 한, 전란이 끝난 후에 또 다시 조선의 권력자들에 의해 모함을 당하여 목숨을 잃게 될까봐 걱정할 필요가 없게 되었기 때문이다.

그러나 소인배들인 당시의 권력자들로서는 누구도 이해할 수 없었던 더 크고 소중한 가치에 자신의 신명을 바치고 있었고, 그의 지성(至誠)의 삶이 이미 하늘을 감동시키고 있었던(感天) 군자 이순신에게 있어서는 이런 황제의 면사첩조차도 아무런 의미 없는 한 장의 종이쪽지에 불과한 것으로 여겼을 만큼 그의 정신세계는 생사(生死)를 초월해 있었던 것이다.」

-〈충무공 이순신 전서〉-

11월 18일. 맑다. 따듯하기가 봄날 같다. 윤영현이 와서 만나보았다. 정한기도 왔다.

11월 19일. 맑다. 조방장(배흥립)과 장흥부사(전봉)가 와서 만나보았다.

11월 20일. 비. 임준영이 와서, 완도를 정탐해 보았으나 적선이 없더라고 하였다.

완도가 수복되고 있다.

11월 21일. 송응기(宋應璣)가 산판 일 할 사람들을 데리고 해남의 소나무가 있는 곳으로 갔다.

11월 22일. 흐리다. 저녁에 김애(金愛)가 아산에서 돌아왔다. 장흥에 있던 적들이 20일에 달아났다는 보고가 왔다.

장흥이 수복되고 있다.

11월 23일. 큰 바람이 불고 큰 눈이 왔다. 저녁에 얼음이 얼었다고 한다. 아산 집에 편지를 쓰며 눈물을 거두지 못하였다. 자식을 생각하는 정을 참기 어렵다.

11월 24일. 비와 눈이 내렸다. 서북풍이 계속해서 불었다.

11월 25일. 눈이 내렸다.

11월 26일. 비와 눈이 내렸다.

11월 27일. 맑다. 장흥 부사의 승첩 장계를 수정하였다.

11월 28일. 맑다. 무안(務安)에 사는 진사 김덕수(金德秀)가 군량으로 벼 15석을 가져와 바쳤다.

11월 29일. 맑다. 마 유격(麻貴)이 파견한 군관 왕재(王才)가 "물길로 명나라 군사가 내려오고 있다"고 전하였다. 전희원, 정봉수가 왔다. 무안현감도 왔다.

명의 해군이 온다는 소식이다.

12월 1일. 맑고 따뜻하다. 경상수사 이순신(李純信)이 진으로 왔다. 그와 같이 대책을 의논하였다.

12월 2일. 맑다. 날씨가 매우 따뜻하여 봄날 같았다. 영암(靈巖) 향병장(鄉兵將) 유장춘(柳長春)이 적을 토벌한 사유를 보고하지 않았기에 곤장 50대를 때렸다. 홍산현감(윤영현), 김종려, 백진남, 정수(鄭邃) 등이 찾아왔다.

12월 3일. 맑다. 큰바람이 불었다. 몸이 몹시 불편하였다. 경상수사(李純信)가 와서 만났다.

12월 4일. 맑다. 몹시 춥다. 장흥 교생(校生) 기업(基業)에게 군량을 훔쳐 실은 죄로 곤장 30대를 때렸다. 거제 현령(안위), 금갑도 만호(이정표), 천성 만호가 (둔전의) 타작하는 일을 보고 돌아왔다. 무안 현감 및 전희광(田希光) 등이 돌아왔다.

12월 5일. 맑다. 전공을 세운 여러 장수들에게 상품과 직첩(職帖)을 나눠 주었다. 보자기(鮑作)를 수색하고 단속하는 정응남(鄭應男)이 새로 만드는 배의 부정 사실을 적발할 일로 점세(占世)를 데리고 진도로 갔다. 아울러 해남으로 나갔던 독동(禿同)을 처형했다.

울돌목해전의 승첩 장계를 받은 조정은 상품과 직첩을 내렸기에 나누어 주었다.

도원수(권율)의 군관이 유서를 가지고 왔는데, "이번 선전관 편에 들으니 통제사 이순신은 아직도 상제(喪制)의 예법대로만 따르고 권도(權道)를 좇지 않아 여러 장수들이 민망하게 여긴다고 하였다. 사사로운 정(私情)이야 간절하겠지만, 국사가 한창 바쁜데, 옛사람의 말에도 전쟁에 나가서 용맹이 없는 것도 효(孝)가 아니라고 하였다. 전쟁에 나가서 용감하다는 것은 소찬(素饌)이나 먹어서 기운과 힘이 곤비(困憊)한 자로서는 할 수 없는 일이다. 예(禮)에도 원칙을 지키는 경(經: 體)이 있고 방편을 따르는 권(權: 用·營)이 있어서 꼭 원칙만을 지킬 수는 없는 것이니, 그대는 내 뜻을 받들어 소찬 먹는 것을 그만두고 방편을 따르도록 하라"는 것이었다. 그리고 아울러 고기반찬을 하사하셨으니 감동, 감동스럽다.

임금이 원칙만 지키지 말고 방편도 중시하라는 중용의 정신으로 고기반찬을 하사했기에 '감동, 감동' 했다. 임금의 유지(諭旨)에는 모친상만이 언급되어 있지만, 이순신은 이 무렵 셋째 아들의 상까지 입고 심신이 날로 쇠약해져 가고 있었다.

아래는 〈칼의 노래〉에서다.

「지난번에 다녀온 선전관 편에 들으니, 너는 아직도 상례(喪禮)를 지키느라 고기를 먹지 않는다 하더구나. 사사로운 정이 간절하다 할지라도 나라의 일은 지엄한 것이다. 싸움에 나가 용맹이 없으면 효도가 아닐진대. 어찌 채소나 나물만 먹고 능히 해낼 수 있겠느냐. 상례에도 원칙이 있고, 방편이 또한 있지 않겠느냐. 내 헤아리되 그러하다. 그대는 내 뜻을 따라 방편을 좇으라. 그러므로 이제 술과 고기를 보내니 너는 받으라.

군관이 놓고 간 대나무 상자를 열었다. 쇠고기 5근과 술 2병이 들어 있었다. 임금의 명에 따라 도원수가 보낸 물건이었다. 갓 잡은 고기는 살에서 경련이 일듯이 싱싱했다. 칼이 한 번 멈칫거린 듯, 칼 지나간 자리가 씹혀 있었다. 잘려진 단면에서 힘살과 실핏줄이 난해한 무늬를 드러냈다. 붉은 살의 결들이 어디론지 흘러가고 있었다. 칼이 베고 지나간 목숨의 안쪽에 저러한 무늬가 살아 있었다. 내가 적의 칼에 베어지거나 임금의 칼에 베어질 때, 나의 베어진 단면도 저러할 것인지를 생각했다. 단면은 떠오르지 않았다.」　　　　　　　　　　　　　－〈칼의 노래〉－

임금이 술과 고기반찬을 내렸다면 당연히 대궐의 수라간에서 만들어야지 어찌 감히 도원수부의 부엌에서 만들었다고 하며, 반찬은 왜 날고기 5근으로 고쳤을까.

수라간에서 보낸 고기반찬의 양은 적어도 1~2개월 동안 아침저녁 반찬으로 먹으면서 입맛도 살리고 원기회복에 도움이 될 정도의 양이었을 것이다. 또 오래 두고 먹어도 변질되지 않도록 수라간에서 정성을 들여 특별히 조리한 귀한 음식이었을 것이다. 멀리서 임금이 상중에 있는 장수의 건강을 염려해서 특별히 사람을 보내어 반찬을 하사하면서 쇠고기 5근과 술 2병밖에 안 보냈다는 것은 아무리 소설이라도 말이 안 된다. 김훈은 '임금의 칼에 베어질 때, 나의 베어진 단면도…' 라는 문학적 글귀를 살리기 위해서 '날고기'로 바꾼 것 같다.

3. 임금의 걱정에도 불구하고 건강은 악화일로

〈난중일기〉의 기록이 현저하게 줄어들고 있는데, 심신이 극도로 쇠약해져서 마지막 타는 불꽃을 보는 듯하다. 그러나 줄어들고 있는 기록 속에도 당시의 안타까웠던 전란사가 들어 있다.

12월 6일. 나덕준(羅德竣)과 정응청(鄭應淸)이 찾아와 만났다.
12월 7일. 맑다.
12월 8일. 맑다.
12월 9일. 맑다. 종 목년(木年)이 들어왔다.
12월 10일. 맑다. 조카 해(荄), 아들 열과 진원이 윤간, 이언량과 함께 들어왔다. 배 만드는 데 나가 앉아 있었다.
12월 11일. 맑다. 경상수사(李純信)와 조방장(배흥립)이 왔다. 우수사(이시언)도 와서 만났다.

12월 12일. 맑다.

12월 13일. 가끔 눈이 내렸다.

12월 14일. 맑다.

12월 15일. 맑다.

12월 16일. 맑다. 늦게 눈이 내렸다.

12월 17일. 눈보라가 몹시 차가왔다. 조카 해(菱)와 작별의 술을 마셨다.

12월 18일. 눈이 내렸다. 해(菱)가 어제 취한 술 때문에 늦도록 깨지 않았다. 이날 새벽에 배를 출발시키니 마음이 편치 않았다.

12월 19일. 하루 종일 눈이 왔다.

12월 20일. 진원의 모친과 윤간이 올라갔다.

12월 21일. 눈이 왔다. 아침에 홍산(鴻山) 현령(尹英賢)이 목포로부터 찾아와 만나보았다.

12월 22일. 눈비가 섞여 내렸다. 함평 현감(손경지)이 들어왔다.

12월 23일. 눈이 내려 세 치나 쌓였다. 순찰사(황신)가 진에 온다는 연락이 왔다.

12월 24일. 눈이 오다 개었다 하였다. 아침에 이종호(李宗浩)를 순찰사에게 보내어 문안하였다.

12월 25일. 눈이 왔다. 아침에 열이 돌아갔다. 그 어머니의 병때문이다. 늦게 경상수사와 배 조방장이 보러 왔다. 오후 6시경 순찰사가 진에 왔으므로 그와 같이 군사에 관한 일을 의논하고, 연해안 열아홉 고을을 수군에 전속시키도록 하였다.

부인 방씨(方氏)도 셋째 아들을 잃은 후 병석에 누웠다. 황신 전라
감사가 와서 군사 일을 의논하면서 (1593년 윤11월 17일) 당시 전라
감사 이정암에 의해 육군에 소속시켰던 9개 고을을 원래대로 수군
으로 귀속시켜 주었기에 전라도 연해안 19개 고을이 다시 수군 소속
이 되었다.

울돌목 승첩이 있은 후 왜군들이 남해안으로 물러가는 것을 본 조
정과 전라감영은 그제서야 수군의 소중함을 실감했기에 9개 고을을
수군 소속으로 되돌린 것이다.

> 12월 26일. 눈이 왔다. 방백(方伯: 순찰사)과 같이 조용히 군사
> 대책을 이야기하였다. 늦게 경상수사(李純信)와 배 조방장
> (배흥립)이 와서 만났다.
>
> 12월 27일. 눈이 왔다. 순찰사가 돌아갔다.
>
> 12월 28일. 맑다. 경상수사와 배 조방장이 와서 만났다.
>
> 12월 29일. 맑다.
>
> 12월 30일. 눈. 바람. 몹시 춥고 얼음이 얼었다. 여러 장수들
> 이 모두 와서 보았다. 이날 밤은 그믐이라 슬픈 생각이 한
> 결 더 하였다.

*방(方)씨 부인

「정경부인 상주(尙州) 방(方)씨는 충무공의 부인이다. 부친의
이름은 진(震)인데 보성 군수 벼슬을 지냈다. 부인이 어릴 때부
터 영미한 품이 어른과 같았다. 나이 겨우 열두 살 때인데 강도
들이 안마당까지 들어오므로 보성공(寶城公)이 화살로 적을 쏘다
가 화살이 다 되자 방 안에 있는 화살을 가져오라고 했으나 계집
종이 적과 내통하여 몰래 훔쳐 가지고 나가 남은 것이 없었다.

그러자 부인이 "여기 있습니다!" 하고 급히 베 짜는 데 쓰는 대들을 한 아름 안아다가 다락에서 던지니 그 소리가 마치 화살이 떨어져 흩어지는 것 같았다. 적이 본래 보성공의 활 잘 쏘는 것을 두려워했던 바라 화살이 아직 많이 있다고 여기고는 곧 놀라 도망갔다.

충무공이 세상을 떠나자 으뜸 공훈으로 책정하고 높은 벼슬을 증직하였는데, 부인도 그 준례에 따라 봉함을 받았고 80이 넘도록 살았다.

통제사 이운룡(李雲龍)이 부하로 있었던 옛 의리를 생각하고 충무공의 사당에 참배코자 하여 지나는 길에 굉장한 위엄을 갖추고 들어가 먼저 부인께 문안하는 예단을 올렸으나, 부인은 받지 않고 말을 전하기를 "대장과 막하의 신분은 본시 한계가 엄연한데, 저승과 이승이 비록 다르다 할지언정 예의에는 사이가 없거늘, 대감(충무공)의 사당을 지척에 두고서 호각을 불며 곧장 들어오기가 미안하지 않은가!" 하였다. 이공은 마침내 실수하였음을 깨닫고 황공하여 머물러 사죄하므로 부인도 그 예단을 받았다. 그런 뒤에 떠나갔다.」　　　　　　　　　－〈방(方)씨 부인전〉－

4. 조·명 동로군의 울산 왜성(학성) 공격

조선 해군이 고하도에서 명의 진린(陳璘) 함대를 기다리며 해군 재건에 힘쓰고 있던 1597년 겨울, 조·명의 육군은 울산 왜성의 가토 기요마사(加藤淸正) 군과 제1차 울산성전투를 치렀다.

KBS 〈역사스페셜 6〉에서의 제 1차 울산성전투

「울산성 전투 초반에는 연합군이 기선을 제압했다. 연합군은 철저한 고립 작전을 구사했고, 기마병을 매복시켜 태화강 하류를 봉쇄했다. 부산과 서생포 등에서 오는 일본군의 구원병을 차단하기 위해서였다. 실제로 울산성에서 70리 남쪽에 있는 서생포에서 일본군(구로다 나가마사(黑田長政)의 5천 군) 구원병이 왔으나 저지당하고 말았다.

그런 다음 연합군은 울산 지역 전체를 고립시켜 나갔다. 양산으로 군대를 보내 이곳을 통해 울산으로 들어오는 일본 육군을 막도록 했다. 그리고 멀리 남원에서는 일본군의 전라도 병력을 견제하게 했다. 실제로 연합군은 양산과 태화강에서 일본군 구원병을 물리쳤으며, 이러한 입체 작전은 전투 초반 효과를 거두었다.

조·명 연합군은 성 안의 일본군을 외부와 완전히 차단시키고 물샐틈없이 포위했다. 성 안의 일본군은 최악의 상황에 처했다. 가토 기요마사가 다른 장수에게 보낸 전갈을 통해 당시 성 안의 상황이 얼마나 절망적이었는지 알 수 있다.

"나는 여기서 할복자살할 것이니 당신은 그 성에서 (할복자살)하시오."(「울산 농성 각서」)

가토 기요마사는 항복 대신 할복자살을 결심하고 있었던 것이다.

전투가 한창이던 당시 상황을 그린 전투도를 보면 울산성 안에서 몇몇 일본군이 말을 잡고 있다. 전투가 한창인데도 이렇게 말을 잡은 이유는 식량과 물 부족 때문이었다. 성 안의 일본군들은 말을 잡아먹기도 했다. 식량은 조총수에게만 배급되었다.
그것도 하루에 생쌀 한 홉뿐으로, 전투병의 하루 식사로는 턱없
이 부족한 양이었다. 조총수 외에 다른 병사들은 방치될 수밖에
없을 정도로 울산성의 식량 사정은 열악했다.

〈 '울산성 전투도'에서 일본군이 말을 잡는 모습〉

게다가 울산성은 치명적인 약점이 있었다. 성 안에 우물이
없었던 것이다. 우물은 성 밖에 있었는데 그것조차 조·명 연합
군이 돌로 메워버렸다. 결국 일본군은 식수를 구하기 위해 목숨
을 걸고 성 밖 태화강으로 나가야 했다. 울산성 전투가 벌어진
때는 12월 하순이었다. 일본군은 조·명 연합군이라는 성 밖의
적 외에 극심한 식량난과 식수난, 그리고 혹독한 추위와 사투를
벌여야 했다.

…처절했던 울산성 전투는 가토 기요마사에게 큰 영향을 끼
쳤다. 전쟁 후 그는 일본으로 돌아가 구마모토에 성을 세웠다.
이 성에는 우물을 120개나 팠다. 식수 문제로 곤욕을 치른 울

산성의 기억 때문이다. 지금은 17개의 우물이 남아 있다. 성의 모든 건물에 깔려 있는 다다미에도 울산성 전투의 교훈이 담겨 있다. 성의 천수각이나 어전에는 보통 짚으로 만든 다다미를 까는데, 구마모토성의 경우 다다미 안에 고구마 줄기를 넣어서 만들었다고 전해진다. 울산성의 고된 농성을 경험하고 나서 비상 식량을 확보, 저장하기 위해서였다고 한다.

…울산성 공방전이 길어지자 각지의 일본군 구원병들이 속속 도착하여 병력이 점점 늘어났다. 나중에는 순천의 고니시 유키나가(小西行長)의 병력까지 합세하여 구원병은 6만이 넘었다.

1598년 1월 4일, 결국 조·명 연합군은 경주 방향으로 철수를 시작한다. 6만 명 이상으로 늘어난 일본군 구원병들로 인해 결국 조·명 연합군은 철수를 결정했고, 13일간의 울산성 전투는 끝난다. 이 전투로 조·명 연합군 약 5,800명, 일본군 약 6,000명이 전사하는 등 양측은 다 같이 엄청난 피해를 입었다. 조·명 연합군의 철수는 울산성 안의 일본군들에게 구원의 소식이었다.

…울산성에서 구사일생으로 살아남은 가토 기요마사는 남쪽의 서생포성으로 후퇴, 그 안에서 꼼짝 않고 수성전(守城戰)으로 일관했다.」   -〈KBS 역사스페셜 6〉-

〈징비록〉에 기록된 울산성전투

「12월에 양 경리(楊經理: 楊鎬)·마제독(麻提督: 麻貴)은 기병과 보병 수만 명을 거느리고 경상도로 내려가서 울산에 있는 왜적의 진영으로 나아가 공격하였다. 이때 왜적의 장수 가등청정이 성을 울산군(蔚山郡)의 동해 바닷가 험준한 곳에 쌓고 있었는데, 양호 경리와 마귀 제독은 뜻밖의 기회를 틈타서 엄습하여 날랜 기병대로 몰아치니, 왜적들은 쓰러져 감히 견디지 못하였다. 명나라 군사가 왜적의 외책(外柵: 外城)을 빼앗으니 왜적들은 달아나 내성(內城)으로 들어갔다.

명나라 군사들은 왜적이 두고 간 전리품의 노획을 탐내어 즉시 진공하지 않았는데, 왜적들은 성문을 닫고 굳게 지키므로 이를 공격해도 이기지 못하였다. 명군의 여러 진영은 성 아래 나누어 주둔하고, 성을 포위한 지 13일이나 되어도 왜적들은 나오지 않았다.

29일에 내가 경주로부터 울산으로 가서 양 경리와 마 제독을 만나보았는데, 왜적의 진루(壘)를 바라보니 매우 고요하고 한가로워 정적만이 감돌뿐이었다. 성 위에는 사면을 둘러 장랑(長廊)을 만들어 지키는 군사들은 모두 그 안에 있다가 밖의 명나라 군사가 성 밑에 접근하면 총탄을 비가 쏟아지듯 어지럽게 쏘았다.

날마다 이런 상황이 되풀이되자 명나라 군사와 우리나라 군사들의 희생만 늘어나서 주검이 성 밑에 쌓여갈 뿐이었다. 이때 왜적의 배들이 서생포(西生浦)로부터 와서 지원했는데, 정박한 배들의 모습이 마치 물오리 떼와 같았다.

한편, 성 안에는 물이 없어서 왜적은 밤마다 성 밖으로 물을 긷기 위해 나왔다. 양 경리는 김응서(金應瑞)로 하여금 정예 군사를 거느리고 성 밖의 샘 곁에 복병을 두게 하여 밤마다 백여 명의 적들을 사로잡았는데, 그들은 다 굶주리고 파리하여 겨우 목숨만 부지하고 있었다. 여러 장수들은 말하기를 "성 안에는 양식이 끊어졌으니 오랫동안 포위하고 있으면 왜적들은 장차 저절로 무너져버릴 것이다"고 하였다.

　그때는 겨울이어서 날씨가 몹시 춥고 게다가 비까지 와서 군사들은 손발이 얼어 터졌다. 얼마 뒤에 또 육로로부터 적의 구원병이 오자 경리 양호는 그들의 공격을 받게 될까 두려워서 갑자기 군사를 돌리고 말았다. 이듬해 정월이 되자 명나라 장수들은 서울로 돌아가 다시 공격할 계획을 세웠다.

　무술년(戊戌 :선조 31년, 1598) 7월에 경리 양호(楊鎬)가 파면되고, 만세덕(萬世德)이 새 경리로 임명되어 부임해 왔다.」

-〈징비록〉-

　'왜선들이 배들의 모습이 마치 물오리 떼와 같았다'고 했는데, 유성룡과 같은 고위층에서 왜성을 직접 확인한 첫 사례로 보인다. 당시 김응서는 '고니시-요시라의 반간계'에 속아서 조선 수군의 칠천량 패전을 초래하게 했다는 문책을 받아 백의종군하고 있었는데, 울산성전투에서 공을 세웠기에 복권된다.

　경리 양호는 패전의 책임으로 파면을 당했는데, 패한 원인은 ①왜성의 견고한 수비력과, ②왜군들에게는 남해안의 왜군들을 신속하게 수송할 수 있는 선단이 있었기 때문이다.

제2차 울산성전투(조·명의 동로군 전투)

　제1차 울산성전투를 실패라고 본 명나라 지휘부는 새로 4로군 전략을 수립하고 남해안의 왜군들을 ①각개로 공격하면서, ②진린의 해군을 참전시켜 수륙으로 협공한다는 계획을 세웠다.

　히데요시가 병사(1598. 8. 18.)하자 조·명의 4로군은 남해안의 왜군 거점들에 대한 공세를 더욱 강화했고, 이로써 7년 전쟁의 종반부는 필사전의 공방전으로 이어졌다.

동로군 마귀 제독의 군사 2만4천 명과 김응서 병마사의 5천5백 명이 제2차 울산성전투(1598. 9. 22.~11. 18.)를 전개하자, 1만 명의 가토 군은 구원군을 기다리며 수비에 전념했다. 그러나 히데요시 사망의 여파로 구원군은 오지 않았고, 그 와중에 '전군은 11월 15까지 부산에 집결한 후 본국으로 철수하라'는 4대로(四 大老: 도쿠가와 이에야스(德川家康), 모리 데루모토(毛利輝元), 우키타 히데이에(宇喜多秀家), 마에다 도시이에(前田利家))의 연명 지시가 있자, 11월 18일 울산성을 불태우고 서생포 → 부산 → 왜국으로 돌아갔다.

5. 조·명 중로군의 사천 왜성 공격

히데요시의 사망 소식을 접한 명나라 동일원(董一元) 제독의 군사 3만4천 명과 정기룡(鄭起龍) 경상병마사의 2천2백 명의 군사들은 사천 왜성에 주둔해 있던 시마즈 요시히로(島津義弘) 군(1만 명)을 공격했다.(1598. 9. 17.~10. 11.) 사천 왜성은 왜성들 중에서도 공성이 어렵기로 유명한 난공불락의 요새였다. 그 결과 연합군은 5천여 명의 사상자를 내고 10월 11일 퇴각했다.

한편, 동일원의 중로군이 사천 왜성에 대한 공격을 단념하고 퇴각했다는 보고를 받은 명 황제는 히데요시의 사망으로 우왕좌왕하고 있는 적을, 그것도 우세한 병력을 가지고도 패퇴했다며 엄히 꾸짖었고, 특사를 보내 '속히 공격하라!'는 명령을 전했다. 이에 황망해진 제독 동일원은 심기일전해서 11월 17일 사천 왜성으로 진격했으나,

도착해 보니 시마즈 군은 11월 16일 본국의 철군 명령과 순천 왜교 성에서 농성 중이던 고니시 군의 구원 요청에 따라 노량으로 떠난 후였다.

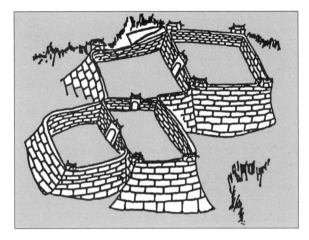

〈사천 왜성(船津城)〉

6. 명나라 진린 함대의 합류

막내아들 면(葂)이 전사한 후로 이순신의 건강은 극도로 악화되어 갔는데, 마치 제갈무후(제갈량)가 마지막 출전(오장원 전투)을 앞두고 쇠약해져 갔던 역사를 연상케 한다.

무술년(1598)으로 넘어오면서 이순신의 건강은 더욱 악화된 듯하다. 전해지는 〈난중일기〉의 분량(1월 5일부터 9월 14일까지는 몸이 불편해서였는지 일기가 빠져 있음)을 보더라도 짐작할 수 있다.

(1598년) 1월 1일. 맑다. 늦게 잠깐 눈이 왔다. 여러 장수들이

모두 와서 모였다.

1월 2일. 맑다. 국기일이서(명종 인순왕후 심씨의 제삿날) 공무를
보지 않았다. 새로 건조한 배를 진수시켰다. 해남현감(유형)과
진도군수(선의경)가 와서 보고 돌아갔다. 송대립(宋大立), 송득
운(宋得運), 김붕만(金鵬萬)이 각기 관아로 나갔다.

1월 3일. 맑다.

1월 4일. 맑다. 무안현감(남언상)에게 곤장을 때렸다.

기록이 이렇게 짧아서야 그 무렵의 군영 經·營은 물론 이순신의
건강이 어떠했는지를 자세히 확인하기는 어렵다. 하지만 〈이충무공
행록〉을 보면 이에 대한 궁금증을 풀어줄 기록들이 있다. 다음은 이
미 앞에서 소개한 바 있는 〈이충무공행록〉 부분이다.

「1597년 10월 14일. 우수영에 있다가 아들 면(葂)이 죽었다
는 기별을 들었는데, 면은 공의 막내아들로서 용기와 지혜가 있
고 또 말 타기 활쏘기에도 능하여 공은 늘 자기를 닮았다고 사
랑해 왔던 것이다. 그해 9월에 어머님을 모시고 아산 본가에 가
있다가 왜적들이 여염집을 분탕질하다는 말을 듣고 달려 나가
싸우다가 복병의 칼에 찔려 길에서 죽은 것이다.
　공이 그 기별을 듣고 너무 애통한 나머지 그 후로부터 정신
이 날마다 쇠약해져 갔다.」　　　　　－〈이충무공행록〉－

'그 후로부터 날마다 정신이 쇠약해져 갔다' 고 하였다. 자식을 잃

은 어버이로서의 인간적인 모습이다.

「12월 5일. 나주 땅 보화도(寶花島: 목포 앞바다의 高下島)에 있었을 때 위에서 분부가 계시었는데 "들으니 그대가 아직도 상례의 법대로만 지키고 방편을 쫓지 않는다고 하니, 사정(私情)으로는 간절하나 이제 나랏일이 한창 어려운 고비가 아니냐. 옛사람의 말에도 전쟁에 나가서 용기 없는 것도 효(孝)가 아니라고 하였다. 전쟁에 나가서 용감하다는 것도 본래 소찬이나 먹어서 기운과 힘이 곤비하고 쇠약해진 사람으로서는 할 수 없는 일이다. 또 예(禮)에도 예법의 원칙과 방편이 있어서 반드시 원칙만을 지키라 한 것은 아니니 그대는 내 뜻을 받들어 속히 방편을 따르도록 하라"고 하였으며, 그와 아울러 고기를 보내 왔기로 공은 슬프고 감격한 마음을 누를 길이 없었다.」

－〈이충무공행록〉－

〈이충무공행록〉에는 모친상을 입고 고기를 먹지 않아서 몸이 쇠약해진 것으로 해석되고 있지만, 그 같은 슬픔에 자식 잃은 슬픔까지 더해져서 정신마저 나날이 쇠약해지고 있었다. 또 날마다 식은땀으로 온 몸을 적실만큼 지병으로도 고생하고 있었다.

「그 뒤에 공이 고금도(古今島: 전남 완도군 고금면)에 진을 치고 있던 때였다. 어느 날 낮잠이 어슴푸레 들었는데, 면(葂)이 공의 앞으로 다가와 슬피 울면서 말하기를 "저를 죽인 왜적을 아버지께서 죽여주십시오." 하였다.

공은 대답하기를 "네가 살아 있을 때는 장사였는데 죽어서는 적을 죽일 수가 없느냐?"고 하자, 면은 "제가 적의 손에 죽었기 때문에 겁이 나서 감히 죽이지를 못하옵니다"라고 하였다.

이 말을 듣고 공이 문득 깨어 일어나 주위 사람들을 보고 "내 꿈이 이러이러하니 웬 일인고?"하며 슬픔을 스스로 억제하지 못하고 그대로 팔을 굽혀 베고 눈을 감았는데, 몽롱한 가운데 면이 또 와서 울며 아뢰는 말이 "아버지로서 자식의 원수를 갚는 일에 저승과 이승에 무슨 차이가 있겠습니까. 원수가 같은 진 안에 있는데 제 말을 예사로 듣고 죽이지 않으시다니요."하면서 통곡하고 가버렸다.

공이 깜짝 놀라 깨어서 확인해보니 과연 새로 잡혀 온 왜적 하나가 배 속에 갇혀 있다고 하므로, 공의 명령으로 그 놈의 소행과 내력을 물었더니 바로 면을 죽인 그 놈임에 조금도 틀림이 없으므로, 동강을 내어 죽이라고 명령하였다.」

―〈이충무공행록〉―

현대사회에 살고 있는 오늘날의 우리로서는 어떻게 해석해야 할지 다소 난감할 수도 있는 부분이다. 하지만 당시의 정서와 문화를 고려해 보면 억울하게 죽은 망자(亡者)의 한에 대한 동양적인 인생관이 담겨 있다. 즉, 임진왜란 때 죽은 조선 인구 절반에 해당하는 혼령들의 한이 들어 있고, 이러한 꿈을 꾸는 모습이 주위 사람들에게는 '정신이 날마다 쇠약해져 가고 있는' 것으로 비춰졌을 수도 있을 것이다.

그러나 이순신은 평소에도 자주 꿈을 꾸었고, 그 꿈들은 대부분 앞날에 생길 일들을 게시해주는 성격의 것이 많았다. 격물치지적인 수도가 깊어지면 입신의 경지에 이르게 된다는 말이 있는데, 유가(儒家)에서는 이 단계를 '전체대용(全體大用)의 활연히 트이는 경지(聖人의 경지)'라고 말한다. 또한 성인(聖人)은 신과 인간의 중간적

존재이므로 하늘과 통할 수 있다고 한다. 그런 면에서 보면, 꿈을
통해서 많은 문제를 해결했던 이순신의 이 같은 일들을 비과학적이
고 정신이 쇠약해진 결과로 보기에는 곤란한 점이 있다.

　한편, 이순신은 이 기간 중에도 조선 수군의 재건과 백성들의 생
활안정, 그리고 명나라 해군을 맞이하기 위해 병영건설·무기제조·
군량미 비축·염전사업 착수 등 군영 經·營 전반을 강화해 갔다.

진린 도독과의 만남

　「1598년 2월 17일, 고금도로 진을 옮겼다. 그 섬은 강진에서
남쪽으로 30여 리쯤 되는 곳에 있어서 산이 첩첩이 둘려 지세
가 기이하고 또 그 곁에 농장이 있어서 아주 편리하므로, 공은
백성들을 모아 농사를 짓게 하고 거기서 군량 공급을 받았던 것
이다. 그리하여 군대의 위세가 이미 강성해져서 남도 백성들이
공을 의지해 사는 자들이 수 만 호에 이르렀고 군대의 장엄함도
한산진보다 10배나 더하였다.」　　　　　－〈이충무공행록〉－

　1598년 2월, 진을 고하도에서 고금도로 옮겼다. 고금도 역시 지
리적으로는 한산도와 같은 '숲 속의 호랑이' 형세를 갖추고 있었으
며, 왜군 측의 해안 전진기지인 순천 왜교성의 고니시 군을 견제하
기에도 좋았다. 또한 한산도와는 달리 주변에 완도 등 큰 섬들이 있
어서 3만여 호나 되는 백성들이 정착해 살 수 있었다. 이것이 성공
적인 군민 합동 經·營 시대를 열게 한 밑거름이 되었다.

　「7월 16일, 명나라 수군 도독(都督) 진린(陳璘)이 해군 5천 명

을 거느리고 왔다. 공은 진린의 군사가 온다는 말을 듣고 술과
안주를 성대하게 차리고 또 군대의 위의(威儀)를 갖추고서 멀리
나가 맞아들여 큰 잔치를 베풀었다. 이에 여러 장수들이 잔뜩
취하였고 병졸들도 서로 이르기를 "과연 훌륭한 장수다"고 하
며 감탄하였다.」   −〈이충무공행록〉−

　진린 함대를 맞은 조선 수군은 그들에게 온갖 해산물과 곡식으로
진수성찬을 바쳤다. 이는 이순신의 군영 經·營을 뒷받침한 3만 호의
후방 백성들이 있었기에 가능했다.
　조선으로 건너온 명나라 군대 중 어느 누구도 진린의 군대만큼 풍
족한 대접을 받지 못했다. 진린은 조선으로 오기 전, 조선에 출정해
있는 명군의 사정을 익히 들어 알고 있었다. 때문에 자신들이 이렇
게 융숭한 대접을 받게 될 줄은 상상도 하지 못했다. 진린의 입장에
서는 자신의 함대를 지극 정성으로 맞아준 이순신이 고마웠다. 이런
저런 이유로 두 사람의 첫 대면은 시작부터 감이 좋았다.

　　「진린은 사납고 오만하여 위(임금과 조정)에서 미리 걱정하여
공에게 분부를 써 내리기를 "두터이 대접하고 도독을 노엽게
하지 말도록 하라"고 하였다.
　　도독의 군사들이 처음 와서 자못 약탈을 일삼았기 때문에 우
리 백성들은 고통스러워했다.
　　어느 날 공은 군중에 명령을 내려 크고 작은 모든 막집(廬舍)
들을 한꺼번에 헐게 하고 공도 자기 옷과 이부자리를 배로 운반
하게 하였다. 도독이 곳곳에서 집들을 헐어내는 것을 바라보고
이상히 여겨서 하인을 보내어 공에게 그 이유를 물어보았다.
　　공이 대답하기를, "우리 작은 나라의 군사와 백성들이 귀국

장수가 온다는 말을 듣고 마치 부모를 바라보듯 했는데, 이제
귀국 군사들을 견딜 도리가 없어 모두 피해서 달아나려고만 하
는 것이다. 그래서 나도 대장의 몸으로 혼자 여기 남아 있을 수
없기 때문에 같이 배를 타고 다른 곳으로 가려는 것이라고 여쭈
어라"고 하였다.

하인이 돌아가 그대로 보고하자 도독이 깜짝 놀라 곤두박질
치며 달려와서 공의 손을 잡고 만류하는 한편, 하인을 시켜서
공의 옷과 이부자리를 도로 실어 올리며 간절히 애걸하므로, 공
은 "대인이 만일 내 말대로 한다면 그렇게 하겠소이다"고 하였
더니, 도독도 "어찌 안 들을 리가 있겠소" 하므로, 공은 이렇
게 말하였다.

"귀국 군사들이 우리들을 속국 신하로만 알고 조금도 꺼림이
없소. 그러니 만일 방편상 내게 그것을 금할 수 있는 권한을 허
락해 주신다면 서로 보존할 도리가 있겠소마는…"

그러자 도독이 "그렇게 하지요" 하고 승낙하였다.

그 후로부터는 도독의 군사들로서 군율을 범하는 자가 있기
만 하면 공이 법 규정대로 징치(懲治)하니, 명나라 군사들도 공
을 도독보다 더 무서워하게 되어 온 군중이 편안해졌다.」

―〈이충무공행록〉―

개국 초부터 해군을 중시해 온 명나라 조정에서는 그동안 조선에
서의 해전 상황을 보고받으면서 이순신이 만고의 해군 명장임을 알
고 있었다. 진린은 여기에 더하여 자신의 함대가 이순신의 병참과 작
전에 의존하고 있었기 때문에 이순신이 진을 파하고 떠나겠다는 소
식을 듣자 기겁을 했다. 그래서 이순신의 제안을 순순히 받아들였다.

「7월 18일, 적선 100여 척이 녹도를 침범해 온다고 하므로 공과 도독이 각각 전선을 거느리고 금당도(金堂島: 장흥군)에 이르니 다만 적선 2척이 우리를 보고 달아날 뿐이므로 공과 도독은 하룻밤을 지내고 이내 돌아왔다. 공은 녹도 만호 송여종을 남겨두어 배 8척으로 절이도(折爾島: 고흥군 금산면 거금도)에서 복병하도록 하고 도독도 30척을 남겨두어 사변에 대비하도록 하였다.

24일, 공은 도독을 위하여 운주당(運籌堂)에 술자리를 베풀어 한창 취했을 때, 도독의 부하로서 천총(千摠) 벼슬에 있는 어떤 장수가 절이도로부터 와서 보고하기를 "오늘 새벽에 적을 만났는데 조선 수군이 모조리 다 잡고 명나라 군사들은 바람이 순조롭지 못해서 싸우지 못했습니다"고 하였다.

도독이 크게 성을 내며 "저 자를 끌어내라"고 호령하며, 또 술잔을 던지는 등 안색이 달라지므로, 공은 그 뜻을 알고 노함을 풀어주려고 이렇게 말하였다.

"대인께서는 명나라의 대장으로서 해적들을 무찌르기 위하여 여기에 오셨으니, 이곳 진중의 모든 승첩이 바로 대인의 승첩인 것입니다. 따라서 우리가 베어온 적의 머리들을 전부 대인에게 드릴 터이니, 대인이 여기 온 지 몇 날도 안 되어 귀국 황제에게 이 같은 공로를 아뢰면 얼마나 좋겠습니까."

이에 도독이 크게 기뻐하며 공의 손을 잡고서 "내가 본국에서부터 장군의 이름을 많이 들었는데 과연 허명(虛名)이 아니었습니다"고 하며 종일토록 취하여 즐기었다.

그날 송여종이 잡아다 바친 배가 6척이요, 적의 머리는 69개인데 모두 도독에게 보내고 그대로 장계를 올렸더니, 위에서도 공이 진린 도독의 체면을 생각해 준 것을 가상히 여기시는 유서를 내리시었다.」 −〈이충무공행록〉−

배 6척과 수급 69개는 매우 큰 전과였다. 진린 도독과 생산적인 파트너십을 원했던 이순신은 진린을 위하여 주저 없이 전공을 양보했다. 그러자 진린은 이순신의 심성과 사려 깊음에 탄복했고, 조정에서는 사나운 진린의 심성을 잘 다독이고 있는 이순신에게 그 공로를 치하하는 유서를 보내왔다.

명나라 함대를 이끌고 조선에 온 진린은 이순신의 진영으로 오는 내내 대국의 해군 제독다운 위엄과 오만함을 갖추고 의기양양한 위세를 과시했다. 그런데 조선 측이 군량미를 제대로 공급해 주지 않자 담당 관리의 곤장을 치게 했는데, 이것이 조선 조정으로 하여금 진린을 사납고 포악한 인물로 생각하게 했다.

하지만 진린의 입장에서 보면 군량미 공급에 문제를 일으킨 죄는 군법으로 다스려야 할 문제였기 때문에 진린이 군량 담당 관리에게 벌을 준 행위는 당연한 것이었다. 조선에 오자마자 군량 문제로 어려움을 겪었지만, 고금도에 와서는 전혀 뜻밖의 상황을 접한 진린으로서는 이순신의 탁월한 군량미 조달 행정에 탄복했다. 또 전공을 선뜻 자신에게 양보한 것은 천자의 나라인 명나라의 권위를 세워주려는 것이었기에 이순신의 깊은 도량에 더 한층 감격했다. 이러한 사연들로 인해 두 사람의 관계는 깊은 우정과 신뢰, 의리의 관계로 발전해 갔다.

여수 근해에서의 해전

아래는 송여종의 비명(碑銘)에서이다.

「무술년 7월에 이공(이순신)이 또 공(송여종)에게 명령하여 몽

충함(蒙衝艦: 거북선) 6척을 거느리고 나가 바닷길을 파수하라고
하므로, 공(송여종)은 곧 출발하여 녹도 앞바다에 숨어 정박하고
있었는데, 적선 10척이 안개를 타고 몰래 접근해 왔다. 공(송여
종)은 적이 곧 야습할 계획임을 알아차리고 돛을 달고 곧장 나
아가 남김없이 다 무찌르고 돌아왔다. 이공(이순신)은 곧 포창하
는 장계를 올렸고 명나라 장수도 역시 은화와 포목 등 후한 상
을 주었다.

11월에 이공(이순신)이 수군을 크게 모아 노량에서 몰아쳐 적
병이 크게 패하여 바닷물이 붉게 보였다. 나라를 다시 일으킨
전공은 이것으로 으뜸을 삼았으며, 공(송여종)의 공로 또한 여러
장수들보다 앞섰다.」

'몽충선은 중국의 옛 병선으로 충돌용 전선을 말한다. 그러나 거
북선의 별칭 또한 몽충선이다. 거북선 6척과 판옥선단이 녹도 근해
(여수 근해) 요소요소에 잠복해 있다가 출몰하는 왜선들을 소탕한 해
전인데, 말하자면 여수 근해를 수복한 해전이다.

이순신을 제갈량에 비유한 진린

「도독은 진에 머물러 있는 동안 공이 호령하고 지휘하는 범
절을 오랫동안 살펴보았다. 그리고는 자신에게 배가 비록 많다
고 해도 적을 막아내기는 어려울 것으로 짐작하고 매번 전쟁이
있을 때마다 우리나라 판옥선을 타고 공의 지휘 받기를 원하였
고, 모든 호령과 지휘를 모두 공에게 양보하는 것이었다. 또 반
드시 공을 '이 대인(大人)'이라고 부르며 "공은 작은 나라에서

살 사람은 아니오!" 라고 하면서 중국으로 들어가 벼슬을 하라
고 권하기를 여러 번 하였다.」   -〈이충무공행록〉-

  명나라의 해군 제독으로서 진린은 그동안 조선에서의 해전 상황
에 대해 누구보다도 큰 관심을 가지고 지켜본 인물이었다. 그러는
가운데 이순신의 활약상도 알게 되었고, 이순신으로부터 그간의 해
전 관련 설명을 듣게 되자 이순신이 '신산(神算)의 명장'임을 알아
보았다.

  러·일 해전의 승장 일본의 도고 헤이하치로 제독 또한 이순신이
만고의 명장임을 알아본 인물이었지만, 진린은 이순신과 동고동락까
지 했던 터인지라 이순신의 무훈과 인품, 더 나아가 이순신의 성자
(聖者) 같은 모습에도 큰 감동을 받았다. 이 같은 심경에서 진린은
이순신을 제갈량에 비유하기도 했다.

  중국 역사상 최고의 전략가로 통하는 제갈량을 다른 사람, 그것도
다른 나라의 인물과 견준다는 것은 중화(中華)를 자처하던 중국인의
자존심으로서는 결코 쉽지 않은 일이었다. 청산도(靑山島)에 있는 진
린의 묘비문에는 이순신에 대한 진린의 심경이 잘 나타나 있다.

  「 "내가 밤이면 천문을 보고 낮이면 인사를 살폈는데 동방에
  대장별이 희미해 가니 멀지 않아 공에게 화가 미칠 것이오. 공
  이 어찌 이를 모른다 하겠소. 어찌하여 무후(武侯: 제갈량)의 예
  방하는 법을 쓰지 않습니까?" 하였다.

    그러자 이순신은 "나는 충성심이 무후만 못하고, 덕망이 무
  후만 못하고, 재주가 무후만 못하여 세 가지 모두 무후만 못하
  니, 비록 무후의 법을 쓴다 한들 하늘이 어찌 들어줄 리가 있겠
  습니까?" 라고 하였는데, 이튿날 과연 큰 별이 바다에 떨어지는

일이 있었다.」   ―〈진린 도독의 묘비문〉에서―

〈징비록〉으로 보는 진린 도독

「얼마 있다가 명나라 도독 진린이 나와서 남쪽 고금도로 내려와 이순신과 함께 군사를 합세하게 되었다. 진린은 성질이 사나워서 남과 거스르는 일이 많으므로 사람들은 그를 두려워하였다. 임금께서는 그를 내려 보낼 때 (남대문 밖) 청파동의 들판까지 나와서 전송하였다.

나(유성룡)는 진린의 군사가 고을의 수령을 때리고 욕하기를 꺼리지 않고, 새끼줄로 찰방 이상규의 목을 매어 끌어서 온 얼굴이 피투성이가 된 것을 보고 통역관을 통하여 풀어주도록 하라고 권했으나 뜻을 이루지 못하였다. 나는 함께 앉아 있던 대신들에게 말하기를 "애석하게도 이순신의 군사가 장차 패할 것 같습니다. 진린과 함께 진중에 있으면 행동하는 것이 억눌리고 의견이 서로 맞지 않을 것이며, 그는 반드시 장수의 권한을 침탈하고 군사들을 마음대로 학대할 것입니다. 이를 거스르면 더욱 성을 낼 것이고, 그대로 따라주면 꺼리는 일이 없을 것이니, 이순신의 군사가 어찌 패전하지 않을 수 있겠습니까?"하니, 여러 사람들도 "그렇습니다"고 말하며 서로 탄식할 따름이었다.

이순신은 장차 진린이 온다는 말을 듣고는 군사들로 하여금 크게 사냥하고 물고기를 잡게 하였는데 사슴, 산돼지, 바닷고기 등 잡은 것이 매우 많았다. 이로써 잔치를 성대하게 준비하고 기다리다가 진린의 배가 바다로 들어올 때 이순신은 군대의 위의(威儀)를 갖추고 멀리까지 나가서 맞아들였다. 그리고 진린이 도착하자 그 군사를 크게 대접하니, 여러 장수들 이하 모두가 흡족하게 여기지 않는 사람이 없었다. 그래서 명나라 군사들은 서로 이야기하기를 "이순신은 과연 훌륭한 장수다"고 하였으며, 진린 또한 진심으로 기뻐하였다.

오래지 않아 왜적의 배가 가까운 성을 침범하므로 이순신은 군사를 파견하여 이를 쳐부수고, 적의 머리 40급을 베어 모두 진린에게 주어 그의 공으로 삼게 하니, 진린은 바라던 것보다 더 후한 대접인지라 더욱 기뻐하였다. 이로부터 모든 일은 일체 이순신에게 물어서 처결하였으며, 밖으로 나갈 때면 이순신과 가마를 나란히 하고 감히 앞서 가지 않았다.

이순신은 드디어 진린과 약속하여 명나라 군사와 자기 군사를 구별하지 않고 백성들의 조그만 물건이라도 빼앗는 자가 있으면 잡아다가 매를 치게 하니, 감히 그 명령을 어기는 사람이 없어서 섬 안은 조용하였다.

진린은 임금에게 글을 올려 말하기를 "통제사(李舜臣)는 경천위지지재(經天緯地之才)와 보천욕일지공(補天浴日之功)이 있습니다"고 하였다. 이는 그가 마음으로부터 감복했기 때문이다.」

―〈징비록〉―

'경천위지지재(經天緯地之才)'란 하늘을 경륜할 만한 뛰어난 인재라는 뜻이다. 즉 經·營의 대가(大家)라는 의미인데, 예로부터 중국에서는 강태공, 장자방, 제갈량을 가리켜 '경천위지지재'라고 하였다.

'보천욕일지공(補天浴日之功)'은 국난을 극복해서 국운을 만회한 큰 공로라는 뜻이다. 중국 고사에 여와(女媧)가 하늘이 쓰러진 것을 돌로 받치고, 의화(義和)가 해 열 개를 낳아 감천(甘泉)에서 목욕시켰다는 이야기에서 나온 말이다. 진린의 생각처럼 이순신은 '군영 經

·營과 경세제민 經·營'에 노력해서 조선에 '보천욕일' 하는 공을 세웠던 것이다.

7. 도요토미 히데요시의 죽음과 순천 왜교성전투

1598년 8월 18일 도요토미 히데요시가 오사카성에서 63세의 일기로 생을 마쳤다. 히데요시가 사망함으로써 울돌목 패전 이후 남해안 일대 왜성에 틀어박혀 장기간 농성에 들어가 있던 왜군들에게는 그토록 기다렸던 '본국으로의 철수' 명령이 내려졌다. 이에 왜군들은 조·명 연합군과 치열한 공방전을 벌이는 가운데 철수를 위해 속속 부산으로 모여들었다.

왜군들의 철수는 "내가 죽거든 원정군을 철수시키되 전군이 무사히 돌아올 때까지 나의 죽음은 철저히 비밀에 부쳐라" 는 히데요시의 유언에 따른 것이었다. 그러나 히데요시의 사망 소식은 곧 조·명 연합군 측에도 알려졌으며, 이로써 침략자들에게 최후의 일격을 가하기 위한 조·명 연합군의 총공세(4로군 전략)와 무사히 철군하기 위한 왜군들의 사활을 건 결전이 바다에서 벌어지게 된다.

조·명군의 순천 왜교성 공격

「9월 15일. "모든 적들이 곧 철거해 돌아가려고 한다" 는 말을 듣고 공과 도독은 해군을 거느리고 떠났다. 19일에 좌수영 앞바다에 이르고 20일에 순천의 왜교성(왜교 신성포)으로 나아가 진을 치니 거기는 바로 적장 평행장(平行長: 고니시 유키나가)의 진 앞이었다. 적이 장도(獐島: 전남 승주군)에 군량을 쌓아 두었기로 공은 군사를 보내어 빼앗아 오게 하면서 남은 것은 모조리 불태워 버렸다.」   -〈이충무공행록〉-

'적들이 곧 돌아가려고 한다는 말'을 들었기에 왜교성 앞 장도의 왜군기지를 먼저 불태웠다.

「9월 21일. 공이 해남 현감 유형 등을 보내어 적진을 공격하게 해서 왜적 여덟 놈을 죽였는데, 조수가 빠져 물이 얕아지므로 곧 돌아왔다. 그날 명나라 육군 제독 유정(劉綎)이 정병 1만 5천 명을 거느리고 왜교 북쪽에 와서 진을 쳤다.」

-〈이충무공행록〉-

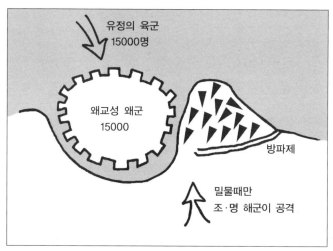

〈방파제 안에는 왜선(소·중·대형) 5백 척이 있었지만
고니시 군은 '방파제+왜성에 의한 수비전'으로 조·명 연합함대에 맞섰다〉

고니시 유키나가는 사위인 대마도주(宗義智)의 해군력을 합해서 약 5백여 척의 선단과 1만5천 명의 병력을 보유하고 있었다.

하지만 결코 깊은 바다로 따라 나오지 않고 수비에 치중하였다. 이러한 상황에서는 '거북선+판옥선의 학익진'의 해전 원리가 제대로 펼쳐지기가 어렵다.

또 유정의 1만5천 군으로서 왜교성의 1만5천 명의 왜군을 공격하는 것도 무리였다. 울산성전투 때 5만 명의 조·명군은 1만 명의 가토 군을 공격했지만 끝내 성을 함락시키지 못했으며, 공성 도중에 왜군 측 구원군의 도착으로 조·명군은 패퇴한 바 있었다.

당시 가토 군이 위기에 처했던 것은 식수와 식량 때문이었다. 왜국 제1의 지장(智將) 고니시는 가토 군의 이 같은 사례를 참고해서 장기간 버틸 수 있는 준비를 했고, 남해안의 인근 왜군 부대들과 상호 비상 구원체제도 수립해 놓고 있었다.

「9월 24일. 적장 평의지(平義智)가 정예병 1백여 명을 이끌고 남해로부터 와서 왜교에 이르렀는데, 이는 본국으로 철병하는 것을 행장(行長)과 의논하기 위한 것이었다.

…11월 3일. 공은 육군과 협공하기로 약속하고 도독의 해군과 함께 나아가 싸웠다. 싸움의 승패가 나기 전에 사도 첨사 황세득(黃世得)이 적이 쏜 탄환에 맞아 죽었는데, 황세득은 공의 처종형(妻從兄)이었다. 여러 장수들이 들어가 조문하였더니 공이 말하기를 "세득은 나라일로 죽었으니 그 죽임이 영광스러울 뿐이다"라고 하였다. 그런데 이때 유 제독(劉綎)이 나와 싸우지 않았기 때문에 진 도독은 격분해 하였다.」 -〈이충무공행록〉-

유정은 1만5천 명의 군사로 왜교성을 공격했다. 그러나 공격을 거듭할수록 사상자만 속출할 뿐 아무런 실효도 거두지 못했다. 이에 유정 군은 자신감을 잃었다.

왜성에 대한 명군의 첫 공성전은 가토 군을 상대로 한 울산 학성 전투이다. 명군은 그곳에서 왜성이 난공불락의 요새임을 뼈저리게 실감했다. 또 난공불락의 사천 왜성 공격 때에는 동일원(董一元)이 패퇴하여 명나라 황제의 엄한 질책을 받은 적도 있었다. 유정은 이 모든 사실들을 잘 알고 있었다.

순천 왜교성은 동·남·북쪽이 절벽으로 이루어진 지형에 위치해 있었다. 공성을 위해서는 서쪽으로만 접근해야 하는데, 접근로의 폭이 좁았기 때문에 성으로 다가가기 위해서는 위험을 감수해야 했다. 한 차례 다가갈 수 있는 규모는 기병과 보병을 합해서 1~2천 명 정도였다. 고니시 군의 조총 보유율을 20%로 보면, 1만 5천 명×20%=3천 정이다. 3천 정의 조총이 1~2천 명 단위로 공격해오는 명군에게 총탄 세례를 퍼부었다면 명군의 피해는 심각했을 것이다.

아래는 유정 군이 조·명 연합함대와의 수륙 합동전을 계획하고서도 적극적으로 공격에 임하지 않은 이유에 대한 KBS 〈역사스페셜 6〉에서의 설명이다.

　「수군과 육군의 연합 작전이 성과를 거두지 못한 까닭은 왜성이 난공불락이었던 점에도 있었지만 더 근본적인 원인은 명나라 육군 제독 유정의 참전 태도에 있었다. 그는 한편으로는 화해를 강구하고 다른 한편으로는 전투에 임하는 모호한 태도를 취했다. 이에 대한 기록이 당시 전투에 참관한 이덕형의 장계에 잘 나타난다.

　"방패차(楯車) 안에 들어가 곤하게 잠자는 자들이 많았다. 싸우지도 않고 퇴병도 하지 않으니, 유정이라는 자의 태도를 도무지 알 수 없다."(『선조실록』)

유정은 1598년 9월 경 이미 협상한다는 명분으로 고니시를 생포하려는 계획을 세웠다. 그런데 그것을 고니시가 알아채고 나오지 않자 그때서야 공격했다. 그래서 그 다음부터는 사실상 전투에서 피를 흘리겠다는 생각보다는 자신의 전공(戰功)을 세우는 선에서 전투를 마치려고 했던 것이다. 결국 유정은 전열을 가다듬는다는 구실로 퇴각한다.」

「11월 3일. 공과 도독이 군사를 내보내어 한참 싸우는데, 공은 조수가 물러나는 것을 보고 도독에게 잠깐 배를 돌리자고 했으나 도독은 듣지 않더니 사선(沙船: 명군 수군의 중형 전선) 19척이 얕은 바다에 얹혀 적에게 포위를 당하고 말았다. 그러나 공은 그것을 그냥 앉아서 보고 있을 수만은 없다고 하면서 배 7척을 내어 무기와 군사들을 많이 싣고 즉시 장수를 보내어 명의 사선을 경계하라고 명령하면서, "적들이 우리 배가 얕은 바다에 얹히는 것을 보게 되면 반드시 기회를 놓칠 새라 한꺼번에 빼앗으려 할 것이다. 그러니 너희들은 다만 힘써 싸우기는 하되 스스로를 지키면서 조수를 보아 곧 돌아오도록 하라"고 하였다. 우리 7척의 배들은 한결같이 그 명령대로 임하여 온전히 다 돌아왔지만, 명나라 사선들은 모조리 함몰당하고 말았다.」

—〈이충무공행록〉—

조수가 빠지면 바다가 얕아지므로 이때는 가벼운 소형선들만 활약할 수 있다. 중·대형선인 명군의 사선(沙船)은 제 때 물러나오지 못해서 그만 갯벌에 얹히고 말았다. 그러자 왜군 돌격대들이 소형선인 고바야(小早船)를 타고 명의 사선(沙船)들 주위로 몰려들었다. 그리고는 배 위로 기어 올라가서 명군에게 큰 피해를 입혔다.

왜국으로부터 온 히데요시의 사망 소식

「11월 6일. 왜국으로 사로잡혀 갔던 변경남(邊敬男)이란 자가 적진 속으로부터 도망쳐 나와서 말하기를 "지난 8월에 일본에서 돌아왔는데, 왜적의 괴수 평수길(平秀吉)은 이미 죽었으며, 여러 두목들이 서로 자리를 차지하려고 싸우고 있는데 아직 결정되지 않은 상태입니다. 그래서 여기 있는 적들도 급히 철수해 돌아가려고 합니다"라고 하였다.」 -〈이충무공행록〉-

변경남은 히데요시의 사망 소식을 왜국 현지에서 들었고, 곧 도망쳐서 밀항해 돌아와서 조선 수군에 그 소식을 전했다. 히데요시의 사망설은 그 이전에도 몇 차례 있었으나 그때마다 '이번에도 헛소문이 아닐까?' 하는 의심을 해왔는데, 변경남이 전하는 소식은 왜국에서 직접 듣고 알려온 것이었기 때문에 신빙성이 높다고 보았을 듯하다.

귀국을 구걸하는 고니시 유키나가

1597년 9월, 왜군들은 대군이 주둔할 수 있는 해안 전진기지의 필요성을 느끼고 순천에 왜교성을 쌓았다. 왜교성에는 고니시 유키나가가 1만5천 명의 군사를 이끌고 축성 3개월 만인 1597년 12월에 입성했는데, 고니시 군은 그로부터 근 1년간 성 안에 틀어박혀 좌절의 세월을 보내고 있었다.

그러던 중 본국으로부터 히데요시의 사망소식이 전해졌다. 이 소식에 더욱 초조해진 고니시는 서둘러 본국으로 철수하려고 안간힘을 썼다. 그러나 육지에서는 유정 제독의 군대가, 바다에서는 조·명 연합 함대가 퇴로를 봉쇄하고 있었기 때문에 철수가 여의치 않았다.

1598년 11월이 되자 철수를 위해 부산에 집결한 왜군 부대들이 철수를 시작했지만 고니시 군만은 왜교성에서 단 한 발자국도 움직일 수가 없었다. 고니시로서는 막다른 길목에서 범을 만난 격이었다.

〈고니시 유키나가(小西行長)의 초상〉

일찍이 요시라를 통한 반간계로 이순신을 절체절명의 위기로 몰아넣은 장본이었기 때문에 고니시는 '이제 이순신이 작정을 하고 나를 죽이려 하겠구나…' 라고 생각했다.

통치자의 죽음으로 일본 정국은 크게 요동칠 것이었지만 범이 아가리를 벌리고 있는 바다로는 가고 싶어도 갈 수가 없었다. 향후 누가 일본의 패권을 차지할지, 또 자신의 영지와 자신의 운명은 어떻게 될 것인지…. 고니시에게는 하루가 10년 같은 길고도 긴 시간이었다.

무슨 수를 써서라도 귀국을 서둘러야겠다고 결심한 고니시는 오
사카 상인의 아들답게 조·명 연합군 수뇌진을 상대로 대대적인 뇌물
공세를 펼치기 시작했다. 우선 유정에게는 "싸움 없이 왜교성을 비
워줄 것이며, 그 안에 있는 군량과 약탈한 재물, 그리고 상당수의
왜군 수급(사실은 조선인 징용병의 수급)을 베어 넘겨주겠다"고 하면
서 그 조건으로 퇴로를 보장받았다. 그리고 진린에게는 종전(終戰)
교섭을 제의하면서 역시 뇌물공세를 폈다. 그러나 말이 좋아 종전
교섭이지 그것은 살아서 돌아가게 해달라는 간곡하고도 애절한 구
걸이었다.

「11월 14일. 평행장(平行長)이 속히 돌아가고 싶어 하였으나
우리 수군이 길을 가로막고 있는 것이 걱정되어 도독에게 많은
뇌물을 바치고 진을 물리어 달라고 청하자 도독도 그것을 들어
주려고 하였다. 그날 밤 초저녁에 왜의 소장(小將)이 7명을 데
리고 배를 타고 몰래 도독부로 들어가서 돼지와 술을 바치고 돌
아갔다.

15일에도 왜의 사자(使者)가 또 도독부로 왔고, 16일에는 도
독이 그 부하 장수 진문동(陳文同)을 적의 진영으로 보냈다. 그
리고는 조금 있다가 왜적 오도주(五島主)라는 자가 배 3척에 말
과 창과 칼 등의 물건들을 싣고 와서 도독에게 바치고 돌아갔
다. 그리고 나서부터는 왜의 사자들이 도독부에 끊임없이 왕래
하더니 마침내 도독이 공에게 화친을 허락해 주도록 부탁하려
고 했다. 그때 공이 말했다.

"대장된 사람은 화친을 말해서는 안 됩니다. 이 원수는 결코
놓아 보낼 수 없습니다"고 하니, 도독이 부끄럽게 여기었다.」

―〈이충무공행록〉―

왜군들에게 크게 한 맺힌 게 없었던 진린. 그러나 이순신에게 있어서 고니시는 7년간 조선 백성의 절반(약 3백만 명)을 죽게(전사, 아사, 병사) 하고, 강토를 초토화시킨 불공대천(不共戴天: 함께 하늘을 이고 살아갈 수 없는)의 원수였다. 때문에 반드시 잡아서 목을 베거나 한성으로 압송해야 했다. 그리고 이것은 임금의 명령이기도 했다.

「왜의 사자가 또 오자 도독은 "내가 너희 왜인들을 위하여 이미 통제사에게 말을 했다가 거절을 당했다. 이제 두 번 다시 말할 수는 없다"고 하였다.

행장이 공에게도 사람을 보내어 총과 칼 등속을 선물로 가지고 와서 매우 간절히 청하였다. 그러자 공은 그것을 물리치며 "임진년 이래로 무수히 많은 왜적들을 잡아서 얻은 총과 칼이 산처럼 높이 쌓였는데 원수의 심부름꾼이 여기는 뭘 하려고 찾아온단 말이냐"라고 야단을 치자, 왜적의 사자는 아무 말도 못하고 물러갔다.

행장이 또 사람을 보내어 말하기를 "조선 수군은 마땅히 명나라 해군과는 다른 곳에 진을 쳐야 할 터인데 같은 곳에 진을 치고 있는 이유가 무엇입니까?" 하고 물었다.

공이 대답하기를 "우리 땅에서 진을 치는 것은 우리 마음대로이다. 너희 적들이 알 바가 아니다"고 하였다.」

－〈이충무공행록〉－

위기를 절감한 고시니는 이순신과 진린을 회유하기 위해 지속적으로 뇌물을 보내는 등 무사 귀환을 위해 안간힘을 썼다. 그러나 "원흉은 결코 살려 보낼 수 없다"는 이순신의 의지를 끝내 꺾을 수는 없었다.

「이때 도독은 적의 뇌물을 이미 많이 받은 후여서 놈들에게 빠져나갈 길을 터주려고 하면서 공에게 말하기를 "나는 잠시 이곳의 행장(行長)은 내버려두고 먼저 남해에 있는 적들을 토벌하러 가고자 합니다."고 하였다.

이에 공이 대답하였다.

"남해에 있는 자들은 모두 적에게 포로로 잡혀간 우리 백성이지 왜적이 아니오!"

도독은 다시 말하기를 "하지만 이미 적에게 붙은 이상 그들 역시 적이오. 이제 그곳으로 가서 토벌한다면 힘도 안 들이고 머리를 많이 벨 수 있을 것이오."라고 하였다.

그러자 공은 "귀국 황제께서 적을 무찌르라고 명령하신 것은 작은 나라 백성들의 생명을 구원하기 위해서였소. 그런데 이제 구해 내지는 않고 도리어 그들을 죽이겠다는 것은 귀국 황제의 본의가 아닐 것이오."라고 하였다.

그러자 도독은 성을 내며 "우리 황제께서 내게 긴 칼을 내려 주셨소!" 하고 위협하였다. 공은 다시 "한번 죽는 것은 아까울 게 없소. 나는 대장으로서 결코 적을 놓아주고 우리 백성을 죽일 수는 없소." 하였다. 두 사람은 이렇게 한참 동안이나 서로 다투었다.」   ─〈이충무공행록〉─

이렇게 분연히 맞섰기 때문에 남해도의 많은 백성들이 살아남을 수 있었다.

「11월 17일. 초저녁에 행장이 봉화(烽火)를 올려서 남해에 있는 적들과 서로 연락을 하였다. 그것은 행장이 구원을 요청하는 것이었다. 그래서 곤양(昆陽)과 사천(泗川)의 적들이 노량으로 와서 호응할 것이라고 하므로, 공은 모든 장수들에게 영을 내려 군비를 엄하게 하여 기다리라고 하였다.」   -〈이충무공행록〉-

마지막 기간(1598. 9. 15.~11. 17.)의 〈난중일기〉

무술년에 있었던 주요 사건들에 대한 줄거리를 〈이충무공행록〉을 통해 살펴보았다. 이번에는 〈난중일기〉 쪽을 살펴본다.

9월 15일. 맑다. 진린(陳璘) 도독과 함께 일제히 행군하여 나로도(羅老島: 고흥군 봉래면)에 이르렀다.

9월 16일. 맑다. 나로도에 머물렀다.

9월 17일. 맑다. 나로도에 머물렀다.

9월 15일의 출동은 '모든 적들이 곧 철거해 돌아가려고 한다'는 정보를 입수했기에 출동한 것이다. 전체적으로 내용이 아주 짧은데 이렇게 기록한 것은 건강이 악화되었기 때문으로 보인다.

9월 18일. 맑다. 오후 2시에 행군하여 방답(防踏: 여천군 돌산면)에 이르렀다.

9월 19일. 맑다. 아침에 좌수영 앞바다로 옮겨 정박하니 눈에 보이는 모습이 참담하였다. 자정에 달빛을 받으며 하개도(何介島)로 옮겨 대었다가 채 밝지 않아서 또 행군하였다.

본영인 고금도를 떠나 나로도→방답→여수를 지나가고 있다. 수
색전을 겸하고 있었던 듯하다. 왜군들의 흔적이 없었는지 해전을 했
다는 기록은 없다.

9월 20일. 맑다. 오전 8시에 묘도(猫島: 여수시 묘도동)에 이르니
명나라 장수 유정(劉綎) 제독이 벌써 진군하였다. 적을 수륙으
로 협공하니, 적의 기세가 크게 꺾여 크게 겁을 먹고 있었으므
로 해군이 드나들며 대포를 쏘았다.

조·명 수륙군의 공격이 시작되었다.

9월 21일. 맑다. 아침에 진군하여 종일 싸웠으나 물이 너무 얕
아서 진격할 수가 없었다. 남해의 적이 가볍고 빠른 배를 타고
들어와 정탐하려 할 때, 허사인(許思仁) 등이 추격하였더니 적
들은 육지에 내려 산으로 올라갔다. 그래서 그 배와 여러 가지
물건들을 빼앗아 와서 도독(진린)에게 바쳤다.

9월 22일. 맑다. 아침에 진군하여 서로 싸우다가 유격(遊擊: 季
金)이 왼편 어깨에 탄환을 맞았는데 중상은 아니었다. 명나라
군사 11명이 탄환에 맞아 죽고 지세포 만호도 탄환에 맞았다.

9월 23일. 맑다.

9월 24일. 맑다. 충청병사 이시언(李時言)의 군관 김정현(金鼎
鉉)이 왔다. 남해 사람 김덕유(金德有) 등 다섯 사람이 나와서
그 고을 적의 상황을 전하였다. 진대강(陳大綱: 유정 제독의 연락

관)이 돌아갔다.

9월 25일. 맑다. 진대강이 다시 돌아와서 유(劉綎) 제독의 편지를 가져와 전하였다. 이날 육군은 비록 공격을 하려고 했으나 군사 장비가 완전하지 못했다. 김정현(金鼎鉉)이 와서 보았다.

유정 제독의 연락관 진대강이 작전 협의서를 가지고 왔다.

9월 26일. 맑다. 육군의 장비가 제대로 갖추어지지 못했다. 저녁에 정응룡(鄭應龍)이 와서 북도(北道)의 일을 말하였다.

9월 27일. 아침에 잠시 비가 뿌리고 서풍이 크게 불었다. 형개(邢玠) 군문이 글을 보내어 수군이 신속히 진군한 것을 가상히 여긴다고 하였다. 식후에 진(陳璘) 도독을 보고 조용히 의논하였다. 종일 바람이 크게 불었다. 저녁에 신호의(愼好義)가 와서 보고 잤다.

9월 28일. 맑다. 서풍이 세게 불어 크고 작은 배들이 출입할 수 없었다.

9월 29일. 맑다.

9월 30일. 맑다. 이날 저녁에 왕 유격(王元周), 복 유격(福昇), 이 파총(李天常)이 전선 1백여 척을 거느리고 진에 왔다. 불빛이 휘황하여 적도들의 간담이 서늘해졌을 것이다.

명나라 함대가 증강되고 있다.

'4로군 전략'은 명 황제와 조선 임금이 공동으로 추진하는 전략
이기도 했다.

10월 1일. 맑다. 진(陳璘) 도독이 새벽에 유(劉綖) 제독에게로
가서 잠깐 서로 이야기하였다.

진린과 유정 제독 간에도 작전협의가 이루어지고 있다.

10월 2일. 맑다. 오전 6시경에 진군했는데, 우리 수군이 먼저
건너가 정오까지 싸워서 적을 많이 죽였다. 사도첨사(황세득)가
탄환에 맞아 전사하고, 이청일(李淸一)도 죽고, 제포 만호 주의
수(朱義壽)와 사량 만호 김성옥(金聲玉), 해남 현감 유형(柳珩),
진도 군수 선의경(宣義卿), 강진 현감 송상보(宋尙甫)는 탄환에
맞았으나 죽지는 않았다.

'정오까지 싸웠다'는 기록으로 보면 종전의 속공전과는 달리 해
전 시간이 길어지고 있음을 알 수 있다. 이는 고니시 군이 '왜성+
방파제에 의한 수비전'을 펼쳤기 때문이다.

황세득(黃世得: 이순신의 사촌 자형)과 핵심 군관들이 죽거나 부상을
당했다. 전투가 점차 격렬하고 비장해져 가는 모습이다. 노량해전의
서막이 오르고 있었다.

10월 3일. 맑다. 진 도독이 유 제독의 비밀 서신을 받고 초저
녁에 나가 싸워 자정에 이르기까지 적을 쳐부수었다. 그러나
명나라의 (중형선인) 사선(沙船) 19척, (대형선인) 호선(號船) 20여

척이 불탔다. 도독이 엎어지고 자빠지던 모습은 이루 다 형언
할 수가 없다. 안골 만호 우수(禹壽)도 탄환에 맞았다.

오늘날의 우리는 유정 제독이 고니시의 뇌물을 받고 고니시를 놓
아 주었다고 알고 있는데, 아무튼 이때까지는 유정과 진린은 수·륙
으로 연합해 싸웠고, 이순신은 진린 도독 측의 피해와 진린의 독전
상황을 증언해 두었다. 그 내용을 해석하자면 '도독이 분전하며 애
썼던 일은 이루 형언할 길이 없다' 이다.

10월 4일. 맑다. 아침에 배를 출발하여 적을 공격하며 종일 싸
웠다. 적들은 허둥지둥 달아났다.

10월 5일. 맑다. 서풍이 세게 불어 배들이 간신히 정박하고 있
으면서 하루를 보냈다.

10월 6일. 맑다. 서풍이 세게 불었다. 도원수(권율)가 군관을
보내어 편지를 전하기를 "유 제독이 달아나려고 한다"고 하였
다. 통분, 통분할 일이다. 나라의 일이 장차 어떻게 될 것인가.

권율과 이순신 등은 조정으로부터 "물러가는 왜군의 수레 한 개
라도 돌려보내지 말고 응징하라"는 엄명을 받고 있었는데, 명의 육
군이 퇴각하려 한다는 소식이 왔다. 이순신은 지난 여러 해 동안 명
군과의 수륙 합동작전을 학수고대해 왔다. 하지만 막상 전투가 시작
되자 명군은 2~3일 정도 함께 싸우는 듯하더니 이내 퇴각하려고 했
기에 통분했다.
명군은 그렇다 치고, 이 무렵 조선 육군은 무엇을 하고 있었을까?

제2차 울산 왜성 공격 때 조선군은 약 5천 명이 동원되었고, 사천
왜성 공격 때에는 정기룡 경상병마사의 2천2백 명의 군사가 전부였
다. 그러면 순천 왜교성 전투에 동원된 조선 육군의 병력은 어느 정
도였을까? 약 5천 명 정도로 추산되는데, 아무튼 독자적으로는 왜
교성 하나도 공격할 수 없었을 만큼 초라해진 조선 육군이었다. 이
순신의 '통분'에는 이 같은 현실에 대한 개탄도 담겨 있었던 것 같
다.

> 10월 7일. 맑다. 유 제독이 보낸 군관이 도독부(都督府)에 와서
> 보고하기를, 육군은 잠깐 순천으로 퇴각하여 다시 정비한 후에
> 나아가 싸우려 한다고 하였다. 아침에 송한련(宋漢連)이 군량 4
> 섬, 조 1섬, 기름 5되, 꿀 3되를 바치고 김태정(金太丁)이 쌀 2
> 섬 1말을 바쳤다.

> 10월 8일. 맑다.

> 10월 9일. 맑다. 육군이 이미 철수하였으므로 도독(陳璘)과 함
> 께 배를 거느리고 떠나 바닷가 정자(亭子)에 이르렀다.

명의 육군이 퇴각하자 조·명의 해군도 물러 나오고 있다.

> 10월 10일. 좌수영에 이르렀다.

> 10월 11일. 맑다.

> 10월 12일. 나로도(羅老島)에 이르렀다.

10월 13일부터 11월 7일까지는 기록이 없다. 기록이 있는 날도 몇 글자 정도이다. 내용을 보면 나로도 쪽으로 조금씩 물러나고 있는데, 고니시 군이 도주해 가지는 않는지 그 동태를 예의 주시하면서 물러나는 모습이다.

고니시 군은 5백여 척의 대 선단을 보유하고 있었다. 때문에 요소요소에 첩보망을 깔아두면 대 선단의 기동은 사전에 포착해 낼 수 있다.

한편 고니시는 유정과 진린이 물러가는 것을 보고 자신의 뇌물작전이 성공한 것으로 생각했다. 그래서 "11월 15일까지 부산에 집결하라"는 철군 명령에 따라 철수 준비를 서둘렀다.

11월 8일. 도독부를 방문하여 위로연을 베풀고 어두워질 무렵 돌아왔다. 조금 있다가 도독(陳璘)이 보자고 청하므로 곧 갔더니, 순천 왜교(倭橋: 승주군 해룡면 신성리)의 적들이 이달 초 10일 사이에 진을 철수하여 달아나려고 한다는 기별이 육지로부터 통문으로 왔으니, 급히 진군하여 적들의 돌아가는 길을 끊어 막자고 하였다.

11월 9일. 도독과 함께 일제히 행군하여 백서량(白嶼梁: 여천군 남면)에 이르러 진을 쳤다.

11월 10일. 좌수영 앞바다에 이르러 진을 쳤다.

11월 11일. 묘도(猫島: 여수시 묘도동)에 이르러 진을 쳤다.

11월 13일. 왜선 10여 척이 장도(獐島: 광양군 골약면(骨若面))에 나타났기에 곧 도독(陳璘)과 약속하고 해군을 거느리고 추격하니, 왜선은 움츠러들어가 하루 종일 나오지 않았다. 도독과 함께 장도로 돌아와 진을 쳤다.

물러갔던 조·명 해군이 돌아와 장도 앞에 진을 치자 고니시는 대경실색(大驚失色)했다. 1년 전 가토 군의 울산성이 포위되었을 때는 히데요시도 살아 있었고 철군 계획도 없었기 때문에 다른 왜군 부대들이 구원에 나설 수 있었다.

그러나 이제는 히데요시도 죽었고 11월 15일까지 부산에 집결하라는 철수 명령도 내려져 있었기 때문에 모두들 귀국 준비에 정신이 없었다. 고니시는 자신의 군대만이 외톨이로 남아 최후를 맞게 될 것을 생각하자 두렵고 막막했다.

11월 14일. 왜선 2척이 강화(講和)를 논의하기 위한 일로 바다 가운데까지 나오니 도독이 통역관을 시켜서 왜선을 마중해 오게 하였다. 그들로부터 붉은 기(旗)와 환도(環刀) 등의 물건을 받았다. 술시(戌時: 오후 8시경)에 왜장이 작은 배를 타고 도독부(都督府)로 들어가서 돼지 2마리와 술 2통을 도독에게 바쳤다고 한다.

다급해진 고니시가 진린을 상대로 뇌물공세를 펴기 시작했다.

11월 15일. 이른 아침에 도독에게 가서 잠깐 이야기하고 돌아왔다. 왜선 2척이 강화(講和)를 논의하기 위한 일로 두 번 세 번 도독의 진중으로 드나들었다.

11월 16일. 제독이 진문동(陳文同)을 왜군 진영으로 들여보냈더니, 조금 있다가 왜선 3척이 말과 창, 칼들을 가져와서 도독에게 바쳤다.

11월 17일. 어제 복병장(伏兵將) 발포 만호 소계남(蘇季男)과 당진포 만호 조효열(趙孝悅) 등이, 왜의 중간 배 1척이 군량을 가득 싣고 남해로부터 바다를 건너오는 것을 보고 한산도 앞바다까지 추격하자 왜적은 바다 기슭을 타고 육지로 올라가 달아났다고 하였다. 잡은 왜선과 군량은 명나라 군사들에게 다 빼앗기고 빈손으로 돌아와서 보고하였다.

조선 수군의 제해권이 한산도 앞바다까지 회복되고 있는 모습이다. 이 같은 상황도 고니시를 불안하게 했을 것이다.

시마즈 요시히로에게 구원을 요청한 고니시

대 선단을 거느리고도 이순신이 버티고 있는 조·명 연합 함대의 봉쇄망을 뚫을 수 없다고 판단한 고니시는 부랴부랴 사천성의 시마즈 요시히로(島津義弘)에게 구원을 요청했다.

고니시로부터 구원 요청을 받자 시마즈는 난감한 고민에 빠져버렸다. 이순신을 상대로 한 구원 작전은 위험천만한 모험이었다. 그러나 위기에 처한 인근의 아군을 나 몰라라 한다는 것은 무사도에 어긋나는 행위였다. 또한 시마즈 군이 부산으로 이동해 가려면 노량을 거쳐야 남해로 나갈 수 있었다. 만약 조·명 함대가 노량을 지킨다면 이는 곧 자기 부대에 대한 공격이기에 피한다고 될 일도 아니었다. 더구나 고니시는 서쪽으로 진출한 왜군 총사령관 격이자 히데요시 정권의 핵심 인물이었기 때문에 구원 요청을 받아들이지 않을 수 없었다.

구원을 결심한 시마즈는 철수 준비에 여념이 없던 부산·김해 일대의 왜군들에게 즉각적인 지원을 요청했다. 그리고 3백여 척 규모의 구원 선단이 편성되었다.

제25부 성자(聖者)의 승천(昇天)
-노량해전

우리 역사에서 공식적으로 어떤 인물을 부를(公稱) 때 '聖(성)' 자를 붙이는 경우는 세종대왕과 충무공 이순신 두 분뿐이다. 예로부터 유교권에서는 성학(聖學)인 〈대학(大學)〉 경전 8조목(條目) - 격물(格物)·치지(致知)·성의(誠意)·정심(正心)·수신(修身)·제가(濟家)·치국(治國)·평천하(平天下) - 에서 만점을 받은 사람에 한해 '聖者(성자)'라 부른다. 이것이 유교권에서 말하는 '聖(성)'에 대한 개념이며, 따라서 종교권에서 말하는 '聖(성)'에 대한 개념과는 다르다.

조선시대 때에도 임금이나 공자, 맹자 등의 성현들을 제외하고는 '성자(聖者)'라 칭하지 않았다. 이순신이 성자라고 불리게 된 것은 20세기 초 단재 신채호(申采浩), 춘원 이광수(李光洙), 노산 이은상(李殷相) 등 '聖' 자가 내포하는 의미를 알았던 서당 출신 학자들에 의해서였다. 때문에 '성웅(聖雄) 이순신'이라는 공칭(公稱)은 일각에서 제기되고 있는 것처럼 신격화나 우상화와는 거리가 먼 것이다.

노량해전은 이순신의 성자(聖者)로서의 면모를 십분 보여준 해전이었다. 꺼져가는 촛불이 마지막 밝은 빛을 발하듯이, 이순신은 스러져가는 심신을 일으켜 살신성인(殺身成仁)했고, 7년 전쟁을 갈무리한 이 해전에서 곡절 많았던 생을 마쳤다.

1. 살신성인(殺身成仁)의 노량해전

「11월 18일. 유시(酉時: 저녁 6시경)에 적선들이 남해로부터 무수히 나와서 엄목포(嚴木浦)에 정박해 있고 또 노량으로 와서 정박하는 것도 헤아릴 수 없을 만큼 많았다. 공은 도독과 약속하고 이날 밤 10시쯤에 같이 출발하여 새벽 2시쯤에 노량에 이르러 적선 5백여 척을 만나 아침이 되도록 크게 싸웠다.

이날 밤 자정에 공은 배 위로 올라가 손을 씻고 무릎을 꿇고 하늘에 빌었다.

"이 원수들을 섬멸할 수 있다면 죽어도 여한이 없겠습니다(此讎若除, 死則無憾)!"

그때 문득 큰 별이 바다 속으로 떨어졌는데, 그것을 본 이들은 모두 이상하게 여기었다.」   ―〈이충무공행록〉―

11월 18일 저녁. 왜교성 앞에 진을 치고 있던 조·명 연합 함대에 "사천의 왜군들이 노량으로 이동했으며, 적선단의 규모가 수백 척에 달한다"는 급보가 날아들었다.

이미 고니시의 탈출 계획을 간파하고 있던 이순신은 왜교성 앞에 복병 함대를 남겨 두고는 즉시 진린 함대와 같이 노량으로 향했다.

연합 함대의 규모는 250여 척에 병력은 약 2만 1천 명(조선군 8천 명, 명군 1만 3천 명). 함대는 진린의 본함대를 중심으로 좌선봉에는 등자룡(鄧子龍) 함대, 우선봉에는 이순신 함대로 편성되었다.

〈명나라 수로군 편성표〉

관직	성명	병력 소재지	병력수
총병(제독)	진 린	광동병	5,000
유격	계 금	절 병	3,300
유격	장양상	광동병	3,000
유격	심 무	절 병	3,100
유격	부일승	낭산병(만족)	1,500
파총	양천윤	강북병	3,000

(출전: 1598년 3월 〈선조실록〉. 이민웅 저 〈임진왜란 해전사〉에서)

11월 19일 새벽 4시경, 연합 함대는 노량해협에 이르렀다. 해협을 가득 메운 왜선들의 불빛이 긴 뱀처럼 줄지어 있었다.

결전에 임하는 조선 수군의 전의는 비장했다. 이들은 지난해 칠천 량에서 수중고혼이 된 병사들의 유족이며, 정유재란 때 코 베이고 목숨을 잃은 백성들의 가족이었다. 그래서 처음부터 비장했다.

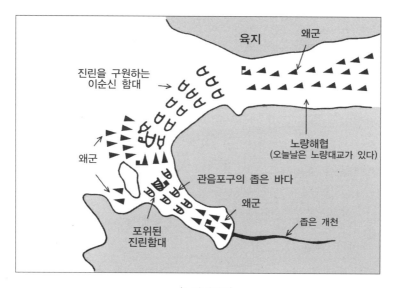

〈노량해전도〉

연합 함대로서는 노량의 왜군들을 최대한 빨리 격파하거나 쫓아 낸 후 고니시 군을 무찔러야 했다. 때문에 전투는 초전부터 총력전 으로 시작되었다.

"진린 도독을 구하라!"

해전이 시작되자 조·명 연합 함대는 서양식 대포와 동양식 화약 무기, 명나라의 최신식 화약무기뿐만 아니라 장작불에 불을 붙여서 던지는 근접전에 이르기까지 온갖 방법을 총동원한 총력공세로 왜 군들을 몰아붙였다.

야간에 치러진 전투였던 관계로 해전은 초전부터 대혼전으로 접 어들었다.

이 같은 야간 혼전 속에 시마즈 요시히로(島津義弘)의 직속 선단이 야음을 틈타 진린의 본함대로 접근, 기습을 시도했다. 그러나 명군 의 강력한 반격을 받자 뒤로 밀렸고, 밀려나다보니 그만 뒤가 막힌 관음포구 안으로 들어가고 말았다(야밤인 탓에 그곳이 포구임을 몰랐 다).

진린의 함대는 곧장 관음포로 추격해 들어가 왜선단을 공격했다. 그런데 그때 또 다른 왜선단이 사령관 시마즈를 구하기 위해 다가와 진린 함대를 포위하자 진린 함대는 역으로 포위되는 위기에 처해졌 다. 이에 진린은 "나를 구하라!"는 명령을 내렸다.

명령을 받은 조·명 연합 함대의 단위 함대들은 즉각 진린의 기함 을 구하기 위해 관음포로 향했다.

조선 함대로서는 응당 진린을 구해야 했다. 왜냐하면, 이 무렵 명 나라의 모든 장수들은 귀국하기 위해 짐을 싸고 있었지만 진린만은 조선 조정과 이순신의 간청을 받고 끝까지 분전해 주었기 때문이다. 이순신으로서는 군령을 떠나 의리와 도의적으로도 최선을 다해 구하지 않을 수 없었던 것이다.

더구나 진린을 구하려는 과정에서 명나라 좌선봉장 등자룡이 전사했기 때문에 진린마저 전사하고 이순신만 산다면, 훗날 명나라와의 정치·외교적 문제도 일어날 수 있었다.

때문에 이순신은 진린의 명령이 있은 직후 전 함대에 "진린 도독을 구하라!"는 명령을 내렸다. 그때가 오전 7시경이었고, 음력 11월 19일이었으므로 날이 샐 무렵이었다. 그 무렵 왜군들은 진린의 함대와 접전을 펼치고 있던 관음포의 왜선단을 제외하고는 대부분이 궤멸적인 타격을 입은 상태였다.

이순신 역시 진린을 구하기 위해 관음포를 향해 돌진해 들어갔다. 그 순간 왜군들의 시야에 3도수군통제사의 깃발을 펄럭이며 다가오는 이순신의 기함이 들어왔다. 그리고 어느 순간 이순신의 기함이 조총의 유효 사정거리 안까지 접근해 들어오자 왜군 진영에는 긴장과 흥분이 교차했다.

이윽고 전 조총수들에게 이순신의 기함을 향해 사격을 명령하는 왜장들의 고성이 일제히 터져 나왔다.

유언(遺言), 그리고 마지막 명령

왜군들로서는 7년간을 기다려온 회심의 순간이었다. 때문에 생과 사의 기로에서 마지막이 될지도 모르는 이 기회를 반드시 잡아야 했다.

왜군 조총수들은 이순신의 기함 장대(함교)를 목표로 밀집사격을 퍼부었다. 그러자 수백, 수천 발의 조총탄이 탄막을 형성하며 이순신의 기함 장대로 쏟아졌다. 그 중 한 발이 2중 3중으로 쳐놓은 방패와 방패 사이를 헤치고 유탄처럼 날아들어 북을 치며 독전하던 이순신의 겨드랑이 사이를 파고들어 가슴 부위에 박혔다.

이순신은 "싸움이 한창 급하다. 내가 죽었다는 말을 하지 마라!"는 말을 남기고 눈을 감았다.

이순신은 아군에게나 적군에게나 자신의 죽음이 알려지는 것이 얼마나 치명적인 결과를 초래하게 될지 잘 알고 있었다.

이순신의 말처럼 싸움은 한창이었다. 더구나 관음포 안에 포위되어 있는 진린의 함대는 사투를 벌이고 있었다. 이처럼 위급한 때에 자신의 죽음이 외부에 알려지기라도 한다면 조·명 연합 함대의 사기는 떨어질 것이고, 왜군의 사기는 하늘을 찌를 것이었다. 그 같은 상황에서 만약 왜교성의 고니시 군이 협공해 온다면 그것은 연합 함대의 파멸뿐만 아니라 어느 누구도 예상할 수 없는 비극적 사태(예컨대 제2의 정유재란과 같은)가 초래될 수도 있었다.

이순신의 전사(戰死)와 관련하여 일각에서는 '자살설'을 제기하기도 하는데, 분명한 사실은, 충무공이 마지막으로 남긴 "싸움이 한창 급하다. 내가 죽었다는 말을 하지 마라!"는 말은 그때가 죽을 시점이 아닌 위기의 시점임을 강조한 것임을 명확히 해 두고자 한다.

뒤에서 살펴보겠지만, '자살설'은 충무공이 '눈앞의 위기를 외면하고 스스로 삶을 포기했다'는 주장이므로, 위기관리(Risk Manage-ment) 리더십의 상징으로 회자되고 있는 충무공의 해전 철학을 정면으로 부정하는 망발된 주장이라는 것이다.

동서고금의 전사(戰史)들을 보면, 전투(전쟁) 중에 지휘관이 죽는 경우 사망 사실은 철저한 보안에 부쳐져서 사망 사실이 외부에 알려지지 않도록 엄중히 단속하였다.

바다 건너 히데요시도 자신의 죽음을 앞두고는 "나의 죽음을 아무도 알게 해서는 안 된다"는 유언을 남겼다. 이는 죽음을 앞둔 지휘관이 자신의 죽음이 전쟁에 미칠 영향을 고려하여 취할 수 있는 최상의 병책임과 동시에 마지막 명령인 것이다.

이순신 역시 그 같은 점을 고려해서 마지막 명령(유언)을 내렸고, 이순신의 임종을 지켜본 아들 회(薈)와 조카 완(莞)은 명령에 따라 북을 치고 독전기를 휘날리며 여느 때와 다름없는 지휘체계를 유지했다. 그리고 그 결과 노량해전을 승리로 이끌었다.

긴박하고도 충격적인 상황 하에서도 회와 완이 안정된 지휘체계를 선보일 수 있었던 것은, 이순신이 이러한 상황(수뇌진의 유고시)에 대비하여 평소부터 주지시켜 온 '비상 지휘체계 시스템'이 별 탈 없이 가동되었기 때문이다.

노량해전은 진린을 구하려고 자신이 대신 전사한 살신성인(殺身成仁)의 해전사였다. 이 해전에서 이순신은 곡절 많은 생을 마감하고 성자(聖者)가 되어 승천(昇天)했다. 그리고 그의 시신은 고금도 월송대에 가묘(假墓) 상태로 안치되었다.

이순신이 숨을 거둔 그날, 고니시 유키나가는 노량해협에서 불길이 치솟는 것을 보고는 허겁지겁 여수와 남해도 사이를 지나 부산→일본으로 돌아갔다.

그러나 구사일생으로 고향땅을 밟은 고니시 군은 빈주먹에 초췌한 패잔군의 모습이었다. 고니시 군에 앞서 귀향한 왜군 부대들의 처지 역시 마찬가지였는데, 특히 고니시를 비롯해서 히데요시를 지지했던 이시다 미쓰나리(石田三成), 우키타 히데이에(宇喜多秀家) 등은 조선 출정으로 인한 전력 손실을 극복하지 못한 채 도쿠가와 이에야스(德川家康)를 지지했던 세력과의 전투(세키가하라 전투)에서 패하여 역사의 뒤안길로 사라져갔다.

가신 그룹의 몰락과 더불어 히데요시 정권과 히데요시 가문도 문을 닫았고, 절치부심하며 때를 기다려온 도쿠가와 이에야스가 최후의 패자(覇者)가 되어 도쿠가와 막부 260년의 시대를 열었다.

구스도 요시아키가 쓴 『노부나가(織田信長), 히데요시(豊臣秀吉), 이에야스(德川家康)의 천하재패 경영』이란 책에서는 도쿠가와 260년의 시대를 창출한 세키가하라(關ヶ原) 전투의 마지막을 이렇게 기술하고 있다.

「세키가하라 전투 – 그때까지 쌓아올린 이에야스의 노력의 결과가 단숨에 열매를 맺는 순간이었다. 이에야스가 이끄는 동군은 7만4천 명, 여기에 비해 미쓰나리(石田三成)의 서군은 8만2천 명이었다.

숫자상으로는 서군이 유리한 싸움으로 보였다. 하지만 이에야스의 네마와시(根回: 나무를 옮겨심기 1, 2년 전에 그 주위를 파서 큰 뿌리와 큰 줄기만 남겨놓고 잔가지들을 쳐서 옮겨심기 쉽도록 해놓는 일로서, 무슨 일을 벌이기 전에 미리 안배를 해 두는 일을 말함)로 때문에 전투가 시작되어도 꿈쩍하지 않는 서군 세력이 속출했다. 영주들 가운데에는 센 쪽에 붙으려고 이 눈치 저 눈치를 살피는 이도 있었다.

…이런 사실들로 볼 때, 서군의 참가 병력은 3만 5천에 지나지 않았다. 그와 반대로 전투가 끝나고 보니 동군은 10만 4천으로 늘어나 있었다. 결국 천하 쟁취의 싸움은 이에야스의 승리로 돌아간 것이다.」

　　　　　　　－〈노부나가, 히데요시, 이에야스의 천하재패 경영〉－

2. 아들과 조카들이 기록해 둔 마지막 순간

이순신의 조카 이분(李芬)은 문관으로 종군했고, 전쟁이 끝난 후 4촌(이순신의 아들 회(薈), 조카 완(莞)) 등의 도움으로 이순신의 일대기인 〈이충무공행록〉을 출간(1609년)했다.

정조대왕이 〈이충무공전서(李忠武公全書)〉를 발간했을 당시 편집의 순서는 ①임금이 내린 교지(敎旨) 류, ②거북선 관련 기록들, ③〈난중일기〉와 〈임진장초〉, ④이분의 〈이충무공행록〉, ⑤그 밖의 후세인들이 남긴 잡록 등의 순서로 엮었을 만큼 〈이충무공행록〉의 권위는 중시되었다.

"내가 죽었다는 말을 내지 마라!"

「19일 새벽에 공이 한창 독전하다가 문득 지나가는 탄환에 맞았다. "싸움이 한창 급하다. 내가 죽었다는 말을 내지 마라!"

공은 이 말을 마치고 세상을 떠나시었다. 이때 공의 맏아들 회(薈. 35세)와 조카 완(莞. 20세)이 활을 쥐고 곁에 서 있다가 울음을 참고 서로 말하기를,

"이렇게 되다니, 기가 막히는구나!"

"그렇지만 지금 만일 곡성을 내었다가는 온 군중이 놀라고 적들이 또 기세를 얻을지도 모릅니다."

"그렇다. 그리고 시신을 보전해 돌아갈 수 없을지도 모른

다."

"그렇습니다. 전쟁이 끝나기까지는 참는 수밖에 없습니다."

그리고는 곧 시신을 안고 방 안으로 들어갔기 때문에 오직 공을 모시고 있던 종 김이(金伊)와 회와 완 등 세 사람만이 알았을 뿐 평소 신임을 받았던 부하 송희립 등도 알지 못하였다. 이들은 마치 아무 일도 없는 것처럼 그대로 기를 휘두르며 독전하였다.

적이 도독의 배를 에워싸서 도독의 배가 거의 함몰당하게 되었을 때, 여러 장수들이 공의 배에서 지휘 독전하는 것을 보고 서로 다투어 달려들어 포위 속에서 (진린을) 구해 내었다.」

−〈이충무공행록〉−

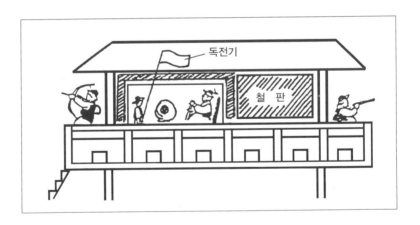

〈판옥선의 장대. 전투시에는 방패를 2중 3중으로 세웠으며, 장대에는 사수와 독전 기라졸, 북치는 병사가 탔다〉

옛날에는 싸움에서 장수가 죽으면 이기고 있던 싸움도 전세가 역전되어 전투는 장수를 잃은 쪽의 패전으로 끝나는 경우가 흔하였다.

노량해전에서 만약 이순신의 전사가 외부로 알려졌다면 연합 함대는 파탄을 맞았을 것이며, 이순신을 비롯한 연합 함대 수뇌진의 시신마저도 빼앗겼을 것이다.

이순신은 이 같은 점을 우려해서 "싸움이 한창 급하다. 내가 죽었다는 말을 하지 마라!"고 했던 것이다. 앞에서도 언급했듯이, 이 말을 통해서 이순신은 그때가 '죽을 시점이 아닌 위기의 시점'임을 증언해 둔 것이다.

회(薈)와 완(莞)은 이 유언에 따라 울음을 참았고, 종 김이로 하여금 시신을 방 안(철판으로 장갑한 곳)으로 옮기게 했다. 그리고 완은 계속 독전기를 휘둘렀으며, 회는 아버지가 잡고 있던 북채를 잡고 북을 두드렸다. 그러는 중에 부상으로 실신했다가 깨어난 장대 책임 군관 송희립이 들어와서 북채를 인계받았다.

이들 장대 안의 사람들은 그렇게 하기를 오전 10시까지 했고, 결국 진린 도독을 구해냈으며, 왜군들은 궤멸적인 타격을 입고 도주했다.

조·명 연합 함대로서는 몰살당할 뻔한 절체절명의 순간이었지만 이순신의 명령에 따라 독전(督戰)을 지속한 기함 측근들의 침착한 지휘와 독전으로 위기에서 벗어날 수 있었다.

이순신은 평소 이 같은 위기 상황을 대비해서 이들 측근들에게 많은 얘기(약속)를 했을 것이며, 지속적인 위기대처 능력을 배양했을 것이다. 노량해전은 이순신의 위기관리 리더십이 빛을 발한, 최후의 순간까지도 필승의 신념을 접지 않고 야전의 지휘관에게 주어진 최고의 소명이자 가치라 할 수 있는 승리를 쟁취하기 위해 혼신을 다한 명 전사(戰史)였다.

"공은 죽은 뒤에도 나를 구했구려!"

「전쟁이 끝난 뒤 도독이 급히 배를 저어 가까이 와서 "통제
사! 속히 나오시오! 속히 나오시오!" 하고 외쳤다.

완이 뱃머리에 서서 울면서 "숙부님께서는 돌아가셨습니
다"고 하자 도독은 배 위에서 세 번이나 넘어지고 뒹굴며 큰 소
리로 통곡하면서 "공은 죽은 뒤에도 나를 구원해 주셨소!" 하
고는 다시금 가슴을 치며 한참이나 울었다.

도독의 군사들까지도 모두 다 고기를 내어 던지고 먹지 않았
다.」

-〈이충무공행록〉-

위기에서 벗어난 진린은 승전의 기쁨을 나누기 위해 이순신의 기
함으로 다가가 "통제사! 속히 나오시오!" 라고 외치며 이순신을 불
렀다. 그러나 이순신이 전사했다는 말을 듣고는 이순신의 기함으로
건너와서 그의 시신을 부여잡고 통곡하였고 전사하게 된 자초지종
을 들으면서 넘어지고 주저앉기를 세 번이나 했다.

〈삼국지〉의 제갈량은 자신이 죽기 전 자신의 모습을 닮은 목상을
깎아두도록 지시했다. 그리고 자신이 죽은 후에는 죽지 않은 것처럼
곡도 하지 말고 목상을 앞세우고 서촉(西蜀)으로 돌아가라는 명령을
내렸다. 위(魏)나라의 대장 사마중달(司馬仲達)은 제갈량이 죽었다는
낌새를 알아채고는 제갈량의 군대를 추격했지만, 제갈량(목상)이 살
아있음을 확인하고는 추격을 단념하고 퇴각해 돌아갔다.

이 일이 있은 후 '죽은 제갈량이 산 사마중달을 쫓아버렸다' 는
고사가 생겼는데, 진린 도독은 이순신의 시신을 끌어안고 마지막 작
별을 고하면서 "공은 죽은 뒤에도 나를 구했구려!" 라고 했던 것은

이 같은 고사와 연관지어 한 말이다.(*이 순간의 장면에 관한 기록이 이순신의 '은둔설'을 반박하는 결정적인 증거이다. 진린이 자신의 목숨을 구하려다 죽은 이순신의 시신을 눈으로 직접 확인하지도 않고 통곡만 하고 물러간다는 것은 인간의 보편적인 행동방식에 어긋나는 일로서 결코 있을 수 없는 일이다.)

> 「영구(靈柩)는 고금도에서 떠나 아산으로 돌아왔다. 연로의 백성들은 남녀노소 할 것 없이 통곡하며 뒤를 따랐다. 선비들은 제물을 차리고 제문을 지어 곡하며 마치 친척의 죽음을 슬퍼하듯 하였다.」
> ―〈이충무공행록〉―

영구는 고금도에 안치되었다가 그해 12월, 아산으로 옮겨졌다. 그리고 이듬해 2월 매장되었으며, 그로부터 16년 후 지금의 장소(충남 아산시 음봉면)로 이장되었다.

진린의 우정

> 「도독과 여러 장수들도 모두 만장(輓章)을 지어 슬퍼하였으며 마지막 군사들을 철거하여 돌아갈 때에도 도독이 제사 지내려고 오겠다는 뜻을 미리 알려왔다. 그러나 마침 명나라 본국에서 귀국을 재촉하였기 때문에 아산 자택에는 가보지 못하고 백금 수백 냥만 보냈으며, 아산현에 도착해서는 공의 아들들을 만나 보았다.
> 회(薈)가 나가서 길에서 도독을 만나 말에서 내려 인사하니, 도독은 손을 맞잡고 통곡하며 물었다.
> "그대는 지금 무슨 벼슬에 있는가?"

회가 "선친의 장례도 미처 치르지 않았기 때문에 아직 벼슬할 때가 아닙니다"고 하였더니, 도독이 말하기를 "중국에서는 비록 초상 중에 있어도 공로와 상을 내리는 법전은 폐하지 않았는데 그대 나라에서는 무척 더디다. 내가 상감께 말씀을 올리지!" 하였다.

위(임금)에서도 예관을 보내어 제사하고 우의정을 증직하였다.」

－〈이충무공행록〉－

진린이 벼슬을 추천하겠다고 하자, 회는 "선친의 장례(3년상)도 아직 끝나지 않았습니다"고 하면서 사양하였다. 이 말에는 '아버지께서는 할머니의 3년상을 치르지 못해 한이 많으셨는데, 저라도 아버지의 3년상을 모시고, 또 남편을 잃으시고 막내아들을 잃으신 어머니께 효를 다하며 살겠습니다'는 뜻이 담겨 있다. 그 후 조정에서는 회에게 벼슬을 내렸으나, 회는 곧 사임하고 고향으로 돌아갔다.

진린은 귀국 후 명나라 황제에게 "이순신은 경천위지지재(經天緯地之才: 經天－ 4서 5경의 가르침으로 나라와 하늘을 받들고, 緯地之才 －세상을 훌륭히 다스린 인물. 즉 經·營의 대가)"라고 보고했는데, 이 말은 주(周)나라의 강태공, 한(漢)나라의 장자방, 촉(蜀)의 제갈량에게만 붙여졌던 인물평이다.

명 황제는 이 보고를 듣고 이순신에게 명나라 도독 벼슬과 8사품(八賜品: 도독인, 영패, 독전기 등 총 8가지)을 내렸다.

만약 이순신이 노량에서 전사하지 않았다면 유성룡이 전후 초야에 묻혀서 『징비록』을 남겼던 것처럼, 이순신도 자신의 문집인 〈난중일기〉와 〈임진장초〉를 바탕으로 『왜적토벌기(倭賊討伐記)』를 남겼을 것이다.

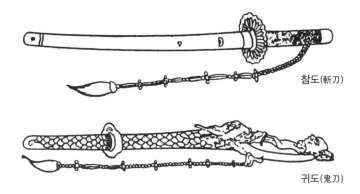

참도(斬刀)

귀도(鬼刀)

〈명 황제가 이순신에게 내린 팔사품(八賜品) 중 일부인 참도와 귀도〉

무제(無題)

北來消息杳無因(북래소식묘무인)	북쪽 소식 아득히 들을 길 없어
白髮孤臣恨不辰(백발고신한불신)	외로운 신하 시절을 한탄하네.
袖裡有韜摧勁敵(수리유도최경적)	소매 속엔 적 꺾을 병법 있건만
胸中無策濟生民(흉중무책제생민)	가슴속엔 백성 구할 방책이 없네
乾坤黯黲霜凝甲(건곤암참상응갑)	천지는 캄캄한데 서리 엉기고
關海腥羶血浥塵(관해성전혈읍진)	산하에 비린 피가 티끌 적시네.
待得華陽歸馬後(대득화양귀마후)	말 풀어 목장으로 돌려보낸 뒤
幅巾還作枕溪人(폭건환작침계인)	두건 쓴 처사 되어 살아가리라

-이순신-

〈부록〉 1.

이순신은 자살했다?

노량해전은 이순신의 기록이 남아 있지 않은 유일한 해전이다. 그런 이유로 해전 상황과 이순신의 죽음에 대한 의문과 궁금증은 오랜 세월이 흐르는 동안 다양한 주장과 설(說)을 낳았는데, 대표적인 것이 '이순신의 자살설'이다.

일부러 갑옷을 벗었다?

이순신이 자살했다고 주장하는 대표적인 학자는 전 서울대학교 남천우 교수이다. 남천우는 그의 저서 『이순신』(1994)에서 다음과 같은 자료를 소개하면서 자살 가능성을 내비쳤다.

「이순신의 죽음이 스스로 계획하여 택한 죽음이라고 생각하였던 견해의 예를 들어보면 … 1711년에 이여(李畬: 숙종 때 영의정을 지냄)가 정탁(鄭琢)의 구명상소문을 전재한 후미에 쓴 글 중에 '공로가 클수록 용납되기 어려움을 스스로 깨닫고 마침내 싸움에 이르러 자기 몸을 버렸으니 이순신의 죽음은 미리부터 계획한 것이었다고들 말하는데, 그때의 경우와 처지로 보면 그 말에 혹시 타당한 점도 있다 할런가! 아 슬프도다.'라는 구절이 있다.

그보다 앞선 기록으로는 이민서(李敏叙: 숙종 때 대제학을 지냄)
가 '김덕령 장군이 죽고부터는 여러 장수들이 저마다 스스로
의혹하고 또 스스로 제 몸을 보전하지 못하였으니, 저 곽재우는
마침내 군사를 해산하고 숨어서 화를 피했고, 이순신은 바야흐
로 전쟁 중에 갑주를 벗고 스스로 탄환에 맞아 죽었으며, 호남
과 영남 등지에서는 부자와 형제들이 의병은 되지 말라고 서로
들 경계하였다는 것이다.' 라는 글을 〈김충장공유사(金忠壯公遺
事)〉에 남긴 것이 있다.

한편 이 책에서 나는 선조의 포악하고 범죄적인 행태에 대하
여 누차 언급하였다. 또 선조가 이순신을 옥에 가두었을 때 막
무가내로 죽이려 하였던 사실은 앞의 '정탁이 올린 구명상소문
(伸救箚)'에도 잘 나타나 있다.」   -남천우 저, 〈이순신〉-

그러나 이여(李畬)라는 선비의 글은 임진왜란이 끝나고 123년 후
에 쓰여진 것이다. 이여는 임진왜란 11년 후에 나온 이분의 〈이충무
공행록〉을 보지 못한 가운데 자신의 사랑방에서 위의 글을 쓴 것으
로 보인다.(〈이충무공행록〉은 소량 발간되었을 것이므로 정조대왕 때 편찬된
〈이충무공전서〉에 수록되어 나올 때까지는 일반의 사랑방에서는 구하기 어려웠
을 것이기 때문이다.)

이민서(李敏叙)의 글 역시 임진왜란 90년 후에 저술된 것으로, 그
또한 〈이충무공행록〉을 읽지 못한 가운데 대역죄로 몰려서 억울하
게 죽은 김덕령 장군을 변론하는 글을 쓰다보니 '선조 임금은 포악
했으므로 이순신, 김덕령, 곽재우 등이 하옥되고 고문을 받았다'고
기술한 것이다.

김덕령(金德齡)은 대역죄로 몰렸기 때문에 고문이 혹독했다. 또
사람들이 사건에 연루되는 것을 두려워하였기 때문에 그를 변호하

는 상소도 거의 없었다. 그러한 상황에서 참살되었기 때문에 김덕령 측에서 보면 '임금은 포악' 했다고 생각할 수 있지만, 〈선조실록〉에서 보면, 선조 역시 김덕령을 어떻게든 살려내기 위하여 고심했고 그의 죽음을 애석해 하였던 것으로 기록되어 있다.

그러나 이순신은 대역죄에 몰린 것이 아니었기 때문에 고문은 심하지 않았고 변론하는 상소도 많았으므로 곧 풀려났다.

이민서는 '이순신이 갑주를 벗고 스스로 탄환에 맞아 죽었다' 고 했는데, 이는 김덕령의 지지자인 이민서가 자신의 사랑방에서 꾸며낸 이야기에 불과하다.

포위된 진린 도독을 구하기 위해 북을 두드리며 함대를 이끌고 돌격해 들어갔던 이순신이 어떻게 갑주를 벗을 수 있었겠는가? 좌선봉장 등자룡(鄧子龍)도 진린을 구하려는 과정에서 총탄에 맞아 전사했으며, 수십 명의 연합 함대 장수들이 총탄에 맞아 사상을 당했다. 그렇다면 등자룡 등도 모두 갑주를 벗었기 때문에 목숨을 잃었을까? 당시 조·명·왜의 갑옷은 조총의 유효 사정거리 50m 안에서 총탄에 맞게 되면 예외 없이 뚫렸다. 등자룡 또한 조총의 유효 사정거리 안에 노출되었을 것이다.

아무튼 남천우는 '군사학 맹(盲)' 인 이민서라는 선비의 자료를 끌어다가 자살설의 근거로 삼았다.

'호남과 영남에서 의병이 되지 말자고 했다' 는 것은 전쟁이 끝나고 의병들에 대한 공로 표창이 빈약했기 때문에 나온 주장들이므로 그 이전에 전사한 이순신과는 무관하다.

'선조의 포악하고 범죄적인 행태' 라고 했는데, 선조는 수많은 결함과 약점에도 불구하고 결코 포악하고 범죄적인 임금은 아니었다. '막무가내로 죽이려 했다' 는 것도 사실과 다르다. 선조는 통제사를 원균으로 교체하기 위해서 어전회의를 통하여 여론몰이를 했을 뿐이지 이순신을 막무가내로 죽이려고 했던 것은 아니다. '정탁이 올린 상소문에도 막무가내로 죽이려 했다는 사실이 잘 나타나 있다'고 했는데, 정탁의 상소문에는 그런 내용이 전혀 없을 뿐만 아니라, 정탁은 상소문에서 먼저 선조를 인자한 임금으로 칭송하고 있다. 그런 다음 이순신이 가토 기요마사(加藤淸正)를 나아가 잡지 않은 데에는 그만한 이유가 있어 보이므로 백의종군하게 해서 공을 세워 죄를 씻게 해야 한다고 하였다.

정탁의 상소문은 임금의 체면도 살리고, 이순신의 형편도 살린 이른바 Win-Win적이며 중용적인 상소문이다. 이 같은 상소문을 '선조가 막무가내로 죽이려 했다'고 소개하는 것은 명백한 사실 왜곡이다. 아울러 이 같은 중용적 상소문을 즉각 수용한 선조를 '막무가내로 죽이려고 한 임금'으로 해석하는 것도 명백하게 왜곡된 시각이다.

이순신은 은둔했다?

「갑주를 벗는다고 해서 틀림없이 적탄에 맞는다는 보장이 없을뿐더러, 설사 적탄에 맞는다 하더라도 틀림없이 죽게 되리라는 보장 역시 없는 것이다. 만약 틀림없이 죽는 것이 목적이라면 적탄에 맞아서 죽으려는 방법은 타당한 방법이 아니며 스스로 죽는 방법만이 순리의 방법이라 말할 수 있다. 따라서 실수 없이 죽으려 마음먹었다면 이순신은 사실상의 자살을 계획하고 실행하였다고 보아야 한다.

그러나 그렇게 되면 또 다른 문제가 있다. 주위의 측근 인사들이 이순신의 그러한 죽음을 방관할 리가 없다. 그 중에서도 당시 이순신과 함께 같은 배에 타고 있던 맏아들인 회, 조카인 완, 군관인 송희립, 몸종인 김이 등 네 사람은 빼놓고 생각할 수 없다. 이들이 어떻게 이순신의 자살을 막지 않고 방관할 수 있겠는가. 그들은, 이순신의 처지로는 그렇게 어려운 방법으로 죽더라도 어차피 전사한 것처럼 또다시 위장을 해야만 하므로, 차라리 살아서 은둔하기를 권했을 것이며, 또 이순신으로서도 그러한 권유를 거절할 수 있는 명분이 없었을 것이다.」

-남천우 저, 〈이순신〉-

자살설의 근거가 미약하다고 여겨서인지 이번에는 아들 회와 조카 완이 가담한 '은둔설'을 제시하고 있다.

「유형(柳珩)은 이순신이 매우 아끼던 부하였으며, 이순신이 일찍이 천거하였기 때문에 후에 삼도수군통제사가 된 사람이기도 하다(유형의 행장(行狀) 중에서).

"이순신이 평소에 마음속을 토로하여 말하기를 '옛부터 만약 대장이 자기가 세운 전공에 대하여 인정을 받아보려는 생각을 조금이라도 갖는다면 대개는 생명을 보전하기 어려운 법이다. 그러므로 나는 적이 물러나는 그 날에 죽음으로써 유감될 수 있는 일이 없도록 하겠다'고 하였는데, 이것은 원균이 전공을 시샘하여 왕에게 올리고, 또 물고 뜯는 사람이 많았기 때문이다."라는 글을 남겼다. 이 글의 내용은 엄청난 내용이라 하겠다.

이러한 말을 유형이 기록에 남긴 것은, 이순신의 죽음이 결코 통상적인 전사가 아니라는 자신의 확고한 견해를 우회적으로 표현하기 위해서라고 생각할 수 있다. 또 이순신이 이러한 말을 함부로 하였다기보다는 우려하는 말을 유형이 먼저 하였기 때문에 그를 달래기 위해서 하였으리라 여겨진다. 유형은 이순신의 죽음을 누구보다도 슬퍼하였으며 5년 후(1603년) 통제사로 있을 때 타루비(墮淚碑: 눈물을 흘리며 세운 비)를 세웠다.」

－남천우 저, 〈이순신〉－

그러나 회와 완, 분 등이 공동으로 증언해 둔 〈이충무공행록〉을 보면 남천우의 주장이 잘못되었음을 알 수 있다.

노량해전이 있던 무렵, 진린의 해군을 제외한 명나라의 부대들은 귀국을 서두르고 있었으며, 조선군 역시 귀향 준비를 하고 있었다. 그러나 이순신의 장수들은 유형 장군의 문집에서처럼 공로를 탐한 것이 아니라 하늘을 대신해서 왜적을 응징하겠다는 마음으로 전투에 임했다. 그런데 남천우는 이 같은 '하늘을 대신해서 적을 응징하려는 마음'을 은둔설을 뒷받침하기 위해 인용했다.

'자기가 세운 전공에 대해 인정을 받아보려는 생각을 조금이라도 갖는다면 대개 생명을 보전하기 어려운 법이다'라고 하였는데, 창업·반정·평난공신들의 일대기를 사(史)로 삼고 이를 경사학(經史學)으로 조명해 보면, 많은 공신들이 자신에 대한 공로 평가에 불만을 갖게 된 것이 곧 죽음(예컨대 이괄의 난)에 이르는 원인이 되었음을 알 수 있다.

이순신은 7년 동안 거둔 승리를 한 번도 자신의 공으로 보고한 적이 없었고, 평소에는 위와 같은 내용의 말씀으로 장수들을 가르쳤으며, 이러한 가르침을 받은 부하 장수들이 '하늘을 대신해서 적을 응징'하고자 사생결단으로 치른 것이 노량해전이다.

'원균이 전공을 시샘하여'라고 했는데, 원균의 시샘은 병적이라 할 만큼 강했고 그 결과 원균 본인과 조선 해군에게 큰 재앙을 불러 왔다. 유형은 원균이 세속적인 공명심에 젖어서 이순신을 모함했고, 결국 원균 스스로를 망친 역사도 보았다. 그래서 충무공의 말씀을 되새겨 보고 더욱 슬퍼했으며, 그 후 통제사가 되자 타루비를 세운 것이다. 남천우는 유형의 심경마저 자의적으로 해석했다. 그리고는 이를 은둔론의 근거로 삼았다.

남천우의 〈이충무공행록〉에 대한 불신

「이분(李芬)이 쓴 행장(行狀)은 모두 정확한 내용임에 반하여 그 중에서 유독 이순신의 전사 현장 기사만은 모두 믿기 어려운 내용뿐이다.

첫째, 이분은 유탄이 이순신의 어디에 맞았는지에 대해서는 말하고 있지 않으며, 다만 「적을 무찌르게 해달라고 기도를 마치자 큰 별이 바다 속으로 떨어졌는데, 보는 사람들이 이상히 여겼다. 한창 독전하다가 문득 유탄을 맞았다. 이순신은 "싸움이 한창 급하다. 내가 죽었다는 말을 하지 말라!"는 말을 마치고 세상을 떠나셨다.」고만 말하고 있다.

그러나 이 말과 또 그 뒤에 계속되는 아들과 조카의 대화들은 모두 마치 연극에서나 나오는 각본의 대사처럼 보인다. 곧 갑주를 입은 사람이 유탄에 맞았는데 처음에는 그러한 말을 할 수 있을 정도로 의식이 뚜렷했으나 곧바로 죽었다는 것이므로 실제로 그럴 수 있는 것인지 믿기 어렵다.」

−남천우 저, 〈이순신〉−

'큰 별이 바다 속으로 떨어졌는데…' 부분에 대한 〈이충무공행록〉에서의 원문은 앞에서 살펴보았다. 〈이충무공행록〉을 보면 이순신은 '그날 밤 자정에…죽어도 여한이 없겠습니다'라고 기도하였는바, '하늘을 대신한 침략자들에 대한 응징론'이자 출전에 임하는 비장한 다짐이었다. 함께 있는 부하 장수들도 모두 이와 같은 마음이었을 것이다.

'문득 큰 별이 바다 속으로 떨어졌는데…'라고 했는데, 겨울밤이라 유성이 유난히 크게 보였겠고, 이순신 본인은 큰 관심이 없었다.

남천우는 '연극에 나오는 각본의 대사' 같다고 했다. 그러나 그 이유를 유탄을 맞은 부위를 말해 두지 않았다는 데서 찾고 있으니 말이 안 되는 논리다.

「둘째, 이분은 전투가 한창일 때 이순신의 주위에는 몸종과 맏아들과 조카만이 있었으며 그밖에는 아무도 없었다고 말하고 있다. 그러나 그것은 있을 수 없는 일이다. 왜냐하면, 함대사령관의 주위에는 항상 여러 명의 장교들이 함께 있는 법이며, 그밖에도 수십 명의 기라졸(旗羅卒: 전라우수영의 기록에는 대장선에 90명의 기라졸이 배정되어 있다)들이 항상 명령을 대기하고 있어야 한다. 또 이순신이 서 있던 곳은 60명의 병사들이 함께 작전 중인 갑판상 중앙의 위치이다.」   -남천우 저, 〈이순신〉-

'여러 명의 장교들과 함께 있는 법'이라고 했는데, 이들이 장대 난간에 있었다면, 장대 안의 사정을 모를 수도 있다. 또 조총의 유효사정거리 안까지 배를 몰고 간 상황인지라 장대 주위에 있던 장병들도 모두 전투에 열중할 뿐 아무도 대장이 총알에 맞는지 안 맞는지만 지켜보고 있었던 것은 아닐 뿐만 아니라, 그들 역시 전사 아니면 큰 부상을 입었을 것이다. 책임군관이었던 송희립도 그 와중에 부상을 입고 기절했다.

그러나 '그밖에도 수십 명'은 갑판에 있었기 때문에 장대 주위에 세워둔 방패 때문에 장대 안이 보이지 않았을 것이다.

사령관의 정 위치는 '갑판상 중앙'이 아니라, 장대(함교) 안이 곧 사령관의 정 위치다. 해전 중에 함장이 함교를 떠나지 않는 것은 동서고금이 동일하다. 함교를 비우게 되면 작전 지휘에도 문제가 생기지만 함장이 전사한 것으로 비춰질 수 있기 때문이다.

> 「셋째, 이순신이 죽었다면 그 후에는 당연히 경험 있고 또 책임을 질 수 있는 장교가 함대를 지휘해야 된다. 그럼에도 이분은 송희립 등도 몰랐으므로 맏아들과 조카가 해전이 끝나는 대낮 때까지 여러 시간 동안 깃발을 흔들면서 은밀히 함대를 지휘했으나 아무도 몰랐다고 말하고 있다. 해전을 마치 어린아이들의 전쟁놀이처럼 설명하고 있다. 그러나 실제로는 송희립 등 이순신이 믿었던 측근 장교가 함대를 지휘하였을 것이 뻔한 일이다. 그러므로 이 구절에는 은둔계획과 관련하여 송희립 등에게 화가 미치지 않게 하려는 배려가 곁들여져 있다.」
>
> ―남천우 저, 〈이순신〉―

'책임질 수 있는 장교가 함대를 지휘해야…'라고 했는데, 아들 회는 35세의 의병장 격이었다. 한산도 통제영 시절에는 이순신의 아들과 조카들도 종군해 있었고, 아들 회는 아버지의 경호·건강·작전 연락 등을 챙기는 핵심 참모의 역할을 겸하고 있었다. 종 김이는 힘세고 무술에 능한 경호원이었다. 또 완은 20세의 엘리트 의병이었는데, 당시에는 14세만 되어도 군졸이 될 수 있었다.

참고로 살펴보면, 임진왜란 당시 전라우도 수사직을 수행한 이억기의 나이는 31세였으며, 왜군 총사령관 우키타 히데이에는 20세의 약관이었다.

충무공의 해전은 10분~30분 안에 끝나는 속공이다. 해전 중에는 포성 때문에 중간 단계의 작전명령이 잘 전달되지(들리지) 않기에 해전에 대한 세부 작전은 전날 밤 장수들과 사전에 협의했다. 그리고 해전에 임해서는 일사천리로 밀어 붙였다.

'나를 구하라!'는 진린의 명령은 그 이전 조·명 함대 간의 합동훈련을 통해서 약속해 둔 신호체계, 예컨대 징이나 꽹과리 등으로 전 함대에 전파되었다.

이 같은 방식으로 전달된 구원명령에 따라서 이순신의 기함에서도 '조선 함대는 진린도독을 구하라!'는 명령을 내렸고, 그와 동시에 이순신의 기함은 3도수군통제사의 깃발을 휘날리면서 퍼붓는 탄막 속으로 돌진해 들어갔다. 그 광경을 본 조선 함대 장졸들도 앞다투어 적진으로 돌격해 들어갔던바, 임진왜란 해전사 중에서 가장 길고 가장 처절했던 전투의 시작이었다.

이순신이 전사하자 아들 회가 북채를 건네받았는데, 이는 '북채=지휘권의 등식 관계'로 이해하면 안 된다. 지휘권이라는 시각에서 본다면, 이순신의 지휘권은 '진린 도독을 구하라!'는 명령으로 표현되었고, 이 명령은 차질 없이 수행되고 있었다. 진린 도독이 '공은 죽은 뒤에도 나를 구해 주었소'라고 한 것은 '공의 지휘권이 나를 구했소'라는 말이기도 하다.

그 이전의 해전에서도 이순신은 자신의 몸이 불편한 경우에는 회나 다른 군관들에게 북을 두드리도록 했을 것이다. 종 김이도 의병이었기에 두드릴 수 있었다.

이렇게 정리해 보면, 장대 안에 있던 인력은 지휘소의 인력으로 무난했고, 이순신의 유고시를 대비할 수 있는 조직이었다.

송희립은 이순신보다 먼저 머리에 총을 맞아 실신했고, 정신을 차린 후 이순신의 안부가 걱정되어 장대 안에 들어왔다. 그리고는 회에게서 북채를 건네받았다. 그러나 그 역시 한 사람의 북치는 군관이었을 뿐이지 지휘권을 이어받았던 것은 아니다.

때문에 장대 안의 인력은 '어린 아이들의 전쟁놀이처럼…' 이 아니라 유사시를 위해서 훈련되고 준비된 조직이었다. 충무공이 그 정도의 대비도 하지 않았을 리가 없지 않은가.

선조가 이순신을 잡아다가 죽이려고 공작을 폈다?

「…이순신이 당시에 죽지 않았다고 보기에 충분하다. 왜냐하면, 첫째로 선조가 아직도 이순신을 미워하고 있음은 누구나 피부로도 느낄 수 있을 정도였으며, 뿐만 아니라 선조가 이순신을 다시 잡아다가 죽이려는 공작이 이미 진행 중에 있었다.

다음으로, 이순신 주위에서는 이에 대한 우려의 목소리가 높았으므로 이순신으로서는 "마지막 전투에서 죽을 계획이다. 그렇게 되면 욕되게 죽는 것을 피할 수 있지 않겠느냐"고 하면서 그들을 달래야만 할 정도에 이르러 있었다.

그러나 아들과 조카 및 송희립 등 측근 인사들로서는 이순신에게 살아서 은둔하기를 권하였을 것이 당연한 일이다. 이러한 상황에서 이순신은 자신이 예언하였던 바대로 마지막 해전에서 전사한 것으로 위장하였으며, 측근 인사들의 도움을 받았다. 곧 이순신의 조카이며 역시 협조자의 한 사람이었던 이분이 쓴 기사에는 전사 현장이 모두 허위로 설명되어 있으므로 이것은 역으로 당시에 이순신이 은둔하였음을 입증해주고 있다.

또 거기에는 이순신의 맏아들과 조카(곧 이분의 동생인 이완) 그리고 송희립 등이 전사 현장을 담당하였다는 사실만이 나타나 있지만, 둘째 아들과 이분 자신은 은둔하는 이순신을 수행하였으리라 생각한다. 또 이순신은 평소에 예언하였던 대로 죽은 것 같이 생각되었기 때문에 자살설이 퍼지게 된 것이라 생각한다.」
　　　　　　　　　　　　　　　　－남천우 저, 〈이순신〉－

'선조가 아직도 이순신을 미워하고 있다'고 했다. 그러나 칠천량 패전 후에 선조는 이순신을 미워하지 않았으며, 미워할 이유도 없었다. 정유재란 초에는 선조의 전략은 조선 수군이 부산포를 공격하는 것이었다. 하지만 그 전략을 이순신이 반대했기에 선조는 이순신을 미워했다. 그러나 칠천량 패전으로 선조와 원균의 작전 구상이 잘못되었다는 것을 온 조정과 온 백성, 그리고 명나라에서까지 알게 되었기에 선조의 입지는 어려워졌다(임진왜란 7년간 왜란에 대한 사전 대비와 사후 수습에 관한 실정으로 자의든 타의든 선조의 보위 이양 문제가 7, 8차례나 거론되었다).

난국 수습책의 일환으로 선조는 이순신을 다시 통제사에 임명했는데, 이미 사라지고 없는 조선 함대였기에 수군을 폐하고 육지로 올라와서 목숨이나마 보존하라며 이순신을 걱정하기도 했다.

지난날 이순신을 모함했던 원균은 이미 죽었고, 원균을 두둔하던 대신들도 패전의 책임으로 물러났거나 백의종군하는 처지였기에 당시 이순신을 모함하는 세력은 없었다. 반면에 이순신의 정치적 후원자였던 유성룡은 영의정으로 재직 중이었으며, 이순신을 잘 알고 아꼈던 이원익은 우의정에, 이항복은 병조판서에, 권율은 도원수 직을 수행하고 있었다. 이 같은 인사 배치를 통해서 보더라도 선조가 이순신을 죽이기 위해 공작을 꾸미고 있었다는 것은 말씀이 안 된다.

근거도 없이 조작된 정황으로 이순신이 자살하였다거나 은둔하였다는 말을 유포하는 것은 자신의 삶과 죽음 전체를 온전히 나라에 바친 충무공의 성스러운 죽음을 폄하하고 훼손하려는 또 다른 차원의 모함 행위에 지나지 않는다. 이순신의 죽음은 자살도 아니고 은둔도 아니며, 마지막 해전에서 자신의 역할을 성공적으로 수행한 후 승천(昇天)한 성자의 역사였음을 증명해주는 증거 세 가지를 든다면 다음과 같다.

첫째, 이순신에게는 명나라 황제가 내려준 면사첩(免死帖)이 있었으므로 더 이상 그가 어떤 모함이나 음해 세력으로부터도 생명의 위협을 느낄 필요가 없었다.

둘째, 그가 전사한 직후 그의 시신을 직접 눈으로 확인한 증인들이 많이 존재한다. 그 중에서도 가장 유력한 증인은 명나라 제독 진린(陳璘)이다.

적들이 달아난 후 진린은 자신을 구해준 이순신의 함대로 다가와서 함께 승첩을 축하하기 위하여 흥분한 목소리로 "통제사! 속히 나오시오!"라고 하였으나, 들려온 말은 천만뜻밖에도 "전사하였습니다"란 부음이었다.

그 말을 듣자 진린 도독은 정신없이 이순신의 기함으로 건너가서 그의 시신을 붙잡고 "통곡하였고", 전사하게 된 자초지종을 듣게 되자 슬픔을 주체하지 못하여 "세 번이나 넘어지고 주저앉았다." 그리고 진린 도독은 이순신과 이승에서의 마지막 작별을 고하면서 "공은 죽은 뒤에도 나를 구했구려!"라고 인사하였다.

비록 이상의 설명이 문헌의 기록을 그대로 옮긴 것은 아니라 하더라도, 자신의 목숨을 구해준 은인이자 이국 땅에 와서 유일하게 존경심을 갖고 함께 싸워왔던 조선 수군통제사가 전사했다는 말을 듣고도 자기 배에서 통곡만 하고 바로 옆에 있는 기함으로 건너가서 직접 그의 시신을 확인해 보지도 않은 채 그냥 가버린다는 것이 있을 수 있는 일일까? 그런 사람이 후에 손수 제문을 지어 제사지내고, 귀국에 앞서서는 아산 고향까지 찾아가서 자식들을 만나서 조문하고, 죽은 후 자기 묘비에다 이순신과의 일화를 기록해 두도록 한다는 것이 있을 수 있는 일일까?

셋째, 〈난중일기〉, 〈장계〉, 〈진중음(陣中吟)〉, 〈선조실록〉, 〈선조수정실록〉 그리고 〈징비록〉 등 수많은 문헌들에는 이순신의 능력이나 공적뿐만 아니라 그의 인품, 인격, 삶의 태도, 생사관 등을 알 수 있게 해주는 기록들이 충분하고도 남을 만큼 많이 수록되어 있다.

그 어느 것에도, 그가 죽음이 두려워서 구차하게 삶을 부지하려는 그런 소인배들의 모습은 보인 적이 전혀 없었다. 그는 이미 일찍 젊었을 때부터 생사는 천명(天命)에 달린 것으로 여기고 초탈해 있었다. 특히 노량해전을 전후하여 그는 이미 자신의 생이 끝날 때가 되었음을 예견하고 있었고, "왜적만 섬멸할 수 있다면 죽어도 여한이 없다!"고 하늘에 기도할 정도로 자신의 목숨을 왜적의 섬멸에, 나라의 보존에, 백성들의 평안한 삶을 위한 제물로 바칠 수 있기를 하늘에 기도하고 있었던 것이다. 그의 그런 간절한 기도를 하늘이 들어주어 응답한 것이 노량해전의 승첩이었던 것이다.

동서고금의 역사를 통하여, 하늘에 기도하면서 자기 자신을 제물로 바치고자 하는 자가 스스로 자살을 택한다는 것은 있어본 적도, 있을 수도 없는 일이다. 신의 제단에는 오로지 성결(聖潔)한 자의 목숨만 바쳐질 수 있고, 자살한 자의 목숨은 결코 제물로 바쳐질 수 없다는 것은 동서고금에 공통된 의식이자 인식이었던 것이다.

넷째, 저자들이 이순신이 노량 해전에서 전사한 것을 두고 하늘이 우리 민족에게 준 큰 선물이자 은총이라는 견해를 갖게 된 이유는 다음과 같다.

만약 노량해전에서 이순신이 전사하지 않은 채 왜적을 격퇴하여 전쟁이 끝나게 되었다면, 7년간 지속되어온 임진왜란이 종지부를 찍게 되었으므로, 조정은 한동안 논공행상과 전후 복구에 대한 온갖 다른 생각들로 인하여 다시 갈등 국면에 접어들게 될 것이다. 그런 과정에서 자신의 공로에 대한 평가나 보상 따위에는 관심이 없었던 이순신은 다만 전후 복구 문제에 대한 자신의 생각을 정리하여 그것을 장차 국가 經·營에 반영되기를 기대하면서 사직 상소를 올리게 되지만, 조정에서는 그의 전후 국가 재건 계획을 수용할 만한 안목도 없고 능력도 의지도 없었으므로 단지 사직만을 허락함으로써, 그는 진충보국(盡忠報國)하였다는 생각을 갖고 평소 생각해 왔던 대로 고향으로 돌아가 남은 여생을 한편으로는 농사를 짓고 한편으로는 〈난중일기〉와 〈장계〉 초안을 근거로 임진왜란에 관한 책을 쓰면서 보냈을 것이다.

그러나 무신(武臣) 경시 사고가 뿌리 깊었던 조선 조정의 문신들은 그 후 지속적으로 임진왜란 과정에서의 무장(武將) 이순신의 업적을 깎아내리고 폄하하기 위해 노력하였을 것이다. 그들은 또한 그것이 임금 선조의 체면을 살려주고 임진왜란 때 도망가기에 바빴던 무능한 문신들의 잘못을 은폐할 수 있는 길이라고 생각하였을 것이다. 그 결과 이순신 사후 100년도 안 되어 이순신 관련 기록들은 〈실록〉이나 공식 사서의 기록에서 상당 부분 삭제되어 없어지고 이순신 관련 이야기들은 주로 민간에서 설화 형태로만 전해지는 처지가 되었을 것이며, 그리하여 이순신의 승첩 이야기는 '역사적 사실'로서가 아닌 '달빛에 바랜 신화'로서만 우리에게 전해지게 됨으로써 그 수많은 승첩의 비밀은 영원히 묻혀버리게 되었을 것이다.

그리고 일제 36년간의 식민지 탄압 과정에서 이순신 관련 기록들은 완전히 수거되어 불태워짐으로써 우리 민족 모두의 가슴속에 품고 살아가면서 어려울 때마다 본받아 용기를 얻을 성인 한 사람 없는 초라한 민족으로 전락해 있을지도 모를 일이다.

　그의 삶 못지않게 그의 죽음 또한 가장 위대하고 극적인 모습으로 연출함으로써 시간의 마멸로부터도, 일부 사악한 심성을 가진 후세인들의 모함으로부터도 너끈히 지켜질 수 있도록 해준 하늘의 뜻에 감사드리지 않을 수 없다고 이 책의 저자들은 생각하는 바이다.

〈부록〉 2.

이순신의 최후를 증언해 둔 기록들

1. 이덕형의 장계

우의정 이덕형이 이순신의 전사 사실을 다음의 장계를 통해 조정
에 알렸다.

「좌의정 이덕형이 급보를 올렸다.

"이달 19일에 사천, 남해, 고성의 적들이 탄 배 3백여 척이
합세하여 노량도(露梁島)에 도착하자 통제사 이순신이 해군을
거느리고 곧바로 달려 나가 맞이해 싸웠습니다. 명나라 군사도
합세하여 나가 싸웠습니다.

왜적이 크게 패하여 물에 빠져 죽은 자는 이루 헤아릴 수 없
이 많았으며, 왜적의 배 2백여 척이 박살나서 침몰되는 바람에
죽거나 상한 자가 수천여 명이나 되었습니다. 왜적의 시체와 깨
어진 배의 널판, 무기, 의복 따위가 떠돌며 바다를 덮었기 때문
에 물이 흐르지 못할 지경이었고 바닷물이 온통 시뻘겋게 되었
습니다.

통제사 이순신과 가리포 첨사 이영남(李英男), 낙안 군수 방
덕룡(方德龍), 흥양 현감 고득장(高得蔣) 등 10명이 탄환을 맞고
죽었습니다. 나머지 적선 1백여 척은 남해로 달아나고, 소굴에
남아 있던 왜적은 적선들이 크게 패하는 것을 보고는 소굴을 버
리고 왜교(倭橋)로 달아나버렸습니다. 남해의 강기슭에다 옮겨

쌓아 두었던 양곡도 모두 버리고 달아나버렸습니다. 행장(行長)
도 왜적의 배가 크게 패하는 것을 보고는 먼 바다로 돌아서 달
아나버렸습니다.”

(*사관은 말한다.

이순신은 사람이 충성스럽고 용감한데다 재능과 지략이 있었
으며 규율을 세우면서도 군사들을 사랑하였기 때문에 사람들
이 모두 즐겨 따랐다. 전날 통제사 원균(元均)은 탐욕스럽고
포악하기가 비길 데 없었으므로 인심이 이탈되었기 때문에
결국 정유년 한산 싸움에서 패배하고 말았다. 원균이 죽은 뒤
에는 이순신이 그 후임으로 되었다.

이순신은 한산도에 이르자마자 남은 군사들을 수습하여 모으
고 무기를 갖추는 동시에 둔전을 많이 일구는 한편, 물고기와
소금을 팔아서 군량을 넉넉히 하였다. 몇 달 되지도 않아서
군사의 기세가 산중의 호랑이마냥 크게 떨쳤다. 이번 예교(曳
橋)의 싸움에서 육군들은 바라보기만 하면서 꿈쩍도 하지 않
았지만 이순신은 명나라의 수군과 함께 밤낮 피어린 싸움을
벌려 많은 적을 죽이고 사로잡았다.

한번은 밤에 왜적 4명이 배를 타고 빠져나간 일이 있었다.
이순신이 진린(陳璘)에게 제의하기를 “이것은 틀림없이 응원
병을 청하러 가는 왜적일 것이다. 떠나간 지 벌써 나흘이나
되었으니 내일쯤에는 적의 대부대가 틀림없이 도착할 것이
다. 우리 군사가 먼저 나가서 맞받아 싸워야만 성공할 수 있
다”고 하였다.

진린이 처음에는 동의하지 않다가 이순신이 눈물을 흘리다시
피 하면서 굳이 간청해서야 동의하였다. 그리하여 명나라 군
사와 함께 노를 저어 밤새껏 앞으로 내달았다. 날이 채 밝기

전에 노량에 도착하니 과연 적의 대부대가 오고 있었으므로 불시에 나가 한동안 피나는 싸움을 하였다.

이순신이 직접 나서서 왜적을 쏘다가 적의 탄환에 가슴을 맞고 배 위에 쓰러졌다. 그의 아들이 울음을 터뜨리려 하고 군사들은 당황하여 어쩔 줄을 몰라 할 때 손문욱(孫文彧)이 곁에 있다가 울음소리를 내지 못하게 하면서 옷으로 시체를 덮어놓고는 곧바로 북을 울리며 나가 싸웠다. 군사들은 이순신이 죽지 않은 줄로만 알고 기세를 올리며 힘껏 치자 적은 드디어 크게 패하였다. 그래서 사람들은 다 말하기를 "죽은 이순신이 산 왜적을 쳐부쉈다"고 했던 것이다.

이순신이 전사했다는 소식이 알려지자 호남의 온 지방 사람들은 통곡하지 않는 이가 없었다. 심지어 늙은 할머니와 어린 아이들까지 모두 슬퍼하면서 울음을 터뜨렸다. 일편단심 충성스러운 마음을 나라를 위해 바쳤고, 한 몸을 아낌없이 의리를 위해 바쳤으니, 비록 옛날의 훌륭한 장수라 하더라도 그보다 더하지는 못할 것이다.

아, 애석하다. 조정에서 사람을 제대로 쓰지 못하여 이순신이 자기 재능을 한껏 펴보지 못하게 하였으니 만약 병신(丙申), 정유(丁酉)년 간에 이순신을 통제사의 직책에서 교체하지만 않았다면 어찌 한산 싸움에서 패배하고 호남과 호서가 적의 소굴로 되었을 리가 있었겠는가. 아, 애석한 일이다.)」

-〈선조실록〉(1598. 11. 27.)-

2. 유성룡의 조문(弔文)에서

이 통제를 슬퍼함

한산도, 고금도,
한 바다에 두어 점 푸르렀고나
그날에 백 번 남아서 싸운 이 장군
한 손으로 하늘을 떠받들었네

고래들을 무찔러 피바다 되고
물귀신 소굴을 불로 태웠네

공로 높아 참소 모함 못 면했던가.
새 깃 같은 목숨이니 무얼 아끼랴
그대 못 보았나 현산(峴山) 언덕 한 조각 비석
어진 이 가신 뒤에 모두 울던 일
슬프다 충민사(忠愍祠) 두어 칸 사당
비바람 해마다……
……………………
갯가에 사는 이들 흐느껴 우네.

'새 깃 같은 목숨이니 무얼 아끼랴' 하면서 넋을 위로했다. 임진
왜란 때 전사한 고경명, 최경회 등 숫한 장수들도 이 같은 정신으로
살았으며, 또 전사했다.

유성룡은 이순신과 어린 시절 서당을 함께 다닌 벗이었고, 이순신
을 전라좌수사에 천거했으며, 이순신의 정치적 후견인이기도 했다.
임진왜란 7년 동안 두 사람은 꾸준한 서신 교류로 전략 전술을 개발
했고, 이 같은 노력은 전란 수습에 큰 도움이 되었다. 또 이 같은 교
류로 두 사람은 상대방의 생사관·가치관·국가관을 깊이 이해했으

며, 이러한 이해를 바탕으로 쓰여진 것이 위의 조문이다.

3. 진린 도독의 보고

「진 제독(陳璘)의 공문은 이러하였다.

"19일 인시(寅時)부터 사시(巳時: 오전 10시경)까지 부산, 사천 등지의 적의 배들과 노량도(露梁島)에서 큰 싸움을 하였습니다. 명나라 장수나 조선 장수들이 힘껏 군령을 집행한 사실에 대해서는 귀국 사람들의 입을 통해 자연히 전달되었을 것이므로 굳이 더 말하지 않겠습니다.

통제사 이순신은 자신이 군사들의 앞장에 나서서 싸우다가 탄환을 맞고 전사하였습니다. 그의 충성에 대하여는 전하가 잘 알고 있을 것이기 때문에 다시 더 말할 필요가 없을 것입니다. 단, 이 통제사의 직무는 하루도 비워 두어서는 안 될 것입니다. 내 생각에는 이순신(李純信)을 승급시켜 그 자리에 배치했으면 하는데, 귀국의 추천과 일치할는지 모르겠습니다. 깊이 생각해 보고 빨리 결정하여 군사들을 위로해 주기를 간절히 바랍니다. 회답을 기다리면서 전하의 안녕을 빌어마지 않습니다."」

－〈선조실록〉(1598. 11. 25.)－

진린 도독이 조선 조정에 올린 보고서인데, 자살론 같은 것은 찾아 볼 수 없는 정상적인 공문이다. 진린은 이덕형과 함께 이순신의 장례식에도 참석해서 제문을 올리는 등 예(禮)를 다했다.

〈부록〉 3.

충무공의 비문(碑文): 신도비(神道碑)

영의정(領議政) 김 육(金堉)

우리나라가 2백년 동안이나 태평하여 백성들이 병란을 알지 못하다가 총을 쏘고 칼을 멘 도적들이 동남쪽을 쳐들어와 서울, 개성(開城) 평양(平壤)을 모조리 빼앗기고 7개 도가 도탄에 빠졌을 때, 도원수 권공(權慄)은 서울 근처에서 적을 노려 큰 도적을 잡았고, 통제사 이공(李舜臣)은 바다에서 활약하여 큰 공을 세웠으니, 두 분이 아니었더라면 명나라 군사들인들 어디를 믿고 힘을 썼을 것이며, 종묘사직의 무궁한 국운(國運)인들 무엇을 힘입어 다시 이었으랴.

그런데 도원수의 무덤에는 이미 큰 비석을 세웠지만 통제사의 산소에는 아직 사적을 기록한 비문이 없으니 이 어찌 여러 선비들의 유감으로 여김이 아니랴.

이제 공의 외손 홍군(洪君)이 판서 이식(李植)이 지은 공의 시장(諡狀)을 가지고 와서 내게 보이며 비문을 청하는데, 나는 이미 늙어 나이 팔십에 가까운지라, 붓과 벼루와 서로 멀어져 공의 기개와 공훈을 진실로 만분의 하나도 형용하기 어렵지마는, 그 깨끗한 충성과 큰 절개를 마음으로 우러러 보는 것은 진작 어려서부터이었으니, 어찌 감히 말로써 핑계를 대며 본시부터 한번 이야기해 보고 싶어하던 바를 그만둘 수 있을까보냐. 이에 감히 사양치 아니하고 적어 보건대,

공은 덕수(德水) 이씨(李氏)요, 이름은 순신(舜臣)이요, 자는 여해(汝諧)인데, 세종조 대제학(大提學) 정정공(貞靖公) 변(李邊)의 오대손이다. 인종 원년 을사(乙巳)에 났으니, 아이 때부터 이미 보통사람보다 뛰어 났고, 여러 아이들과 함께 놀 때에도 진 치는 시늉을 내며 대장으로 높임을 받으므로 사람들이 이상히 여기더니, 자라매 또한 활 쏘는 재주가 남보다 뛰어났었다.

선조 병자년에 무과에 급제하고 무경(武經)에 있는 황석공(黃石公)의 글을 강(講)할 적에 시험관이 묻기를, 장량(張良)이 적송자(赤松子)를 따라가 놀았다고 하였으니 끝내 죽지 않았겠느냐고 묻자, 공이 대답하기를, 한(漢)나라 혜제(惠帝) 6년에 유후(留侯) 장량이 죽었다고 하는 것이 강목(綱目)에 적혀 있으니, 어찌 신선을 따라가 죽지 않았을 리가 있겠습니까, 라고 하니, 시험관들이 서로 돌아보며 무인(武人)으로서 어찌 이것을 알고 있는가, 하고 찬탄하였다.

서애(西厓) 유 정승(柳成龍)은 공과 더불어 젊어서부터 좋아하던 사이인지라 언제나 공을 대장(大將)의 재목이라고 칭찬했으며, 율곡(栗谷) 이이(李珥) 선생도 이조판서(吏曹判書)로 있을 적에 서애를 통하여 만나보기를 청했으나, 공은 듣지 않으며 말하기를, 같은 문중이니 만나봄직도 하지만 그가 인물 고르는 자리에 있는 동안은 만나는 것이 옳지 않다고 하였으며, 또 공이 훈련원(訓鍊院) 봉사(奉事)로 있을 적에 병조판서(兵曹判書) 김귀영(金貴榮)이 서녀(庶女)가 있어 공을 불러 사위를 삼으려 했으나, 공은 말하기를, 내가 이제 처음으로 벼슬길에 나섰는데 어찌 세도가의 집 대문에 발자국을 남기랴, 하고는 당장에 중매쟁이를 쫓아버린 일도 있었다.

또 공은 변방 장수가 되었을 때에나 군관이 되었을 때에 한 가지

도 사욕을 채우는 일이 없었으며, 상관이라도 잘못이 있으면 철저히
말하여 바로잡아 비록 미움을 받을지언정 꺼리지 아니하였다. 일찍
건원보(乾原堡)의 권관(權管)으로 있을 적에 오랑캐 울지내(鬱只乃)가
오랜 동안 변방의 걱정거리가 되었는데, 공이 그 놈을 잡아 오자 병
사(兵使) 김우서(金禹瑞)가 그 공을 시기하여, 군사를 제 맘대로 부렸
다는 죄목으로 장계를 올려 상을 주지 않았다.

공이 건원보에 있는 동안 부친의 상을 당하여 분상했다가 삼년상
을 마치고 곧 사복시(司僕寺) 주부(主簿)가 된 지 겨우 반달 만에 다
시 조산만호(造山萬戶)가 되었는데, 순찰사 정언신(鄭彦信)이 녹둔도
(鹿屯島)에 둔전을 개설하고 공을 시켜 겸하여 관할토록 하였다.

공이 둔전의 군사가 적다고 하여 여러 차례 수자리 군사를 더 달
라고 청했으나 병사 이일(李鎰)이 허락하지 않더니, 가을이 되자 과
연 오랑캐들이 크게 쳐들어오는 대로 추격하여 사로잡혀간 둔전 군
사 60여 명을 빼앗아 돌아왔건만, 병사는 공을 죽이고 스스로 자기
잘못을 벗어나려고 하여 공을 감옥에 가두고 죽이려고 하였다.

군관 선거이(宣居怡)가 공의 손목을 잡고 눈물을 지으면서 술을
권하며 마음을 진정시키려고 하자, 공은 정색을 하고 말하기를, 죽
고 사는 것이 모두 천명(天命)이거늘 술은 마셔서 무엇 하랴, 하고
뜰 안으로 들어가 항변하며 조금도 굴복하지 아니하자, 병사도 그만
기가 꺾여서 다만 가두어 놓고 장계할 뿐이었다. 그러나 위에서 그
의 무죄임을 살피시고 백의종군케 하였다가, 다시 곧 오랑캐의 목을
바친 공로로 용서를 입었었다.

기축(己丑: 1589)년에 선전관(宣傳官)으로 정읍(井邑) 현감에 임명
되고, 경인(庚寅: 1590) 년에는 서애(西厓)가 힘써 조정에 천거하여
고사리(高沙里) 첨사(僉事)로 뽑히니, 이때 왜놈과의 흔단이 이미 벌

어져 공은 이것을 깊이 걱정하여 날마다 방비할 기구들을 수보하고 거북선을 창작했는데, 판자로 덮고 못을 꽂았으며 군사를 감추고 대포를 벌려 마침내 그 힘으로 승첩을 얻었다.

임진(壬辰: 1592)년에 왜적이 부산, 동래를 함락하고 거침없이 몰아오자 공은 군사를 옮겨 그것을 치자고 하였으나 부하들이 모두 전라도 진을 떠나는 것을 어렵게 생각하므로, 공이 말하기를, 오늘 우리가 할 일은 오직 적을 치다가 죽을 따름이라고 하고, 여러 곳 군사를 합하여 떠나려 할 때, 마침 경상우수사 원균(元均)이 사람을 보내어 구원을 청하므로, 공이 군사를 이끌고 옥포(玉浦)로 나아가 만호 이운룡(李雲龍), 우치적(禹致績) 등으로써 선봉을 삼아 먼저 왜적선 30척을 깨뜨리고, 고성(固城)에 이르러 서울이 함락되고 임금의 수레가 서울을 떠났다는 말을 듣고 서쪽을 향하여 통곡하고 군사를 이끌고 다시 본영으로 돌아왔다. 원균이 또 구원병을 청하므로 공이 다시 노량(露梁)으로 달려가 적선 13척을 깨뜨리고, 사천(泗川)까지 쫓아가 싸울 적에 어깨에 탄환을 맞았건만 오히려 활을 놓지 않고 종일토록 싸움을 독려했으므로 아무도 그것을 아는 이가 없었다.

6월에는 당포(唐浦)에서 싸웠는데, 왜적이 그림을 그린 층루선(層樓船)을 타고 오므로 화살을 쏘아서 금관 쓰고 비단 전포(戰袍)를 입은 적의 장수를 죽이고, 또 남은 졸병들을 모두 다 무찔렀더니, 정오에 왜선이 또다시 크게 들어오므로, 공이 빼앗은 적선을 앞줄에 세우고 적과 한 마장쯤 떨어진 곳에서 불을 지르니 화약이 폭발하고 불꽃이 솟아오르며 벼락을 치는 듯한 소리가 나자 적들이 크게 패하여 달아났다.

전라우수사 이억기(李億祺)도 와서 고성에서 합세하여 또다시 층루선에 타고 있는 적장을 죽이고 30여 척을 깨뜨리니, 적이 육지로 올라가 달아나므로, 드디어 이억기와 함께 본영으로 돌아왔다. 왜적이 또 호남으로 향해 가려고 한다는 소식을 듣고 공이 고성으로 나갔더니 적선이 바다를 덮고 오는지라, 거짓 물러나 적을 꾀어내어 한산도에 이르러 70여 척을 깨뜨리니 적장 평수가(平秀家)는 몸을 빼어 달아나고, 죽은 자는 거의 1만 명이나 되어 왜병들이 놀라 떨었다.

공은 진에 있을 때 밤낮으로 계엄하며 언제나 갑옷을 벗고 누운 적이 없었다. 어느 날 밤 달빛이 몹시 밝으므로 공이 갑자기 일어나 술 한 잔을 마시고는 모든 장수들을 불러 모아 놓고, "적은 간사한 꾀가 많은지라, 달이 없을 적에는 의례 우리를 습격해 오지만, 달이 밝을 때에도 또한 응당 오기 쉬우니 경비하지 않으면 안 된다"고 하고, 호각을 불어 모든 배로 하여금 닻을 들어올리게 하였다. 그러자 곧 뒤이어 보초선이 적이 온다고 보고하는데, 달은 서산에 걸리고 적선은 그늘을 타고 어둠 속으로 오는 것이 이루 다 헤아릴 수 없었다. 중군(中軍)이 대포를 놓고 고함을 지르자 여러 배에서 모두 응하니, 적은 우리가 방비하고 있음을 알고는 감히 달려들지 못하고 물러가버리므로, 모든 장수들이 공을 신(神)이라고 하였다.

공이 부산으로 진격해서 적의 근거를 엎어버리려 했으나 적들은 성채를 쌓아놓고 높이 올라가 있는지라, 다만 빈 배만 불태우고 돌아왔다. 공이 연달아 승첩을 아뢰자 위에서는 이를 가상히 여겨서 품계를 정헌대부(正憲大夫)로 올려주고 교서(敎書)를 내려서 그의 공로를 표창하였다. 공이 한산도(閑山島)로 진을 옮겨 전라, 경상 두 도를 제압하자고 청하자 조정에서 허락하고 또 수군통제사(水軍統制

使) 제도를 만들어 공으로 하여금 겸하게 하니, 통제영(統制營) 제도는 이로부터 시작되었다.

공이 따로 쌀 오백 섬을 쌓아서 봉해 두므로 어떤 이가 무엇에 쓸 것이냐고 물었더니, 공은 대답하기를, "지금 임금이 의주(義州)에 계시는데, 만일 요동(遼東)으로 건너가시게 된다면 배를 가지고 가서 임금의 수레를 맞아 국운의 회복을 꾀하는 것이 나의 직책이요, 이 것은 임금께서 드실 양식으로 쓸 것이다"라고 하였다. 그의 멀리 걱정함이 모두 이와 같았다.

원균(元均)은 성품이 본래 급하고 질투가 많고 또 스스로 선배라고 하여 공의 아래에 있기를 부끄러이 여겨 지휘를 따르지 않았으나, 공은 입을 다물고 그의 장단을 말하지 않았으며, 도로 자기에게 허물을 돌려 자리를 갈아 달라고 청했으나, 조정에서는 원균을 충청 병사로 옮겨 임명했다. 그러자 원균은 조정의 대신들과 사귀어 백가지로 공을 모함하였다.

이때 적장 행장(行長)과 청정(淸正)이 거짓으로 서로 죽이려는 형상을 하고서 요시라(要時羅)를 시켜 이간질을 하게 하면서 먼저 청정을 치도록 권하자, 조정에서는 그 말을 곧이듣고 공에게 군사를 이끌고 나가라고 재촉했다. 그러나 공은 적의 간사한 꾀를 알고 적의(適宜)한 방법으로 하려고 하면서 난색을 보였다. 그러자 헐뜯어 말하기 좋아하는 자들이 그것을 명령을 피하고 머뭇거린 죄라고 탄핵하여 정유년 2월에 공을 잡아 올려 감옥에 가두었다. 관찰사 이원익(李元翼)이 장계를 올려서 "적이 꺼리는 것은 수군이니, 통제사 이순신을 갈아서는 안 되고, 대신에 원균을 보내서도 안 된다"고 하였다. 그러나 조정에서는 듣지 않았다. 이원익이 탄식하기를, "나라의 일도 이제는 어찌할 수 없게 되었다"라고 하였다.

그러자 임금께서 대신들로 하여금 의논하도록 하였더니, 판부사(判府事) 정탁(鄭琢)이 구명상소를 올려서 말하기를 " 군사의 기밀은 멀리서 헤아릴 수 없는 것이며, 또 그가 나아가지 않은 것에는 그 까닭이 없지 않을 것이니, 청컨대 뒷날 다시 한번 공로를 세우도록 하소서"라고 하여, 마침내 백의종군(白衣從軍)토록 하였다. 그때에 어머님이 아산에서 돌아가시니, 공이 울부짖으며 "나라에 충성을 다했건만 죄를 입었고, 어버이를 섬기려 했건만 돌아가시고 말았구나!(竭忠於國而罪已至, 欲孝於親而親則亡)"하니 듣는 이들이 모두 슬퍼하였다.

공이 진에 있을 적에 운주당(運籌堂)을 짓고 모든 장수들과 함께 거기서 군사를 의논하였는데, 원균이 공을 대신해서는 공의 해오던 모든 일들을 변경시켜 그 집에다 첩을 두고 울타리를 둘러쳐서 막으니, 모든 장수들은 그의 얼굴을 보기 어려웠고, 못된 짓만 하므로 군중의 인심을 잃어버리고 말았다. 그러자 요시라가 또다시 와서 말하기를, "청정의 후원 군사들이 지금 오고 있으니, 그것을 막아 치는 것이 좋다"라고 하였다. 또 조정에서도 빨리 나가서 싸우라고 재촉하였으므로, 7월에 원균이 전군을 다 데리고 나갔다가, 적이 밤을 타고 엄습하여 원균의 군사가 모두 무너져 달아나고 죽고, 전함 100여 척도 모두 다 한산에서 깨어지고 말았다.

그래서 적들은 바다로부터 상륙하여 남원을 함락시키니, 조정에서는 마침내 공을 상중에서 기용하여 다시 통제사를 삼았다. 공은

10여명의 부하들과 함께 말을 달려 순천으로 가서 남은 배 10여 척을 얻고 흩어진 군사 수백 명을 모아 어란도(於蘭島)에서 적을 깨뜨렸다. 이때 조정에서는 수군이 약하다고 하여 공에게 육지로 올라와서 싸우도록 하라고 명하자, 공은 장계하기를 "적이 곧바로 전라도, 충청도로 쳐들어오지 못하는 것은 수군이 그 길목을 가로막고 있기 때문입니다(賊不敢直突兩湖者, 以舟師之扼其路也). 전선이 비록 적다고 할지라도 신이 죽지 않은 이상 적은 감히 우리를 업신여기지 못할 것입니다(戰船雖寡, 微臣不死, 則賊不敢侮我矣)"라고 하였다.

호남의 피난선들이 여러 섬에 흩어져 대어 있는 것이 100여 척이었는데, 공이 그들과 약속한 다음 진을 친 후방에다 늘여 세워 응원케 하고, 공의 배 10여척이 앞에 나서 적을 벽파정(碧波亭)에서 맞았는데, 적선 수백 척이 와서 덮쳤으나 공은 동요하지 않고 진을 정돈하여 기다리다가, 적이 가까이 오자 총과 활을 한꺼번에 쏘고 군사들도 모두 죽기로 싸워서 적이 크게 패하여 달아나고 적장 마다시(馬多時)의 목까지 베니, 군대의 위세가 다시 떨치었다. 승첩한 소문이 위에 들리어 계급을 높여 상을 주려 하니, 또다시 대간(臺諫)들이 "이미 지위와 녹이 높다"고 하면서 그것을 막아버렸다.

그때 명나라 경리 양호(楊鎬)가 서울에 있다가 글을 보내어 치하하기를, "근래에 와서 이런 승첩이 없었으므로 내가 직접 가서 괘홍(掛紅)을 행하고자 하나 길이 멀어서 가지 못한다"고 하고는 백금과 붉은 비단을 보내어 표창하였으니, 괘홍(掛紅)이란 중국 사람들이 폐백을 배에 걸어 승첩을 축하하는 의식을 말하는 것이다.

무술(戊戌: 1598)년 봄에 진을 고금도(古今島)로 옮겼는데, 공이 상중에서 기용되어 군문에 종사하면서도 날마다 겨우 몇 홉 밥을 먹

어 얼굴이 여위므로 위에서 특별히 사신을 보내어 방편을 따르라고
분부를 내렸다.

이해 가을에 명나라 장수 도독 진린(陳璘)이 해군 5천 명을 거느
리고 와서 자못 우리 백성들을 성가시게 하므로, 공이 군중에 영을
내려 막집을 뜯게 하니 진린이 달려와서 물었다.

공이 이르기를, "우리 군사와 백성들이 귀국 장수가 온다는 말을
듣고 마치 부모를 기다리듯 하였는데, 정작 와서는 약탈만 일삼기로
모두 도망갈 생각만 하고 있으니, 대장인 내가 어찌 혼자 남아 있겠
소"라고 하였더니, 진린이 공의 손을 잡고 말리므로, 공이 다시 말
하기를, "귀국 군사들이 우리를 속국 신하로 보고 조금도 꺼림이 없
으니, 만일 형편을 보아가며 제어할 권한을 나에게 준다면 양편 다
보존될 수 있을 있을 것이오"라고 하여, 진린이 허락하니, 그 후부
터는 온 섬 안이 무사해졌다.

부하 송여종(宋汝悰)이 명나라 수군과 함께 적을 쳐서 70명의 목
을 베었지만 명나라 수군은 하나도 얻은 것이 없어 진린이 부끄러워
서 성을 내므로, 공이 위로하기를, "장군께서 와서 우리 군사를 지
휘하시고 계시니, 우리 군사의 승첩은 곧 장군의 승첩인데 내가 어
찌 감히 그것을 차지할 수 있겠습니까. 얻은 것을 모두 바치겠습니
다"라고 하니, 진린이 몹시 기뻐하여 말하기를, "일찍이 공의 명성
을 들어왔는데, 이제 보니 과연 그러하오"라고 하였다. 그러자 송여
종이 실망하여 불평하므로, 공이 웃으며 말하기를, "그까짓 썩은 고
깃덩이를 아껴서 무엇 하겠느냐. 네 공은 내가 다 장계로 아뢰겠
다"라고 하니, 송여종 또한 복종하였다.

진린이 공의 군사 다스리고 전략 세우는 것을 보고 탄복해 말하기

를, "공은 실로 작은 나라에 있을 인물이 아니오. 만일 중국으로 들어가면 반드시 천하의 대장이 될 것이오" 하고는 우리 선조대왕께 글을 올려 말하기를, "이 통제사는 천지를 주무르는 재주와 나라를 바로 잡은 공이 있다(李統制有經天緯地之才, 補天浴日之功)"고까지 하였으니, 이는 진심으로 탄복했기 때문이다. 마침내 명나라 황제에게까지 아뢰니, 황제 또한 가상히 여겨서 공에게 도독(都督)의 인장(印章)을 내렸는데, 그것은 지금까지도 통제영에서 간직하고 있다.

9월에 명나라 제독 유정(劉綎)이 중국 묘족(苗族)의 군사 1만5천 명을 거느리고 예교(曳橋) 북쪽에 진을 치고서 10월에 수군들과 더불어 적을 협공하기로 약속하여, 공은 도독과 함께 나아가 싸우던 중에 첨사 황세득(黃世得)이 탄환에 맞아 죽었는데, 황세득은 공의 처종형(妻從兄)이므로 여러 장수들이 들어와 조상하자, 공은 말하기를, "세득은 나라의 일에 죽었으니 영광스러운 일이다"라고 하였다.

행장(行長)이 도독에게 뇌물을 보내며 돌아갈 길을 틔워 주기를 청하니 도독이 공에게 뒤로 물러나도록 하려 하자, 공이 말하기를, "대장이란 화친을 말해서는 안 되고 또 원수는 놓아 보낼 수 없다"고 하니 도독이 부끄러워하였다. 행장이 공에게 사람을 보내어 말하기를, "조선 군사는 마땅히 명나라 군사와 진을 따로 쳐야 할 터인데, 같은 곳에 함께 있는 것은 무엇 때문이냐"고 하자, 공은 "내 땅에서 진을 치는 것이야 내 뜻대로이지, 적이 상관할 일이 아니다"라고 대답하였다.

행장(行長)이 곤양(昆陽)과 사천(泗川)에 있는 저희 군사들과 함께 횃불을 들어 서로 신호하므로, 공은 군사를 단속하여 대기하자 남해

(南海)의 적들이 노량(露梁)으로 와서 대어 있는 자가 무수히 많으므로, 공이 도독과 함께 밤 10시경에 떠나면서 하늘에 빌기를, "이 원수만 섬멸한다면 죽어도 여한이 없겠습니다(此讎若除, 死亦無憾)"라고 하자, 문득 큰 별이 바다 속으로 떨어졌는데 보는 이들이 모두 놀라고 이상하게 여겼다. 새벽 2시경부터 적을 만나 큰 전투가 벌어져 아침에 이르러 크게 깨뜨리고 200여 척을 불태웠다.

그대로 남해 지경까지 추격하여 친히 화살과 포탄을 무릅쓰고 싸움을 독려하다가 날아드는 탄환에 맞았다. 좌우에서 공을 부축하여 장막 안으로 들어가자 공은 말하기를, "싸움이 한창 급하니 내가 죽었다는 말을 내지 마라(戰方急, 愼勿言我死)"고 하였다. 말을 마치자 숨을 거두니, 이때 공의 나이 54세였다.

공의 조카 완(莞)이 공의 말대로 배 위에서 기를 흔들며 싸움을 독려하기를 전과 같이 하였다. 적이 도독의 배를 에워싸서 몹시 급하게 되었으므로 여러 장수들이 대장선에서 깃발 휘두르는 것을 보고 모두 달려가 구원해 내었다. 정오 때에야 적이 크게 패하여 먼 바다 밖으로 도망치고 말았다.

도독이 배를 돌려서 가까이 오며 "이 통제, 어서 나오시오" 하고 부르자, 완(莞)이 울면서 "숙부님은 돌아가셨습니다"라고 대답하니, 도독이 펄쩍 뛰다가 넘어지기를 세 번이나 하면서 말하기를, "죽은 뒤에도 능히 나를 구원해 주었소"라고 하고는 가슴을 치며 통곡하였다. 두 진에서 통곡하는 소리가 바다를 진동시켰다.

영구를 아산으로 모셔올 때 연도의 모든 백성과 선비들이 울부짖었으며, 차리는 제사가 천리에 끊어지지 않았다. 위에서도 즉시 제관(祭官)을 보내어 조상(弔喪)하였다.

후에 우의정(右議政)을 추증하고, 다시 갑진(甲辰)년에는 일등공신으로 책정하고, 효충장의 적의협력 선무공신(効忠仗義 迪毅協力 宣武功臣)의 호를 내리고, 좌의정으로 올리고, 덕풍부원군(德豊府原君)을 봉하고, 시호(諡號)를 충무(忠武)라 하였다. 좌수영 근처에 사당을 세워 충민(忠愍)이라 사액(賜額)하고, 호남 사람들은 수영 동쪽 산마루에 비를 세워 사모하는 뜻을 표시하였다. 기해(己亥: 1599)년 2월에 아산의 얼음목(氷項)에 장사지내니, 거기는 선산(先山)이다.

공은 담력이 보통 사람보다 뛰어났고, 뜻이 굳었으며, 스스로의 몸가짐이 규모 있는 학자와 같았고, 효도와 우애는 타고난 천성이었으며, 집안에서도 행실이 돈독하여 일찍 죽은 두 형이 남긴 조카들을 자식 같이 길렀으며, 일용하는 물품과 혼사 예절에까지도 반드시 조카를 먼저하고 자기 아들은 뒤에 했다. 혹 죄 없이 옥에 갇힐 때도 죽고 사는 문제로 마음이 동요되지 않았으니, 공은 본시부터 이같이 수양한 바가 있으므로 지혜와 생각을 내면 한 가지도 버릴 것이 없었고, 적의 정황을 헤아리기를 귀신같이 하여 마침내 승리를 거두어 호서, 호남 수천 리 땅을 온전케 함으로써 나라를 다시 일으키는 근본이 되게 하였다.

바다를 뒤덮고 오는 적의 세력을 가로막은 것은 저 장순(張巡), 허원(許遠)과 같았고, 몸을 굽혀 있는 힘을 다하고 죽은 뒤에야 멈춘 것은 저 제갈무후(諸葛武侯)와도 같았지만, 그러나 나라 일에 죽은 것은 다 같을지라도 큰 공을 거둔 이는 오직 공 한 분뿐이시니, 혹시 저 이른바 "세 분과 다르다"고 한 말은 맞는 것인가, 틀린 것인가. 과연 그 공로는 온 나라를 덮었고 이름은 천하에 들렸으니, 어허, 위대하시도다. 공이 일찍이 시를 지어 노래하기를, "바다 두고 맹세하니 용과 고기 감동하고, 산을 두고 맹세하니 풀과 나무 알아주네(誓海魚龍動, 盟山草木知)"라고 하였는데, 이 글을 외우는 사람마다 눈물을 흘리고 분격하지 않는 이가 없었다.

부친의 이름은 정(貞)이니, 순충적덕 병의보조공신 대광보국 숭록대부(純忠積德 秉義補祚功臣 大匡輔國 崇祿大夫) 의정부 좌의정 겸 영경연사 덕연부원군(議政府左議政 兼領經筵事 德淵府院君)을 추증하였고, 조부의 이름은 백록(百祿)이니, 선교랑(宣敎郎) 평시서(平市署) 봉사(奉事)인데, 가선대부(嘉善大夫) 호조참판 겸 동지의금부사(戶曹叅判 兼同知義禁府事)를 추증하였고, 증조부의 이름은 거(琚)이니, 통정대부(通政大夫) 병조참의(兵曹叅議)요, 어머니는 정경부인(貞敬夫人)을 추증받은 초계(草溪) 변(卞)씨이다.

공은 보성 군수(寶城郡守) 방진(方震)의 따님에게 장가들어 세 아들, 한 딸을 낳았는데, 큰 아들은 현감으로 이름은 회(薈)요, 둘째 아들은 정랑(正郎)으로 이름은 열(蕆)이요, 끝의 아들 이름은 면(葂)으로 공이 자기와 같다고 하여 가장 사랑하더니, 임진년에 어머님을 모시고 바다로 나가는 어귀에서 피란해 있다가, (무술년에) 적을 만나 혼자 싸우다 죽으니, 당시 나이 17세였다. 따님은 선비 홍비(洪棐)에게 시집갔다.

회(薈)는 아들 둘, 딸 하나를 낳았는데, 맏아들은 참봉(參奉) 지백(之白)이요, 둘째는 지석(之晳)이요, 딸은 윤헌징(尹獻徵)에게 시집갔다. 그리고 열(蕆)은 자식이 없어서 지석(之晳)으로써 양자를 삼았다. 사위 홍비(洪棐)는 네 아들, 한 딸을 두었는데, 큰 아들은 우태(洪宇泰)요, 둘째는 현감 우기(洪宇紀)니, 비명(碑銘)을 청하러 온 이가 곧

이 사람이다. 셋째는 우형(宇迥)이요, 넷째는 진하(洪振夏)요, 딸은 윤수경(尹守慶)에게 시집갔다. 지백(之白)은 겨우 한 벼슬밖에 못하였고 또 자식이 없어서 지석(之晳)의 맏아들인 광윤(光胤)을 양자로 삼았다. 지석(之晳)은 두 번 장가들어 아들 여섯, 딸 하나를 낳았으나, 아직 모두 어리니 공의 후손이 어찌 이리도 번성치 못할까. 아마도 틀림없이 훗날에 큰 인물이 나려는 때문일 것이다.

비명(碑銘)에 쓰기를,
   옛날 임진년에 큰 물결 일으키는 용과 고래처럼
   하늘 향해 활을 쏘던 예(羿)처럼
   태산 끼고 북해 건너뛰듯 배 띄워 다리 놓고 중원 땅 노려보아
   삼남(三南)이 짓밟히고 칠도(七道)가 불탈 때, 그 누가 나섰던가
   우리 님 일어나서 부득부득 이를 갈고 죽기로 맹세하셨도다

   눈물 뿌린 온교(溫嶠) 같고 뱃전 치던 사아(士雅) 같은
   우리 통제 계셨는데, 왜적 간첩 꾀를 내어 다른 장수 내려오니,
   무슨 죄로 갈리셨나
   임금 은혜 내리시고, 어진 대신 건의하여 패한 뒤를 이으시니
   깃발은 새로 빛나고 군령은 엄숙하여 모든 군사 용맹하도다

   벽파진에서 대첩하여 명성 다시 떨쳐 강한 적이 약해지자
   도망가기 바쁜 적들 동쪽 바다 바라보며 돌아가려 하건마는
   적을 어찌 놓아주랴, 우리 군사 더욱 용감하게 회복할 기세인데
   개선가 울리려 할 때 장수별 떨어지며 저 님이 가시오니
   양의(楊儀)가 뒤를 잇자 중달(仲達)은 달아났지만
   일만 군사 모두 울어, 슬프도다, 눈물 뿌려 바닷물 넘치거니

그 이름 천추에 전하도다.
붉은 명정(銘旌) 날리는데, 부모라도 여읜 듯이 천리에 차린
제사, 공도 크고 지위도 높고 공신 그림도 걸렸으니
저 님 길이 사시도다.

돌아가심 슬퍼하고 기련(祁連) 본뜬 무덤 치레
끝내 임금 은혜로세
사당 지어 충민(忠愍)이라 액자 써서 내리시며
춘추 제사 올리도다
평생에 그리건만 황천길이 막혀 있어 눈물 언제 마르리오
글은 비록 거칠어도 훌륭하신 어른이라 이 비석을 세우노라

현감 회(薈)와 정랑(正郎) 열(莈)이 모두 승정원 좌승지(左承旨)로
추증되었으니, 이것은 원종공신(原從功臣)으로 기록된 때문이다. 지
석(之晳)은 뒤에 벼슬이 사직령(社稷令)에 이르렀고, 아들 여섯, 딸
하나를 두었는데, 맏아들 광윤(光胤)은 이미 종손이 되어 참봉공(參
奉公)의 뒤를 이어 벼슬이 참봉(參奉)이었고, 다음으로 광헌(光憲),
광진(光震)은 수사(水使)가 되었고, 광보(光輔)는 우후(虞候)가 되었으
며, 그 다음은 광우(光宇), 광주(光胄)이다. 딸은 생원 홍서하(洪叙夏)
에게 시집갔고, 서자는 광세(光世)이다.

참봉(參奉: 光胤)은 아들 여섯, 딸 하나를 두었는데, 맏이 홍의(弘
毅)는 도사(都事)요, 홍저(弘著)는 영장(營將)이요, 그 다음은 홍서(弘
緖), 홍건(弘健)이고, 홍유(弘猷)는 광헌(光憲)의 뒤를 이었고, 그 다
음은 홍무(弘茂)이다. 그리고 딸은 김진숙(金震橚)에게 시집갔다.
수사(水使: 光震)의 두 서자는 홍수(弘樹), 홍재(弘梓)이고,

우후(虞候: 光輔)의 두 아들은 홍규(弘規), 홍구(弘矩)이고,
딸은 박성서(朴聖瑞)에게 시집갔다.

광우(光宇)의 딸은 김한정(金漢鼎)에게 시집갔으며,

광주(光冑)의 두 아들은 홍택(弘澤), 홍협(弘恊)이다.

도사(都事: 弘毅)의 두 아들은 만상(萬祥), 언상(彦祥)이며,

영장(營將: 弘著)의 한 아들은 봉상(鳳祥), 한 딸은 홍원익(洪元益)
에게 시집갔다.

홍서(弘緖)의 두 아들은 운상(雲祥), 두상(斗祥)이다.

홍건(弘健)에게는 세 아들이, 홍유(弘猷)에게는 두 아들이, 홍무(弘
茂)에게는 세 아들이 있는데 모두 다 어리다.

그리고 이 비석에 글을 새기는 일이 끝나기는 경자(庚子: 현종 원
년. 1660)년이었으나 힘이 모자라서 세우지 못했다가, 이제 34년만에
야 광진(光震)이 본도 수군절도사가 되어 옴으로써 비로소 무덤 길
앞에 세우게 되었는바, 여러 자손들로 전일 기록에 미처 올리지 못
한 이들을 삼가 여기에 기록하며, 다만 외손들도 조금 먼 분들은 번
거로워서 싣지 아니한다.

숙종(肅宗) 19년(1693) 계유(癸酉) 4월   일에 세우다.

(*김육(金堉, 1580~1658): 본관 청풍(淸風). 자(字)는 백후(伯厚),
호는 잠곡(潛谷)이었다. 기묘명현(己卯名賢)의 한 사람인 김식(金湜)
의 고손자. 이이(李珥)에게 수학한 흥우(興宇)의 아들. 광해군 때
벼슬을 버리고 물러나 가평(加平) 잠곡(潛谷)에서 농사를 짓고 살
았기 때문에 이를 호로 삼았다. 시문집과 해동명신록(海東名臣錄),
〈구황찰요(救荒撮要)〉, 〈벽온방(辟瘟方)〉 등 많은 저서를 남겼다.)

〈부록〉 4.

이순신 년표

1세(1545: 乙巳 仁宗 1년): 3월. 8일 자시(子時)에 태어나다.

22세(1566: 丙寅 명종 21년): 10월. 처음으로 무예를 배웠다. 팔 힘
　　이나 말 타기, 활쏘기에 있어서 아무도 따를 사람이 없었다.

23세(1567: 丁卯 명종 22년): 2월. 아들 회(薈)가 태어나다.

27세(1571: 辛未 선조 4년): 2월. 아들 열(莈)이 태어나다.

28세(1572: 辛未 선조 5년): 8월. 훈련원 별과 시험에 응시하여 말을
　　달리다가 떨어져서 왼편 다리뼈가 부러졌을 때, 한 쪽 다리로
　　일어서서 버들가지를 꺾어 그 껍질을 벗겨 동여매었다.

32세(1576: 丙子 선조 9년): 2월. 식년무과(式年武科)에 급제하였다.
　　12월. 함경도 동구비보(童仇非堡)의 권관(權管)이 되었다.

33세(1577: 丁丑 선조 10년): 2월. 아들 면(葂)이 태어나다.

35세(1579: 己卯 선조 12년): 2월. 임기가 차서 훈련원 봉사가 되었
　　다.

10월. 충청절도사의 군관이 되었다.

36세(1580: 庚申 선조 13년): 6월. 발포(鉢浦) 수군 만호(萬戶)에 임명되었다.

37세(1581: 辛巳 선조 14년): 1월. 사건에 연루되어 파직되었다.
5월. 다시 풀려나서 훈련원 봉사가 되었다.

39세(1583: 癸未 선조 16년): 7월. 함경남도 절도사 이용(李戩)이 위에 보고하여 공을 자기 부하로 삼았다.
10월. 건원보(乾原堡) 권관으로 임명되었는데, 그때 오랑캐 울지내(鬱只乃)가 변방의 큰 걱정거리가 되어 조정이 걱정하면서도 잡아서 토벌하지 못했는데, 공이 꾀를 내어 유인하여 잡아 죽였다.
11월. 훈련원 참군(參軍)에 올랐다. 15일에 아버지 덕연부원군(德淵府院君)이 돌아가시자 공이 천 리를 새벽별 뜰 때부터 저녁별 뜰 때까지 달려갔는데, 그의 애통함이 행인들을 감동케 했다.

42세(1586: 丙戌 선조 19년): 1월. 상복을 벗자 사복시(司僕寺) 주부(主簿)에 임명되었으나 이때에 북쪽 오랑캐들이 난리를 일으키므로 조정이 공을 천거하여 조산보(造山堡) 병마만호(兵馬萬戶)가 되었다.

43세(1587: 丁亥 선조 20년): 8월. 녹둔도(鹿屯島) 둔전관을 겸했다.

44세(1588: 戊子 선조 21년): 윤6월. 집으로 돌아왔다. 조정에서 무신 중에 서열을 무시하고 뽑아 쓸만한 이들을 천거하였는데, 공은 그 둘째에 들어 있었다.

45세(1589: 己丑 선조 22년): 2월. 전라순찰사 이광(李洸)이 공을 불러 자기 부하로 삼았다.

11월. 무신으로서 선전관(宣傳官)을 겸했다.

12월. 정읍(井邑) 현감에 임명되었다.

(*이때 조정에서는 유능한 여러 장수들을 뽑아 남쪽 여러 고을을 맡겼는데, 이때 같이 임명받은 장수들로 권준(權俊)은 순천 부사로, 배흥립(裵興立)은 흥양(興陽) 현감으로, 어영담(魚泳潭)은 광양(光陽) 군수로, 신호(申浩)는 낙안(樂安) 군수로 발령받았다. 이들은 신묘년(辛卯年)에 이순신이 전라좌도수군절도사로 임명되면서 이순신의 막하로 들어가게 되었다. 신호는 을미년에 승진하여 조방장(助防將)이 되었다.)

46세(1590: 庚寅 선조 23년): 7월. 고사리진(高沙里鎭) 병마첨절제사(兵馬僉節制使)로 임명되었다가 대간(臺諫)들의 반대 상소로 말미암아 그대로 눌러 있게 되었다.

8월. 절충장군(折衝將軍)으로 올려서 만포진(滿浦鎭) 수군첨절제사로 임명되었으나 또다시 대간들의 반대 상소로 말미암아 그대로 눌러 있게 되었다.

47세(1591: 辛卯 선조 24년): 2월. 진도(珍島) 군수에 임명되었다가 부임하기 전에 또 가리포진(加里浦鎭) 수군첨절제사에 임명되고, 또 부임하기 전에 다시 올려서 전라좌도 수군절도사(水軍節度使)에 임명되었다.

3월. 왜적들이 반드시 쳐들어올 것을 예견하고 본영 및 부속 진(鎭)의 전쟁기구들을 하나도 남김없이 수리하고 정비하였고, 새로 전선을 만들었으니 그 크기는 판옥선(板屋船)만하나 모양이 엎드린 거북과 같았으므로 거북선(龜船)이라 이름 지었다.

48세(1592: 壬辰 선조 25년): 1월. 본영과 각 진에서 활쏘기 시합을 하였다.

2월. 북쪽 산봉우리 연대(烟臺) 위로 올라가 새로 봉수대 쌓는 것을 살펴보았다. 녹도로 가서 전선들을 점검하고 그대로 떠나 발포(鉢浦), 사도(蛇渡), 여도(呂島), 방답진(防踏鎭) 등을 순시하였다.

3월. 배 위로 나가 경강선(京江船)을 점검하였다.

4월. 이달 13일 왜적이 부산에 쳐들어옴으로써 7년간의 왜란이 시작되었다.

16일에 왜적이 부산을 함락했다는 말을 듣고 모든 장수들을 본영으로 불러 모으고 나가서 토벌할 일을 의논하였다.

5월. 초1일에 모든 장수들을 본영 앞바다로 불러 모으니 전선이 24척이었다. 4일에 모든 장수들을 거느리고 떠나 당포(唐浦)에 이르니, 이때 원균(元均)은 패하여 전선 73척을 모조리 없앴으므로 전선 1척을 주었다. 7일에 왜선 30여 척을 옥포(玉浦)에서 크게 깨뜨리고 승첩한 보고가 위에 전달되어 가선대부(嘉善大夫)로 올랐다. 8일에 본영으로 돌아왔다가 29일에 다시 출동하여 사천(泗川)에서 왜선 13척을 깨뜨렸다.

6월. 초2일에 왜선 20여 척을 당포에서 크게 깨뜨리고 왜장을 쏘아 죽였다. 5일에 또 왜선 100여 척을 당항포(唐項浦)에서 깨뜨리고 왜장을 쏘고 또 베어 죽였다. 승첩의 보고가 위에 들어가

자헌대부(資憲大夫)로 올랐다. 7일에 또 왜선을 깨뜨리고 36명
을 베어 죽였다.

7월. 초8일에 여러 장수들과 함께 고성(固城) 땅 견내량(見乃梁)에
이르러 왜군을 한산도로 꾀어 내어 70여 척을 크게 깨뜨려 한
척도 돌아가지 못하게 했다. 승첩의 보고가 위에 들어가 정헌대
부(正憲大夫)로 올랐다. 초9일에 또 왜선 42척을 안골포(安骨浦)
에서 깨뜨렸다.

8월. 웅천(熊川) 현감 이종인(李宗仁)이 왜적의 목을 35개나 베었
다.

9월. 1일에 여러 장수와 함께 왜적을 쫓아 부산에 이르러 왜선100
여 척을 깨뜨렸다.

12월. 도망병의 일족(一族)이라고 연대책임을 지워 대신 징용하지
말라는 명령을 도로 취소하여 변방을 충실케 하자고 장계를 올
려 청하였다.

49세(1593: 癸巳 선조 26년): 1월. 18일 사도 첨사를 시켜 송도(松島)
에서 복병케 하여 포로를 많이 잡았다.

2월. 8일 모든 장수와 함께 부산으로 적을 쫓아가서 왜장을 죽이
고 왜선을 모조리 불태웠다. 22일에 또 크게 깨뜨리니 왜병들
이 발을 구르며 통곡하였다.

3월. 6일에 웅천에 이르니 적도들이 산허리에서 진을 쳤으므로
군관에게 명령하여 탄환과 화살을 쏘게 하니 죽고 상한 자들이
헤아릴 수 없었고 또 우리 포로들을 빼앗아 왔다(웅천포해전).

4월. 3일 본영으로 돌아왔다. 독운 어사(督運御使: 任發英)가 광양
(光陽) 현감 어영담(魚泳潭)을 파직하도록 청한 것에 대하여, 공
은 그대로 유임케 해달라는 장계를 올렸다.

5월. 충청도 수군이 계속 후원해 오도록 해주기를 청하는 장계를 올렸다.

6월. 21일에 진을 한산도(閑山島)로 옮겼다.

7월. 15일에 본영이 호남에 궁벽하게 있어 적을 막아 치기에 어려움이 있으므로 드디어 진을 한산도로 옮기도록 청하였던바, 조정에서 들어주었다.

8월. 조정에서 삼도의 수사(水使)들이 서로 통제되지 아니하므로 주장을 두는 것이 옳다고 하여 공으로써 삼도수군통제사(三道水軍統制使)를 겸하게 하고 본직은 그대로 가지게 하였다.

9월. 진에 있을 때는 언제나 군량 때문에 걱정이 되어서 백성들을 모아 둔전을 경영하게 하고 사람을 보내어 고기를 잡게 하며 소금을 굽고 질그릇을 굽는 데 이르기까지 하지 않는 것이 없었다. 그리고 배에 싣고 가서 매매하여 수만 섬의 곡식을 쌓아 놓았다.

12월. 진중에서 무과 과거를 열도록 해달라는 장계를 올렸다.

50세(1594: 甲午 선조 27년): 1월. 11일에 어머님을 가 뵙고 이튿날 돌아왔다.

2월. 여러 장수들에게 명령하여 경상좌우도의 전선과 무기를 분담하여 점검하도록 하였다.

3월. 담도사(譚宗仁)의 금토패문(禁討牌文)에 대한 답장을 써 보냈다.

4월. 6일에 과거를 보였다.

5월. 10일에 타루(柁樓)에 올라가 삼도 수군의 형세를 시찰하였다.

6월. 지중추부사(知中樞府使) 윤우신(尹又新)이 죽었다는 소식을 들고 그지없이 슬퍼하였다.

7월. 명나라 장수의 배가 영 앞에 도착하였다는 말을 듣고 삼도
수군에게 진을 죽도(竹島)로 옮기도록 명령하였다. 17일에 명
나라 장수 장홍유(張鴻儒)와 함께 군사에 관한 이야기를 하였
다.

8월. 도체찰사(都體察使) 이원익(李元翼)이 공의 배에 같이 타고
한산도를 두루 시찰한 뒤 감탄하며 말하기를, 이 통제사는 과
연 큰 경륜을 가진 인재라고 하였다.

9월. 의병장 곽재우(郭再祐), 김덕령(金德齡) 등을 갈라 보내어 서
로 기회를 맞추어 적을 토벌하도록 했다. 29일에 출발하여 장
문포(長門浦)로 들어가 왜선 2척을 불태웠다(장문포해전).

10월. 1일 충청도 수군절도사 이계훈(李繼勳)과 여러 선봉장들을
거느리고 영등포(永登浦)로 들어갔다. 2일에 장문포로 가니 왜
병들이 두려워서 감히 나오지 못했다.

11월. 항복해 온 왜놈들을 좌우도로 갈라 보내어 대포 쏘는 것을
연습시켰다.

51세(1595: 乙未 선조 28년): 1월. 순변사 이일이 공을 몹시 해친다
는 소문을 들었다.

2월. 17일에 우수영 앞 바다에서 군사들을 시찰하였다.

3월. 충청도 수군절도사 이계훈(李繼勳)이 불을 내고 물에 빠져
죽었다.

4월. 삼도 중위장(中衛將)들에게 명령하여 각각 배 5척씩을 거느
리고 견내량으로 가서 형세를 보아 적을 무찌르도록 하였다.

5월. 소금을 구웠다.

6월. 경상우도수사 배설(裵楔)이 잡혀갔다.

7월. 18일에 견내량에 머물며 삼도 수군이 모두 모여 진을 쳤다. 어사(御使) 신식(申湜)이 진에 도착했다.

8월. 소비포(所非浦)로부터 진주 남강(南江) 가에 이르러 체찰사를 만나보고 도로 소비포로 돌아왔다.

9월. 14일에 절도사 선거이(宣居怡)와 작별하며 시를 읊어주었다.

10월. 문루(門樓)를 세웠다.

11월. 1일에 항복해온 왜놈들에게 술을 먹였다.

12월. 18일에 삼천진(三千鎭)에서 체찰사와 만났다.

52세(1596: 丙申 선조 29년): 1월. 본영으로 돌아왔다.

2월. 7일에 군사들에게 잔치를 베풀어 주었다.

3월. 5일에 견내량으로 갔다가 진으로 돌아왔다.

4월. 군사들에게 잔치를 베풀어 주었다.

5월. 총을 만들었다.

6월. 사도(四道)의 여러 장수들을 모아 활을 쏘았다.

7월. 순찰사와 함께 이야기하였다.

8월. 활 쏘는 마당으로 가서 말을 달렸다.

윤8월. 15일에 순천에 도착하여 체찰사, 순찰사와 더불어 군사에 관한 일을 의논하였다.

9월. 본영으로 돌아왔다.

53세(1597: 丁酉 선조 30년): 1월. 도원수(都元帥) 권율(權慄)이 한산도에 도착했다. 이때 원균이 통제사가 되려고 없는 말을 만들어 냈던바, 조정이 이를 믿고 공을 체포하라는 명령을 내렸다.

2월. 26일에 압송되어 서울로 출발했다.

3월. 4일에 하옥되어 20일에 공초(供招)를 받았다.

4월. 1일에 특사령이 내려 백의종군 하면서 공을 세우도록 하였다. 11일에 어머님의 초상을 당하고 19일에 길을 떠났다.

5월. 23일에 체찰사와 함께 이야기하였다.

6월. 19일에 도원수의 진에 도착하여 보성 군수 안홍국(安弘國)이 순절하였다는 소식을 들었다.

7월. 18일에 원균이 패하여 죽고, 전라우도 수군절도사 이억기(李億祺)가 순절했다는 소식을 들었다. 도원수가 공을 보내어 진주로 가서 흩어진 군사들을 거두어 모으게 했다.

8월. 3일에 원균이 이미 패하고 조정과 민중이 모두 놀라므로 공을 다시 삼도통제사로 임명했다. 18일에 공이 회령포(會寧浦)에 이르니 남아 있는 전선이 10척뿐이었다. 28일에 왜선 8척이 습격해 오려고 하는 것을 쳐서 물리쳤다. 29일에 벽파진(碧波鎭)에 진을 쳤다.

9월. 7일에 왜선 13척이 쳐들어오는 것을 격파해 물리쳤다. 16일에 왜선 330여 척이 우리 배를 둘러싸므로 공이 여러 장수들을 거느리고 죽기를 맹세하고 싸워 왜장 마다시(馬多時)의 목을 베고 30여 척을 깨뜨렸다.

10월. 14일에 막내아들 면(葂)이 왜적과 싸우다가 전사했다는 소식을 듣다.

11월. 조정에서 백금 20냥을 내려주고, 경리(經理) 양호(楊鎬)는 붉은 비단을 보내주며 말하기를 "가서 배에다 붉은 천을 걸어주는 궤홍(掛紅)의 예식을 거행하고 싶으나 멀어서 가지 못한다"라고 하였다.

12월. 5일에 보화도(寶花島)에 있었는데, 조정에서 공이 굳이 상제의 예법을 지켜 소찬(素饌)만 먹는다는 소식을 듣고 분부를 내려 육식(肉食) 하기를 권했다.

54세(1598: 戊戌 선조 31년): 2월. 17일에 진을 고금도(古今島)로 옮기고 백성들을 모아 경작케 하니 군사의 위엄이 크게 떨쳤다.

7월. 16일에 명나라 수군 도독(都督) 진린(陳璘)이 해군 5천 명을 거느리고 왔다. 공이 진린의 군사가 온다는 소식을 듣고 술과 고기를 성대히 준비하고 또 군대의 위의를 갖추어 멀리 나가 마중하여 큰 잔치를 베풀었더니, 모든 장수 이하로 흠뻑 취하지 않은 이가 없었다. 24일에 여러 장수들에게 명령하여 왜선을 절이도(折爾島)에서 깨뜨리게 하였다.

9월. 도독과 함께 순천의 예교(曳橋)로 나가 진을 치고, 해남 현감 유형(柳珩)이 나가서 적진을 두드려 쳤다.

11월. 18일에 남해와 부산에 있는 여러 왜적들이 구원하러 오자 공이 도독에게 말하기를 "우리 군사들이 여기에 있으면서 앞뒤로 적의 협공을 당하기보다는 저 묘도(猫島)로 물러가서 모든 장수들과 거듭 약속하고 죽기로 싸우는 것이 나을 것입니다"라고 하자, 도독도 그대로 따랐다. 이날 밤 자정이 되어 공은 배 위에서 무릎 꿇고 하늘에 빌기를 "오늘로써 죽기를 작정하오니, 바라옵건대 하늘이시여, 이 적들을 꼭 무찔러 주소서" 하고 빌기를 마치고 스스로 용감한 군사들을 거느리고 앞장서서 노량으로 나갔다.

19일 새벽 두 시쯤 되어 왜적들이 도독을 포위하여 심히 위급하게 되었으므로, 공이 구원하기 위해 곧 앞으로 나가며 손수 북을 치다가 갑자기 탄환에 맞아 엎어졌다. 운명하기 직전 부하들을 돌아보며 말하기를 "내가 죽었다는 말을 내지 말라. 군대를 놀라게 하면 안 된다"고 하였다. 도독이 공이 죽었다는 말을

듣고 배 위에서 세 번이나 넘어지며 "같이 일할 이가 없어졌구
나"라고 하였으며, 남쪽 백성들은 공의 죽음을 듣고 거리로 뛰
쳐나와 통곡하였다.」

　　　　－박기봉 편역 〈충무공이순신전서(忠武公李舜臣全書)〉－

〈부록〉5.

임진왜란 때의 주요 전투 일지

연월일	전 투 지	조선 장군	왜군 장군	비　　고
1592년 4. 14	부산	정발鄭撥	小西行長	부산함락 정발전사
4. 15.	동래東萊	송상현宋象賢	小西行長	동래 함락 송상현 전사
4. 19.	김 해	서예원徐禮元	黑田長政	김해성 함락
4. 24.	상 주	이일李鎰	小西行長	이일 패주
4. 26.	탄금대	신립申砬	小西行長	신립 전사
5.　7.	옥 포	이 순 신		왜선 30척 격파
5.　8.	적진포赤珍浦	이 순 신		왜선 11척 격파
5. 18.	양 주	신 각申恪		육전의 첫 승리
5. 18.	임진강	김 명 원		김명원 패주
5. 22.	여강驪江	원호元豪		왜병 50명 죽임
5. 29.	사천泗川	이 순 신		왜선 12척 격파 이순신 부상
6. 2.	당포唐浦	이 순 신		왜선 20척 격파
6. 5.	당항포	이 순 신		왜선 26척 격파
6. 5.	용인龍仁	이광李洸		삼도근왕병 패함
6. 7.	율포栗浦	이 순 신		왜선 1척 격파
6. 18.	평양	윤두수尹斗壽	小西行長	평양성 함락
7. 8.	웅치熊峙	이복남李福南	小早川隆景	조선군 패배함
7. 8.	이치梨峙	권율權慄	小早川隆景	왜군 격퇴
7. 8.	한산도	이 순 신	脇坂安治	왜선 73척 격파
7. 9.	금산錦山	고경명高敬命		고경명 전사
7. 10.	안골포	이 순 신	九鬼嘉隆	왜선 40척 격파
7. 17.	평 양	조승훈祖承訓	小西行長	조승훈 패주
7. 18.	해정창海汀倉	한극함韓克誠	加藤淸正	왜병에게 패함

7. 27.	영천永川	권응수權應秀		영천 수복
8. 1.	평 양	김 명 원		왜병에게 패함
8. 1.	청 주	조헌趙憲 영규靈圭		청주 수복
9. 1.	부 산	이 순 신		왜병 해상봉쇄
9. 2.	연안성延安城	이정암李廷馣	黑田長政	왜병을 물리침
9. 7.	경 주	박진朴晋		경주 수복
10. 6.	진 주	김시민金時敏		진주성을 지킴
1593년 1. 8.	. . 평 양	이여송李如松		평양 탈환
1. 27.	벽제관	이여송李如松		왜병에게 패함
2. 12.	행 주	권 율		행주산성 지킴
2. 18.	진 주	김천일金千鎰		진주함락. 김천일전사
1597년 7. 15.	칠천량	원균元均	島津忠豊	왜병에게 패함
8. 16.	남 원	양원楊元	宇喜多秀家	남원 함락
8. 17.	황석산성	곽준郭䞭	加藤淸正	산성 함락됨
9. 7.	소사素沙	해생解生. 양등산楊登山	毛利秀元 黑田長政	왜병 패주
9. 15.	명량鳴梁	이 순 신		왜선 30여척 격파
1598년 1월	도산성島山城	마귀麻貴		마귀 패주
11. 18.	노량露梁	이 순 신	小西行長	이순신 전사 왜군철수

-〈國史大事典〉에서-

【필진 프로필】

정광수
1937년생, 대졸
기업 연수원 강사

정신한
1968년생, 대졸
현 회사원

이병노
1967년생, 대졸
현 회사원

정민정
1967년생, 대졸
현 교사

윤수자
1941년생, 대졸

강경희
1972년생, 대졸 /현 학원강사

황치영
1966년생, 대졸
현 교사

이순신과 임진왜란 · 4
― 신에게는 아직도 열두 척의 배가 남아 있나이다. ―

초판 1쇄 발행 | 2006년 5월 10일
초판 6쇄 발행 | 2014년 7월 15일

저 자 | 이순신역사연구회
펴낸이 | 박기봉
펴낸곳 | **비봉출판사**
주 소 | 서울 금천구 가산디지털2로 98. 2-808(가산동, IT캐슬)
전 화 | (02)2082-7444
팩 스 | (02)2082-7449
E-mail | bbongbooks@hanmail.net
등록번호 | 2007-43 (1980년 5월 23일)
ISBN | 978-89-376-0335-8 04900
       978-89-376-0331-0 04900 (전 4권)

값 13,000원